hänssler

RAINER EPPELMANN

Gottes doppelte Spur

Vom Staatsfeind zum Parlamentarier

♡-lichst,

Rainer Eppelmann

29.IX.09

Hänssler-Hardcover
Bestell-Nr. 394.707
ISBN 978-3-7751-4707-1

Internet: www.haenssler.de
E-Mail: info@haenssler.de
Umschlaggestaltung: Jens Vogelsang, Aachen
Titelbild: Rainer Eppelmann privat
Satz: Satz & Medien Wieser, Stolberg
Druck und Bindung: Ebner & Spiegel, Ulm
Printed in Germany

Inhalt

Als ich darüber nachdachte, welchen Titel ich dem Bericht über mein Leben geben sollte, um alles zu erfassen, was ich erlebt habe, fiel mir ein bekanntes Gedicht von Margaret Fishback Powers ein, in dem sie einen Traum erzählt, den ich selber hätte träumen können:

Spuren im Sand

Eines Nachts hatte ich einen Traum:
Ich ging am Meer entlang mit meinem Herrn.
Vor dem dunklen Nachthimmel
erstrahlten, Streiflichtern gleich,
Bilder aus meinem Leben.
Und jedes Mal sah ich zwei Fußspuren im Sand,
meine eigene und die meines Herrn.

Und als das letzte Bild an meinen Augen
vorübergezogen war, blickte ich zurück.
Ich erschrak, als ich entdeckte,
dass an vielen Stellen meines Lebensweges
nur eine Spur zu sehen war.
Und das waren gerade die schwersten
Zeiten meines Lebens.

Besorgt fragte ich den Herrn:
„Herr, als ich anfing, dir nachzufolgen,
da hast du mir versprochen,
auf allen Wegen bei mir zu sein.
Aber jetzt entdecke ich,
dass in den schwersten Zeiten meines Lebens
nur eine Spur im Sand zu sehen ist.
Warum hast du mich alleingelassen,
als ich dich am meisten brauchte?“

Da antwortete er: „Mein liebes Kind,
ich liebe dich und werde dich nie alleinlassen,
erst recht nicht in Nöten und Schwierigkeiten.
Dort, wo du nur eine Spur gesehen hast,
da habe ich dich getragen.“[1]

Ich bin leider dichterisch nicht so begabt wie die deutschstämmige Kanadierin. Wäre ich es, würde ich ihr Gedicht weiterzudichten versuchen. Und das ginge dann vielleicht so:

„Zurückschauend auf meinen Weg durch das Leben
musste ich meinem Herrn Recht geben.
Er hat mich getragen,
wo ich alleine nicht mehr weiterkam.
Da war nur die eine Spur im Sand.
Aber ich sah auch:
Wo meine Schritte im Sand
wieder sichtbar wurden,
da drückten sie sich tiefer ein und holten weiter aus.
Mein Herr hatte mich getragen,
wo es mir schwer wurde,
aber er hat mich auch gefordert,
wo es mir möglich war:
‚Nun gehe du selber deinen Weg,
voller Vertrauen auf mich,
der ich immer an deiner Seite bleiben werde,
hin zu den Menschen,
die ich dir in den Weg stelle.
Lauf los!‘“

So könnte dann auch das Motto meines Lebens lauten: „Er hat mich getragen und gefordert.“ Bis ich das aber so sagen konnte, wurde ich auf einem Weg voller überraschender Wendungen geführt: vom Maurer über den Pfarrer, den Bürgerrechtler, den Volkskammerabgeordneten und Minister für Abrüstung und Verteidigung bis hin zum Bundestagsabgeordneten, der u. a. zwei Legislaturperioden lang die parlamentarische Aufarbeitung der SED-Diktatur leitete und über mehrere Jahre als Vorsitzender der Christlich-Demokratischen Arbeitnehmerschaft (CDA) wirkte.

Berlin ist zu, Berlin ist zu

Am 13. August 1961 war ich auf einer Freizeit mit der Jungen Gemeinde auf Schloss Mansfeld, einem Rüstzeitheim der evangelischen Kirche, wie wir unsere Freizeitheime damals nennen mussten, weil die SED sich auch als absolute Herrin der Freizeit verstand – vor allem, wenn es dabei um die Jugend ging. Ich hatte frühmorgens im Radio gehört, dass die Grenze zwischen Ost- und West-Berlin geschlossen worden war, und nun standen wir sechs oder sieben Siebzehn- und Achtzehnjährigen im Waschraum und sangen einen vierstimmigen Kanon: „Berlin ist zu, Berlin ist zu." Ich hatte nichts begriffen. Noch nicht!

Mich hatte der Vorschlag der Jungen Gemeinde gereizt, einen vierzehntägigen Ferienaufenthalt mit einer Laienspielgruppe zu verbringen und dabei ein Theaterstück einzuüben, das dann am Ende der gemeinsamen Zeit in einer Kirchengemeinde aufgeführt werden sollte. Da meine Eltern nicht genug Geld hatten, um mir die Tour zu bezahlen, hatte ich am Anfang der Schulferien bei der Berliner Verkehrs-Gesellschaft (BVG) als Schaffner gearbeitet. Die Endhaltestelle der Straßenbahn war damals noch direkt vor dem Ostflügel des Reichstagsgebäudes, praktisch auf der Grenze zwischen Ost- und West-Berlin. Dort befindet sich heute der Eingang für die Abgeordneten und Mitarbeiter des Bundestags. Ich konnte damals noch nicht ahnen, wie oft ich hier später ein- und ausgehen sollte.

In der Jungen Gemeinde in unserem Ost-Berliner Stadtbezirk Hohenschönhausen fühlte ich mich wohl. Seit meiner Konfirmation im vierzehnten Lebensjahr gehörte ich dazu. Ich war erst als Siebenjähriger getauft worden, und dies vermutlich nur auf Bitten meiner Großmutter mütterlicherseits. Ich wurde zusammen mit meiner Schwester getauft. Das geschah bezeichnenderweise damals nicht in einem Gottesdienst in der Gemeinde, sondern der Pfarrer kam zu uns nach Hause. Die Taufe war also keine Gemeinde-, sondern nur eine Familienfeier. Mit der Gemeinde hatte das praktisch nur in der Person des Pfarrers etwas zu tun.

Taufe und Konfirmation bedeuteten nicht viel für mich. An den Konfirmandenunterricht kann ich mich nicht mehr erinnern. Ich weiß nicht einmal mehr, welcher Pfarrer mich konfirmiert hat. Meine Eltern waren keine praktizierenden Christen. Ich glaube nicht, dass wir beispielsweise jemals Weihnachten in die Kirche gegangen wären. Wir waren also noch nicht einmal sogenannte „U-Boot-Christen", die wenigstens noch zu Heiligabend in der Kirche auftauchen. Auch meine Mutter hat nie davon erzählt, wie das mit der Kirche bei ihr in der Kindheit war. Trotzdem wurde ich zum Religionsunterricht und nachher zum Konfirmandenunterricht angemeldet. Ich bin noch zu einer Zeit zum Konfirmandenunterricht gegangen, als man soundsoviele Gottesdienstbesuche vorweisen musste. Da gab es eine „Fleißkarte", für die man Marken oder später Stempel bekam, um nachweisen zu können, auf wie viele Gottesdienstbesuche man es gebracht hatte. Ich bin immer alleine zum Gottesdienst gegangen.

Als unser jüngster Sohn Justus konfirmiert wurde, bin ich so oft wie möglich mit ihm zum Gottesdienst gegangen. Er sollte merken, das ist auch für mich etwas Wichtiges. Meine Eltern lagen am Sonntagmorgen entweder noch im Bett, um auszuschlafen nach einer harten Woche, oder sie haben im Garten gearbeitet. Jedenfalls sind sie niemals auf den Gedanken gekommen, mich bei meinen ersten Schritten in die Gemeinde zu begleiten.

Jesus und die Kirche wurde mir erst in der Jungen Gemeinde wichtig. Der Grund dafür war so einfach wie menschlich: Ich war der einzige Junge in einer Schar immer hübscher werdender Mädchen. Außerdem interessierte mich die inhaltliche Arbeit, die dort geleistet wurde. Zu Hause sprachen wir nie über Gott und Jesus. Christine Groß, die Leiterin der Jugendgruppe, aber tat dies mit Sachkenntnis und großer Offenheit. Sie, die Schwester des seinerzeit sehr bekannten Bildhauers, Grafikers und Predigers Wilhelm Groß (1883–1974), der während der Nazizeit als „Halbjude" verfolgt worden war, ist praktisch meine Vizemutter geworden.

Seit Ende 1962 habe ich außerdem in der Theaterspielgruppe „Die Boten" mitgemacht, die Pfarrer Rudi Rokohl von der evangelischen Adventskirchengemeinde nach dem Mauerbau gegründet hatte. Zuvor waren die „Vaganten", die in West-Berlin ansässig waren, mit Verkündigungsspiel und christlichem Theater in allen Gemeinden der Stadt aufgetreten. Mir hat die Laienschauspielerei viel Spaß gemacht. Außerdem hat sie mir Sicherheit im Auftreten gegeben und es mir erleichtert, mich in andere Rollen zu versetzen.

Als ich in der Woche nach dem 13. August 1961 von der Rüstzeit auf Schloss Mansfeld nach Hause zurückkam, hatten sich meine Eltern getrennt. Mein Vater arbeitete schon seit Jahren als Zimmermann in West-Berlin und galt als „Ausweis-West-Berliner", weil er sich polizeilich bei einer Tante in Charlottenburg gemeldet hatte. Dank seines Passes konnte er die Grenzsperren noch passieren. Er wollte im Einverständnis mit meiner Mutter im Westen bleiben. Wo sollte er arbeiten im Osten, und wie sollte er die Familie ernähren, wenn er dort auch noch viel weniger Geld verdiente? Beide waren fest davon überzeugt, dass die Mauer, die da vor den Augen der Welt Stein um Stein aufgeschichtet wurde, nicht lange bleiben würde. Das würde sich der Westen doch nicht bieten lassen! Mein Vater stammte aus Rheinhessen und war meiner Mutter zuliebe nach Berlin gekommen, aber freiwillig einsperren ließ er sich nicht. Auch nicht für seine Familie.

So war meine Mutter nun allein mit uns vier Kindern. Ich war damals achtzehn, meine Schwestern Regina und Dorit siebzehn und acht, mein Bruder Dietmar erst fünf Jahre alt. Unseretwegen war meine Mutter Hausfrau und hatte somit kein eigenes Einkommen. Vater brachte kein Geld mehr nach Hause. Also mussten Regina und ich welches verdienen.

Mit der Schule war es zunächst sowieso vorbei. Wir hatten bis zum Mauerbau ein West-Berliner Gymnasium besucht und somit nach dem Verständnis der Machthaber in der DDR die Arbeiter-und-Bauern-Macht verraten. Ich war nur mit Schwierigkeiten nach der achten Klasse auf die Oberschule im Ost-Berliner Stadtbezirk Weißensee gekommen. Das verdankte ich vor allem meiner Russischlehrerin, die sich gegen einige Widerstände für mich eingesetzt hatte. Meine Leistungen in Russisch waren gut, und außerdem war ich in die Gesellschaft für Deutsch-Sowjetische Freundschaft (DSF) eingetreten, was ich vor meinen Eltern allerdings verheimlichte. Sie hätten es mir untersagt. Daneben spielte meine soziale Herkunft eine positive Rolle. Meine Mutter war gelernte Schneiderin und mein Vater Zimmermann. In den Augen der Schulgewaltigen sprach jedoch gegen mich, dass mein Vater in West-Berlin in einem kleinen Baubetrieb arbeitete.

Meine Schwester hat sich ein Jahr später ebenfalls bemüht, auf die Oberschule zu kommen, aber in ihrem Fall war nichts mehr zu machen, obwohl auch ihr Wunsch von einigen Lehrern unterstützt wurde. Es wurde eigens ein Elternabend einberufen, der dann feststellte, dass die Eppelmanns zu sehr auf den Westen fixiert seien. Da hörten meine Eltern, dass es in West-Berlin Schulen gab, die ausschließlich für Ost-Berliner Schüler eingerichtet worden waren, denen es in der DDR verwehrt wurde, das Abitur zu machen. Meist weil sie nicht genügend gesellschaftliche Betätigung nachweisen konnten und sie daher nicht würdig waren, die „Kommandohöhen" des „ersten deutschen Arbeiter-und-Bauern-Staats" zu erklimmen. Gute Zeugnisse allein reichten in der DDR nicht.

So entschlossen sich meine Eltern, meine Schwester auf die Johannes-Kepler-Schule in Neukölln zu schicken. Als meine Mutter auf dem zuständigen Schulamt vorsprach, wurde sie gefragt, ob sie ein Kind habe, das bereits die Erweiterte Oberschule (EOS) besuche, und darüber aufgeklärt, dass solche Kinder meist schlechtere Noten erhielten. Daher entschieden meine Eltern, dass ich ebenfalls die Johannes-Kepler-Schule besuchen sollte.

Ich war zwar in Weißensee von der neunten in die zehnte Klasse versetzt worden, aber in Neukölln ließ ich mich zurückstufen, weil ich keine Lust hatte, fünf Jahre Englischunterricht nachzuholen. In dieser Sprache war ich bis dahin nicht unterrichtet worden. Vokabeln pauken mochte ich gar nicht. Es war mir allerdings auch nicht angenehm, in der Parallelklasse meiner Schwester zu sitzen.

Ab und zu wurden die S-Bahnen von und nach Ost-Berlin kontrolliert. Manchmal wurden wir von DDR-Volkspolizisten aus dem Zug geholt. Ich habe manches Ei gesehen, das eine wütende Frau einem DDR-Grenzer vor die Füße warf, bevor er es konfiszieren konnte.

Bis zum Mauerbau hatten etwa 50.000 Menschen aus Ost-Berlin und Umgebung im Westteil der Stadt als sogenannte „Grenzgänger" gearbeitet. Die meisten von ihnen erhielten einen Teil ihres Lohns in Westmark und den Rest in Mark der DDR. Mein Vater dagegen verdiente nur Westmark, weil er sich gegenüber seinem Arbeitgeber als West-Berliner ausgewiesen hatte. Viele haben die harte West-Währung in einer der West-Berliner Wechselstuben „umgerubelt" und für eine Deutsche Mark fünf DDR-Mark erhalten. Im SED-Jargon hießen diese

Menschen „Grenzgewinnler“. Wer Devisen hatte, konnte sich in West-Berlin Kaffee und Bananen kaufen oder was im Osten sonst noch Mangelware war. Den Geruch von Bückling habe ich bis heute in der Nase. Es war herrlich, wenn Vater und Mutter mit uns am Wochenende einkaufen gingen. Aber das war nun vorbei. Mein Vater durfte dank seines Passes in den ersten Tagen nach dem Bau der Mauer noch in den Ostteil. Er schaffte es sogar, sein Auto - einen Ford mit West-Berliner Kennzeichen - abzuholen. Ich hatte ihm bis zuletzt immer wieder in den Ohren gelegen, dass er mir auch so einen Pass besorgen solle, damit ich nach West-Berlin könne, bevor die Grenze endgültig dicht sei - ohne Erfolg.

Schon zuvor war in der Bevölkerung gemunkelt worden, dass irgendwann die Grenze geschlossen werden würde, aber der Staatsratsvorsitzende Walter Ulbricht hatte dies noch wenige Tage vor dem 13. August öffentlich heftig dementiert: „Niemand hat die Absicht, eine Mauer zu errichten!“. Dabei war für jeden sichtbar, dass die DDR ausblutete. Sie verlor Monat für Monat Tausende von hochqualifizierten Wissenschaftlern und Facharbeitern, meist junge Menschen, die keine Perspektive für sich im SED-Sozialismus sahen. Über West-Berlin waren bis zum Mauerbau 1.649.070 Menschen aus der DDR geflohen, über die innerdeutsche Grenze und das Ausland 1.037.872, zusammen also deutlich über zweieinhalb Millionen, die der DDR bei dieser „Abstimmung mit den Füßen“ eine Absage erteilt hatten.

Als der „antifaschistische Schutzwall“ unter Leitung des Ulbricht-Favoriten und Sekretärs des Nationalen Verteidigungsrates der DDR Erich Honecker, von 1946-1955 „Häuptling“ der Freien Deutschen Jugend (FDJ), gebaut war, brach die Kampagne gegen alles Westliche los. Junggenossen der SED und FDJler stiegen auf die Dächer, um die Fernsehantennen nach Osten umzudrehen oder abzubauen. Hart wurde gegen sogenannte „arbeitsscheue Personen“ vorgegangen und jede ideologische Abweichung unbarmherzig bekämpft. Und jetzt erst, nach dem 13. August 1961, konnte die SED-Führung endlich die allgemeine Wehrpflicht verordnen, denn wohin sollten junge Männer nun noch abhauen, die nichts von der Nationalen Volksarmee (NVA) hielten?

Ein paar Wochen nach der Grenzschließung standen meine Mutter und wir Kinder auf der Heinrich-Heine-Straße. Wir hatten uns mit meinem Vater verabredet. So sahen wir, wie er uns auf der Westseite von einem der inzwischen zu diesem Zweck gebauten Holztürme aus zuwinkte. Wir winkten zurück. Zwischen uns lagen nur ein paar Meter Mauer und Stacheldraht: die „Friedensgrenze“, wie die SED-Propaganda erklärte. Ich war maßlos traurig - und wütend. Die Mauer mit all ihren Folgen für meine Familie und mich würde ich der SED nie verzeihen!

„Zeit der Bewährung"

Für uns Jugendliche, die wir in West-Berlin zur Schule gegangen waren, kam nun die „Zeit der Bewährung“. Wir mussten auf die Ost-Berliner Arbeitsämter gehen und uns dort erfassen lassen. Nur zwei von zwanzig aus unserer Klasse durften ihr Abitur auf einer DDR-Oberschule machen, da ihre Eltern Beziehungen zu den „richtigen“ Leuten hatten. Meine Schwester und ich bekamen zunächst nicht einmal eine Lehrstelle, weil wir in den Bewerbungen wahrheitsgemäß angegeben hatten, dass unser Vater im Westen wohnte.

Regina wurde eine Stelle als Hilfskraft in einem Krankenhaus zugewiesen und ich zu einem privaten Dachdeckerbetrieb vermittelt. Bis zu diesem Tag hatte ich nie körperlich schwer gearbeitet, sondern höchstens handwerklich herumgebastelt.

Der zwanzigjährige Rainer Eppelmann im Hintergrund zusammen mit Bruder Dietmar, Mutter und Schwester Dorit (Privatarchiv Eppelmann)

Aber jetzt musste ich von einem Tag auf den anderen eine „Tuppe" tragen. Das ist ein Gefäß, in dem man Mörtel oder Ziegel auf dem Rücken schleppt. Gefüllt wog es etwa eineinhalb Zentner, und mit diesem Gewicht musste ich drei, vier, fünf und mehr Etagen nach oben steigen. Dort, auf oder unter dem Dach, warteten ein oder zwei Gesellen, die weiterarbeiten wollten. Von mir hing ab, ob sie ihr Soll schafften. Ich tat monatelang nichts anderes und war in den ersten Wochen völlig zerschlagen. Ich wuchs noch und habe mir dabei wohl meine Wirbelsäulenverkrümmung geholt.

Immerhin brachte ich für damalige Verhältnisse nicht wenig Geld nach Hause, mein Verdienst lag zwischen 400 und 600 Mark. Das meiste davon musste ich zwar abgeben, aber es war das erste selbstverdiente Geld. Was ich davon behalten durfte, investierte ich vor allem in eine AWO 425 S. Den Kaufpreis für dieses Motorrad und die angemessene Kluft konnte ich in kleinen Raten abstottern. Zur bereits vorhandenen Lederjacke und Nietenhose kamen eine Fidel-Castro-Mütze und langschäftige braune Lederhandschuhe. Ich fand mich todschick.

In dieser Ausstattung - statt im üblichen Festtagsanzug - begab ich mich auch zum Wahllokal, als ich mit achtzehn Jahren das erste Mal an einer „Volkswahl" teilnehmen durfte. Es waren die Kommunalwahlen im September 1961, bei denen der Liste der in der Nationalen Front unter Führung der SED zusammengefassten „Blockparteien" und Massenorganisationen wie gewohnt knapp hundert Prozent der Stimmen zugeschrieben wurden. Meine Stimme bekamen sie allerdings nicht. Als ich das Wahllokal betrat, fragte ich laut, was ich tun müsse, wenn ich mit keinem der Kandidaten einverstanden sei. In diesem Fall müsse ich jeden einzeln durchstreichen, wurde mir erklärt. Ich tat es vor aller Augen und verließ stolz den Raum.

Viele Jahre später begriff ich, dass meine Demonstration im Wahllokal im Prinzip zwar richtig, aber wenig wirkungsvoll gewesen war. Denn hatten mich nicht Leute hineingehen sehen und daraus die Schlussfolgerung ziehen müssen, dass ich mich an dem unwürdigen und undemokratischen Spektakel beteiligte? Erst bei den Kommunalwahlen im Mai 1989 - also 26 Jahre später - habe ich wieder ein Wahllokal von innen gesehen. Auch dieses Mal strich ich die Namen aller Kandidaten durch. Ich machte bei der Farce mit, weil wir uns in der Bürgerrechtsbewegung darauf verständigt hatten, die Stimmenauszählung möglichst flächendeckend zu kontrollieren.

Meine Mutter hat sich nie an DDR-Wahlen beteiligt. Eifrige Genossen suchten sie zwar an den Wahltagen auf und agitierten sie wie andere Unwillige auch. Denn das Regime legte großen Wert auf eine hohe Wahlbeteiligung, die es als Zustimmung zum politischen System der DDR ausgab. Aber meine Mutter erklärte, so lange nicht zu wählen, bis die Obrigkeit endlich dafür sorge, dass ihre Familienverhältnisse in Ordnung kämen.

Die Stimmabgabe gegen die Nationale Front war damals allerdings meine einzige politische Tat. Viel lieber donnerte ich mit meiner Freundin Anja auf meiner AWO durch die Gegend, gemeinsam mit Klaus Weise und seiner Freundin Angelika, Anjas Schwester. Klaus Weise hatte sogar eine 350er Sport-AWO ergattert, die nur in ganz geringer Stückzahl als Eskortenmaschine, also zur Begleitung von Staatsbesuchen durch die Volkspolizei, gebaut worden war. Anja hatte ich in der Jungen Gemeinde kennengelernt. Zusammen machte es viel mehr Spaß, die DDR per Zweirad zu erkunden, als allein.

Meine Mutter wollte, dass zuerst meine Schwester Regina eine gute Ausbildung erhielt und ich als Hauptverdiener zunächst weiterarbeiten sollte. Regina arbeitete daraufhin nur noch stundenweise im Krankenhaus und machte auf der Abendschule das Abitur. Sie konnte später an der Humboldt-Universität sogar Pädagogik, Deutsch und Englisch studieren – trotz Konfirmation, ohne Jugendweihe und ohne Mitgliedschaft in der FDJ. 1968 wurde sie Junglehrerin für Deutsch und Englisch in Neuenhagen, im Norden Berlins gelegen. Als der Warschauer Pakt im August 1968 die ČSSR besetzte und den „Prager Frühling", wie der Reformsozialismus von Alexander Dubček und Ota Čik genannt wurde, niederwalzte, weigerte sich Regina als Einzige des Lehrerkollegiums, eine Resolution zu unterschreiben, in der der Einmarsch als „sozialistische Bruderhilfe" gerechtfertigt wurde. Eine Woche lang diskutierten Vertreter der SED und der Schulleitung mit ihr, auch der Schulrat schaltete sich ein. Aber Regina blieb bei ihrer Position und wurde entlassen.

Ich habe sie wegen ihrer mutigen Haltung bewundert. Sie

stand völlig allein und hatte niemanden, hinter dem sie sich verstecken konnte. Denn zu dieser Zeit hatten unsere Mutter und die beiden jüngeren Geschwister auf dem Wege der Familienzusammenführung in den Westen ausreisen dürfen. Damals wurde meine „Vizemutter“ Christine Groß für mich besonders wichtig. Sie kümmerte sich um uns, die wir in der DDR zurückgeblieben waren. Ohne sie hätte ich nie begriffen, was der christliche Glaube mit meinem Leben zu tun hat. Hier spürte ich die tragenden Hände Gottes!

Damals, an einem Augusttag im Jahr 1968, stand ich mit meinem Freund Jochen vor der ČSSR-Botschaft in der Schönhauser Allee. Wir kannten uns von den „Boten“, der kirchlichen Laienspielgruppe. Er hatte wegen Flugblattverteilens im Gefängnis gesessen. Wir wollten in die Botschaft gehen, um den Tschechoslowaken unsere Solidarität auszudrücken. Wir hatten Angst, sahen Volkspolizisten, die zwar keinen aufhielten, der die Botschaft betrat, aber durch ihre bloße Anwesenheit abschreckten. Schließlich nahmen wir unser Herz in die Hand und gingen hinein. In dem ausliegenden Kondolenzbuch notierten wir unsere Empörung über den Überfall. Wir unterschrieben mit unseren vollen Namen samt Anschriften – um der Stasi die Arbeit nicht zu erschweren, wie wir trotzig meinten. Es hatte keine sichtbaren Folgen für mich oder Jochen, der Jahre später in die Bundesrepublik ausreiste.

Doch zurück zu meiner Lehrzeit. Bis zum Sommer 1962, ein Jahr lang, schleppte ich Ziegel und Mörtel die Treppen hinauf. Da mein erster Arbeitgeber starb, musste ich bald zu einem anderen Dachdeckerbetrieb wechseln. Dort arbeitete ich mit Klaus Schulze zusammen, der zwei oder drei Jahre älter war als ich. Es erleichterte meine ungeliebte Existenz etwas, dass ich mit ihm vernünftig reden konnte und er in mir nicht nur den Handlanger sah. Er brachte mir vieles bei. Zum Beispiel zeigte er mir, wie man Biberschwänze verlegt, was einiges Geschick erfordert. Einmal arbeiteten Klaus und ich auf dem Dach einer Gummifabrik in Weißensee. Plötzlich kam eine starke Windböe und riss mich um. Ich rutschte ab, und hätten meine Hände nicht instinktiv die Leitung eines Blitzableiters erfasst, wäre ich drei oder vier Etagen hinuntergestürzt und auf der Stelle tot gewesen. Oder hat mich jemand anderes gehalten? Als ich wieder oben auf den Dachlatten stand, fingen meine Knie fürchterlich zu wackeln an. Erst jetzt war mir bewusst, was mir fast passiert wäre.

Manches machte mir bei aller Plackerei auch Spaß. Mir gefiel es, in achtzehn Meter Höhe Regenrinnen zu säubern. Da saß ich an der Dachkante, stützte mich mit einem Fuß in der Rinne ab, die ich mit der Kelle auskratzte, das andere Bein baumelte lässig herunter. Unten gingen die Leute vorbei und staunten. Denen wurde schon vom Zusehen schwindlig, und ich fühlte mich ganz stark und toll.

Meine Freundschaft mit Klaus dauerte länger als unsere Zusammenarbeit. Sie ging zu Ende, als sich unsere Interessen auseinanderentwickelten. Klaus wollte viel Geld verdienen und schnell zu Haus und Auto kommen. Solche materiellen Dinge waren mir zwar nicht gleichgültig, aber doch nicht von alles überragender Bedeutung. Er hat dann geheiratet, und dies trug auch dazu bei, dass wir uns immer seltener sahen.

Im Sommer 1962 hatte ich mich offenkundig „bewährt", meine vom Staat verordnete „Strafarbeit" ging zu Ende. Bald durfte ich eine Ausbildung als Maurer im Wohnungsbaukombinat (WBK) in Lichtenberg anfangen, ganz in der Nähe der Stasizentrale in der Normannenstraße. Eine Maurerlehre war nicht unendlich weit entfernt von einem meiner früheren Berufswünsche. Denn hätte ich das Abitur absolvieren dürfen, wäre ich Architekt geworden oder Bundeswehrpilot. Aber keineswegs, weil ich eine Schwäche fürs Militärische gehabt hätte. Mich begeisterte das Fliegen. Für Uniformen und Rangabzeichen interessierte ich mich nicht. Ich habe die Dienstränge erst einigermaßen gelernt, als ich 1990 Minister für Abrüstung und Verteidigung der DDR wurde.

Rohbaumonteur

Genau gesagt nannte sich mein nun zu erlernender Beruf „Rohbaumonteur", eine sozialistische Wortschöpfung, in der sich ausdrücken sollte, dass wir zum industriellen Bauen in der DDR übergegangen sind. Als Rohbaumonteur hatte man vor allem mit Platten zu tun. Die nach ihnen benannte Bauweise wurde damals gerade eingeführt, und mit ihrer Hilfe errichtete man schon ganze Häuser. Zunächst waren die Platten rund ein Meter mal ein Meter groß, und sie wurden, verbunden durch Mörtel, Stück für Stück aufeinandergesetzt. Das war die Technik der Zukunft, glaubten die Experten. Daher habe ich das eigentliche Mauern nur nebenbei gelernt. Aber noch während der Lehrzeit zeigte sich, dass auf Maurer nicht verzichtet werden konnte, und so verwandelte sich der Rohbaumonteur des Lehrvertrags in den Maurer des Gesellenbriefs, der mir schon nach zwei Jahren Lehrzeit ausgehändigt wurde, weil ich zehn Schuljahre nachweisen konnte.

Die Platten sind später immer größer geworden und wurden miteinander verschweißt, weil sonst die Stabilität gelitten hätte. Trotzdem wurden weiter Maurer gebraucht, die einen Schornstein hochziehen, eine Wand setzen und verputzen oder Fliesen verlegen konnten. Die Arbeitsteilung wurde allerdings noch während meiner Lehrzeit auf die Spitze getrieben: Zum Beispiel wurden sogenannte Schnur- und Eckenmaurer ausgebildet. Jene, die am besten mit der Kelle umgehen konnten, mauerten die Ecken hoch, und die anderen spannten die Schnur von der einen Ecke zur anderen und setzten dann die Ziegel dazwischen.

Ich war nicht nur zwei bis drei Jahre älter als meine Mitlehrlinge, sondern auch ehrgeizig, weil ich noch studieren wollte, und dazu musste ich überdurchschnittliche Leistungen in der Berufsausbildung zeigen. In einem Bau habe ich mich „verewigt“, und zwar in der „Zoologica“, einem großen Zoofachgeschäft neben dem zentralen Schlachthof am S-Bahnhof Leninallee, heute Landsberger Allee. Wenn ich später mit meinen Kindern an dem Haus vorbeifuhr, konnte ich ihnen die Ecke zeigen, die ich gemauert hatte. Dass ich trotz allem bautechnischen Hin und Her etwas gelernt hatte, bestätigte mir auch mein Vater. Das erste Passierscheinabkommen im Dezember 1963 erlaubte es ihm, uns über die Weihnachtsfeiertage zu besuchen. Ich erzählte ihm, dass wir 800 Steine am Tag vermauerten. Damit könne ich im Westen eine Menge Geld verdienen, sagte er.

Mangels Abitur konnte ich zwar nicht Architekt werden, aber wenigstens Bauingenieur. Das verdanke ich einem Berufsschullehrer, einem überzeugten Kommunisten, der gern erzählte, dass in der Sowjetunion in fünf Jahren endlich das Geld abgeschafft werde. Auf der letzten Elternversammlung vor Abschluss der Lehrzeit empfahl er mich überraschend für die Fachschule, obwohl er mich als schwarzes Schaf betrachtet hatte. So kam ich im September 1964 an die Ingenieurschule für Bauwesen in der Straßmannstraße in Berlin-Friedrichshain, ganz in der Nähe der Samaritergemeinde, die mir damals aber noch nichts bedeutete. Diese Ingenieurschule galt als die „rote Fachschule“ in Berlin. Aber ich war zufrieden, weil sie die Einzige ihrer Art in Ost-Berlin war. Aus meinem Studienwunsch Hochbau wurde allerdings nichts, stattdessen sollte ich mich nach Meinung der Bedarfsplaner mit dem Tiefbau befassen. Das Klima an dieser Schule war entsetzlich. Ich hatte bald den Eindruck, dass wir zu Staatsfunktionären, aber nicht zu Baufachleuten ausgebildet werden sollten. Die Lehrer erschienen mir als unerschütterliche Gefolgsleute der SED. „Wir sind auf der Seite des Fortschritts, wir sind auf der Seite der Zukunft", hämmerten sie uns fortlaufend ein. In den Lehrbüchern wurden für 1975 paradiesische Zeiten in einer kommunistischen DDR prognostiziert. „Überholen ohne einzuholen", plapperten sie treudumm ihrem Staatslenker Ulbricht nach.

Nach meiner Zeit in der Johannes-Kepler-Schule in Neukölln drückte ich zum ersten Mal wieder täglich die Schulbank. Es war ein Unterschied wie Tag und Nacht. So groß der ideologische Eifer von Lehrern und vielen Schülern war, so erbärmlich war das intellektuelle Niveau. Meine Geschichtslehrerin in West-Berlin, Frau Schmelzer, ist eine alte Sozialdemokratin gewesen, die uns das Diskutieren beigebracht hatte. Sie zeigte uns historische Zusammenhänge auf, von denen wir nie zuvor gehört hatten. Ich wollte überzeugt werden und diskutieren und nicht mit „ewigen Wahrheiten" vollgepumpt werden. Die sozialistische Ingenieurschule machte mich krank, und ich erklärte meiner Mutter, dass ich diese Kaderschmiede nicht mehr betreten würde. Sie solle mich bitte abmelden – ich war 21 Jahre alt und schickte meine Mutter, damit sie etwas tat, was ich als Erwachsener eigentlich hätte selber tun müssen! Auf den Rat der Hausärztin hin brachte meine Mutter mich zum Nervenarzt. Der unterhielt sich erst mit mir allein und danach mit meiner Mutter. Er erklärte ihr, dass ich keineswegs an Depressionen litt, sondern genau wisse, was ich wolle. Sie solle mich schnellstmöglich von der Schule nehmen. Schließlich begriff meine Mutter, dass es mir bitterernst war und sie mich nicht würde umstimmen können. Sie suchte die Schule auf und erklärte dem Direktor, dass ich abgehen müsse. Der Direktor und mit ihm wohl die Lehrer empfanden meine Weigerung, ihre Schule weiterzubesuchen, als persönliche Beleidigung. Ich wollte ihre Gnade nicht länger in Anspruch nehmen! Das verstanden sie nicht.

Es war nicht schwer, eine neue Anstellung zu finden. Zwei Mitglieder der christlichen Theaterspielgruppe „Die Boten“ arbeiteten in der Produktionsgenossenschaft des Handwerks (PGH) „Bauhütte Berlin“, in der ich anfangen konnte. Die PGH war hervorgegangen aus einer Privatfirma, die sich nicht mehr hatte halten können, weil sie gewaltig unter Druck gesetzt worden war. Die sozialistische Planwirtschaft bevorzugte große Betriebseinheiten, und Privatunternehmer waren ihr ein Dorn im Auge, auch wenn sie bis Anfang der siebziger Jahre nicht ganz auf sie verzichten wollte. Die PGH waren eingebaut in das ökonomische System der DDR und standen unter Kontrolle der SED-beherrschten Handwerkskammer. Ihre Mitglieder mussten zwanzig Prozent Lohnsteuer zahlen, während in den Volkseigenen Betrieben (VEB) nur zehn Prozent abgezogen wurden. Trotzdem verdienten die Kollegen in den PGH mehr als die Arbeiter in den Volkseigenen Betrieben, weil die Genossenschaften besser funktionierten und effektiver arbeiteten.

Jeder Mitarbeiter in den PGH war auch Teilhaber. Wenn ich mich recht erinnere, betrug unser Mitgliedsbeitrag 600 Mark. Diese Summe musste man allerdings nicht auf den Tisch legen, sondern sie wurde bei neuen Mitgliedern anfangs in Raten vom Monatslohn einbehalten. Am Jahresende gab es dann eine Gewinnausschüttung. Als ich die PGH verließ, bekam ich meinen Mitgliedsbeitrag zurück.

In der Genossenschaft gab es ein bisschen weniger Planwirtschaft und etwas mehr Freiheit als in den Staatsunternehmen. Bei uns sorgte sich kein Parteisekretär um unser ideologisches Wohl, stattdessen wurden Mitgliederversammlungen abgehalten. Dort wurde alles Mögliche diskutiert und beschlossen. Meist standen Fragen im Mittelpunkt, die mit der Wirtschaftspolitik und der Lage des Betriebs zusammenhingen.

Die rund hundert Mitarbeiter konnten innerhalb eines vorgegebenen Rahmens beeinflussen, wie der Betrieb sich weiterentwickeln sollte. Wie viel Geld geht in die Rücklage? Wie viel investieren wir in neue Maschinen? Übernehmen wir weitere Aufgaben wie etwa die Schwammsanierung, oder bleibt es bei den Abteilungen Maurer und Zimmerleute? Auf den Jahreshauptversammlungen wählten wir unseren Vorstand.

Während ich diese Zeilen niederschreibe, fällt mir ein, dass ich wiederholt erklärt habe, dass es in der DDR nur in der evangelischen Kirche demokratische Elemente gegeben habe. Das trifft in dieser Absolutheit nicht zu, solche Ansätze lassen sich auch in den PGH und den Landwirtschaftlichen Produktionsgenossenschaften (LPG) entdecken.

Einmal tauchte auch ein Funktionär der Handwerkskammer auf, um auf der Mitgliederversammlung eine Rede zu halten. Unser Vorsitzender hätte sich kaum getraut, so aufzutreten und solchen Quatsch zu reden wie dieser Apparatschik. Der Mann von der Handwerkskammer aber drosch unverzagt die damals üblichen Phrasen und erntete heftigen Widerspruch von fünf bis zehn PGH-Mitgliedern. Ich trat als Erster gegen ihn auf und machte dabei die Erfahrung, dass, wenn einer den Anfang macht, andere folgen und sich trauen.

In der Zeit als Maurer und Putzer in der PGH „Bauhütte Berlin“ habe ich mich fast frei gefühlt. Niemand konnte mich erpressen. Ich hatte noch keine Familie und brauchte mir um die Zukunft meiner Kinder noch keine Sorgen zu machen. Ich konnte sagen, was ich wollte. Einige Wochen nach der Volkskammerwahl vom 18. März 1990 hat mich ein alter Mann freundlich auf der Straße angesprochen. Er war einst Lagerverwalter in der PGH gewesen und nun stolz darauf, dass ein ehemaliger Kollege Minister geworden war. Andere frühere PGH-Mitglieder riefen mich an. Späte Nachwirkungen einer guten Zeit.

Die meisten DDR-Arbeiter machten ihren Mund nicht auf. Dabei hätte es für sie kaum ein Risiko bedeutet. Was hätten die berüchtigten Sicherheitsorgane dem Arbeiter denn tun können? Sie brauchten ihn doch. Die Grenzen waren weiter gesteckt, als gemeinhin angenommen wurde.

Es herrschte ein millionenfaches Schweigen über Ereignisse, die nie hätten verschwiegen werden dürfen. In meiner Kinder- und Jugendzeit hat mir niemand berichtet von den Ostdeutschen, die sich nach 1945 auf einmal in einem sogenannten „Sowjetischen Speziallager" wiederfanden, weil sie für Nazis oder Staatsfeinde gehalten wurden. Ich habe zu DDR-Zeiten auch nichts gehört von den Menschen, denen alles genommen wurde, als man sie 1961 und 1962 von der Grenze zu Westdeutschland ins Landesinnere deportierte, und auch nicht von den Bauern, die in die Landwirtschaftliche Produktionsgenossenschaft hineingetrieben wurden. Nicht wenige von ihnen flohen oder brachten sich um, weil sie nicht Genossenschaftsbauern werden wollten.

Das SED-Regime hat Millionen von Opfern hinterlassen. Unter ihnen gibt es eine besondere Gruppe, die es am schlimmsten getroffen hat: Die Vergessenen, die sich nicht einmal trauten, über ihr Leid zu reden. Dazu zählen auch jene kleinen und mittleren Unternehmer, die Anfang der siebziger Jahre enteignet wurden und dann bestenfalls Abteilungsleiter im vormals eigenen Betrieb sein durften. Jeden Tag mussten sich diese Opfer der SED durch die Propaganda verhöhnen lassen, die behauptete, die DDR sei ein mustergültiger Rechtsstaat, in dem das Wohl des Menschen Leitfaden der Politik sei. „Im Mittelpunkt steht der Mensch", stand auf den Losungsbändern, die bei den Mai-Demonstrationen an den Ober-Bonzen vorbeigetragen werden mussten.

Im Schweigen über dieses und anderes Unrecht besteht ein großes Versagen meiner Eltern, die auch über die Zeit vor 1945 so wenig sagten wie viele andere. Sie wollten von all dem Schrecklichen, das zwischen 1933 und 1945 geschehen war, nichts gewusst haben. Dabei war der Bruder meiner Mutter 1934 nach Frankreich geflohen, weil er angeblich wie ein Jude aussah und deshalb schikaniert und beschimpft wurde. Regina und ich machten unseren Eltern deshalb leidenschaftliche Vorwürfe und stellten bitterböse Fragen.

In einem Familienalbum entdeckte ich zufällig ein Bild, das meinen Vater in der Uniform eines SS-Unterscharführers zeigt. Er hatte am Frankreichfeldzug teilgenommen und dort später kroatische Freiwillige ausgebildet, war Fahrlehrer bei der SS gewesen und gehörte schließlich zur Wachmannschaft der Konzentrationslager Buchenwald und Sachsenhausen. Als mein Vater in Buchenwald Dienst tat, besuchte ihn meine Mutter ab und zu. Er sagte ihr damals nicht, worin sein Dienst bestand. Erst viel später erzählte er ihr, dass er Gefangene bewacht habe. Auch folgende Episode schilderte er: Einmal warfen SS-Leute Zigaretten über den Zaun ins KZ-Gelände. Die Gefangenen, die nie Zigaretten erhielten, wollten natürlich gerne rauchen, und die Bewacher spornten sie an, sich die Zigaretten zu holen. Dann schossen sie auf die Gefangenen, weil diese sich nicht in der Nähe des Stacheldrahtzauns aufhalten durften. Meine Mutter erinnert sich noch heute daran, dass mein Vater immer nervös wurde, wenn im Radio oder im Fernsehen von NS-Prozessen berichtet wurde. Er hatte vermutlich Angst, er könnte eines Tages ebenfalls zur Verantwortung gezogen werden. Und dann plagte ihn vielleicht auch das schlechte Gewissen.

Meine Mutter war zuerst im Bund Deutscher Mädel (BDM) und trat dann als Postbeamtin in die NSDAP ein. Sie wurde deswegen aber von den sowjetischen Besatzungsbehörden nie befragt oder zum Steineklopfen befohlen. Das verdankte sie nicht allein der Tatsache, dass sie Kinder hatte, sondern möglicherweise auch dem Umstand, dass im Haus ein alter Kommunist wohnte, der ein gutes Wort für sie eingelegt hatte.

Nach dem Krieg lag mein Vater zunächst in einem Berliner Lazarett, weil ihm in den letzten Kriegstagen der Zeigefinger der linken Hand angeschossen worden war. Als er hörte, dass alle deutschen Soldaten, die in Frankreich gedient hatten, in die französische Besatzungszone gebracht werden sollten, sprang er aus einem Fenster und floh. In Bad Kreuznach fand er eine Ärztin, die ihm nicht nur den verletzten Finger amputierte, sondern auch die SS-Blutgruppentätowierung wegoperierte. Dort setzten ihn dann die Amerikaner fest, aber es gelang ihm, zu uns nach Berlin zu fliehen. In den Folgejahren reiste er jeweils im Herbst mit Genehmigung der sowjetischen Behörden in seinen rheinland-pfälzischen Heimatort Jugenheim und half bei der Weinlese. Einmal nahmen ihm sowjetische Soldaten an der Zonengrenze das Geld ab, das er verdient hatte.

Um den Jahreswechsel 1946/47 erwischten ihn die Franzosen und sperrten ihn in Ingelheim für mehrere Monate ins Gefängnis. Er entkam mit Hilfe einer Finte und kam zu uns nach Berlin in den russischen Sektor, wo die Franzosen nichts zu sagen hatten. Eines Tages im Jahr 1947 tauchten bei uns zu Hause dann überraschenderweise doch französische Soldaten auf, die mit Genehmigung der sowjetischen Behörden eine Hausdurchsuchung machten. Als sie meinen Vater nicht fanden, mit dem wir am Morgen noch gefrühstückt hatten, wurden die Franzosen wütend, einer schlug meine Mutter, wogegen der sowjetische Soldat, der die Franzosen begleitete, protestierte. Wie meine Mutter später berichtet hat, habe auch ich, damals gerade vier Jahre alt, eisern geschwiegen, sogar als mich einer der unerbetenen Besucher freundlich auf den Schoß nahm und nach meinem Papa fragte. Der wartete währenddessen im Nachbarhaus, bis die Soldaten erfolglos abgezogen waren. Mein Vater war ein entschiedener Antikommunist. Als die Russischlehrerin, der ich die Übernahme in die

Oberschule zu verdanken hatte, mich fragte, ob ich nicht in die FDJ eintreten wolle, habe ich mich dazu bereit erklärt. Aber zu Hause sagten meine Eltern nur: „Nein, das kommt nicht in Frage.“ Anderntags musste ich der Lehrerin dann erklären, dass meine Eltern mir den Eintritt in die Freie Deutsche Jugend verboten hätten. Ich war traurig darüber und fühlte mich alleingelassen. Zwar sah mein Vater nach 1945 den Nationalsozialismus kritischer als zuvor, aber die eigene Vergangenheit verurteilte er nicht. Der NS-Staat hatte ihm eine Arbeit in Uniform gegeben und Macht. Als Unterscharführer hatte er etwas zu sagen.

In West-Berlin wurden in der Zeit vor dem Mauerbau Flugschriften gegen Ulbricht verteilt mit Texten und Karikaturen. Mir haben sie gefallen wie vielen anderen DDR-Bürgern auch, da der SED-Chef in der Bevölkerung äußerst unbeliebt war. Vom Aufstand der Arbeiter am 17. Juni 1953 gegen Ulbrichts Regime weiß ich nur noch, dass Panzer durch die Pankower Maximilianstraße – in der wir damals wohnten – fuhren. Auf den Balkons auf der gegenüberliegenden Straßenseite standen Menschen, die die Panzer beobachteten. Aus einem dieser Häuser kam ein Mann auf die Straße und winkte den Soldaten zu. Erst da registrierten wir, dass er Kommunist war.

Erster Akt politischen Widerstands: Bausoldat

Am 24. Januar 1962, ein halbes Jahr nach dem Bau der Mauer mitten durch Berlin, beschloss die DDR-Volkskammer, das pseudoparlamentarische Akklamationsorgan der SED, die allgemeine Wehrpflicht für Männer zwischen dem achtzehnten und dem fünfzigsten Lebensjahr einzuführen. Der Wehrdienst wurde auf eineinhalb Jahre festgelegt. Daraufhin trat die evangelische Kirche auf den Plan, weil es in den Jungen Gemeinden Männer gab, die vor dem Hintergrund der Nazivergangenheit Deutschlands erklärten, dass sie keine Waffe in die Hand nehmen würden. Die Kirchen forderten vom Staat, ein Kriegsdienstverweigerungsrecht zu schaffen, wie es in der Bundesrepublik Deutschland im Grundgesetz verankert worden war.

Die SED kam diesen Bestrebungen wenigstens auf halbem Weg entgegen. Der Staatsratsvorsitzende Walter Ulbricht hatte dem thüringischen Landesbischof Moritz Mitzenheim, der sich auf problematische Weise zunehmend von der SED instrumentalisieren ließ, in einem Gespräch Zugeständnisse in der Wehrdienstfrage versprochen. Am 7. September 1964 erließ der Nationale Verteidigungsrat der DDR eine Anordnung, in der es unter anderem hieß, dass Wehrpflichtige in der NVA einen waffenlosen Wehrdienst als sogenannte Bausoldaten leisten könnten, wenn sie „aus religiösen Anschauungen oder aus ähnlichen Gründen den Wehrdienst mit der Waffe ablehnen".

Bausoldaten trugen die Uniform der NVA. Die Unteroffiziere und Offiziere in den Baueinheiten waren eigens für diese Verwendung ausgesucht worden, wie ich später feststellte. Die DDR war damit mehr als zwanzig Jahre lang der einzige Staat im sozialistischen Lager, der überhaupt so etwas Ähnliches wie ein Kriegsdienstverweigerungsrecht kannte. Meines Erachtens spielten dabei zwei Momente eine Rolle. Zuerst wirkten die furchtbaren Erfahrungen des Zweiten Weltkriegs nach, die es schwermachten, den Pazifismus aus religiösen Gründen zu diskreditieren. Zweitens gab es auf Seiten des direkten politischen Widersachers, der immer wieder als militaristisch kritisierten Bundesrepublik, ein solches Recht, und da wollten die Einheitssozialisten nicht gänzlich zurückstehen.

Die Erfahrungen des letzten Krieges prägten auch manche jungen Männer, die lieber berufliche und soziale Nachteile in Kauf nahmen, als ihren Wehrdienst mit der Waffe abzuleisten. Denn das stellte sich gleich heraus: Wer sich für die Baueinheiten der NVA entschied, konnte seine berufliche Fortentwicklung meist in den Wind schreiben. Ich weiß nicht, ob es einen einzigen Bausoldaten gab, der an einer staatlichen Hochschule oder Universität der DDR zugelassen wurde. Neben pazifistischen und religiösen Motiven – „Du sollst nicht töten" – gab es auch die Einsicht, dass sich die Spirale von Gewalt und Vergeltung nur durch den prinzipiellen Verzicht auf Gewalt durchbrechen ließ. Hinzu kam in einigen Fällen schließlich die nie öffentlich eingestandene Überzeugung, mit dem Regime der DDR möglichst wenig zu tun haben zu wollen.

Der letztgenannte Grund war für mich ausschlaggebend, als die Einberufung zur NVA auf mich zukam. Natürlich sagte auch ich nichts, was den Schluss hätte erlauben können, ich sei gegen den SED-Staat als solchen, sondern ich sprach mich nur gegen den Wehrdienst mit der Waffe aus. In Westdeutschland hätte ich den Dienst an der Waffe damals wahrscheinlich nicht verweigert.

Heute würde ich aber in keinem Land der Erde mehr als Soldat eine Waffe in die Hand nehmen – das ist eine zentrale Lehre aus meinem Leben. Diese Haltung brachte mich als

Bundestagsabgeordneten immer wieder in eine schwierige Lage. Das galt vor allem angesichts der Diskussionen über die Ausweitung des Verteidigungsauftrags der Bundeswehr. Auch ich, der ich mich zum Pazifismus bekenne, musste als Politiker alle denkbaren Mittel erwägen, um Gewalt zu bekämpfen. Was meine Haltung zur internationalen Konfliktbewältigung angeht, weiß ich mich ganz in der Nähe von kirchlichen und liberalen, auch sozialdemokratischen Positionen.

Zurück zum Lebenslauf. Die Waffendienstverweigerung war mein erster Akt bewussten politischen Widerstands. Ich war schon 1962 gemustert worden. Damals hatte ich die Absicht zu verweigern nicht erklärt, da die Bausoldatenanordnung noch nicht erlassen worden war. Wegen meines guten Gesundheitszustands wurde ich für die Panzer vorgesehen. Da ich gerade meine Lehre absolvierte, brauchte ich nicht sofort einzurücken. Zwei Jahre später, als ich meinen Gesellenbrief in der Tasche hatte, wurde ich zu einer Musterungsüberprüfung zitiert. Ein Offizier teilte mir mit, dass ich nun zur Panzerwaffe eingezogen würde. Ich widersprach, da es inzwischen eine andere rechtliche Lage in der DDR gab. Ich wolle mich an das Gebot „Du sollst nicht töten" halten und sei folgerichtig nicht bereit, mich für das Töten anderer Menschen ausbilden zu lassen. Als der Offizier merkte, dass ich informiert war über meine Rechte, beruhigte er sich und sagte: „Na gut, Sie sind Arbeiter, also ein intelligenter Mensch, gehen Sie mal in den Nebenraum, schreiben Sie auf, warum und weshalb Sie keine Waffe nehmen wollen. Dann entscheiden wir." Es dauerte nicht lange, bis eine Kommission die Sache beraten hatte und mir mitteilte, wann und wo ich als Bausoldat einzurücken hätte.

So ungehobelt sich der Offizier zunächst verhalten hatte, möchte ich jedoch anmerken, dass ich dieses einfache Verfahren einer Gewissensprüfung aber jener vorzog, wie sie in Westdeutschland lange Jahre üblich war. Es ist mir bis zum heutigen Tag nicht wirklich begreiflich, wie eine Kommission oder ein Gericht die Gewissensnot eines jungen Mannes eruieren will.

Aber auch hier gilt, wie in vielen anderen Bereichen unseres Lebens in der DDR, dass es keine Rechtssicherheit gab. Wohl und Wehe hingen oft von demjenigen ab, in dessen Kompetenz Entscheidungen fielen. So hatte eine ganze Reihe von jungen Männern - beispielsweise der Bürgerrechtler Ralf Hirsch - Schwierigkeiten, als Verweigerer anerkannt zu werden. Fast auf verlorenem Posten stand dann der, der keine Unterstützung durch die Kirche fand.

Die Tatsache, dass man sich zu den Baueinheiten melden konnte, war weitgehend unbekannt. In der Propaganda wurde diese Möglichkeit einfach unterschlagen, während in den Broschüren, die an den Grenzübergängen für Reisende aus dem Westen auslagen, die DDR nicht versäumte, sich als einen toleranten Staat darzustellen, der niemanden zum Waffendienst zwinge. Wenn ein Wehrpflichtiger im Wehrkreiskommando zu erscheinen hatte, wies man ihn darauf hin, dass er z. B. zur Volksmarine, zu den Pionieren oder Panzern gehen könne. Von den Baueinheiten war keine Rede. Nur in den Kirchen wurde teilweise darüber informiert, dass es eine gesetzliche Möglichkeit gab, den Waffendienst zu verweigern. Die meisten Pfarrer scheuten sich allerdings, für den Bausoldatendienst Reklame zu machen.

Ich bin zusammen mit zwanzig anderen als zweiter Bausoldatenjahrgang nach Stralsund einberufen worden. Dort bezogen wir eine neu errichtete Kaserne mit bewachten Toren. Später wurde die Einheit nach Saßnitz auf Rügen verlegt. Wir waren allerdings viel unterwegs, denn wir mussten für die NVA bauen. So errichteten wir Lagerhallen und einmal einen Schieß- und Übungsplatz - das fiel uns schwer. Wir waren in Sechs- und Achtmannstuben mit Doppelstockbetten untergebracht. Es gab für jeden einen Spind und einen Hocker, in der Mitte des Raumes standen zwei Tische mit eingelassenen Plastikplatten.

Einige meiner Kameraden waren sogar älter als ich. Man hatte sie schnell eingezogen, bevor sie keinen achtzehnmonatigen Wehrdienst mehr leisten mussten, sondern nur noch für Reserveübungen in Frage kamen. So hatte ich zum Beispiel einen Kfz-Meister aus Gramzow bei Prenzlau getroffen, der einen eigenen Betrieb besaß. Er war verheiratet und hatte zwei Kinder. Natürlich machte er sich Sorgen, dass seine Werkstatt, die Verwandte für ihn weiterbetrieben, Schaden nehmen würde. Am ersten Tag wurden wir eingekleidet. Wir waren vollgepackt mit Uniformteilen und Ausrüstungsgegenständen, was die ständig brüllenden Unteroffiziere nicht davon abhielt, uns durch die Gegend zu scheuchen. Sie wollten uns von Anfang an einschüchtern.

Zu den beeindruckenden Erlebnissen des ersten Tags bei der NVA gehörte, dass wir zwei Bausoldaten vorfanden, die eineinhalb Jahre vor uns eingezogen worden waren. Sie mussten nachdienen, weil sie wegen Gelöbnisverweigerung im Gefängnis gesessen hatten. Einer von ihnen hieß Jörg Hildebrandt. Seine Frau Regine sollte nach dem Ende der DDR für die SPD Arbeits- und Sozialministerin im Land Brandenburg werden. Jörg Hildebrandt arbeitete nach seiner Entlassung aus der NVA als Lektor bei der Evangelischen Verlagsanstalt in Berlin. Jörg und sein Kamerad begrüßten uns und rieten, dass wir uns keine Angst einjagen lassen sollten.

Auch wenn wir nie eine Waffe trugen, marschieren und exerzieren mussten wir wie alle anderen NVA-Angehörigen. Manchen fiel es leicht, anderen schwer. Ein Kamerad, Hans-Joachim Ebert, hatte damit arge Probleme. Er war ein langer Schlacks und marschierte deshalb immer vorne, wo sein aus dem NVA-Rahmen fallender Schaukelgang besonders auffiel.

Das sollte ihm später zwei Monate mehr Gefängnis einbringen als mir.

Die Gründe, weshalb jemand sich für die Bausoldaten entschied, konnten sehr verschieden sein. Einer gab ganz offen zu, er sei Mitglied der SPD. Es gab in Ost-Berlin ja noch immer einen Unterverband der SPD, der für die SED natürlich illegal war. Die SPD im Westen hatte am 23. August 1961 zwar die Parteiarbeit im Ostteil Berlins „suspendiert", weil man sich nicht mehr in der Lage sah, die Genossen im Osten zu schützen. Aber das erkannten nicht alle dort an, die sich jahrzehntelang über die deutsch-deutsche Grenze ihrer Partei verbunden fühlten. Später bin ich in der Samaritergemeinde einem alten Herrn begegnet, der sich ebenfalls noch als SPD-Mitglied verstand. 1987 habe ich dann bei einem Westbesuch einen Spitzenfunktionär der SPD gefragt, wie sich die Partei verhalten würde, wenn ich die SPD in der DDR wieder zum Leben erwecken würde, sie sei doch dort niemals verboten worden. Meine Frage stieß damals bei den West-Genossen auf keinerlei Resonanz.

Die meisten meiner Kameraden hatten sich aus christlicher Überzeugung für den Dienst bei den Bausoldaten entschieden. Ich erinnere mich an Zeugen Jehovas, aber auch an solche, die aus den pietistisch geprägten Regionen des Erzgebirges oder überhaupt Sachsens kamen. Einige wenige waren Berliner. Für uns alle galt: „Du sollst nicht töten! Achte das Leben der anderen! Es ist ihnen wie dir von Gott geschenkt." Diese Grundeinstellung wurde bei jedem von uns noch durch die besonderen biografischen Erfahrungen ergänzt.

Alle zwei bis vier Wochen hatten wir Ausgang, sonst durften wir die Kaserne nur zu dienstlichen Zwecken verlassen. Ein nichtiger Anlass reichte aus, um den Ausgang zeitweise ganz zu streichen. Diese Praxis diente der Disziplinierung, wobei sich die NVA auf diesem Feld wohl nicht grundsätzlich von anderen Armeen unterschied. Insoweit erging es uns wie allen einfachen Soldaten.

Wir genossen allerdings ein Privileg, das in den bewaffneten Einheiten Neid erzeugte und vielleicht auch deshalb gewährt wurde: Wir durften einmal im Monat einen Gottesdienst besuchen, das heißt, wir hatten einen zusätzlichen Sonntagvormittagsausgang. Nach dem Frühstück begaben wir uns zum Gottesdienst und nach dessen Abschluss gleich wieder zurück in die Kaserne. Engere Beziehungen zu den Gemeinden dort konnten wir so allerdings nicht aufbauen, wechselten wir doch auch immer wieder den Standort und konnten über den Gottesdienstbesuch hinaus nicht am Gemeindeleben teilnehmen.

Nach Hause kamen wir in diesen achtzehn Monaten selten, denn die NVA stationierte ihre Wehrpflichtigen damals aus

Rainer Eppelmann als Bausoldat, 1967

Prinzip möglichst weit weg von ihren Heimatorten. Erst mein direkter Vorgänger als Verteidigungsminister, Admiral Theodor Hoffmann, hat als Angehöriger der letzten SED-geführten Regierung unter Hans Modrow begonnen, ein menschlicheres Verfahren zu praktizieren. In meiner Amtszeit achtete die NVA dann streng darauf, die Wehrpflichtigen in Heimatnähe unterzubringen, sodass sie ihren Wochenendurlaub zu Hause verbringen konnten.

In den ersten vierzehn Tagen meiner Bausoldatenkarriere sagte ich zwar meine Meinung, aber ich bemühte mich, niemanden zu provozieren. Im Fach Staatsbürgerkunde unterrichtete uns ein in Moskau ausgebildeter Major, während in den bewaffneten Einheiten ein Zugführer dafür zuständig war. Es waren dort meist Unterleutnants oder Leutnants, die nachbeteten, was in eigens zu diesem Zweck gedruckten Broschüren über die „Friedenspolitik der DDR“ ausgeführt wurde. Bei uns spielten diese Heftchen eine untergeordnete Rolle. Stattdessen mühte sich unser Major, uns von den Vorzügen des „ersten Arbeiter-und-Bauern-Staats auf deutschem Boden“ und seiner Sicherheitspolitik gegenüber dem stets zur Aggression geneigten Imperialismus zu überzeugen. Er hielt uns für einen Anachronismus, für weltfremde Spinner, da in seinen Augen den Frieden nur der schütze, der sich bewaffnete. Es entwickelten sich leidenschaftliche Auseinandersetzungen. Ich weiß nicht, ob der Major seine Erkenntnisse an die Staatssicherheit weitergegeben hat. Möglicherweise bestand seine Aufgabe auch darin, unsere „negativen“ Ansichten aus uns herauszulocken. An diese Möglichkeit haben wir damals nicht gedacht. Für ihn war es ganz natürlich, dass uns, die wir ein „Sonderrecht“ beanspruchten, ein Studium an einer staatlichen Hochschule verwehrt wurde. Das stand zwar nicht im Gesetzbuch, aber immer wieder wurden in der DDR Menschen bestraft, weil sie ihnen zustehende Rechte nutzten. Dabei besaßen diejenigen, die dafür verantwortlich waren, kein schlechtes Gewissen, sondern sie waren fest davon überzeugt, dass sie richtig handelten.

Als Begründung dafür, dass einem das Studium verweigert wurde, verwiesen die Behörden jedoch nicht darauf, dass man Bausoldat gewesen sei. Stattdessen erklärte der Staat, dass jene, die studierten, später in besonderer Weise Verantwortung und auch leitende Funktionen übernähmen. Und da wollte die SED nur Leute sehen, die vorbehaltlos zu „unserer DDR" und ihrer Partei- und Staatsführung standen. Dazu zählten im Verständnis der Herrschenden keinesfalls jene, die sich weigerten, den Arbeiter-und-Bauern-Staat mit der Waffe zu beschützen.

Wenn ich später als Pfarrer mit staatlichen Funktionären über Menschenrechte diskutierte und ihnen vorwarf, dass sie diese verletzten, obwohl die DDR mit ihrem Beitritt zur UNO doch deren Menschenrechtscharta zugestimmt habe, erwiderten die Funktionäre selbstherrlich: „Herr Eppelmann, Sie legen diese Charta bürgerlich aus, wir interpretieren sie aber sozialistisch-fortschrittlich."

Nach vierzehn Tagen Grundausbildung sollten wir unser Gelöbnis ablegen. Wir trugen als Bausoldaten zwar keine Waffen, aber auch wir sollten der DDR „allzeit treu dienen". Wir stellten außerdem fest, dass im Text stand, wir müssten unseren Vorgesetzten „unbedingten Gehorsam" leisten. Mir fiel ein, dass sich nach 1945 viele Soldaten und Offiziere der Wehrmacht auf einen Befehlsnotstand berufen hatten. Zu ihnen zählte auch der Organisator der „Endlösung der Judenfrage", Karl Adolf Eichmann, dem 1961/62 in Israel der Prozess gemacht worden war. Auch er hatte behauptet, beim Völkermord nur mitgemacht zu haben, weil andere es befohlen hätten.

Raustreten zum Ablegen des Gelöbnisses

Beruhte meine Entscheidung, keine Waffe in die Hand zu nehmen, noch weitgehend auf persönlichen und politischen Motiven, so spielten bei meiner Weigerung, das Gelöbnis abzulegen, neben politischen auch religiöse Gründe eine Rolle. Ich wollte nie in eine Lage geraten, dass mir ein Mensch sagen könnte, ich müsse jetzt dieses oder jenes tun, weil ich im Gelöbnis versprochen hätte, es zu tun.

Dreizehn von uns 21 erklärten aus den genannten Gründen, nicht am Gelöbnis teilnehmen zu können. Die Antwort des Politoffiziers war: „Sie werden nie einen unmenschlichen Befehl erhalten, weil wir eine menschliche Armee sind." Dieses Argument überzeugte mich nicht, weil ich bis heute der Auffassung bin, dass Menschsein immer auch heißt, Fehler zu machen. Ich dachte in diesem Zusammenhang an die Biografie meines Vaters. Sollte ich einmal Kinder haben, dann wollte ich ausschließen, dass sie mir bittere Fragen stellten und ich keine Antworten wusste. Unsere Ausbilder bemühten sich, uns zu überreden, indem sie darauf hinwiesen, dass das Gelöbnis viel geringer zu bewerten sei als der Fahneneid. Wenn einer den Fahneneid breche, lade er nicht bloß eine moralische Schuld auf sich, sondern könne dafür auch strafrechtlich belangt werden. In der Tat gibt es genug Beispiele dafür in der Geschichte der Nationalen Volksarmee, dass Soldaten wegen Verletzung des Fahneneids strafrechtlich zur Verantwortung gezogen wurden. Wer sich nicht an das Gelöbnis halte, wurde uns eingeredet, der mache sich zwar moralisch und politisch schuldig, müsse aber strafrechtliche Konsequenzen nicht befürchten. Als die Überredungsversuche nicht fruchteten, folgten Drohungen. Zu drei bis fünf Jahren Gefängnis würden wir verurteilt wegen Befehlsverweigerung, wurde uns angekündigt.

Am Tag des Gelöbnisses wartete unser Zug in den Stuben. Wir wussten, dass ein Militärstaatsanwalt darauf vorbereitet war, Gelöbnisverweigerer an Ort und Stelle festnehmen zu lassen und zu verhören. Statt unseres Arbeitsanzugs hatten wir unsere Dienstuniformen an. Das Gelöbnis sollte im Rahmen einer feierlichen Zeremonie auf dem Kasernenhof abgelegt werden. Dann kam der Befehl: „Raustreten zum Ablegen des Gelöbnisses!“ Wir verließen die Stuben und stellten uns im Gang in Reih und Glied auf. Dann wurde befohlen, dass wir vor der Kaserne antreten sollten. Dreizehn Mann blieben stehen, die anderen rückten aus. Sie kamen aber gleich wieder zurück, weil nun befohlen wurde, dass alle zurück in die Stuben sollten. Dort redeten der Zugführer und die Ausbilder noch einmal auf jeden ein. Doch auch der zweite Anlauf scheiterte. Nun schilderte uns der inzwischen herbeigerufene Militärstaatsanwalt, was zu erwarten sei, wenn der dritte Versuch ebenfalls scheitere.

Danach hatten wir noch ein wenig Zeit, miteinander zu reden. Der Kfz-Meister erklärte, er könne seinen Betrieb dichtmachen, wenn er drei Jahre in den Knast komme und danach noch seinen Bausoldatendienst ableisten müsse. Andere argumentierten ähnlich. Jetzt wurde es ernst, das war allen klar. Wieder wurde befohlen, aus den Stuben herauszutreten, und wieder folgten alle dieser Aufforderung. Neunzehn Mann gehorchten auch dem Befehl, im Kasernenhof zur Ablegung des Gelöbnisses anzutreten. Zwei blieben stehen: Hans-Joachim Ebert und ich. Die anderen legten das Gelöbnis ab. Hans-Joachim und ich wurden sofort erneut dem Militärstaatsanwalt vorgeführt, der unverzüglich Haftbefehle ausstellte und Ermittlungsverfahren wegen Befehlsverweigerung gegen uns einleitete. Ein Schreiber hielt unsere Personalien fest. Der Staatsanwalt war sachlich und fragte zuerst, ob wir bei unserer Entscheidung bleiben wollten. Er appellierte an unsere Vernunft. Offensichtlich hatten wir noch eine letzte Chance, der Gerichtsverhandlung zu entgehen, wenn wir jetzt nachgaben. Doch wir hatten uns entschieden. Ich zumindest mit Herzklopfen. Ich neige zur Konsequenz, und wenn ich mich einmal zu etwas entschlossen habe, halte ich es durch. Aber ich gestehe, dass ich mir bei diesem Punkt, wie bei späteren Gelegenheiten auch, nicht vollkommen sicher bin, ob ich getan hätte, was ich tat, wenn ich gewusst hätte, was mir bevorstand. Ich hatte gehörig Angst und keine Ahnung, wie es mit mir weitergehen würde. Heroisch fühlte ich mich nicht.

Die erste Vernehmung dauerte ungefähr eine halbe Stunde. Danach durften wir noch einmal auf unsere Stuben, um persönliche Dinge und Waschzeug einzupacken. Die Kameraden, die soeben das Gelöbnis abgelegt und anschließend eine Bockwurst verzehrt hatten, schwiegen betreten. Mir war ebenso wenig zum Sprechen zumute. Mit zugeschnürtem Hals verstaute ich die paar Dinge, die ich mitnehmen durfte. Bewacht von zwei Militärpolizisten, wurden wir dann in einem Trabant-Kübelwagen abtransportiert. Wie ich später feststellte, brachten sie uns in die Untersuchungshaftanstalt Greifswald.

Zuerst nahmen mir Justizvollzugsbeamte meine Kleidung weg; ich wusste damals nicht, dass man als Untersuchungshäftling darauf bestehen kann, weiterhin Zivil zu tragen. Ich musste Gefängnisbekleidung anziehen und wurde in eine „Tigerzelle“ gebracht zu einem Selbsttötungskandidaten, der ebenfalls gerade eingeliefert worden war. Diese Zweimannzelle trug ihren exotischen Namen zu Recht, weil statt einer Tür ein großes Gitter in die Wände eingelassen war, so dass die Wärter jederzeit hineinsehen konnten. Offensichtlich hielten es die Aufseher für eine kluge Eingebung, einen Christenmenschen mit einem Freitodkandidaten zusammenzulegen, um das Schlimmste zu verhüten. Aber ich befasste mich weniger mit den Suizidgedanken meines Zellennachbarn als mit dem eigenen Elend. Ich sah das Gitter, das eindrücklich symbolisierte, dass ab sofort andere vollständig darüber bestimmten, was mit mir geschah. Auch darüber, wann dieses Gitter wieder aufging und ich aus dem Gefängnis herauskam. Zwei Tage saß ich in der „Tigerzelle“ und heulte, wenn ich mich unbeobachtet fühlte. Manchmal ist es gut, dass man vorher nicht genau weiß, auf was man sich einlässt.

Ich esse heute gerne Petersilie. Vor der Inhaftierung hatte ich dieses Kraut kaum wahrgenommen, wenn ich mich an einen gedeckten Tisch setzte. Es war für mich Dekoration, die meist nach dem Essen im Mülleimer landete. Mit meinem Gefängnisaufenthalt aber änderte sich nicht nur mein Verhältnis zu Petersilie, sondern auch das zu anderen kleinen Dingen des Lebens. Beim Hofgang faszinierte mich zum Beispiel eine kleine Blume oder irgendetwas Grünes. Ich hätte es zuvor nicht gesehen.

Und noch etwas Wichtiges änderte sich: Ich war trotz meiner 22 Jahre als recht unbekümmerter junger Bursche zur Armee gekommen, aber nach der Haft war ich ein Mann. Meinen Reifeprozess habe ich im Schnelldurchgang im Gefängnis absolviert. Ich gewann unter anderem eine gehörige Portion Gelassenheit und Selbstbewusstsein dazu. Das half mir später, Einschüchterungsversuchen zu widerstehen. So schwer die ersten beiden Tage waren, die acht Monate Haft haben mich nicht kaputtgemacht, weil ich wusste, warum ich im Gefängnis war.

Ich traf dort Menschen, die tief verzweifelt waren. Einer rannte mit dem Kopf gegen die Wand; er hatte die Tat, für die er verurteilt werden sollte, volltrunken begangen. Wegen ein paar Gläsern zu viel hatte er Jahre seines Lebens verschenkt. Ich dagegen bereute nichts. An jedem Tag, den ich im Gefängnis saß, wurde ich stärker. Ich erlebte die acht wichtigsten Monate meines Lebens – so empfand ich es bis Mitte der achtziger

Jahre. Und dies, obwohl es auch meine schwerste Zeit war. Ich wusste mich getragen.

Am dritten Tag meines Knastdaseins wurde ich in eine normale Zelle mit Tür verlegt. Sie war größer als die „Tigerzelle“. Darin standen zwei Doppelstockbetten und ein Tisch mit vier Hockern. Drei Schlafstellen waren belegt von Insassen, die erheblich älter waren als ich. Hinlegen durfte man sich nur abends zur Bettruhe. Unsere Notdurft verrichteten wir in einen Kübel mit Deckel und schwarzem Plastikring zum Sitzen. Chlorkalk dämpfte den Gestank und desinfizierte. Der Kübel wurde jeden Morgen vor dem Frühstück von einem Zellengenossen geleert.

Dann saßen wir beim Mittagessen und aßen eine nicht besonders gut schmeckende Blutwurst mit matschigen Kartoffeln und Sauerkraut. Einer in unserer Zelle stand plötzlich auf, ging zum Kübel, zog die Hose herunter und entleerte seinen Darm. Spätestens jetzt wusste ich ganz genau, wo ich gelandet war.

Ich wurde von den Aufsehern formal korrekt darauf hingewiesen, dass ich Haftbeschwerde einlegen könne. Das tat ich und war nicht überrascht, als sie abgelehnt wurde. In den ersten Tagen wurde ich zusammen mit anderen Neuinhaftierten in einem kleinen geschlossenen Transporter zu einer Greifswalder Poliklinik gefahren, um streng nach Vorschrift einem Arzt vorgestellt zu werden.

Als der Wagen vor der Klinik hielt, wurden uns Handschellen angelegt. Wir stiegen aus und liefen dann durch ein kleines Spalier von Wärtern zum Eingang. In diesem Augenblick kamen zufällig ein paar Passanten vorbei. Ich werde die Augen einer älteren Frau nie vergessen. Sie schaute mich erschrocken und voller Angst an, aber nicht, weil ich armer Kerl Gefangener war, sondern weil sie mich für einen schlimmen Verbrecher hielt. Mich hat ihr Blick verletzt. Möglicherweise hatte sie in den folgenden Jahren mein Gesicht vor Augen, wenn sie an Kriminelle dachte.

Die Untersuchung, die uns zuteil wurde, war erbärmlich oberflächlich. Einen solchen Arzt würde ich freiwillig nicht aufsuchen. Er hakte rasch ab, ob wir irgendwelche Gebrechen hätten und ob einer regelmäßig Tabletten nehmen müsse, die er dann gegebenenfalls verschrieb. Dann interessierte ihn noch, ob wir tätowiert waren, denn es war Strafgefangenen wie Untersuchungshäftlingen verboten, sich tätowieren zu lassen. Deshalb ließ ich mich wenige Wochen später am linken Oberarm verzieren. Der Arzt notierte alle „Hautbilder", die er entdecken konnte, damit die Aufseher später überprüfen konnten, ob neue hinzugekommen waren. Diese zweifelhafte Verschönerung der Hautoberfläche galt den Justizbehörden als Selbstverstümmelung. In gewisser Hinsicht trifft das sogar zu, denn die Tätowierung wurde nicht von Fachleuten mit eigens für diesen Zweck vorgesehenen Instrumenten und Mitteln durchgeführt, sondern auf geradezu abenteuerliche Weise. Die Tinktur, die im Gefängnis dazu verwendet wurde, war eine Mischung aus Zigarettenasche, Marmeladensirup und einer weiteren Flüssigkeit. Die Experten hatten ihre speziellen Rezepturen. Zwei Nadeln wurden so aneinander festgebunden, dass ihre Spitzen versetzt waren. Sie wurden in die Flüssigkeit eingetaucht, von der ein wenig zwischen ihnen hängenblieb, und in die Haut gestochen. Die erste Spitze piekte ein kleines Loch, und von der zweiten Spitze lief dann die Tinktur hinein. Die vielen kleinen Wunden, verunreinigt durch die Tinktur, entzündeten sich rasch und waren von den Aufsehern leicht zu entdecken. Ein derart frisch verzierter Gefängnisinsasse konnte sich nicht herausreden, dass er diese Tätowierung schon ewig habe und sie bisher nur immer übersehen worden sei.

Einer meiner Zellengenossen war wegen Wirtschaftsvergehen festgenommen worden. Er hatte wohl Steuern hinterzogen. Ein anderer sah aus wie ein Zwanzigjähriger, er war aber schon Ende dreißig und saß seit zwei Jahrzehnten fast ununterbrochen im Gefängnis. Er wurde immer wieder bei kleineren Einbrüchen und Diebstählen erwischt. Er war völlig unfähig, selbstständig zu leben, und klagte, nachdem er sein Urteil erhalten hatte und sich ausrechnen konnte, dass er Heiligabend entlassen werden würde: „Da ist doch keiner da, um mich wieder einzusperren." Im Gefängnis hatte er ein Dach über dem Kopf, regelmäßige Mahlzeiten und ging auch einer Arbeit nach, bei der er ein paar Mark verdiente. Als ich ihn kennenlernte, durfte er allerdings genauso wenig arbeiten wie wir anderen, weil dies Untersuchungshäftlingen untersagt war. Wir saßen den ganzen Tag herum. Uns wurde ein Buch pro Woche zum Lesen bewilligt. Wenn man ausdauernd schmökern wollte, musste man mitlesen, was die anderen sich ausgeborgt hatten. In der Gefängnisbücherei gab es vor allem Belletristik. Eine Bibel war in Greifswald leider nicht zu bekommen. Viele bevorzugten Bücher, in denen Beischlafszenen beschrieben wurden. Wenn einer auf eine solche Stelle stieß, dann ging die Leseempfehlung herum von Knastologe zu Knastologe.

Außerdem durften wir Schach und Mühle spielen. Schach hatte ich vorher nicht beherrscht, aber jetzt lernte ich es und war voll bei der Sache. Später, in der Haftanstalt in Ueckermünde, habe ich an einer Knastschachmeisterschaft teilgenommen und bin immerhin Zweiter oder Dritter geworden unter 20 bis 25 Konkurrenten.

Die Zeit verging ungeheuer langsam. Wir orientierten uns an den Mahlzeiten. Uhren besaßen wir nicht mehr, was wahrscheinlich ganz sinnvoll war, sonst hätten wir alle fünf Minuten nach der Zeit geschaut. Einmal am Tag war Hofgang für fünfzehn oder dreißig Minuten; ich weiß es nicht mehr genau. Einer lief hinter dem anderen im Kreis. Sprechen war dabei verboten. Hier sah ich Hans-Joachim wieder. Er wurde aber so in die Reihe gestellt, dass wir nicht miteinander flüstern konnten.

Meine Mutter war sofort informiert worden von meiner Verhaftung. Noch am selben Tag, während des sich dem Gelöbnis anschließenden Ausgangs, hatte Jörg Hildebrandt sie in Berlin angerufen und erzählt, was in Stralsund vorgefallen war. Die Staatsanwaltschaft sah sich erst einige Tage später bemüßigt, meine Mutter zu unterrichten. Sie besuchte mich zwei- oder dreimal. Sonst kam niemand, weil jeweils nur ein Familienangehöriger dieses Recht hatte. Mehr als einmal etwa alle acht Wochen aber hätte auch sie nicht anreisen dürfen. Nur ein einziges Mal wurde ich aus der Zelle zu einer Vernehmung durch den Militärstaatsanwalt geholt. Er wollte erneut wissen, was ich ihm schon gesagt hatte, und dann musste ich ein Protokoll unterschreiben.

Eines Tages tauchte ein Rechtsanwalt namens Günter Heinecke aus Berlin in der Untersuchungshaftanstalt auf. Er kam im Auftrag meiner Mutter, wurde aber von der evangelischen Kirche bezahlt und war von Oberkonsistorialrat Manfred Stolpe empfohlen worden, dem späteren Konsistorialpräsidenten der Kirche in Berlin-Brandenburg, dann SPD-Ministerpräsident in Brandenburg und zum Schluss auch noch Bundesverkehrsminister. Die Kirche fühlte sich zuständig für die jungen Männer, die aus religiösen Motiven Wehrdienst und Gelöbnis verweigerten, zumal sie zu mehr als neunzig Prozent aus den Jungen Gemeinden stammten.

Der Anwalt befragte mich nach meinen Motiven, ließ sich den Hergang der Ereignisse schildern und verabschiedete sich bis zur Verhandlung. Im Gegensatz zu einem Pflichtverteidiger, der wohl eher als Nebenstaatsanwalt aufgetreten wäre, spürte ich bei ihm gleich, dass er meine Haltung respektierte und mich nach Kräften verteidigen wollte.

Der Prozess vor dem Militärgericht sollte in Neustrelitz stattfinden. Deshalb wurde ich in die dortige Untersuchungshaftanstalt verlegt, wo ich dann drei Viertel der insgesamt viermonatigen Untersuchungshaft verbrachte. Auf der Bahnfahrt von Greifswald nach Neustrelitz traf ich Hans-Joachim wieder. Unterhalten konnten wir uns auch hier nicht. Das war verboten, und die Wärter achteten darauf, dass niemand dem anderen etwas zuflüsterte. Von Stralsund nach Neustrelitz fuhren wir im sogenannten „Grotewohl-Express". So nannten die Gefangenen einen eigens für solche Transporte vorgesehenen Waggon der Deutschen Reichsbahn - wenig schmeichelhaft für den damaligen DDR-Ministerpräsidenten Otto Grotewohl. Die „Fahrgäste" saßen einzeln in gesicherten Abteilen. Die Fenster waren vergittert. Den Blick zum Gang verwehrte Spiegelglas, durch das, wie ich später erfuhr, die Wärter vom Gang aus unbemerkt hindurchsehen konnten. Ein solcher „Grotewohl-Express" kann heute in der Gedenkstätte Berlin-Hohenschönhausen besichtigt werden.

Die Untersuchungshaftanstalt Neustrelitz war ein großer schmutziggelber Backsteinbau. Ich kam für die erste Nacht in eine sogenannte Transportzelle. Noch wie heute sehe ich einen Mann mit krausen Haaren vor mir. Er ließ sich von einem anderen eine Zigarette geben, die dieser verbotenerweise eingeschmuggelt hatte. Dann griff er in seinen lockigen Haarwuchs und hatte auf einmal die ganze Hand voller Streichhölzer. Die Not hatte diesen Menschen besonders erfinderisch gemacht.

Am nächsten Morgen führte ein Wärter mich in eine 30 bis 35 Quadratmeter große Zelle mit sechs Doppelstockbetten aus Eisen; zehn Schlafstellen waren belegt. Die Betten waren offensichtlich bei der NVA ausrangiert worden. Sie waren vollkommen durchgelegen. Meine Schlafstelle war überhaupt nur benutzbar, wenn ich das Keilkissen in die Mitte unter die Matratze schob. Sonst hätte ich gekrümmt wie in einer Hängematte liegen müssen.

Ich hatte Glück, aus einer Arbeiterfamilie zu stammen und psychisch robust zu sein. Sonst wäre ich an meiner Umgebung kaputtgegangen. So kam ich mit meinen Zellengenossen einigermaßen aus. Sie akzeptierten es, dass ich rasch zum Stubenältesten ernannt wurde. Diese zweifelhafte Ehre widerfuhr mir wahrscheinlich, weil ich NVA-Angehöriger war. Die Aufseher unterstellten, dass ein Soldat am besten geeignet war, die morgendliche Meldung zu erstatten. Ich hatte in dieser Funktion keine Vorrechte, war aber für Sicherheit und Ordnung in der Zelle verantwortlich.

Eines Tages kam ein Schließer auf die Idee, dass wir unsere Zelle verschönern sollten. Vor allem der braun gestrichene alte Holzfußboden missfiel ihm. Er fragte uns, ob wir bereit seien, in der Zelle zu arbeiten. Wir waren angesichts unserer Langeweile sofort dabei. Der Aufseher gab uns – ganz sicher gegen jede Vorschrift – ein scharfes Kratzwerkzeug, mit dessen Hilfe wir in mehreren Tagen die Farbe entfernten, eine mittelalterliche Methode. Danach bekamen wir Metallwolle, um die alten Fußbodenbretter zu glätten. Am Schluss wurden sie eingeölt und sahen wieder richtig gut aus. Diese Tage waren schneller vergangen als jene zuvor, und wir waren sogar ein bisschen stolz auf unsere Leistung.

Ich hatte mich an das Gefängnisleben gewöhnt und wieder Mut geschöpft. Es genügte, dass ein paar Gefangene anständig miteinander umgingen, und schon entwickelten sich in uns ungeahnte Kräfte. Acht eingesperrte Männer mit unendlich viel Zeit kommen auf die blödsinnigsten Ideen. Nie wieder habe ich so viel gelacht wie in diesen Wochen. Es hätte auch ganz anders kommen können. Wie, erzählte mir später ein Freund, der in einer Massenzelle mit fast dreißig Mann wegen „versuchter Republikflucht“ gesessen hatte. Die Gefangenen schlugen sich um das Essen, satt wurden nur die Stärkeren. Für die anderen fielen ein paar traurige Reste ab. Kein Aufseher kam, um zu helfen. Der Insasse einer solchen Zelle traute sich nur einmal, Gewalttätigkeiten zu melden. Denn danach hatte er nachts eine Begegnung mit der „schwarzen Kuh“: Im Schlaf wurde ihm plötzlich eine Decke über den Kopf gestülpt, damit er niemanden erkannte, und dann wurde er brutal verprügelt. Am nächsten Morgen wollte natürlich keiner beteiligt gewesen sein. „Der ist aus dem Bett gefallen, Herr Wachtmeister“, lautete eine Standarderklärung für die Blessuren des Geschlagenen.

In Neustrelitz war im Gegensatz zu Greifswald den Gefangenen vorgeschrieben, sich mittags eineinhalb Stunden ins Bett zu legen. Am Anfang wusste ich nicht so recht, was ich von diesem befohlenen Mittagsschlaf halten sollte, aber bald empfand ich ihn als außerordentlich angenehm. Sonst saßen wir tagsüber auf harten Hockern oder liefen in der engen Zelle herum. Ich sehe mich noch heute, wie ich ganz am Anfang in der „Tigerzelle“ unendliche Male von der Wand zum Gitter und zurück ging. Seitdem habe ich die Angewohnheit, in Räumen hin und her zu laufen.

Das Frühstück bestand aus zwei Scheiben Schwarzbrot, dazu gab es Marmelade, vielleicht auch etwas Margarine, aber daran erinnere ich mich nicht mehr. Das Mittagessen war meist recht wässrig. Oft gab es Kohlsuppe oder Ähnliches. Abends bekamen wir zwei oder drei dünne Wurstscheiben, manchmal auch etwas Käse oder Fisch. Dazu wurde, wie mittags auch, Weiß- und Rotkohlsalat in riesigen Mengen gereicht, weil die Gefangenen nicht unter Vitaminmangel leiden sollten. Am Anfang aßen wir den Kohl noch gern, aber bald konnten wir ihn nicht mehr sehen. Wir machten uns einen Spaß daraus, ihn an die Decke zu werfen, wo er, wenn er kräftig genug hochgeschleudert wurde, zur allgemeinen Erheiterung kleben blieb. Die Schließer hatten für diese Art von Humor allerdings verständlicherweise keinen Sinn.

Um 21 Uhr 30 mussten wir uns fertig machen für die Bettruhe. Wir erhielten jeder eine Schüssel Wasser zum Waschen; duschen durften wir nur einmal in der Woche. Müde waren wir aber meist noch nicht, wenn um zehn Uhr Bettruhe verordnet wurde. War ich dann allein mit mir, kamen oft genug die Wehmut, die Wut, das Denken an zu Hause, die Sehnsucht nach Anja. Dann war es nicht mehr zum Aushalten, sondern zum Schreien. Sofern nicht traurige oder bittere Gedanken die Lust zu reden vergällten, quatschten wir noch eine Weile miteinander und erzählten Witze oder lustige Begebenheiten. Wenn wir anfingen zu lachen, eilte der diensthabende Schließer herbei, schaute durchs Guckloch, knipste sogleich das Licht an und rief durch die Tür, dass wir endlich ruhig sein sollten.

Einmal trieben wir den Schabernack auf die Spitze. Es fing an wie immer. Wir redeten und lachten im Dunkeln und der Schließer brüllte von draußen: „Ruhe!" Aber wir ließen uns nicht stören. Daraufhin schaltete der Wärter das Licht ein und schaute durch die Luke, erfolglos wie immer. Wir machten jetzt richtigen Lärm, brüllten und schrien provozierend, während wir leise mitzählten, wie oft der Schließer herbeieilte, „Ruhe!" rief und das Licht anmachte. Beim sechsten oder siebten Mal begannen wir die Zahl der Wärterauftritte laut zu nummerieren. Als er das zwölfte oder dreizehnte Mal durch den Türspion lugte, erschreckte ihn der Anblick eines aufrecht stehenden Strafgefangenen, auf dem Kopf eine Schüssel und in der Hand einen Schrubber. Der Schließer, brüllend: „Was machen Sie da?" Der Gefangene: „Die anderen haben mir gesagt, ich muss jetzt hier Brand- und Feuerwache schieben." Der Aufseher tobte, verzog sich resignierend und ließ das Licht an. Wir lachten schallend. Wir waren in dieser Nacht stärker als der Schlüsselknecht. Bis zum Aufstehen befahl uns niemand mehr, ruhig zu sein. Am nächsten Morgen konnten wir uns an nichts erinnern, als wir zu den Ereignissen der vergangenen Nacht verhört wurden.

Diese Episode ereignete sich nach Hans-Joachims und meiner Verurteilung, aber vor dem Abtransport in die Militärstrafanstalt Ueckermünde. Die Tatsache, dass wir das Gerichtsverfahren hinter uns gebracht hatten und die Zeit der Ungewissheit vorbei war, hatte erheblich dazu beigetragen, unsere Stimmung zu verbessern. Wir konnten jetzt ausrechnen, wann wir wieder frei sein würden. Und nun waren wir endlich in einer Zelle zusammen eingesperrt. Wir beide wurden mit zwei Wochen verschärftem Arrest bestraft für unseren nächtlichen Jux, Hans-Joachim als Rädelsführer und ich als Stubenältester, der für Ordnung hätte sorgen müssen. Einzeln wurden wir in Dunkelzellen gesperrt, die vielleicht zweieinhalb Meter breit und vier Meter lang waren. Oben in der Wand war ein etwa vierzig mal vierzig Zentimeter großes Fenster eingelassen, das nicht nur mit einem Gitter, sondern auch mit einer Metallblende versehen war. In diese hatte man zwei oder drei kleine Löcher hineingeschweißt, durch die sich ein paar Lichtstrahlen in die Zelle verirrten. Das einzige Mobiliar bestand aus einer Pritsche: Bretter, die von einem Metallrahmen zusammengehalten wurden. Die Liege wurde morgens um sechs Uhr hochgeklappt und an der Wand festgeschlossen und abends um zehn Uhr durfte der Einzelhäftling sich auf den blanken Brettern wieder langmachen. Es gab keine Matratze oder sonstige Unterlage und ebenso wenig eine Decke. Frühmorgens war ich steif und durchgefroren.

Zu den drei Mahlzeiten reichte mir ein Schließer einen Hocker herein, das Essen hielt ich in der Hand. War ich damit fertig, wurde mir der Hocker wieder abgenommen. Sonst musste ich tagsüber stehen oder auf dem kalten Boden hocken. Ich habe noch viele Jahre periodisch unter der Blasenentzündung gelitten, die ich mir in diesen zwei Wochen holte. Hans-Joachim erwischte sie noch nachhaltiger. Hofgang gab es in diesen zwei Wochen nicht. Die Tage waren quälend und gemein und wollten gar nicht vergehen.

Dass es endlich zum Gerichtsverfahren kommen würde, hatte ich vernommen, als mir die Anklageschrift ausgehändigt wurde, damit ich mich vorbereiten konnte. Außerdem wurde mir auf meine Bitte hin das Strafgesetzbuch in die Hand gedrückt, in dem ich nachschlagen wollte, auf welche Paragrafen der Staatsanwalt sich bezog. Bei der Verhandlung war die Öffentlichkeit nicht ausgeschlossen, aber nur meine Mutter und meine Schwester sowie ein Vertreter der evangelischen Kirche nahmen als Zuschauer teil. Es half mir, bekannte Gesichter zu sehen. Sonst waren außer uns Angeklagten und unserem Anwalt, Herrn Heinecke, der Richter mitsamt zwei Beisitzern, der Militärstaatsanwalt sowie zwei Schreiber anwesend. Der Staatsanwalt beantragte 27 Monate Gefängnis wegen Dienstverweigerung. Er erklärte: Ein Soldat könne ohne Fahneneid kein Soldat sein, was bedeute, dass ein Bausoldat ohne Gelöbnis kein Bausoldat sein könne. Wenn ein Soldat sich also weigere, das Gelöbnis abzulegen, dann handele es sich nicht nur um eine Befehls-, sondern auch um eine Dienstverweigerung. Und darauf stand natürlich viel mehr als auf die Nichtbefolgung eines Befehls. Die Strafe für eine solche Dienstverweigerung müsse aus Gründen der Abschreckung deutlich länger sein als die achtzehnmonatige Wehrpflicht. Das erklärte der Staatsanwalt natürlich auch deswegen, weil sonst mancher Wehrpflichtige auf die Idee gekommen wäre, nicht zur NVA einzurücken, sondern lieber ins Gefängnis zu gehen.

Unser Anwalt hielt dagegen, dass von einer Dienstverweigerung keine Rede sein könne. Das hätten die Angeklagten schon dadurch bewiesen, dass sie dem Einberufungsbescheid

Folge geleistet hätten. Damit hätten sie gezeigt, dass sie bereit gewesen seien, als Bausoldaten zu dienen. Für die Verweigerung des Gelöbnisses hätten beide verständliche Gründe genannt, was sich auf die Strafe auswirken müsse. Das Gericht folgte den Argumenten von Anwalt Heinecke. Hans-Joachim erhielt zehn Monate Gefängnis, ich acht. Das härtere Urteil für Hans-Joachim begründete der Richter damit, dass dessen Dienstauffassung in den ersten vierzehn Tagen seines Bausoldatendaseins zu wünschen übriggelassen habe. Zwei Monate Knast für militärisch unkorrektes Marschieren! Gleich nach der Verkündung wurden wir gefragt, ob wir das Urteil annähmen. Wir taten es, weil es vergleichsweise günstig ausgefallen war. Alles bis zu einem Jahr sollten wir gleich akzeptieren, hatte der Anwalt uns geraten. Der Staatsanwalt dagegen war nicht einverstanden und protestierte gegen das in seinen Augen zu milde Strafmaß, wie wir später erfuhren. Aber sein Einspruch wurde zurückgewiesen und das Urteil damit rechtskräftig.

Für die Position unseres Anwalts sprach auch, dass wir nach Abbüßung unserer Strafen unseren Bausoldatendienst fortsetzten, ohne aufgefordert zu werden, das Gelöbnis nachzuholen. Es gab darüber eine Absprache zwischen Kirche und Staat. Ein aus Gewissensgründen Verurteilter sollte nicht ein zweites Mal dem gleichen Konflikt ausgesetzt werden.

Da wir nie mit einem Freispruch gerechnet hatten, waren wir erleichtert über das Urteil. Das Gefängnis kannten wir nun, es schreckte uns nicht mehr. Die viermonatige Untersuchungshaft wurde angerechnet. Die restlichen Tage würden wir „auf einer Rasierklinge“ absitzen, sagten wir uns. Die Militärstrafanstalt Ueckermünde, in die wir nun verlegt wurden, war ein Lager mit drei Baracken, in denen die Gefangenen untergebracht wurden. In einem Haus waren „Arrestanten“ eingesperrt. So hießen Soldaten, die weniger als dreißig Tage absitzen mussten und daher nicht als Strafgefangene geführt wurden. Eine andere Baracke war zu meiner Zeit für Zivilisten bestimmt. Später zogen auch hier NVA-Angehörige ein, als die Straftaten in der Armee zunahmen. Schließlich wurden sogar Betten in die Gänge gestellt.

Weil das Lager in Ueckermünde aus allen Nähten platzte, richtete die NVA schließlich in Schwedt an der Oder ein großes Militärgefängnis ein. Als ich Minister für Abrüstung und Verteidigung wurde, wollte ich überraschend, damit nichts präpariert werden konnte, mit meinem Presseoffizier und letzten Büroleiter, Oberst Uwe Hempel, in der Schwedter Strafanstalt auftauchen. Aber daraus wurde nichts, Admiral Hoffmann hatte sie schon Anfang 1990 aufgelöst, ohne die Öffentlichkeit darüber zu unterrichten.

In der Mitte der Baracken in Ueckermünde verlief ein langer, breiter Gang, von dem rechts und links Türen abgingen. Die Außenmauern waren aus Stein, im Inneren hatte man mit Asbestplatten Zellen für jeweils mehrere Insassen abgetrennt. Es war enorm hellhörig. Wenn irgendwo einer lachte, bekamen es alle mit. In jeder Baracke gab es einen großen Waschraum mit Toiletten, und ich war endlich Kübel und Chlorkalk los. Die Zellentüren waren nicht abgeschlossen. Zu bestimmten Zeiten durften wir sogar die Baracke verlassen und auf das bewachte Gelände gehen oder auch in eine andere Baracke. Allerdings war es streng verboten, sich im Gelände über eine Markierung hinaus den Außenmauern zu nähern.

Unter den Insassen herrschte meist große Solidarität, aber es gab auch Gefangene, die sich auf Kosten anderer das Leben erleichterten. Es war ein Unterschied, ob man als einfacher Soldat oder als höherer Dienstgrad inhaftiert war. Zu den Strafgefangenen zählten etwa Unteroffiziere, die nicht rechtzeitig vom Urlaub zurückgekommen waren oder aber einen Offizier geschlagen hatten. Sie wurden gleich zu Stubenältesten ernannt, zu „Kapos", wie sie auch in den Konzentrationslagern der Nazis genannt wurden. Die Anstaltsleitung war offenkundig davon überzeugt, dass Ranghöhere diese Funktion besser ausfüllen könnten als einfache Soldaten. Wir waren uns nie sicher, ob unser jeweiliger Kapo weitertrug, was wir sagten oder taten. Das Misstrauen war immer da. Meine beeindruckendste Erfahrung war, dass in unserer kleinen Notgemeinschaft keiner den anderen ans Messer lieferte. Wir mussten einige Male stundenlang in Kälte und Schnee stehen, weil die Aufseher einen Schuldigen für irgendetwas suchten. Keiner kam auf die Idee, sich dieser Tortur zu entziehen, indem er den Bösewicht meldete. Die Suche nach den Rädelsführern verlief immer im Sand.

Wir teilten die letzte Zigarette miteinander, obwohl der Stellenwert von Tabak in Gefängnis und Lager nicht zu überschätzen ist. Wenn keine Zigaretten mehr greifbar waren, rissen manche Schilfgras aus den Matratzen, um es zu rauchen. Das wöchentliche Zigarettenkontingent - es war käuflich zu erwerben - war äußerst knapp bemessen. Es ganz zu streichen gehörte zu den beliebten Disziplinierungsmaßnahmen der Aufseher. Als Begründung für die strenge Tabakrationierung musste das Argument herhalten, die Anstaltsleitung wolle verhindern, dass wirtschaftliche Abhängigkeiten unter Gefangenen entstünden. Auch ich habe die Stummel nicht weggeschmissen. Ich kaufte mir Zigarettenpapier und verarbeitete die Tabakreste zu einem neuen Glimmstängel. Vier Kippen ergaben zusammengedreht eine neue, krümelige Zigarette. Tabak war auch der Hauptwunsch auf dem Paketschein, den ich einmal während meiner Haftzeit nach Hause schicken durfte. Als mir das Paket dann ausgehändigt wurde, fühlte ich mich, als fielen Weihnachten und Ostern auf einen Tag.

Hans-Joachim war in einer anderen Zelle untergebracht. Er konnte weniger einkaufen als wir, sodass wir ihm immer wieder einmal Zigaretten zukommen ließen. Er verweigerte die meisten Arbeiten und passte sich auch sonst wenig an den Gefängnisalltag an. Ich musste in einer Gießerei in Ueckermünde im Dreischichtbetrieb arbeiten. Wir hatten die Aufgabe, die Nähte abzuschleifen, die entstanden, wenn zwei halbkugelförmig gegossene Hälften zu Handgranatenmänteln zusammengefügt worden waren. Diese Arbeit war ungesund, vor allem wegen der riesigen Mengen von Metallstaub. Deshalb gab die Lagerleitung uns täglich einen halben Liter Milch zu trinken. Schutzmasken erhielten wir jedoch nicht. Wenn wir ein bestimmtes Soll erfüllt hatten, wurde uns ein geringer Geldbetrag ausgezahlt, den wir beim wöchentlichen Einkauf ausgaben. Ein Teil unseres Verdienstes wurde einbehalten für Verpflegung und Unterkunft, ein anderer wurde bei der Entlassung ausgehändigt, und ein geringer Betrag wurde an die Familien überwiesen.

Zivilisten waren in der Gießerei wegen der schlechten Arbeitsbedingungen kaum anzutreffen. Wir wurden sorgfältig abgesondert von ihnen, die uns wohl wunschgemäß für Verbrecher hielten. Wir hatten den Eindruck, dass die Zivilisten weniger leisten mussten und dabei viel mehr Geld verdienten als wir. Niemals zuvor und danach habe ich so hart gearbeitet wie in dieser Gießerei - acht Stunden, ständig schwitzend, immer im Metallstaub. Hinzu kam ein Arbeitsunfall: Ich geriet mit der Hand in eine Schleifmaschine, und obwohl ich Handschuhe trug, wurde mir der Nagel vom rechten Daumen gerissen.

Eines Tages kam unsere Zellengemeinschaft morgens um zwei Uhr von der Spätschicht in die Baracke zurück. Da erfuhren wir, dass um sieben Uhr bereits Politunterricht sein sollte, von dem wir natürlich auch in der Militärstrafanstalt nicht verschont wurden. Das war für uns zu viel des Schlechten, und wir weigerten uns, auf den Schlaf nach schwerer Arbeit zu verzichten. Zur Strafe mussten wir mehrere Stunden auf dem verschneiten Lagerhof frieren, außerdem wurde der Einkauf für eine Woche gesperrt. Aber das war uns die Sache wert, schließlich hatten wir gezeigt, dass die Obrigkeit nicht alles mit uns machen konnte. Sonst kamen wir allerdings um die Staatsbürgerkunde genauso wenig herum wie ums Exerzieren. Es ist eine absurde, aber nichtsdestotrotz wirklichkeitsgetreue Vorstellung, dass Lagerhäftlingen, auch den „politischen", die „führende Rolle der SED" angepriesen wurde.

Ab und zu wurden wir in den Fernsehraum befohlen, um die „Aktuelle Kamera", die DDR-Nachrichtensendung um 20 Uhr, oder Karl-Eduard von Schnitzlers „Schwarzen Kanal", eine demagogische Auseinandersetzung mit dem westdeutschen Fernsehen, zu konsumieren. „Sudel-Ede" war die schlimmste TV-Strafe, aber er brachte immerhin etwas elektronische Abwechslung in unseren tristen Gefangenenalltag. Im angeordneten Fernsehen wie im Politunterricht drückte sich aus, dass der reale Sozialismus uns nicht nur bestrafen, sondern vor allem auch erziehen wollte. Die uns Unterrichtenden nannten sich folgerichtig Erzieher. Wir sollten zu wertvollen und würdigen Mitgliedern der „sozialistischen Menschengemeinschaft" gemacht werden.

Am Tag meiner Entlassung wurde mir ein Riesenbeutel mit Post in die Hand gedrückt. Man durfte nämlich nur einen Brief pro Woche schreiben und auch nur einen empfangen, alle anderen Sendungen wurden aufbewahrt, meist ohne dass man von ihrem Vorhandensein wusste. In Neustrelitz hatte ich allerdings das Glück, dass ich sah, wie ein Ortsansässiger bevorzugt behandelt wurde und an zwei Tagen in Folge je zwei Briefe erhielt. Als mir der Schließer freundlicherweise mitteilte, dass ein Brief für mich gekommen sei, den er mir aber nicht geben dürfe, weil mein Quantum für diese Woche schon erfüllt sei, gab ich ihm zu verstehen, was ich wusste. Daraufhin empfing ich für einige Zeit sämtliche Post, die mir geschickt worden war. Im Postbeutel fand ich einen Brief aus Australien. Er stammte von einem ehemaligen Neuköllner Klassenkameraden, der dorthin ausgewandert war und auf irgendwelchen Wegen von meiner Inhaftierung erfahren hatte. Der liebe Gruß aus der Ferne verschaffte mir den ersten Kontakt mit dem Ministerium für Staatssicherheit. Ich wurde ins Sprechzimmer gerufen, wo zwei Herren mich erwarteten. Ob ich einen Bernd Lukas kenne und was ich mit Australien zu tun habe, wollten sie wissen. Ich war völlig ahnungslos, denn den Brief zeigten sie mir nicht. Erst nach meiner Entlassung begriff ich, was das Ganze sollte.

Staatsfeind Nr. 1?

Sonst enthielt der Beutel viele Briefe meiner Mutter – und von Anja. Eine Zeit lang hatte sie mir geschrieben. Einige ihrer Briefe wurden mir ausgehändigt, andere nicht. Was hätte ich ihr erzählen sollen, auch wenn ich ihr mehr Briefe hätte schicken dürfen? Acht Monate Gefängnis waren zu lang für diese Jugendfreundschaft. Sie ließ sich nach meiner Entlassung aus der NVA nicht mehr erneuern.

Im Februar 1989 sah ich Anja wieder. Sie hatte mir eine nette Geburtstagskarte geschickt, und ich rief sie an, um mich zu bedanken. Wir verabredeten uns in der Wohnung ihrer Schwester, die ich ebenfalls aus der Jungen Gemeinde kannte, um über alte Zeiten zu reden. Dort traf ich auch meinen Motorradfreund Klaus Weise wieder und Anjas Sohn Michael. Dieser kannte mich bereits durch die Erzählungen seiner Mutter, aber auch aus einer anderen Quelle: Er hatte gehört, was im Wachregiment „Feliks Dzierzynski“ über mich berichtet wurde. Dies war eine Einheit des Ministeriums für

Staatssicherheit (MfS) mit einer Stärke von 16.000 Mann. Bei Staatsbesuchen etwa marschierte sie auf wie auch bei den pompösen Veranstaltungen von Stasichef Erich Mielke. Außerdem bewachte sie verschiedene Objekte des Ministeriums und die Politbürosiedlung in Wandlitz bei Berlin. Michael hatte sich 1987, als er zum Wehrdienst eingezogen werden sollte, für drei Jahre beim Wachregiment verpflichtet. Eines Tages sollte das „Traditionskabinett" im Gebäude der Berliner Bezirksverwaltung der Stasi in Friedrichsfelde besucht werden, um mehr über Feliks Dzierzynski und die nach ihm benannte Einheit zu erfahren. Unter den dort abgebildeten Staatsfeinden und „Agenten des Imperialismus" entdeckte Michael auch mein Konterfei. Pfarrer Eppelmann, so hieß es dazu, locke mit Hilfe von Bluesmessen Jugendliche an, um ihnen Lügen über die DDR zu erzählen. Auf die Frage, wie er auf die Idee gekommen sei, sich zu dieser Einheit zu melden, erklärte er: Er habe nach der Mittleren Reife unbedingt bei Mutter und Großmutter in Berlin bleiben wollen, statt nach Rostock oder Eisenach geschickt zu werden. Als Zeitsoldat verdiene er 800 Mark und nicht 125 wie die anderen Wehrpflichtigen, und schließlich sei ihm versprochen worden, dass er nach seiner Entlassung studieren dürfe. Als im Frühsommer 1989 die letzte große Krise des DDR-Sozialismus einsetzte und sich immer mehr Oppositionsgruppen lauter und kritischer zu Wort meldeten, sagte Michael, dass er nicht im Wachregiment bleiben wolle. In Anjas Beisein fragte er mich, wie er es schaffen könne herauszukommen. Er brauche seinen Vorgesetzten doch bloß zu erzählen, dass er mich kennengelernt habe und sympathisch finde. Er sei deshalb nachdenklich geworden und halte es nicht mehr aus, riet ich ihm. Erstaunlicherweise übten seine Stasioberen nur geringen Druck auf ihn aus. Am 30. Oktober hatte er seine Entlassung beantragt, und schon am 7. November durfte er gehen, nachdem er eine Woche in der

Kaserne festgehalten worden war. So schnell hatte es noch keiner geschafft.

Erst später erfuhr ich die Hintergründe des unerwartet reibungslosen Abgangs: Die Stasi hielt mich für den Staatsfeind Nr. 1. Bis heute hält sich in den Kreisen der ehemaligen Spitzel und Überwacher das Gerücht, ich hätte für den britischen und den amerikanischen Geheimdienst gearbeitet. Ich sei Pfarrer nur zu dem Zweck geworden, um die DDR unter dem Deckmantel der Kirche kaputtmachen zu können. Ich hätte am Schluss gar keine Angst mehr gehabt vor dem allgegenwärtigen Ministerium, sondern meinerseits sogar versucht, in die Stasi einzudringen. Das beweise die Tatsache, dass ich Kontakt zum Wachregiment „Feliks Dzierzynski" gesucht hätte. Wenn man es so sieht, war Michaels rasche Entlassung aus dem Wachregiment die erfolgreiche Abwehr eines imperialistischen Angriffs.

Als ich meine Haftstrafe bis zum letzten Tag abgesessen hatte, brachte mich ein Obermaat der Volksmarine ohne Zwischenaufenthalt von Ueckermünde zurück zu meiner Bausoldateneinheit nach Saßnitz. Der Zugführer begrüßte mich und erklärte, er hoffe, dass wir einigermaßen miteinander auskämen. Ich solle mir das Leben nicht unnötig schwermachen.

Nach den Erfahrungen in der Haft war die Militärzeit praktisch gelaufen für mich. Unteroffiziere und Offiziere konnten mich nicht mehr beeindrucken. Was sollten sie mir noch anhaben? Manchmal grinste ich meine Vorgesetzten einfach an, wenn sie mir einen Befehl erteilten. Die Drohung, mir den Ausgang zu streichen, konnte mich nicht beeindrucken. Und als mich ein Unteroffizier für drei Tage in den Bau schicken wollte, sagte ich ihm, dass ich dann endlich mal wieder richtig ausschlafen könne. Den Gefallen wollte er mir dann doch nicht tun.

Hinzu kam, dass ich einer von zwei gelernten Maurern im

Zug war, und als die anderen meines Jahrgangs entlassen wurden, war ich sogar der Einzige. Der Zugführer hatte Forstwissenschaften studiert und war daher abhängig von meinem Fachwissen, und das ließ ich ihn spüren. Ohne mich wurde nichts richtig gemauert. Ich war gewissermaßen ein Glücksfall für den Leutnant - und er einer für mich. Er brauchte mich, ich ihn aber nicht.

Der Zugführer hatte es schwerer als seine Kollegen, die den Rekruten das Schießen beibrachten. Bei uns ging es weitgehend so zu wie auf normalen Baustellen, nur dass wir Uniformen trugen statt Arbeitskleidung. Der Unterleutnant war, obwohl mit Befehlsgewalt ausgestattet, eher eine Art Polier. Auch er hatte ein Plansoll zu erfüllen. Um uns zu motivieren, wurden sogar in bescheidenem Maß „ökonomische Hebel" eingesetzt - das heißt, es gab Prämien, wenn man sein Pensum schaffte. Fünfzig Mark waren für uns, die wir nur unseren kargen Sold erhielten, eine Menge Geld. Die Vorgesetzten hatten schnell eingesehen, dass es notwendig war, uns bei Laune zu halten.

Mit meinen Kameraden, die im Gegensatz zu mir schon acht Monate hinter sich gebracht hatten, war es anfangs nicht immer einfach. Die meisten von ihnen hatten ja ursprünglich auch das Gelöbnis verweigern wollen, aber dann dem Druck nachgegeben. Einige von ihnen sahen sich jetzt genötigt, ihr Verhalten unaufgefordert zu rechtfertigen. Der Argumentationsnotstand zeigte ihr schlechtes Gewissen. Den Kfz-Meister beschäftigte die Sache noch im Jahr 1990. Als er erfuhr, dass ich Minister geworden war, schrieb er mir zwei Briefe. Er machte sich Vorwürfe, dass er sich nicht so verhalten hatte wie Hans-Joachim und ich.

Hans-Joachim, der zwei Monate nach mir wieder zur Einheit stieß, habe ich nach dem Ende des Bausoldatendaseins nur noch selten gesehen. Er erreichte auf der Abendschule den Fachschulabschluss und absolvierte ein Fernstudium. Wenn ich mich recht entsinne, arbeitete er später in einem großen Werk für Fernsehelektronik als Ingenieur. Als ich 1982 von der Stasi verhaftet wurde, meldete er sich bei meiner Frau, um zu fragen, ob er helfen könne.

Später erfuhr ich, dass gleichzeitig mit uns an anderen Standorten Bausoldaten ebenfalls das Gelöbnis verweigert hatten. Außer in Saßnitz waren Kameraden in Prenzlau und in Oberbärenstein stationiert. Aber nur Hans-Joachim und ich wurden strafrechtlich belangt. Die anderen erhielten für das gleiche Vergehen eine Ausgangssperre oder Ähnliches. An diesem Beispiel wird deutlich, dass selbst in einer so starr hierarchisch gegliederten Armee einiges möglich war, wenn Vorgesetzte es wagten, hier und dort etwas Vernunft walten zu lassen. Unsere Vorgesetzten benutzten die Brechstange, andere ihren Verstand.

Solche auffallenden Diskrepanzen waren typisch für die DDR. Das SED-System konnte ungeheuer unmenschlich sein, aber im Alltag auch weit weniger schlimm. Es hing meist davon ab, welche Person an welcher Stelle saß und das Sagen hatte. Besaß sie etwas Zivilcourage und Anstand, dann konnte zum Beispiel auch einer studieren, der nicht Pionier gewesen war und auch das FDJ-Mitgliedsbuch verschmähte, aber ein gutes Abitur gemacht hatte. Kein Gesetz der DDR verbot das.

Eine Lehrerin musste einem Kind, das nicht bei den Pionieren oder in der FDJ war, keine schlechteren Noten geben, auch wenn es ihrem Image schadete. Ein Rechtsanwalt musste einen politisch heiklen Fall nicht ablehnen. Ein Angestellter musste eine abweichende Meinungsäußerung eines Kollegen nicht nach oben melden. Ein Staatsfunktionär musste einen Ausreiseantragsteller nicht beleidigen und schikanieren. Ein Polizist musste einen Punker nicht wie den letzten Dreck behandeln. Immer wieder wurde menschliches Versagen deutlich. Zu viele machten aus einer Regel ein Gesetz, weil sie Angst hatten oder ihr Gehorsam vorauseilte.

So kam es nach meiner Kenntnis kein einziges Mal vor, dass ein Grenzsoldat verurteilt wurde, weil er einen Flüchtling nicht getroffen hatte. Es gab im Rahmen der Gesetze Spielräume. Jeder Handwerksmeister, Grenzsoldat, Kellner, Schaffner, Lehrer, Verkäufer oder Polizist entschied durch sein Verhalten mit, ob der Alltag in diesem Staat menschlicher oder unmenschlicher, sympathischer oder brutaler war.

Die Scharfmacher und Übereifrigen liefen natürlich das geringste Risiko. Ihnen konnte kaum vorgeworfen werden, sie seien zu lax mit dem Klassenfeind umgegangen. Des Weiteren hofften sie begründet darauf, als treue Anhänger des Regimes gelobt und belohnt zu werden. So mancher wurde gequält und einige erschossen, weil der Täter sich Vorteile ausrechnete. Aber meistens handelte es sich um menschliche Schwächen, die das SED-Regime überhaupt erst am Laufen hielten - um Gleichgültigkeit, also Bequemlichkeit, Feigheit oder das Streben nach Karriere, Wohlstand und Privilegien.

Ich erinnere mich an einen Mann in der Jungen Gemeinde, die ich später als ehrenamtlicher Jugendmitarbeiter übernahm, der an der Grenze geschossen hatte. Er redete sich regelrecht in Rage, wenn er darüber sprach. Es seien ganz schlimme Menschen gewesen, die abzuhauen versucht hätten - „einer sogar bewaffnet!" Das war seine Art, sein Verhalten zu rechtfertigen. Dabei kannte er die, auf die er geschossen hatte, gar nicht, also auch nicht ihre Gründe, die DDR auf diesem lebensgefährlichen Weg verlassen zu wollen. Kein Grenzsoldat musste töten und schon gar nicht Flüchtende mit Blei vollpumpen.

In den Mauerschützenprozessen wurde den Tätern später viel Verständnis entgegengebracht. Sie wurden nicht etwa verurteilt, weil sie auf Menschen geschossen, sondern weil sie den Grundsatz der Verhältnismäßigkeit der Mittel verletzt hatten.

In der Tat kann man von einem Achtzehnjährigen nicht in jedem Fall verlangen, dass er in einer extremen Konfliktsituation angemessen reagiert. Auch kann man einen Mauerschützen nur zu einem Sechzehnmillionstel dafür verantwortlich machen, dass es diese grausame Grenze gab. Schuld daran waren in erster Linie die SED-Machthaber, denen es nicht gelang, eine Gesellschaft aufzubauen, in der die Menschen gerne lebten.

Ausbildung zum „Totengräber der DDR"

Als ich Ende Juli 1967 nach 26 Monaten von den Bausoldaten nach Hause kam, war alles anders. Bei meiner Einberufung hatte ich mich von meiner Mutter und drei Geschwistern verabschiedet. Als ich zurückkehrte, war meine Mutter mit Dorit und Dietmar im Westen. Meine Schwester Regina wohnte noch in der Niehofer Straße in Hohenschönhausen, aber auch sie verließ Anfang der siebziger Jahre die DDR. Meine Mutter hatte für uns alle einen Ausreiseantrag gestellt. Sie suchte Hilfe bei der evangelischen Kirche, die in all der Zeit versuchte, getrennte Familien zusammenzuführen. Zuerst hatte sie mit einem Pfarrer in Karlshorst zu tun, der offenkundig mit den Mächtigen kungelte. Von ihm ging in Berlin das Gerücht um, er könne einiges bewirken. Das Einzige, was er im Fall meiner Mutter bewirkte, war, sie an Manfred Stolpe zu verweisen. Meine Mutter hat den damaligen Konsistorialrat als einen außerordentlich hilfsbereiten Menschen erlebt. Immer wenn sie von ihm zurückkam, hatte sie wieder Optimismus gewonnen und Kraft, um das nervenaufreibende jahrelange Warten auf den Bescheid zu überstehen. Stolpe erklärte ihr, dass die Ausreise mit allen vier Kindern auf einmal nicht zu schaffen sei. Sie solle daher den Antrag auf sich und die beiden nicht volljährigen Kinder beschränken. Wenn sie es dann geschafft hätten, wolle er sich für Regina und mich bemühen.

Im Gegensatz zu Regina entschied ich mich aber nach einigem Überlegen dafür, nicht wegzugehen. Ich hatte mich nämlich in Eva-Maria verliebt, die ich schon länger aus der Jungen Gemeinde in Hohenschönhausen kannte. Während meiner Bausoldatenzeit hatten wir einen für mich sehr schönen und wichtigen Briefwechsel begonnen. Dazu war es gekommen, weil Evis Vater, ein Pfarrer in unserem Stadtbezirk, dafür sorgte, dass der Bausoldat Rainer Eppelmann ein Paket der Kirchengemeinde nach Saßnitz geschickt bekam. Als ich mich schriftlich dafür bedankte, bat er seine Tochter Eva-Maria, mir zu antworten. Sie tat es, ich schrieb zurück, und so setzte sich der Briefwechsel fort. Als ich zurück in Berlin war, sahen wir uns öfter. Wir lernten uns kennen, mochten uns und begannen, uns zu lieben. Als ich Manfred Stolpe fragte, ob es möglich sei, mit Evi zusammen in den Westen zu ziehen, erklärte er mir, dass dies aussichtslos sei. Sie könne nur, sobald mir die Ausreise gelungen sei, ebenfalls einen Antrag stellen, aber dann müssten wir mit einer Wartezeit von wenigstens drei bis vier Jahren rechnen.

Ich fing wieder in der PGH „Bauhütte Berlin" an. Mir war endgültig klar, dass ich weder Architekt noch Bauingenieur werden könnte. Maurer zu bleiben, war aber nicht mein Lebensziel. Was sollte also aus mir werden? Ich ging davon aus, dass die DDR mich überleben würde. Ich fragte mich: Was kannst du werden, um in diesem Land zufrieden zu sein und auch Glück zu empfinden? Als einzige Antwort fiel mir ein: Pfarrer! Das hatte viel zu tun mit den guten Erfahrungen, die ich damals mit der Kirchgemeinde gemacht hatte. Meinen Schwiegervater in spe, einen Pfarrer, hatte ich als sympathischen Menschen erlebt, in der Jungen Gemeinde hatte ich mich sehr wohlgefühlt, und mir war klar, dass mir nur ein Theologiestudium einen geistigen Freiraum bieten konnte. Ich sprach darüber mit meiner künftigen Schwiegermutter und der von mir verehrten Leiterin der Jungen Gemeinde, Christine Groß. Beide waren begeistert von der Vorstellung, dass ich Pfarrer werden wollte.

Im Verständnis des Ministeriums für Staatssicherheit begann nun, wie ich später erfahren sollte, meine Ausbildung zum „Totengräber der DDR". Denn für Mielkes Leute wurde ich nur Pfarrer, um das SED-Regime eines Tages zu stürzen. Davon wusste ich damals leider nichts. Das Jahr 1969 war für mich von großer Bedeutung: Zum einen entschied ich mich für die Frau, mit der ich zusammenleben, Kinder kriegen und alt werden wollte, und zum anderen für meinen endgültigen Beruf – das dachte ich jedenfalls.

1969 wurde noch eine weitere Weiche gestellt, deren Tragweite ich damals nicht einmal ahnte: Die evangelischen Landeskirchen der DDR schlossen sich zusammen zum Bund der Evangelischen Kirchen in der DDR (BEK). Damit lösten sie sich von der Evangelischen Kirche in Deutschland (EKD), nachdem seit dem Mauerbau und drastischen Reisebehinderungen auch für führende Kirchenvertreter die deutsch-deutsche Kirchengemeinschaft schon stark beeinträchtigt war. Insofern war die BEK-Gründung eine fast zwingende Konsequenz der politischen Konstellation und bedeutete, die geschaffenen Realitäten anzuerkennen. Die „besondere Gemeinschaft" mit den Kirchen in Westdeutschland wurde damit aber nicht beendet, etwa 50 Prozent der BEK-Finanzen kamen von der EKD, also den westdeutschen Landeskirchen. Seit die Kirchen in der DDR sich als „Kirche im Sozialismus" verstanden, erweiterte sich ihr Spielraum erheblich. Zwar war das Verhältnis zwischen Staat und Kirche in der DDR immer mehr oder minder gespannt, aber grobe Übergriffe des Staates wurden seltener. Das lag auch daran, dass die Kirchenleitungen allzu oft ihre Entscheidungen an der Maßgabe ausrichteten, die SED nicht zu provozieren.

Die Bildung des BEK war aber auch ein Erfolg der kirchenpolitischen Taktik der SED, die seit den fünfziger Jahren auf die Loslösung der Kirchen in der DDR von der gesamtdeutschen EKD hingearbeitet hatte. Von außen trommelten Propaganda und staatliche Sanktionen gegen die Landeskirchen, im Inneren wirkten der 1958 unter Ulbrichts Regie gegründete prosozialistische Bund Evangelischer Pfarrer sowie die Block-CDU Gerald Göttings. Und noch andere Kräfte beteiligten sich, deren Wirkung bis zum Ende der DDR weitgehend unterschätzt worden ist: die Inoffiziellen Mitarbeiter des Ministeriums für Staatssicherheit, die die Kirchengremien und die Gemeinden durchsetzten und geschickt die ihnen von ihren Führungsoffizieren übermittelten Aufträge erfüllten, um die „loyalen und realistischen“ Kräfte, wie es im Stasijargon hieß, tatkräftig zu unterstützen. Manche Kirchenjuristen spielten dabei eine besonders traurige Rolle.

Ich profitierte bei meiner Entscheidung, Pfarrer werden zu wollen, von dem Umstand, dass die evangelische Kirche zwei theologische Fachschulen eingerichtet hatte, eine in Berlin – die Predigerschule Paulinum –, die andere in Erfurt. So sollte der Nachwuchsmangel bei den Pfarrern behoben werden, der dadurch entstanden war, dass der Staat zu Abitur und Hochschulstudium fast ausnahmslos nur noch solche Jugendlichen zuließ, die genügend gesellschaftliche Betätigung zeigten und in der FDJ organisiert waren.

Für die theologischen Fachschulen der Kirchen reichte der Abschluss der 10. Klasse, also die Mittlere Reife, aus. Außerdem musste man ein Zeugnis der zuständigen Gemeinde vorlegen, das bestätigte, dass man Kirchenmitglied war, und schließlich musste man eine abgeschlossene Berufsausbildung nachweisen, wenn möglich auch Berufserfahrung.

Am 1. September 1969 sollte das Studium beginnen, und da die Zeit bis dahin knapp war – es war schon Anfang August –, wandte ich mich an Manfred Stolpe. Er war gleich bereit, mir zu helfen und rief den Direktor des Paulinums, Dr. Reinhold Pietz, mit der Empfehlung an, mich in das neue Semester aufzunehmen. Dr. Pietz bat mich zu sich und führte ein Gespräch mit mir. Offenkundig bestand ich alle „Prüfungen“ und durfte am 1. September 1969 mein Studium an der Predigerschule

Paulinum aufnehmen. In einem Punkt allerdings hatten Dr. Pietz und ich uns nicht verständigen können. Ich hatte ihm gesagt, dass ich als Berliner nicht nur gerne hier studieren, sondern auch in meiner Heimatstadt Pfarrer werden wolle. Das sei nicht möglich, erwiderte der Direktor. Ich müsse verstehen, dass ich es in Berliner Gemeinden auch mit Akademikern zu tun haben würde, und da reiche meine theologische Fachschulbildung nicht aus. Das war ein Schock für mich. Ich konnte schließlich nichts dafür, dass der Staat mir das Abitur verweigert hatte. So setzte ich mich vom ersten Tag des Studiums an unter einen enormen Leistungsdruck. Ich würde diesen Vorurteilsträgern schon zeigen, zu was ich fähig war – das hatte ich mir fest vorgenommen.

Die ältesten Kommilitonen waren älter als vierzig, die jüngsten knapp über zwanzig. Die allermeisten von ihnen waren Männer, es gab aber auch einige wenige Frauen darunter. Eine von ihnen war blind, hat ihre Ausbildung aber erfolgreich abschließen können und ist inzwischen schon viele Jahre Pastorin. Das fand ich stark!

Wir hatten relativ wenig Sprachunterricht am Paulinum, mit Latein hatten wir gar nichts zu tun. Wer nach dem ersten Studienjahr wenigstens eine Zwei im Neutestamentlichen Griechisch hatte, konnte fakultativ auch Hebräisch lernen. Für alle verbindlich war nur das schon erwähnte Neutestamentliche Griechisch. Ich hielt diese Beschränkung des Sprachunterrichts für angemessen und war immer skeptisch, wenn ich sah, wie Theologiestudenten, zum Beispiel am Sprachenkonvikt der Theologischen Hochschule in Ost-Berlin, über drei oder vier Semester nichts anderes machten als die alten Sprachen. Ich frage mich auch heute noch, inzwischen sogar verschärft vor dem Hintergrund etlicher Jahre Gemeindeerfahrung als Pfarrer, ob das nicht ein unangemessener Aufwand ist für einen Theologen im Gemeindedienst. Etwas anderes ist es natürlich bei einer akademisch-wissenschaftlichen Ausbildung. Aber für einen Menschen, der sich auf eine Tätigkeit in der Gemeinde vorbereitet und mit den Menschen vor Ort in der Gemeinde zu tun hat, ist dieser altsprachliche Aufwand zu groß. Welche unserer akademisch gebildeten Pastoren lesen denn heute noch wirklich Luthers lateinische Schriften oder gar Augustin im Original? Wer von ihnen bereitet seine Predigt auf der Grundlage der hebräischen Bibel oder des griechischen Neuen Testaments vor? Müssten in einem praxisorientierten Studium heute nicht andere Schwerpunkte gesetzt werden, so wichtig die humanistische Bildung für wissenschaftlich arbeitende Theologen auch ist?

Für mich gibt es zwei Arbeitsschwerpunkte, mit denen der Pfarrer oder die Pastorin in der Gemeinde zu tun haben. Der eine ist das Buch der Bücher, die Bibel. Da können solide Kenntnisse der alten Sprachen natürlich sehr hilfreich sein, aber es gibt so viele gute Kommentare, mit deren Hilfe sich die Bibel auch ohne profunde Kenntnisse des Hebräischen oder Griechischen erarbeiten lässt. Und mindestens genauso wichtig sind für mich die Menschen, die konkreten Menschen, mit denen der Pfarrer zu tun hat. Über die muss er wenigstens genauso viel wissen wie über die Bibel und ihre Auslegung. Ich meine alles das, was wir heute über den Menschen wissen, was einen Menschen bestimmt, was ihn zu dem macht, was er ist, auf welche Art und Weise man ihm helfen und wie man ihn auf seinem Weg begleiten kann.

Ich kann für mich sagen: Ich bin ungeheuer froh darüber, dass ich gerade auf diesen Weg theologischer Ausbildung geführt worden bin. Am Paulinum ging alles ein wenig schulmäßig – mit verbindlichem Stundenplan und regelmäßigen Leistungskontrollen – zu, auch die exakte zeitliche Begrenzung unseres Studiums fand ich hilfreich. Ich wusste in dem Augenblick, als ich mit dem Studium anfing, wann ich damit fertig sein würde, wann ich meine Praktika zu machen habe und wann ich, wenn ich alle Prüfungen schaffte, in die Gemeindearbeit übernommen werden sollte. So musste ich also zielstrebig arbeiten und konnte nicht bummeln oder zeitweilig aussteigen, wenn ich mal keine Lust hatte. Natürlich kam so etwas gelegentlich auch bei mir vor, aber dann musste ich danach um so mehr tun, um nicht den Anschluss zu verlieren.

Angesichts der Misere, die wir heute in unserem ganzen Studien- und Bildungssystem haben, frage ich mich, ob da nicht straffere Studienabläufe vorgesehen werden sollten, als das heute der Fall ist, wo der *Langzeitstudent* zur Massenerscheinung geworden ist. Das stellt doch eine ungeheure Belastung für die gesamte Gesellschaft dar, denn jedes Studium kostet Geld, ganz gleich wer das bezahlt. Ich frage mich auch, was passiert bei Menschen, die zehn Jahre oder länger studieren. Müssen sie sich nicht - je länger je mehr - fragen, was sie überhaupt können und wann sie endlich berufstauglich werden? Meine Hoffnung wäre, dass es uns allmählich gelingt, in den Universitäten Strukturen zu schaffen, die den notwendigen Grad an Freiheit lassen, damit sich Persönlichkeiten entwickeln können, aber dennoch einen klaren zeitlichen Rahmen für ein Studium setzen, den es ja auch sonst überall in unserem Leben gibt.

Um zum Paulinum zurückzukommen, möchte ich an dieser Stelle auch noch eine andere Frage aufwerfen. Ich bin mir nicht sicher, ob die evangelischen Kirchen in den neuen Ländern klug beraten gewesen sind, Ausbildungsstätten wie das Paulinum oder auch die Theologischen Hochschulen in Ost-Berlin, Leipzig und Naumburg so rasch abzuwickeln. Gewiss spielten dabei finanzielle Sorgen eine ganz wichtige Rolle. Prinzipiell war es natürlich auch richtig, dass nach dem Ende der SED-Diktatur jeder Abiturient, der das wollte, ein Theologiestudium an einer der zahlreichen staatlichen Fakultäten im vereinigten Deutschland aufnehmen konnte. Weshalb hat man aber offensichtlich niemals ernsthaft darüber nachgedacht, ob die kircheneigenen Ausbildungsstätten nicht die Möglichkeiten einer alternativen Ausbildung für das Pfarramt und andere Dienste in der Gemeinde anbieten könnten? Die Erfahrungen mit den Absolventen der Predigerschulen in der DDR hätten dazu ermutigen sollen. Schließlich hätte ich mir diese Ausbildungsstätten auch als Orte postgradualer Studien gewünscht, in denen alle diejenigen, die im Dienst der Kirche stehen, ihr Wissen auffrischen, Erfahrungen miteinander austauschen und Zusatzqualifikationen erwerben können. Die Strukturen dafür – Gebäude, Bibliotheken und Lehrpersonal – waren ja vorhanden, bis man sie selbst aufgab. Für mich bedeutet diese Entwicklung auch ganz persönlich die Einsicht, dass wir von den Predigerschulen letztlich eine Notlösung waren, die man sofort aufgab, als die Not zu Ende war.

Ich musste am Paulinum mit 115 Mark Stipendium auskommen – sehr wenig für jemanden, der schon richtig Geld verdient hatte. Abends und am Wochenende konnte ich mir zunächst etwas dazuverdienen. Aber das machte ich nur bis zur Hochzeit, seitdem besserte Evi die Haushaltskasse auf, ihr Einkommen war viel höher als meines. Wir lebten bescheiden, die gemeinsame Zeit für uns und unsere erste Tochter Ulrike war uns wichtiger als Geld.

Wir waren bei Weitem nicht die einzigen, für die Wohlstand wie ein Fremdwort klang. Denn die Mauer hatte die wirtschaftliche und politische Lage in der DDR zwar stabilisiert, aber von einem mit der Bundesrepublik vergleichbaren Aufschwung konnte nicht die Rede sein. Die Wirtschaftsexperimente des SED-Chefs Walter Ulbricht, insbesondere das „Neue Ökonomische System der Planung und Leitung der Volkswirtschaft“ (NÖSPL) ab 1963, brachten die Proportionen der Wirtschaft weiter durcheinander und sorgten für enorme materielle Verluste. Die ehrgeizigen Pläne des im Alter immer sturer werdenden ersten Mannes der DDR scheiterten. Dies und seine penetrante Besserwisserei sogar gegenüber dem „großen Bruder“ in Moskau führten schließlich dazu, dass er von seinem Ziehsohn Erich Honecker gestürzt wurde. Der ehemalige Dachdeckerlehrling aus Neunkirchen/Saar wurde im Mai 1971 zum 1. Sekretär des ZK der SED und zum Vorsitzenden des Nationalen Verteidigungsrates der DDR ernannt. 1975 beförderte er sich auch noch zum Vorsitzenden des Staatsrats.

Honecker versprach auf dem VIII. Parteitag der Einheitspartei 1971, das „materielle und kulturelle Lebensniveau des Volkes“ zügig zu erhöhen. Und tatsächlich verbesserte sich zunächst die Versorgung der Bevölkerung, das Warenangebot wurde größer und reicher, der Wohnungsbau, wichtigster Teil der neuen Politik, schritt voran, und die Sozialgesetzgebung brachte manche Erleichterung für die Bürger. An der Grenze zum „Klassenfeind“ Bundesrepublik entsprachen diese Maßnahmen auch den Sicherheitsinteressen der Politbürokraten in der DDR und in der Sowjetunion.

Erich Honecker und sein Wirtschaftsexperte Günter Mittag vergaßen allerdings der Bevölkerung mitzuteilen, dass ein großer Teil des „DDR-Wirtschaftswunders“ auf Pump geschah oder durch andere Finanzspritzen ermöglicht wurde - bis hin zu den Einnahmen aus dem Menschenhandel mit der Bundesrepublik, dem Gefangenenfreikauf. In den achtziger Jahren richtete sich die Zahl der in DDR-Gefängnissen wegen politischer Straftaten Einsitzenden ja nicht zuletzt nach dem Devisenbedarf der Führung des Arbeiter-und-Bauern-Staats. Damals wurde der Grundstein des wirtschaftlichen und moralischen Ruins der DDR gelegt.

Das Studium am Paulinum bestand aus drei Jahren Theorie, die mit dem Ersten Theologischen Examen abgeschlossen wurde, und dem darauf folgenden zwei Jahre dauernden Praktikum, einem Vikariat in der Gemeinde. Im Predigerseminar in Templin lernte ich Pfarrer Horst Kasner kennen. Er war Anfang der fünfziger Jahre aus dem Westen in die DDR gekommen, fand den Sozialismus im Prinzip sehr sympathisch, in seiner praktischen Ausführung in der DDR allerdings teilweise problematisch, engagierte sich im systemnahen „Weißenseer Arbeitskreis", der gelegentlich sogar die SED links zu überholen versuchte, und hatte eine von uns damals noch nicht wahrgenommene Tochter, die als Angela Merkel zur CDU-Spitzenpolitikerin und Bundeskanzlerin aufsteigen sollte. Pfarrer Kasner ging davon aus, dass noch zu seinen Lebzeiten die evangelische Kirche in der DDR schrumpfen werde, so dass die meisten Gemeinden sich keinen hauptamtlichen Pfarrer mehr leisten könnten. Er wollte zu diesen wenigen Glücklichen gehören. Gott sei Dank, sind diese Ahnungen nicht Wirklichkeit geworden.

Die praktische Ausbildung bestand in dem Erteilen von Christenlehre (Religionsunterricht) und einer Hospitation in zwei Gemeinden, Premnitz und Rathenow. Zuletzt arbeitete ich ein halbes Jahr im Stadtjugendpfarramt in Berlin. Diese letzte Station des Praktikums absolvierte ich auf eigenen Wunsch. Ich hatte während meines Studiums weiter in der Jungen Gemeinde in Hohenschönhausen mitgemacht, die zum Kirchenkreis Berlin-Weißensee gehört. Der gerade neu gewählte Kreisjugendpfarrer, Martin-Michael Passauer, wusste natürlich bald, wo meine speziellen Interessen lagen. Es überraschte ihn also nicht, als ich erklärte, dass ich gerne noch eine Ausbildung in Jugendarbeit machen würde. Michael brachte mich daraufhin mit dem damaligen Berliner Stadtjugendpfarrer, Joachim Rißmann, zusammen. Dieser war sofort bereit, mich bei ihm zu beschäftigen, um so lieber, als er gleichzeitig Pfarrer der Segensgemeinde in der Schönhauser Allee war und mehr als genug zu tun hatte. Sein Nachfolger als Stadtjugendpfarrer, Martin-Michael Passauer, konnte sich auf Rißmanns Anregung hin dann ganztägig der Jugendarbeit widmen und musste nicht mehr zugleich als Gemeindepfarrer tätig sein.

In der Jugendarbeit wurde methodisch immer experimentiert. Wurde zum Beispiel eine Veranstaltung vorbereitet, dann setzten sich nicht drei Pfarrer zusammen und machten einen Plan, vielmehr wurden viele Jugendliche einbezogen. Dreißig bis fünfzig Jungen und Mädchen waren an den Vorbereitungsarbeiten beteiligt, und deren Interessen und Meinungen mussten unter einen Hut gebracht werden, was nicht immer einfach, aber reizvoll war.

Nach dem Vikariat folgte das Zweite Examen, das ich mit einer Zwei bestand. Neben theoretischem Wissen wurde dabei überprüft, was die Kandidaten an praktischen Erfahrungen gewonnen hatten. In meinem Fall ließen sich die Prüfer und die Kirchenleitung davon überzeugen, dass sie mich mit gutem Gewissen auf eine Berliner Gemeinde loslassen konnten – als der erste „Pauliner“ seit Langem. Einen Jahrgang nach mir schaffte es wieder einer, Heinz-Otto Seidenschnur, der dann in denselben Kirchenkreis wie ich kam.

Samariter: Meine erste und einzige Gemeinde

Mir hatte die Tatsache geholfen, dass ich außer einem guten Examen ein Spezialpraktikum in Jugendarbeit gemacht hatte. Im Kirchenkreis Berlin-Friedrichshain fehlte ein Jugendpfarrer. So setzte mich der damalige Superintendent dieses Kirchenkreises, Ringler, auf die Kreishilfspredigerstelle und sandte mich zugleich zuerst in die Auferstehungs-, dann in die Offenbarungsgemeinde, damit ich dort den pfarramtlichen Dienst versah. Im Spätherbst 1975 wurde ich schließlich in die Samaritergemeinde versetzt. In der Adventszeit wurde ich in dieser Gemeinde, in der ich nun bleiben sollte, eingeführt und gleichzeitig ordiniert. Bei der Ordination, durch die Auftrag und Bevollmächtigung zum geistlichen Amt in feierlicher Form ausgesprochen werden, versprechen sich Pfarrer, Kirchengemeinde und Landeskirche, zueinanderzustehen. Der Pfarrer erklärt, dass er nach bestem Wissen und Vermögen seine Aufgabe erfüllen werde, und die Kirche, dass sie für dessen soziale Sicherheit sorgen werde. Die Kreissynode - die Versammlung von Vertretern der Kirchengemeinden - wählte mich bald darauf zum Kreisjugendpfarrer. In dieser Funktion hatte ich die Pfarrer und die Jugendmitarbeiter in den Gemeinden bei der kirchlichen Jugendarbeit zu unterstützen und zu beraten. Ich

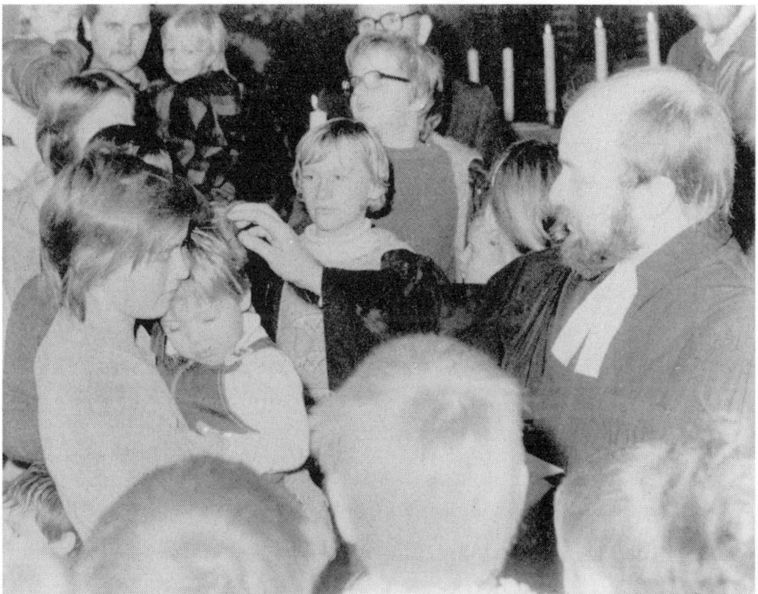

1985 bei einem Taufgottesdienst in der Samariterkirche (Privatarchiv Eppelmann)

beschaffte Material für sie und organisierte auf Wunsch zwischengemeindliche Veranstaltungen der Jungen Gemeinden, zum Beispiel Kreisjugendsonntage.

Die Samaritergemeinde war meine erste und einzige Gemeinde, sieht man von den vorausgegangenen Aushilfstätigkeiten ab. Ich habe mit ganzem Herzen an ihr gehangen, und als ich sie nach fünfzehn Jahren verließ, hatte ich Tränen in den Augen. Beim letzten Gottesdienst fühlte ich mich wie bei der Trennung von der ersten Geliebten. Ich glaube, dass ein Mann sein erstes Mädchen nicht vergisst, solange er lebt. Genauso wenig vergisst ein Pfarrer seine erste Gemeinde.

Einmal im Monat lud der Stadtjugendpfarrer von Berlin zur sogenannten Mitarbeiterrunde ins Stadtjugendpfarramt. Dort trafen sich die Kreisjugendpfarrer und die Kreisjugendwarte mit ihm. Letztere waren Diakone oder Jugendmitarbeiter, die in Gemeinden oder Kirchenkreisen eigenständig Jugendarbeit durchführten. Sie waren in der Regel ganz- oder halbtags angestellt und darum wichtige Helfer der Kreisjugendpfarrer, die sich dieser Aufgabe nur nebenamtlich widmen konnten. In der Mitarbeiterrunde tauschten wir Erfahrungen aus. Dort lernte ich Menschen kennen, die mir für meine Gemeindearbeit viel mit auf den Weg gaben. Zu ihnen zählte etwa Rudi Pahnke, der zu den Mitunterzeichnern des „Berliner Appells" gehören sollte. Rudi spielte dann eine wichtige Rolle im „Demokratischen Aufbruch" und war als Studienleiter in der Evangelischen Akademie Berlin-Brandenburg tätig.

In der Mitarbeiterrunde erlebte ich auch Martin-Michael Passauer wieder, den Kreisjugendpfarrer in Berlin-Weißensee, mit dem ich mich bereits angefreundet hatte. Unsere Freundschaft hält bis heute an. Michael Passauer ist 1992 Superintendent in einem Berliner Innenstadtkirchenkreis geworden und blieb halbtags Pfarrer in der Sophiengemeinde, nahe dem Marx-Engels-Platz. In den letzten Jahren der DDR war er daneben Referent des Berlin-Brandenburgischen Bischofs Gottfried Forck. 1992 wurde er auf meinen Vorschlag hin Mitglied der Enquetekommission des Bundestags zur Aufarbeitung der Geschichte und der Folgen der SED-Diktatur in Deutschland. Seit 1996 wirkt Martin-Michael Passauer als Generalsuperintendent, also als Regionalbischof für das vereinigte Berlin.

In der Kirche herrschte eine Art Kapitänsethos: Ein Pfarrer verlässt seine Gemeinde nicht! Von dieser Regel wurden nur wenige Ausnahmen geduldet. Ich wäre später allerdings von dieser Auflage befreit worden, als mich 1984 der Generalstaatsanwalt der DDR durch den Staatssekretär für Kirchenfragen Klaus Gysi vor die Wahl stellen ließ, entweder auszureisen oder ein Ermittlungsverfahren über mich ergehen zu lassen und womöglich für viele Jahre im Gefängnis zu verschwinden. Unsere innerkirchliche „Losung" lautete: Bleibe im Lande! Sie entsprach der theologischen Überzeugung, dass Pfarrer dort ihr Werk tun sollten, wo Gott sie hingestellt hatte. Aber bei allem Verständnis dafür, Ausreisende nicht zu unterstützen, bleibt ein fader Beigeschmack. Denn die Kirche beteiligte sich damit an der Einschränkung eines Menschenrechts. Als besonders bedrückend empfand ich die Praxis, über ausgereiste Pfarrer einen zweijährigen „Bann" zu verhängen. Der BEK hatte mit der EKD vereinbart, dass Pfarrer, die ohne Genehmigung ihrer Kirchenleitung die DDR verließen, zwei Jahre keine Stelle in der Bundesrepublik erhalten durften und auch danach erst, wenn ihre ehemalige Landeskirche darauf verzichtete, ein Veto einzulegen. Die Kirche wollte damit verhindern, dass sich der Pfarrermangel im Osten noch weiter verstärkte.

Auf dem Land war der Pfarrermangel am bedrückendsten. Viele Pfarrer hatten vier, fünf, sechs oder sieben Predigtstätten zu betreuen, einige sogar noch mehr. An einem Sonntag hielt ein Stadtpfarrer einen Gottesdienst, ein Pastor auf dem Land in der Regel zwei bis vier. Zwischen Heiligabend und Silvester kam er auf dreißig, während wir in Berlin etwa vier oder fünf zu absolvieren hatten. Wenig motivierend war dazu die Tatsache, dass ein Landpfarrer oft genug vor zwei oder drei Kirchenbesuchern predigte, wohingegen Stadtkirchen besser gefüllt waren, wenn auch außerhalb der Weihnachtsfeiertage meist nicht so, wie wir es uns gewünscht hätten. Der Pfarrermangel war schon vor dem Mauerbau dramatisch gewesen, und seitdem kam kein Geistlicher mehr aus dem Westen. Vorher war ja in den westlichen Landeskirchen immer wieder an die Pfarrer appelliert worden, für vier oder fünf Jahre in den Osten zu gehen.

Am Anfang betrug mein Pfarrersgehalt 450 Mark, wobei eine Rolle spielte, dass ich aufgrund meiner Fachschulausbildung nicht zu den „Volltheologen“ gezählt wurde. Ich habe

Rainer Eppelmann mit seinen vier Kindern, um 1982
(Privatarchiv Eppelmann)

mich nach dem Studium verschiedentlich darüber aufgeregt, dass Pfarrer, die die Universität absolviert hatten, sich als „Volltheologen“ bezeichneten. Sie konnten sich nicht vorstellen, dass dies für uns von den Predigerschulen herabsetzend klingen musste. Als Halbtheologe betrachtete ich mich nicht. An diesem Beispiel wurde mir zum ersten Mal schmerzhaft deutlich, dass Sprache Ausdruck des Denkens ist. Es ist keineswegs gleichgültig, wie man was wo sagt. Man sollte sich vielmehr genau überlegen, mit welchen Begriffen man etwas beschreibt. So finde ich es z. B. auch unerträglich, wenn jemand von „Bombenstimmung“ oder „Bombenwetter“ redet. Selbst in dem von mir geliebten Fußballsport habe ich Probleme mit der dort üblichen kriegerischen Ausdrucksweise: Der Stürmer schießt Tore und stürmt das gegnerische Tor, er kann in die Defensive geraten, eine Strategie verfolgen, den Gegner angreifen, ihn besiegen usw. Manchmal könnte da wirklich der Eindruck entstehen: Fußball ist Krieg! Das möchte ich nicht.

Später verdiente ich 890 Mark. Am Schluss wurden mir mitsamt dem Kindergeld für vier Kinder 1050 Mark im Monat ausgezahlt. Davon mussten sechs Personen leben, denn Evi hatte längst ihren Beruf aufgegeben, weil sonst die Kinder zu kurz gekommen wären und ich meinen Rund-um-die-Uhr-Dienst als Pfarrer nicht hätte bewältigen können. Unter dieser geradezu klassischen Pfarrhausarbeitsteilung litten das Familienleben und besonders Evi, aber es gab keine Alternative – wir sahen jedenfalls rechtzeitig keine.

Meine Arbeit als Kreisjugendpfarrer machte ich „nebenbei“, das heißt zusätzlich. Zunächst musste ich meinen Pflichten als Gemeindepfarrer ohne Einschränkung nachkommen. Zu meinem Glück arbeiteten in meiner Gemeinde mit Siegfried Mueller-Schlomka ein weiterer Pfarrer ganz- und die Superintendentin Ingrid Laudien halbtags. Wenn kirchliche Großveranstaltungen in der Jugendarbeit bevorstanden, entlasteten sie mich in der Gemeinde, indem sie mir Gottesdienste oder Beerdigungen abnahmen. Auch brauchte ich nicht so viele Hausbesuche zu machen wie mein Pfarrkollege. Als im Kirchenkreis registriert wurde, dass ich mich in der Jugendarbeit stark engagierte, wurde mir zugestanden, zwanzig Prozent meiner Zeit für diese Arbeit zu verwenden. Ich hätte nie gedacht, dass meine Interessen und meine Ausbildung zum Jugendpfarrer meinen weiteren Weg in so starker Weise bestimmen würden, wie sie es dann taten. Wenn ich nicht gelernt hätte, wie man eine Großveranstaltung organisiert, was inhaltlich und methodisch dabei bedacht werden muss, wäre ich möglicherweise nie auf den Gedanken gekommen, Bluesmessen ins Leben zu rufen.

Ich habe immer wieder erfahren, dass in meinem Leben alles seinen Sinn hat oder, um im Bilde des Eingangsgedichts zu bleiben, dass mich jemand hilfreich begleitete. Oft gelang es mir mit Hilfe anderer, aus Dingen, die sich anboten, etwas Vernünftiges zu machen. Das gilt bis zum heutigen Tag. Ich bin glücklich, dass ich keinen normalen akademischen Weg gegangen bin, was wohl geschehen wäre, wenn es den 13. August 1961 nicht gegeben hätte. Davon profitierte ich als Pfarrer genauso, wie es mir später als Politiker nutzte.

In der Gemeinde hatte ich selten Schwierigkeiten mit einfachen Menschen, und das lag auch daran, dass ich acht Jahre als Maurer gearbeitet hatte. Ich muss mich nicht volksnah geben, wie es viele Politiker bis zur Verkrampfung tun. Ich muss nur so auftreten, wie ich bin. Mir bereitet der Kontakt mit Menschen aus allen Schichten der Bevölkerung Freude. Und manchen von ihnen offenkundig ebenso, denn oft werde ich rasch ins Vertrauen gezogen. Die Menschen merken schnell, ob jemand offen mit ihnen umgeht. Ich kann mit Armen über soziale Not sprechen, denn ich habe selbst oft genug jeden Pfennig zweimal umgedreht. Und ich kann mit Malochern über schwere körperliche Arbeit sprechen, denn ich habe mir von 1961 bis 1970 meinen Lebensunterhalt dadurch verdient.

Über Pfarrer kursiert ein Vorurteil: Einmal in der Woche, am Sonntag, müssen sie arbeiten, und den Rest der Woche liegen sie auf der faulen Haut. Gewiss gibt es Pfarrer, die ihren Pflichten nicht nachkommen. Das geschieht in anderen Berufen nicht seltener. Aber man kann sich auch halb totarbeiten. Ich gehörte zur zweiten Kategorie. Ein Grund war, dass ich den sogenannten „Volltheologen" zeigen wollte, ein genauso guter Pfarrer zu sein wie sie. Ehrgeiz und Fleiß verschafften mir die kleinen Erfolgserlebnisse, die jeder braucht, um motiviert zu arbeiten.

Der Preis war hoch. Am Anfang merkte ich es kaum, aber dann wurde unübersehbar, dass ich nicht nur das Familienleben sträflich vernachlässigte, sondern auch so sehr in der Arbeit aufging, dass ich keine Zeit mehr für mich selbst fand. Daran hat sich bis heute eigentlich nichts geändert. Noch immer habe ich ein schlechtes Gewissen, wenn ich ohne bestimmten Zweck ein Buch lese. Früher, als Schuljunge, hatte ich nächtelang geschmökert. Oder ich war mit dem Fotoapparat durch die Landschaft gezogen, um interessante Bilder aufzunehmen. Aber nach fünfzig bis siebzig Wochenstunden Jugend- und Gemeindearbeit glaubte ich, den Rest meiner Zeit der Familie widmen zu müssen. Meine eigenen Interessen kamen überhaupt nicht mehr vor. Ich tröstete mich immer wieder damit, dass ich mir sagte, schließlich mache mir die Arbeit Spaß. Doch nicht persönliche Interessen ergänzten die beruflichen Erfordernisse und sorgten für einen Ausgleich, sondern der Beruf bestimmte allein mein Dasein.

Je länger ich in der Gemeinde tätig war, desto mehr Menschen lernte ich kennen, und um so mehr Verpflichtungen halste ich mir auf. Am Anfang glaubte ich tatsächlich, meine Zeit frei einteilen zu können, abgesehen einmal vom Konfirmandenunterricht am Dienstagnachmittag, dem Treffen der Jungen Gemeinde am Donnerstagabend, dem Gemeindekirchenrat, der einmal im Monat zusammenkam, und den sonntäglichen Gottesdiensten. Aber bald merkte ich, wie sich der Kalender mit Terminen füllte und die normale Arbeitszeit nicht mehr ausreichte, um mein Pensum zu schaffen. Hinzu kam, dass ich während meiner Zeit in der Samaritergemeinde fast durchgehend geschäftsführender Pfarrer war. Die Superintendentin sollte nicht auch noch diese Funktion übernehmen neben der Leitungstätigkeit im Kirchenkreis und dem pastoralen Dienst in der Gemeinde.

Meine Arbeitswoche begann am Montagmorgen um neun Uhr mit einer Mitarbeiterbesprechung, eine Rarität in unserem Kirchenkreis. Dort tauschten wir uns über Aufgaben und Erfahrungen aus. Dafür nahmen wir uns in der Regel viel Zeit. Wir mussten uns neben theologischen Fragen um einen Kindergarten mit 40 Kindern kümmern, um eine riesige Kirche, in die 1000 Menschen passten, und um ein großes Gemeindehaus mit 24 vermieteten Wohnungen. Immer wieder standen wir, und besonders ich als geschäftsführender Pfarrer, vor den DDR-typischen Schwierigkeiten, Handwerker, Ersatzteile und Baumaterialien beschaffen zu müssen. Das kostete Nerven und Zeit. Das Gemeindehaus sollte ursprünglich vollständig „rekonstruiert“ werden, worunter in der DDR eine gründliche Renovierung verstanden wurde. Deshalb hatten meine Vorgänger jahrelang nur Notreparaturen ausführen lassen. Aber dann wurde nichts aus der Sanierung, und nun beschäftigten wir praktisch ununterbrochen Handwerker, auch im Kirchengebäude, das ebenfalls in einem traurigen Zustand war. Wir entdeckten immer wieder neue Kriegsschäden, so etwa kleine Löcher von Bombensplittern im Verblendermauerwerk. Ich musste eine Firma auftreiben, die bereit war, 45 verschiedene Formsteine herzustellen, damit wir die beschädigten Mauerstücke auswechseln konnten. Zum Glück hatte ich Maurer gelernt. So wusste ich, wovon die Rede war, wenn ich mit Handwerkern oder Behörden verhandelte. Einige Arbeiten übernahm ich, des Wartens überdrüssig, schließlich selbst.

Nachdem ich im Frühjahr 1982 gemeinsam mit Robert Havemann den „Berliner Appell" veröffentlicht hatte und die SED uns deshalb schikanierte, zeigte sich die Solidarität mit uns auch darin, dass mancher Handwerker und mancher Angestellte in Volkseigenen Betrieben unsere Gemeinde bei Arbeiten und Materiallieferungen bevorzugten. „Ist das nicht der Pfarrer Eppelmann vom ‚Berliner Appell'?" So oder ähnlich fragten einige, wenn wir Baustoffe besorgen oder Handwerker mit Reparaturarbeiten beauftragen wollten. Und dann bekamen wir das letzte vorrätige Baugerüst, und der Maler übernahm einen Job, obwohl er eigentlich gar keine Zeit dafür hatte.

Für die Verwaltung der Gemeinde war nach dem Geschäftsführer die Küsterin zuständig. Sie führte die Bücher der Gemeinde, registrierte und bereitete die Beerdigungen, Trauungen oder Taufen vor. Sie nahm die Kirchensteuern entgegen, die in der DDR im Gegensatz zur Bundesrepublik ja nicht vom Staat eingezogen wurden, und regelte auch sonst alle Finanzfragen. Sie hatte laufend mit den 24 Mietern des Gemeindehauses zu tun, in deren Wohnungen immer wieder etwas kaputt war. Außerdem erledigte sie die Post der Gemeinde. Edeltraut Pohl, unsere langjährige verdienstvolle Küsterin, war jederzeit engagiert und hatte eine Menge zu tun.

Schwerter zu Pflugscharen

Zu den alltäglichen Aufgaben und Sorgen kamen die Projekte einer aktiven Kirchengemeinde. Wir organisierten viele Veranstaltungen, vor allem während der jährlichen Friedensdekade im November. Wir waren eine der ganz wenigen Gemeinden in der DDR, die an jedem Tag der Friedensdekaden eine Veranstaltung organisierten.

Die Friedensdekade wurde im Jahr 1980 zum ersten Mal durchgeführt. Die Idee war auf einer Konferenz der Landesjugendpfarrer in der DDR geboren worden. Dahinter stand die Überlegung, angesichts der durch die Stationierung von Mittelstreckenraketen in Ost und West ausgelösten neuen Spirale im Wettrüsten die christliche Friedensbotschaft verstärkt in die Kirchengemeinden zu tragen. Uns ermutigte dabei die Friedensbewegung im Westen. Wir erkannten, dass nicht nur die Menschen in Westeuropa Grund zu Sorge und Angst hatten, sondern ebenso wir, die wir nicht weniger bedroht waren. Wir lehnten die offizielle Terminologie der SED ab, dass Raketen des sozialistischen Lagers Friedenstauben, Raketen der NATO aber Kriegswaffen seien.

Der sächsische Landesjugendpfarrer Harald Brettschneider schlug in diesem Zusammenhang vor, das biblische Motiv „Schwerter zu Pflugscharen" auf einem Aufnäher abzubilden. Die Idee wurde aufgegriffen und die Aufnäher in Herrnhut, dem Stammsitz der Brüdergemeine im Kreis Löbau nahe der Spreequelle, hergestellt. Sie gingen weg wie warme Semmeln. Für die DDR waren sie ein Novum. Bis dahin hatte sich das selbstständige politische Denken des DDR-Bürgers, sofern es nicht mit der Propaganda übereinstimmte, nur im Freundes- und Verwandtenkreis bewegt und geäußert. Mit dem Aufnäher „Schwerter zu Pflugscharen" zeigten erstmals Tausende von Menschen für jeden sichtbar, dass sie in einem bestimmten Punkt nicht einverstanden waren mit der Politik der Partei- und Staatsführung. Nur wer diesen Hintergrund erkennt, kann begreifen, warum die Staatsorgane ebenso hektisch wie brutal Jagd auf die kleinen Stoffstückchen mit sogar in der

DDR nicht genehmigungspflichtiger „Textiloberflächenveredelung“ und ihre Träger machten.

Wir betrieben eine rege Jugendarbeit, zeitweise sogar in zwei Jungen Gemeinden. Das bedeutete natürlich auch mindestens zwei Veranstaltungen pro Woche. Hinzu kam der Konfirmandenunterricht, in dem wir uns stark engagierten. Siegfried Mueller-Schlomka hatte die Idee, ihn teilweise auf Rüstzeiten, den Freizeiten in der DDR, zu verlagern. Vier- bis sechsmal im Jahr fuhren wir mit den Konfirmanden für drei bis zwölf Tage – am Wochenende oder während der Ferien – in ein kirchliches Heim. Es wurde nicht bloß Wissen vermittelt, sondern wir lebten auch miteinander. So kamen wir uns näher und lernten uns besser kennen. Zwei- oder dreimal jährlich luden wir auch Mitglieder der Jungen Gemeinde zu Rüstzeiten ein.

Bei der Friedenswerkstatt Berlin 1982 mit Evi (Privatarchiv Eppelmann)

Früher hatte es Konfirmandengruppen mit achtzig Teilnehmern und mehr gegeben. In den siebziger Jahren waren es, wie überall in der DDR, viel weniger. Bei uns schwankten die Zahlen zwischen einem Dutzend und zwanzig. Wir organisierten den zweijährigen Unterricht in Themenkursen und ließen den Jugendlichen viele Wahlmöglichkeiten. Wir vermieden es, Anfänger- und Fortgeschrittenengruppen zu bilden, sondern ließen alle an den Kursen teilnehmen, die sie sich aussuchten. Zu den Rüstzeiten allerdings boten wir bestimmte Stoffe an. Da fast immer alle daran teilnehmen wollten, ergab sich zwangsläufig doch eine feste Themenabfolge.

Im Gemeindekirchenrat wurden alle die Gemeinde betreffenden Fragen diskutiert und beschlossen. Der Gemeindekirchenrat war für mich eine wichtige Instanz, denn er hatte in der dezentral strukturierten Landeskirche große Entscheidungsbefugnisse. Er bestimmte letztlich, welche Veranstaltungen und anderen Projekte wir in der Gemeinde durchführen konnten und sollten.

Zu den ständigen Verpflichtungen zählten der Gottesdienst und seine Vorbereitung. Sechs bis zwölf Stunden waren jede Woche dafür zu veranschlagen. Allein an der Predigt saß ich oft bis zu acht Stunden, nicht selten nach einer hektischen und kraftraubenden Woche in der Nacht vom Samstag auf den Sonntag, bis ich den Eindruck hatte, am Morgen zwar todmüde, aber mit halbwegs gutem Gewissen vor die Gemeinde treten zu können. Manche Kollegen machten es sich einfacher. Sie schlugen ein Buch auf und entnahmen daraus, was ihnen sinnvoll erschien.

1979 steigerte sich meine Arbeitsbelastung schlagartig, als die Bluesmessen begannen. Ab März 1982 kam die Arbeit mit dem Friedenskreis dazu.

Die Veranstaltungen der verschiedenen Gruppen und das Gesamtplenum gab es bis zum Ende der DDR. Der Friedenskreis arbeitet sogar heute noch, wenn auch weniger Menschen daran teilnehmen.

Die Zahl der Gruppen wuchs ständig weiter. Es bildeten sich unter anderem eine Ökologie-, eine Wehrdienst-, eine Friedenskreisplenumsvorbereitungs- und eine Zweidrittelweltgruppe. Eine weitere übernahm die Organisation der Friedensdekade, eine andere befasste sich mit dem Thema „Christen und Sozialismus“. Hier wurde die Idee geboren, im Mai 1987 die Auszählung der Stimmen bei der Volkskammer – und zwei Jahre später bei der Kommunalwahl – zu kontrollieren.

Vor allem an der Arbeit der Gruppe „Friedensdekade“ musste ich mich aktiv beteiligen, da es hier meist um Großveranstaltungen ging. Zweimal gelang es uns, Stefan Heym aufs Podium zu bringen. Auch Bruno Winzer, der 1970 das Buch *Soldat in drei Armeen* veröffentlicht hatte, las bei uns. Er hatte in der Reichswehr, der Wehrmacht und in der Bundeswehr gedient. Weil er sich als Offizier mit dem westdeutschen Verteidigungsminister Franz Josef Strauß überworfen hatte, ging er in den Osten und wurde als Vorzeigedissident herumgereicht, bis der Ehrenoberst der NVA, nach dem auch die NVA-Offiziershochschule in Prora benannt wurde, resignierte und in die Bundesrepublik zurückging.

Vor allen diesen zahlreichen Veranstaltungen mussten wir nervenaufreibende und kräftezehrende Streitereien mit staatlichen Stellen über uns ergehen lassen. Bei jeder sich bietenden Gelegenheit mischten sich die Aufpasser des Stadtbezirks oder des Magistrats in unsere Arbeit ein.

Steten Ärger mit den Staatsorganen brachte uns und der Kirchenleitung das Informationsblatt ein, das der Arbeitskreis „Kontakt und Information“ unter der Leitung und mit dem enormen Einsatz von Thomas Welz seit Mai 1984 in Eigenregie herstellte. Die Nullnummer bezogen republikweit 94 Abonnenten. Es hieß zunächst *Schwerter zu Pflugscharen*, später *Denkzettel*. Die Gruppe, die dafür verantwortlich war, wollte mit seiner Hilfe vor allem die Gemeinde über Diskussionen und Standpunkte besser unterrichten. Dazu kamen Hinweise auf Veranstaltungen, auch von anderen Friedenskreisen, die inzwischen entstanden waren. Allmählich wuchs unser Verteiler auf 500 Bezieher in vielen Gemeinden in der gesamten DDR. Wir druckten die Zeitung, die keine sein durfte, am Anfang mit Hilfe von Matrizen. Das kostete eine Menge Geld. Wir mussten Papier auftreiben, in der DDR die Mangelware Nr. 1, und baten Journalisten und Politiker, die uns besuchten, Matrizen mitzubringen. Es war jedes Mal ein enormer Kraftakt, eine Ausgabe fertigzustellen. Aber wir schafften es, die Zeitung regelmäßig erscheinen zu lassen. Wir nummerierten die einzelnen Ausgaben, bis sich im Konsistorium Nervosität verbreitete. Eine Zeitung durfte in der DDR nämlich ohne behördliche Genehmigung nicht erscheinen. War unser Blatt eine Zeitung oder ein Gemeindebrief? Letzteres, erklärten wir, weil wir wussten, dass wir eine Druckerlaubnis nie bekommen würden. So durften wir den Blättern bald keine Nummern mehr geben, und Artikelserien, die über mehrere Ausgaben fortgesetzt wurden, waren untersagt.

Dankenswerterweise verhalf uns Manfred Stolpe auf meine Bitte hin zu einer modernen Vervielfältigungsmaschine, die er auf irgendwelchen geheimen Wegen aus dem Westen nach Ost-Berlin geschleust hatte. Ich weiß noch, dass ich eines Tages darüber informiert wurde, eine große Druckmaschine stehe in einer Gemeinde in der Innenstadt, die wir geschenkt bekommen sollten. Ganz konspirativ fuhren wir los, parkten im durch Mauern vor fremden Blicken geschützten Hof der Gemeinde, schauten uns prüfend um, packten die Maschine rasch ein, traten den Heimweg an und stellten sie im Keller unseres Gemeindehauses auf. Nur drei oder vier Leute wussten von der Maschine, und nur zwei besaßen Schlüssel für den

Druckraum. Ich weiß bis heute nicht, ob die Stasi über unsere Druckmaschine im Keller, später in meiner Pfarrdienstwohnung, informiert war.

Vielfältige Gemeindearbeit: Von Hausbesuchen bis zu internationalen Friedenspartnerschaften

Zu meinen Pflichten als Gemeindepfarrer gehörten auch Hausbesuche. Aus Zeitmangel habe ich diese allerdings im Gegensatz zu anderen Pfarrern nicht spontan unternommen, sondern nur dann, wenn konkrete Anlässe es verlangten. Vor einer Beerdigung sprach ich mit den Hinterbliebenen in deren Wohnung und nicht in der Küsterei. Genauso besuchte ich die Menschen vor Trauungen und Taufen zu Hause, und nahm mir in allen Fällen viel Zeit für diese Gespräche.

Allmählich wurde unsere Gemeinde bekannter, und wir bekamen Zulauf. Viele von denen, die bei uns auftauchten, hatten zuvor nie etwas mit Jesus Christus zu tun gehabt oder haben wollen. Das hatte auch zur Folge, dass ich in stark wachsendem Maß Taufunterricht für Erwachsene abhalten musste. Ich machte mit den Menschen, die nicht selten aus anderen Stadtbezirken kamen, eine Art Religions-Crashkurs. Das waren je nach Vorbildung zwölf bis zwanzig Gespräche über ebenso viele Themen, bevor ich taufte oder konfirmierte. Wir fingen an mit der Entstehung der Bibel und hörten auf bei den Strukturen der evangelischen Kirche. Diese Arbeit war außerordentlich zeitintensiv, aber sie war mir ungemein wichtig. Außerdem nahm ihr Ergebnis manchem, der mich wegen meines gesellschaftspolitischen Engagements kritisierte, den Wind aus den Segeln. Bei uns wurden über Jahre genauso viele Menschen getauft und konfirmiert wie beerdigt. So galt bei vielen in der Gemeinde: Der Eppelmann bringt zwar Unruhe und

Ärger ins Haus, aber die Kirche wird voller. Und darüber freute sich natürlich auch der Gemeindekirchenrat.

Wer heute die Samariterstraße entlanggeht, sieht viele junge Ebereschen stehen. Ich hatte drei Jahre lang mit staatlichen Stellen gekämpft, bis uns erlaubt worden war, sie zu pflanzen und zu diesem Zweck die Bürgersteige aufzureißen. Heute weiß ich, dass die Behörden diese Initiative als Profilierungsversuch eines Regimekritikers und seiner Kirchengemeinde verhindern wollten. Als wir es nicht schafften, beide Straßenseiten gleichzeitig zu bepflanzen, rückten plötzlich die Ost-CDU und die Nationale Front an, um die letzten zwölf Bäume zu setzen. Darüber berichtete dann die Presse so, als ob die SED-Freunde alle hundert gepflanzt hätten. Über uns und unser jahrelanges Bemühen fanden wir kein Wort.

In meinem Arbeitszimmer hängt ein Foto an der Wand. Es wurde anlässlich des neunzigsten Jahrestags der Samaritergemeinde aufgenommen. Das Bild zeigt Menschen von Kirchengemeinden aus NATO-Ländern, mit denen wir Friedenspartnerschaften pflegten. 1983 waren Mient Jan Faber vom Interkerkelijke Vredesberaad (IKV), dem überkonfessionellen niederländischen Friedensrat, und ich auf die Idee gekommen, als Angehörige der gegnerischen Paktsysteme einen persönlichen Friedensvertrag zu unterzeichnen. Andere schlossen daraufhin ebenfalls solche blockübergreifenden individuellen Vereinbarungen ab. Bei einem gemeinsamen Pfarrkonvent des Ost-Berliner Friedrichshainer und des West-Berliner Spandauer Kirchenkreises lernte ich Pfarrer Christian Moest von der Zufluchtsgemeinde kennen. Mit ihm gemeinsam entwickelte ich die Idee weiter, und wir initiierten einen entsprechenden Vertrag zwischen unseren Kirchengemeinden.

Wir suchten nach weiteren Vertragspartnern im Westen, obwohl in unserem Gemeindekirchenrat auch kritische Stimmen zu hören waren und zunächst manche nicht verstanden, was für einen Sinn es haben könnte, in fremden Ländern jenseits der Mauer nach Ansprechpartnern Ausschau zu halten. Aber sie duldeten es als eine der Eppelmann-Friedensmarotten, an die sie sich schon fast gewöhnt hatten.

Im Lauf der Zeit schlossen wir Verträge mit der St.-Salvatoris-Gemeinde in Geesthacht, der Friedenskirchengemeinde in Ludwigsburg und mit dem westfälischen Kirchenkreis Steinfurt-Coesfeld-Borken. Dazu kamen später Freunde aus der Dominicusgemeinde in Amsterdam, aus New Jersey in den USA, aus Rena in Norwegen sowie aus Täby in Schweden. Sie alle besuchten uns, als die Samaritergemeinde ihren neunzigsten Geburtstag feierte. Sie machten mit beim Festgottesdienst, und nun merkte selbst der größte Skeptiker, dass diese neu gewonnenen Kontakte unser Gemeindeleben enorm bereicherten.

Der Ludwigsburger Pfarrer Franz-Gerhard von Aichberger kam jedes Jahr zu Pfingsten mit Jugendlichen und einigen Erwachsenen seiner Gemeinde für drei oder vier Tage zu uns. Er ließ sich davon auch nicht abhalten, als ihn die DDR-Staatsorgane fast schon mit Gewalt abschrecken wollten. Um ihn zu demütigen, unterzogen ihn die Grenzer an zwei aufeinanderfolgenden Tagen jeweils einer Leibesvisitation, bei der er sich ihnen splitternackt zu präsentieren hatte. Natürlich fanden sie nichts. Wir haben es solchen Menschen wie Franz-Gerhard zu verdanken, dass über all die Jahre seit dem Mauerbau das Zusammengehörigkeitsgefühl zwischen Ost- und Westdeutschen erhalten blieb.

Die Mitbringsel unserer Freunde waren außerordentlich nützlich. Ein solches Geschenk etwa waren Scheinwerfer für die Kirche, die wir in der DDR nirgendwo hätten kaufen können. Außerdem erhielten wir theologische Literatur für die Konfirmanden- und Kinderarbeit, eine Haustelefonanlage – die an anderer Stelle noch eine prominente Rolle spielen wird –, Schreibpapier, Thermoskannen, Kaffee und vieles andere. Aber das Wichtigste war etwas anderes: Wir demonstrierten weithin sichtbar, dass wir uns nicht aufeinanderhetzen ließen. Je besser Menschen aus unterschiedlichen Ländern und Gesellschaftssystemen sich kennenlernen, um so geringer ist ihre Bereitschaft, sich gegenseitig Leid anzutun. Statt uns zu bekämpfen, halfen wir uns gegenseitig.

Für uns DDR-Bürger war es eine bedeutende Erkenntnis festzustellen, dass wir unsere Westpartner unterstützen konnten und wir nicht schlechter waren als sie. Unsere Predigten waren so gut wie die unserer Amsterdamer Freunde. Wir konnten die Lage in unserem Land so präzise analysieren wie die Norweger die ihrige. Bei uns war es nicht so, dass der reiche Onkel aus dem Westen kam und uns etwas schenkte. Die Gaben unserer Freunde waren angenehme Begleiterscheinungen, aber kein Grund für Minderwertigkeitskomplexe. In der Folge wuchs bei uns das Selbstvertrauen. Gestützt darauf wie auch auf unsere Erfahrungen im Dauerstreit mit dem SED-Staat, entwickelten wir im Lauf der Jahre eine neue Identität.

Zu unseren Tätigkeiten in der Samaritergemeinde zählte nicht zuletzt die Kulturarbeit. Mitte der achtziger Jahre begannen wir auf meine Anregung hin, Ausstellungen in der sogenannten Winterkirche durchzuführen, wenn diese nicht benötigt wurde. Sie war ein im Kirchengebäude durch Holz und Glas abgetrennter Raum. Wir füllten ihn nun mit Bildern und Skulpturen.

Die Ausstellungsperiode begann im Mai und endete mit der Friedensdekade im November. Auf diese Weise halfen wir Künstlern, die dem sozialistischen Realismus, der verordneten staatstreuen Kunstrichtung, nicht huldigten, ein Publikum zu finden und öffentliche Wirkung zu erzielen. Und für das Gemeindeleben war es ein enormer Gewinn. Meist waren es junge Talente, denen wir die Gelegenheit boten, ihre Arbeiten einem Publikum zu zeigen: Maler, Fotografen, Bildhauer oder Grafiker.

Seit der Friedensdekade 1983 stellten wir jedes Jahr ein Antikriegsmuseum zusammen, eine Ausstellung mit Fotos gegen den Krieg. Die Idee, die ursprünglich aus West-Berlin stammte, hatten wir von dem Physiker Bernd Kanter übernommen. Der Grundgedanke dabei war, dass Statistiken, Grafiken und andere trockene Daten allein nicht in der Lage sind, den Schrecken des Kriegs wirkungsvoll zu zeigen. Als viel beeindruckender erwiesen sich Momentaufnahmen des Grauens. Wir zeigten fürchterliche Bilder vom Ersten und Zweiten Weltkrieg, unter anderem von den Folgen der Atombombenabwürfe auf die japanischen Städte Hiroshima und Nagasaki. Im Ergebnis dieser Dokumentationsarbeit entstand unter großem Einsatz von Bernd Kanter ein ständiges Antikriegsmuseum, das heute als „Friedensbibliothek-Antikriegsmuseum" in der Ost-Berliner Bartholomäuskirche zu besichtigen ist.

Zu den bekannteren Künstlern, deren Werke wir ausstellten, gehörte unter anderem die Bürgerrechtlerin Bärbel Bohley, die sich an unserer Friedensarbeit beteiligte. Sie durfte ihre Bilder in diesen Jahren nirgendwo sonst öffentlich zeigen.

Wir führten auch Lesungen durch und verschafften Vertretern der nichtoffiziellen Literaturszene in der DDR ein Forum. Die meist jungen Leute hatten begonnen, eigene Publikationsorgane herzustellen und in geringer Auflage zu verbreiten. Rolf Schneider, der 1979 aus dem Schriftstellerverband der DDR ausgeschlossen worden war, las oft in der Samaritergemeinde. Die Liedermacherin Barbara Thalheim sang. Stephan Krawczyk und Freya Klier hatten praktisch überall Berufs- und Auftrittsverbot, nur bei uns in der Kirche konnten sie auftreten. Mehr als zwei Monate lang organisierten wir in der Samaritergemeinde jede Woche ein oder zwei Veranstaltungen mit den beiden, damit sie nicht von der Bildfläche verschwanden und ihren Lebensunterhalt verdienen konnten. Am Anfang wusste kaum einer, wer Krawczyk war, und er wurde mit einiger Skepsis begrüßt, als er bei seiner ersten Veranstaltung als Ersatzmann einsprang für Gerhard Schöne, einen bekannten DDR-Liedermacher. Aber er überzeugte sein Publikum bald von seinen Qualitäten. Er kam aus den FDJ-Singe-Clubs und war zunächst ein überzeugter Anhänger der DDR wie auch Freya Klier. Ihnen erging es wie vielen anderen jungen Menschen, die Brüche in der DDR-Gesellschaft entdeckt hatten. Aber sie münzten ihre Enttäuschung nicht in Resignation um, sondern setzten sich für ihre neu gewonnenen Einsichten und Überzeugungen ein.

Operativer Vorgang (OV) „Blues"

Als ich in die Samaritergemeinde kam, lernte ich die DDR-Wirklichkeit von einer weiteren Seite kennen. Als Vater von Kindern erlebte ich selbst die Schwierigkeiten, wie sie fast alle Familien in der DDR plagten. Aber das waren nur kleine Ausschnitte der Realität. Als Gemeindepfarrer erfuhr ich, dass meine Sorgen gering waren im Vergleich zu dem, was die Menschen, die Hilfe bei mir suchten, mir erzählten. Jeden Tag wuchs meine Empörung über die Selbstherrlichkeit der kleinen und der großen Honeckers und ihrer Satrapen in den Blockparteien und Massenorganisationen. Jeden Tag vergrößerte sich meine Distanz zu den für Leid, Frustration, Angst, Wut und Unterdrückung Verantwortlichen. Die Menschen in meiner Gemeinde schütteten all das persönlich erlebte Elend des realen Sozialismus über mir aus, weil sie zu Recht meinten, dass ich dafür bezahlt würde, ihnen zuzuhören.

Da kamen Eltern, die ihr Kind eigentlich zum Konfirmandenunterricht schicken wollten. Aber sie trauten sich nicht, da die schulischen Leistungen des Jungen oder Mädchens nicht überragend waren. Weil sie wollten, dass ihr Kind eine Lehrstelle bekam, schickten sie es zur Jugendweihe, dem staatlichen Konfirmationsersatz. Bei mir weinten sie sich darüber und über ihr schlechtes Gewissen aus. Vor allem wollten sie mir sagen, ihre Entscheidung bedeute nicht, dass sie nichts mehr mit der Kirche und mir zu tun haben wollten. Manche Eltern kamen und schilderten ihre Gewissensnot, weil sie ihre Tochter oder ihren Sohn am Wehrkundeunterricht teilnehmen ließen und nicht den Mut fanden, Sturm dagegen zu laufen. Andere wagten es nicht, sich in der Gemeinde trauen zu lassen. Sie holten es dann im Urlaub woanders nach, wo sie niemand kannte, weil sie die Sorge hatten, es könnte ihnen in ihrer beruflichen Entwicklung schaden. Ein Malermeister verzweifelte daran, dass der Materialmangel ihn daran hinderte, seine Lehrlinge vernünftig auszubilden, und er daher seiner Verantwortung nicht nachkommen konnte. Jugendliche waren verbittert, weil sie noch Jahrzehnte warten sollten, bis sie einmal ein westliches Land besuchen durften. Andere wollten studieren und hatten alle dazu erforderlichen Leistungsnachweise erbracht, durften es aber trotzdem nicht, weil ihre Linientreue zu wünschen übrig ließ. Wieder andere waren von der Schule geflogen, weil sie den Aufnäher „Schwerter zu Pflugscharen" getragen hatten. Leute tauchten bei mir auf, um zu erzählen, wie sie sich in der ersten Elternversammlung an der Schule vor dem Direktor und den Lehrern geduckt und dann gefragt hatten, ob die Kinder schon am ersten Schultag das Pioniertuch tragen sollten, das Abzeichen der SED-Kinderorganisation. Manche Menschen waren auch ohnmächtig wütend angesichts der Verlogenheit der Medien und suchten Rat, wie sie damit umgehen sollten.

Es gab fast nichts, womit ich nicht konfrontiert wurde. Aber ob es sich um politische, berufliche oder Eheprobleme handelte, immer fand ich einen vorzüglichen Gesprächspartner in meiner Frau. Allein wäre ich mit all den Problemen nicht fertig geworden. Später, als unsere Ehe in eine Krise geriet und meine Frau ihre Kraft für sich selbst brauchte, traf mich der Verlust auch in dieser Hinsicht hart.

Je mehr die Sorgen und Nöte vieler anderer mich belasteten, desto zorniger wurde ich. So wichtig es war, den Betroffenen therapeutisch zu helfen, so unbefriedigend war es. Denn dadurch änderten sich die Bedingungen nicht, die das Leid verursachten. Hinzu kam eine zweite Einsicht: Den Wehrdienst hatte ich für mich verweigert. Aber nun stellte sich mir - auch als Vater - die Frage, ob man es sehenden Auges dulden konnte, dass wir auf Kosten unserer Enkel lebten. Wir verpulverten (und verpulvern nach wie vor) nicht erneuerbare Rohstoffe dieser Erde, als gäbe es sie ewig. Auf beiden Seiten des die Militärblöcke trennenden Stacheldrahtverhaus türmten sich die Massenvernichtungsmittel zu mehrfachen Overkillkapazitäten. Und fast alle Menschen taten so, als wäre es das Natürlichste der Welt, sich gegenseitig mit der Ausrottung zu bedrohen.

Das Leben, das ich mit in die Welt gesetzt hatte, sollte wenigstens die gleichen Chancen haben wie ich. Deshalb musste der Raubbau ein Ende haben. Mit meiner Frau und meinen Freunden diskutierte ich über Verzicht und die Frage, was der Mensch wirklich zum Leben brauche. Was macht unser Glück aus? Waren die Menschen, die weniger als wir besaßen, unglücklicher? Ich versuchte, ehrlich mit mir umzugehen. Ich begriff, dass ich verantwortlich war für das Schicksal meiner Kinder. Mit den Möglichkeiten, die ich hatte, musste ich zusammen mit anderen dazu beitragen, den politischen und ökologischen Wahnsinn zu beenden.

Wir mussten, um die Blockkonfrontation zu überwinden, Weltbürger werden. Aber wie sollte ein Bewohner der Deutschen Demokratischen Republik jemals die Provinz verlassen, in die ihn seine Obrigkeit verbannt hatte? Mir wurde die Kluft zwischen dem DDR-Mief und dem Rest der Welt vollends klar, als ich ab 1975 Journalisten aus dem Westen kennenlernte, die entsprechend der Schlussakte der Konferenz über Sicherheit und Zusammenarbeit in Europa (KSZE) in Helsinki nun aus der DDR berichten konnten. Das war zwar ein Fortschritt, aber wir durften immer noch nicht frei reisen.

In diese entscheidende Phase meiner Überlegungen fiel ein so profanes wie gefährliches Ereignis: ein Autounfall. Auf dem Weg von Hohenschönhausen zur Samaritergemeinde nahm mir am 14. November 1978 ein Škoda die Vorfahrt und rammte meinen Trabant von der Seite. Als ich wieder aufwachte, war mein Körper unterhalb des Halses gefühllos. Aber ich hatte mehr als nur Glück. Ein Krankenwagen hatte mich zum Krankenhaus Friedrichshain befördert, in dessen neurotraumatologischer Station Halswirbelbrüche nach einer neuen, in den Niederlanden entwickelten Methode operiert wurden. Ich war der 27. oder 28. Patient, dem dadurch eine Querschnittslähmung erspart blieb. Allerdings mussten die Chirurgen mich zweimal operieren, weil sich eine der Schrauben, mit denen die Halswirbel versteift worden waren, gelöst hatte. Die ersten Operationen mit der neuen Technik hatten die Ärzte mit niederländischem Material vorgenommen. Aber dann mussten sie auf Schrauben und Werkzeuge aus DDR-Produktion zurückgreifen, weil die Importe nach Meinung der Mächtigen zu viele Devisen aufzehrten. Seitdem befürchteten die Ärzte bei jeder Operation eine Katastrophe.

Diese Erfahrung, einer Lähmung oder gar dem Tod entgangen zu sein, spornte mich an: Der liebe Gott musste noch etwas mit mir vorhaben! Hier spürte ich, dass er etwas von mir forderte. Die Jugendgottesdienste, die ich alle zwei Monate zu verschiedenen Themen durchführte, hatten mir bereits die Aufmerksamkeit der Sicherheitsorgane verschafft, wie eine

Stasi-Akte unter dem trefflichen Decknamen „Kreuz" dokumentiert. Aber die entscheidende Etappe zum Staatsfeind Nr. 1 leitete ich mit den Bluesmessen ein. Vor allem ihretwegen eröffnete die Staatssicherheit einen Operativen Vorgang (OV), dem sie, fantasievoll, wie sie nun einmal war, den Decknamen „Blues" gab.

Es fing alles im Frühsommer 1979 an. Eines Tages stand ein junger Mann vor mir mit langen blonden, zotteligen Haaren, in Kutte und Niethosen. Er stellte sich als Günter Hollwas alias Holli vor und erzählte mir, er sei Bausoldat gewesen und habe gehört, dass die Kirche für karitative Zwecke Konzerte veranstalte. So etwas wolle er zusammen mit einem Kumpel auch machen. Sie könnten richtig guten, alten, schwarzen Blues in der Kirche spielen. Geld wollten sie nicht, die Einnahmen sollten einem guten Zweck dienen: „Ich mach' dir deine Kirche voll", versprach Holli. So anfällig ein Pfarrer für solche Verheißung ist, das, was Holli da behauptete, erschien mir ein wenig vollmundig. In der Samariterkirche fanden fast 1000 Leute Platz. Zu gewöhnlichen Gottesdiensten erschienen zwischen 30 und 50 Besucher, bei einer Konfirmation mochten es 250 werden. Nur Heiligabend übertrafen wir die 600er Marke. Ich erklärte Holli, dass er und sein Freund zur „Urania", der populären „Gesellschaft zur Verbreitung wissenschaftlicher Kenntnisse" mit einem großen Veranstaltungsangebot, oder zur Konzert- und Gastspieldirektion gehen sollten, wenn sie bloß Musik machen wollten, dafür seien wir nicht die Richtigen. Wenn sie sich aber vorstellen könnten, dass wir mit ihrem Blues einen Gottesdienst gestalteten, dann sei ich sofort bereit. Holli hatte gegen den Vorschlag nichts einzuwenden.

Vier Wochen nach unserem Treffen sollte der Gottesdienst stattfinden. Dafür wollten wir kräftig Mundpropaganda machen. Ich tat mich zur Vorbereitung zusammen mit meinem Pfarrkollegen Heinz-Otto Seidenschnur, der in der angrenzenden Auferstehungsgemeinde tätig war. Wir dachten uns ein einfaches Konzept aus: zuerst eine kurze Begrüßung, dann eine Viertelstunde Musik und schließlich ein paar Texte aus der Bibel in einer modernen Übertragung zum Thema Liebe und dann wieder Blues. Das Ganze sollte eingerahmt werden durch einen Psalm am Anfang und ein Segenswort am Ende. Die Planung kostete nicht mehr als eine halbe Stunde Zeit.

Wir waren ungeheuer gespannt, was passieren würde. Am 1. Juni 1979 veranstalteten wir unsere erste Bluesmesse. In der Kirche standen und saßen so viele Menschen, wie ich sie sonst nur Weihnachten erlebte – 230 Leute, die alle so aussahen wie Holli. Sie rauchten, und aus vielen Jackentaschen ragten Rotweinflaschen heraus. Ich erschrak. Um Himmels willen, auf was hatte ich mich eingelassen? Aber dann begriff ich, dass die jungen Leute nicht rauchten und tranken, weil sie mich ärgern wollten. Sie waren noch nie in einer Kirche gewesen und wussten einfach nicht, wie man sich darin zu benehmen hatte. Vorn beim Altar hatten sich Holli mit Gitarre und sein Kumpel Plent mit Mundharmonika aufgebaut. Sie spielten vorzüglich, zum ersten Mal in meinem Leben hörte ich bewusst Bluesmusik. Die Leute bewegten sich im Takt der Musik und schenkten uns dann auch ihre Aufmerksamkeit, als wir aus der Bibel lasen. Die Sache war ein Erfolg.

Hinterher erkannten Heinz-Otto Seidenschnur und ich, dass sich uns eine einmalige Chance eröffnet hatte, Menschen zu erreichen, die mit Christus sonst nichts zu tun haben wollten. Wir nahmen uns vor, weitere Gottesdienste dieser Art zu veranstalten, allerdings mussten wir uns viel besser vorbereiten. Wenn so viele Menschen kamen, reichte es nicht, schnell ein paar Texte herauszusuchen, die man dann vortrug. Wir mussten Wege finden, unser neues Publikum besser anzusprechen. Das fing damit an, dass ich mich mit Holli darauf verständigte, künftige Veranstaltungen „Bluesmessen" zu nennen.

Bei der zweiten konnten wir schon mit einer richtigen Predigt aufwarten.

Im Gemeindekirchenrat herrschte nicht nur Freude über die neuen Gottesdienste. Wir gingen bis an die Grenze dessen, was wir unseren Gemeindemitgliedern zumuten konnten und durften, und manchmal darüber hinaus. Die meisten Kirchgänger waren älter als fünfzig Jahre, liebe Menschen, die entscheidend mit dazu beitrugen, dass es Gemeindehaus und Kirche noch gab. Sie bezahlten pünktlich ihre Kirchensteuer. Und nun mussten sie auf einmal erleben, dass in ihre heilige Kirche massenhaft Jugendliche kamen, vor denen sie auf der Straße Angst hatten, die im Gotteshaus rauchten und tranken, bis wir uns mit unserer Bitte, das nicht zu tun, endlich durchgesetzt hatten. Wir richteten schließlich „Schnapsgarderoben" ein, wo Flaschen, mit Namensschildern versehen, abgegeben werden konnten. Fast jedes Mal gingen Scheiben zu Bruch. In ihrer Begeisterung stiegen unsere Gäste mit Schuhen auf die Bänke, und wenn dann normaler Sonntagsgottesdienst war, sahen die Gemeindemitglieder die Kratzer auf dem polierten Holz.

Während der letzten Bluesmesse in der Samariterkirche wurde das Haus quasi gestürmt und ein Eisenzaun mitsamt Betoneinfassung umgelegt. Dies geschah nicht aus böser Absicht. Aber Tausende, die aus allen Teilen der DDR angereist waren, nicht selten Urlaub genommen hatten und stundenlang unterwegs gewesen waren, wollten nicht umsonst gekommen sein. Eine Woche später stand der Zaun wieder, weil am Wochenende nach der Messe zwanzig Jugendliche anrückten, um den Schaden zu beheben. Solche positiven Erlebnisse haben die Gemeindemitglieder wiederum beeindruckt. Schließlich organisierten wir einen Ordnerdienst, die sogenannte Infogruppe, um Ausuferungen in den Griff zu bekommen. Ihr Leiter war Ralf Hirsch, bis zu seiner Ausbürgerung 1988 einer meiner engsten Mitarbeiter bei den Bluesmessen. Drei Jahre nach der friedlichen Revolution gestand er mir, dass sogar die Ordner vom Wein nicht lassen wollten und ihre Flaschen versteckten, aus denen sie heimlich tranken.

Einmal eilte die Superintendentin zusammen mit dem Bezirksrat für Inneres, Kunth, zur Samariterkirche. Er hatte sie aufgefordert, das Gebäude endlich aufzuschließen, da zwei- oder dreitausend Leute vor der Tür stünden und drängelten. Er sah die öffentliche Ordnung zusammenbrechen bei all den Jugendlichen, die die Straße blockierten und mangels Alternative an die Hauswände pinkelten. Als Superintendentin und Bezirksrat die Tür öffneten, stellten sie erstaunt fest, dass die Kirche schon voll war. Nach einer Bluesmesse im Spätherbst mussten wir in der ungeheizten Samariterkirche einmal eimerweise Wasser mit Lappen aufwischen - kondensierter Atem, der von Fenstern und Wänden heruntergetropft war.

Nun bezogen wir die Auferstehungskirche mit ein. Zunächst füllten wir die Samariterkirche, dann schickten wir die, die nicht mehr hineingepasst hatten, drei Kilometer weiter zum Nachbargotteshaus. Dort lief ein Vorprogramm mit einer Band, die allerdings nicht so gut war wie Holli und Plent, während wir die erste Bluesmesse durchführten. Sobald wir fertig waren, sprangen wir in Autos und fuhren zur Nachbarkirche, und dort ging alles wieder von vorne los. Aber der Schichtdienst taugte nur als Zwischenlösung. Denn bald waren alle beiden Gotteshäuser überfüllt, wir mussten uns etwas Neues einfallen lassen. Wir beschlossen, die Messen künftig in der Erlöserkirche in Berlin-Lichtenberg abzuhalten. Sie war zwar nicht größer als die Samariterkirche, aber sie steht inmitten eines großen kircheneigenen Geländes. Dort konnten ein paar tausend Leute außerhalb des Gebäudes warten. Wir bauten Stände auf, wo Informationsmaterialien auslagen und die Besucher diskutieren konnten. Daneben gab es Würstchenbuden, kleine Ausstellungen, ein Musik- und Kulturprogramm.

Etliche Toilettenwagen waren aufgestellt. Wir gruben Löcher in die Erde, füllten sie mit Beton und befestigten darin Rohrhülsen, in die wir nach Bedarf Metallrohre hineinsetzten, um Geländer zu bauen, die den Menschenandrang kanalisierten. Vierzig Helfer fingen am Tag vor einer Bluesmesse mit den Aufbauarbeiten an. Wir mussten den Altarraum erhöhen und eine große Bühne errichten, damit auch die Besucher in den letzten Reihen etwas sehen konnten. Bis zu viermal hintereinander an einem Tag führten wir die Bluesmesse durch. Manchmal waren wir allein damit acht Stunden beschäftigt und am Abend vollkommen ausgelaugt.

Je mehr wir von unseren Gästen über Leid und Unterdrückung in der DDR vernahmen, die sie erdulden mussten, desto aufmüpfiger und offener wurden unsere Texte. Allmählich verbesserten wir unsere Konzepte. Zwischen Hollis und Plents Auftritten informierten wir die Besucher über das jeweilige Thema. Wir lockerten die Veranstaltung durch Sketche auf, in denen wir versuchten, Szenen des Alltags auf den Punkt zu bringen. Wir unterbreiteten Vorschläge für Aktionen oder für das Alltagsverhalten und dachten laut darüber nach, wie christlicher Glaube in unterschiedlichen Lebenssituationen helfen könnte. Am Schluss bemühten wir uns, Hoffnung und Mut zuzusprechen. Letzteres fiel uns am schwersten. Es war viel leichter, die miese Lage in der DDR zu analysieren als Alternativen aufzuzeigen.

Ich hatte in der Jugendarbeit früh gelernt, dass es wenig sinnvoll war, Jugendlichen, die zu uns kamen, die Bibel um die Ohren zu hauen. Die meisten interessierten sich nicht dafür, sondern suchten Möglichkeiten, von der Straße wegzukommen. Wir öffneten ihnen unsere Gemeinderäume, ohne sie vorher zu Bekenntnissen oder zum Beten aufzufordern. Wir erreichten sie nicht durch übereifriges Missionieren, sondern indem wir ihre Fragen und Nöte begriffen. Irgendwann wollten sie von allein wissen, warum wir uns mehr um sie kümmerten als ihre Lehrer, Ausbilder oder Eltern. Und dann war es an uns zu erzählen, wie wir versuchten, unserem Leben einen Sinn zu geben. Wir machten gewiss nicht alle zu Christen, aber wir konnten die Jungen und Mädchen ein Stück ihres Lebens begleiten, ihnen mit Trost oder Ratschlägen helfen. Sie werden die evangelische Kirche in guter Erinnerung behalten haben und künftig vielleicht aufgeschlossene Partner sein.

Hatten die staatlichen Stellen unsere Jugendarbeit schon argwöhnisch beobachtet, so verwandelte sich ihr Misstrauen in Ablehnung, als die Bluesmessen hinsichtlich ihrer Teilnehmerzahlen und ihrer Aussagen an Gewicht gewannen. Kritische Bemerkungen und Ermahnungen hatte es bereits hin und wieder bei den sogenannten „Rathausgesprächen" gegeben. Ein- oder zweimal im Jahr lud der Stadtbezirksbürgermeister von Friedrichshain die Pfarrer des Kirchenkreises dazu ein. Einige gingen hin, um ihre Loyalität zu erweisen, bei einigen wusste man nicht, wie sie einzuschätzen waren, weil sie nichts sagten, andere aber nutzten die Gelegenheit, dem Vorsitzenden all das ungeschminkt einzuschenken, was sie vorher zu hören bekommen hatten. Je näher die DDR ihrem nicht vorhersehbaren Ende kam, um so deutlicher und stärker wurde die Gruppe der Kritiker. Wir von der Samaritergemeinde und einige andere Pfarrer bemühten uns bei den Rathausgesprächen, den Gastgeber aus seinem sozialistischen Himmel herunterzuholen in die Wirklichkeit. Das war, besonders am Anfang, mit einigem Streit verbunden, denn die Vertreter des Staats waren nicht daran gewöhnt, dass ihnen offen die Meinung gesagt wurde. Wenn der Stadtvertreter Kritik nicht einfach übergehen oder von sich weisen konnte, minimalisierte er sie, indem er von „Einzelerscheinungen" sprach. Manchmal war er bereit, etwas zu ändern, etwa eine Baustelle abräumen oder einen Bürgersteig reparieren zu lassen.

Als mich ein Staatsfunktionär wieder einmal wegen der Bluesmessen angriff, habe ich zu seinem Erstaunen erwidert, dass ich mich keineswegs als Konterrevolutionär verstände. Eigentlich müsste der Staat mich auszeichnen, würde er richtig einschätzen, was ich tue. Ich würde nämlich die Gesellschaft stabilisieren. Da kämen Leute aus der ganzen DDR, die einen ungeheuren Frust mit sich herumtrügen und denen ich die Möglichkeit böte, ein bisschen davon loszuwerden. Und wenn wir versuchten, verzweifelten Menschen zu helfen, aus ihrer Misere herauszukommen, sollte sich der Staat freuen. Schließlich riefen wir ja nicht dazu auf, die Regierung zu stürzen. Der Vertreter der Arbeiter-und-Bauern-Macht sah mich fassungslos an und war natürlich fest davon überzeugt, dass ich ihn auf den Arm nehmen wollte.

Und doch traf es zu, dass wir eine Art Therapie für die Gesellschaft anboten. Wir eröffneten Jugendlichen die Möglichkeit, sich bei uns verstanden zu wissen und ihre Aggressionen abzubauen. Eigentlich wäre dies die Aufgabe sozialer Einrichtungen gewesen, die doch auch ein Interesse daran hätten haben müssen, die Jugendkriminalität einzudämmen. Aber der Staat konzentrierte sich auf die Kontrolle durch sogenannte Massenorganisationen wie die Freie Deutsche Jugend (FDJ) und den Freien Deutschen Gewerkschaftsbund (FDGB), auf polizeiliche Maßnahmen und den Einsatz der Staatssicherheit.

Was ist ein Gottesdienst?

Die erste Vorwarnung der SED erfolgte frühzeitig. Schon bei meinen Abendgottesdiensten für Jugendliche war Frau Nehrlich erschienen, die Referentin für Kirchenfragen des Stadtbezirksrats, eine altgediente SED-Genossin. Sie hatte freundlich gegrüßt und sich in die Kirche gesetzt, um später ihren Bericht zu schreiben. Als dann die Bluesmessen sich zu einer landesweiten Veranstaltung mit politischen Aussagen ausweiteten, erklärten die einschlägigen Behörden, es handele sich nicht um einen Gottesdienst, sondern um einen Verstoß gegen die Veranstaltungsverordnung der DDR. Gottesdienste waren in der DDR die einzigen öffentlichen Veranstaltungen, die nicht angemeldet werden mussten. Mit dieser Argumentation rückten das Staatssekretariat für Kirchenfragen unter Klaus Gysi und der Ost-Berliner Magistrat der Leitung der Berlin-Brandenburgischen Kirche unter Bischof Albrecht Schönherr, gleichzeitig Vorsitzender der Konferenz der Evangelischen Kirchenleitungen in der DDR, zu Leibe. Und nachdem dieser 1981 in den Ruhestand getreten war, musste sein Nachfolger Bischof Gottfried Forck den Bluesmessen-Dauerstreit mit der SED ertragen.

Die Kirchenleitung wurde aufgefordert, genau zu definieren, was ein Gottesdienst sei. Hätte die Kirchenleitung sich auf diese Aufforderung eingelassen, so wäre für alle DDR-Zeiten unwiderruflich geregelt gewesen, was ein Gottesdienst zu sein hatte. Trotzdem wollte sie zunächst darauf eingehen und sich freiwillig in ihrer Bewegungsfreiheit beschränken. Der Vorstoß der SED scheiterte schließlich am Widerstand der kirchlichen Berliner Jugendmitarbeiter, denen es gelang, ihren Oberen das Nachgeben auszureden.

Später wurde uns immer wieder angedroht, die Veranstaltungsverordnung zum Schaden der gesamten Kirche zu verschärfen, wenn wir uns mit den Bluesmessen nicht endlich an die Vorschriften hielten. Die Bluesmessen seien politische Veranstaltungen und keine Gottesdienste. Aber glücklicherweise konnte die SED sich nicht dazu durchringen, die Bluesmessen zu verbieten, weil das Verhältnis zwischen Staat und Kirche sich dadurch schlagartig verschlechtert hätte.

Innerhalb der Landeskirche kamen leidenschaftliche Auseinandersetzungen auf. Klaus Gysi setzte im Auftrag des Politbüros unsere Kirchenleitung unter andauernden Druck. Mit den Bluesmessen überschreite die Kirche ihre Kompetenzen und biete negativen, oppositionellen Elementen ein Dach, lautete ihr Vorwurf. Schließlich wich Schönherr dem Druck und versprach offensichtlich, dass die Bluesmessen eingestellt würden. Uns gegenüber bemühte Bischof Schönherr Ordnungsgründe. Er könne keinen Gottesdienst decken, in dem womöglich Leute totgetrampelt würden, erklärte er. Allein die Gefahr, dass dies passieren könne, reiche aus, diese Veranstaltungen abzuschaffen.

Wieder bedurfte es der Solidarität, vor allem der kirchlichen Jugendmitarbeiter, um die Bluesmessen zu retten. Ob in der Kirchenleitung, ob in der Mitarbeiterrunde des Stadtjugendpfarramts, Heinz-Otto Seidenschnur und ich waren nie allein auf uns gestellt, weil immer wieder welche sich zu Wort meldeten, um die Bluesmessen zu verteidigen. Bischof Schönherr und die Kirchenleitung wollten es schließlich nicht darauf ankommen lassen, dass sie in Streit gerieten mit den eigenen Jugendpfarrern, und wichen zurück. Sie wussten, dass wir jederzeit in der Lage gewesen wären, Bluesmessen als alleinige Veranstaltungen der Samaritergemeinde durchzuführen. Daran hätte uns auch ein Bischof nicht hindern können.

Der organisatorische Aufwand für die Bluesmessen überstieg schließlich die Kräfte der wenigen hauptamtlichen Kirchenmitarbeiter und ihrer etwa vierzig jugendlichen Helfer. Auf Vorschlag meiner Frau bat ich die Kirchenleitung von Berlin-Brandenburg um Unterstützung. Sie sagte Hilfe zu unter der Bedingung, handfest über die Inhalte mitsprechen zu dürfen. Das erwies sich als Pferdefuß, denn nun griff die Kirchenleitung in die Themen- und Terminplanung ein, wenn diese ihrer Auffassung nach zu viel Sprengstoff enthielt.

Als wir im Frühjahr 1981 eine Bluesmesse über Polen veranstalten wollten, wurde uns dies ausgeredet: Solidarität mit den Polen – ja, aber nicht so deutlich und nicht so öffentlich! Eine Parteinahme für die Gewerkschaft Solidarnosc sei politisch unklug und würde die Regierenden provozieren. Außerdem sei doch noch gar nicht klar, was in Polen weiter geschehe. Die dortigen Unruhen gefährdeten womöglich den Frieden in Europa – gemeint war wohl eher der Status quo –, und diesen zu bewahren sei doch das Wichtigste. „Polen" hatte sich zum Reizthema gemausert, seitdem dort ein Tauwetter ausgebrochen war und die Gewerkschaft „Solidarität" 1980 das Streikrecht sowie weitere demokratische und soziale Errungenschaften erkämpft hatte. Die DDR-Regierung erschwerte den Reiseverkehr von und nach Polen, um die Gefahr der Demokratie-Infektion zu vermindern. Erst im Dezember 1981, als General Jaruzelski das Kriegsrecht in Polen verhängte, erfreute sich das Regime in Warschau wieder größerer Beliebtheit in Ost-Berlins Führung.

Als Einziger in der Kirchenleitung stand mein ehemaliger Vikariatsvater, Hartmut Grünbaum, der inzwischen zum Generalsuperintendenten in Ost-Berlin ernannt worden war, unbeirrbar auf unserer Seite. Er war der erste Superintendent in Deutschland, der statt einer Einzel- eine bruderschaftliche Leitung in seinem vormaligen Kirchenkreis Rathenow eingerichtet hatte, in der drei Pfarrer die Verantwortung unter sich aufteilten. Als Vertreter der Staatsorgane ihm androhten, dass sie in eine Bluesmesse „einmarschieren" würden, erwiderte er, dass sie das dann eben tun müssten, denn er werde einen Gottesdienst nicht verbieten.

Die Stasi ließ kaum etwas unversucht, um die Messen zu behindern. Demonstrativ bauten sich leicht als solche erkennbare MfS-Mitarbeiter mit Fotoapparaten auf, um festzuhalten, wer es wagte, einen solchen Jugendgottesdienst zu besuchen. Einmal setzten sie sogar Stinkbomben ein, um uns den Gottesdienst zu vermasseln.

Versuche, den Gemeindekirchenrat gegen mich aufzubringen, scheiterten. Das lag auch an meiner „Personalpolitik". Ich hatte, als ich in der Samaritergemeinde anfing, einen Kreis von jungen Erwachsenen gesammelt, der sich „Treffpunkt" nannte und sich zunächst bei mir zu Hause in Hohenschönhausen zu „Kamingesprächen" traf und dann später im Gemeindehaus. Diese zwanzig bis dreißig jungen Frauen und Männer fanden unsere Gemeindearbeit einschließlich der Bluesmessen richtig und unterstützten sie nach Kräften. Es war nur eine Frage der Zeit, bis drei von ihnen in den siebenköpfigen Gemeindekirchenrat gewählt wurden. Diese „Personalpolitik" hat allerdings nicht dazu geführt, dass ich nun im Gemeindekirchenrat immer meine Meinung durchsetzen konnte. Es gab bei verschiedenen Gelegenheiten Widerspruch und auch Mehrheiten gegen mich. Zu Diskussionen kam es häufig über die Frage, ob wir Westmedien Einblick in unsere Arbeit geben sollten. Viele in unserer Gemeinde - ebenso wie in der gesamten Kirche und besonders in ihrer Leitung - vertraten die Position, wir sollten unsere Dinge in der DDR allein lösen. Kontakte zu bundesdeutschen Presseleuten brächten uns bloß in Schwierigkeiten und verschafften dem Staat einen Vorwand, uns zu schikanieren.

Ich war ganz anderer Meinung: Da die Medien in der DDR zensiert wurden und wir keine Chance hatten, über sie an die Öffentlichkeit zu treten, mussten wir zwangsläufig den Umweg über den Westen wählen. Zwar wurden die Rundfunk- und Fernsehsendungen dort vor allem für Bundesdeutsche ausgestrahlt, aber da fast alle DDR-Bürger ARD und ZDF sahen und in Ost-Berlin SFB oder RIAS hörten, ergaben sich für uns gute Möglichkeiten, unsere Meinungen bekannt zu machen. Außerdem hatte es der auf internationale Anerkennung erpichte Staat schwerer, uns zu verfolgen, wenn wir im In- und Ausland keine unbekannten Größen waren. Schließlich konnten wir dazu beitragen, dass die internationale Öffentlichkeit nicht nur durch die offiziellen DDR-Medien unterrichtet wurde, wenn wir Westjournalisten Informationen gaben. Es durfte doch nicht sein, dass das DDR-Bild der Menschen im Westen in erster Linie durch Erich Honecker und das SED-Zentralorgan *Neues Deutschland* geprägt wurde.

Robert Havemann

Den richtigen Umgang mit den Westmedien hatte mir Robert Havemann beigebracht. Geboren 1910, war er 1932 der KPD beigetreten und Mitglied einer Widerstandsgruppe geworden. 1943 wurde der Chemiker deswegen vom Volksgerichtshof zum Tode verurteilt. Wegen „kriegswichtiger Forschungen" wurde die Vollstreckung aber aufgeschoben, sodass er 1945 von der Roten Armee befreit werden konnte. Er arbeitete wieder für die Kaiser-Wilhelm-Gesellschaft in West-Berlin – die Vorläuferin der Max-Planck-Gesellschaft – und lehrte gleichzeitig an der Ost-Berliner Humboldt-Universität. Als er wegen seiner linken Friedensaktivitäten 1950 vom West-Berliner Senat entlassen wurde, stieg er in Ost-Berlin zum erfolgreichen Wissenschaftler auf, kritisierte aber zunehmend die SED-Politik, sodass er auch hier 1964 seiner Ämter enthoben und aus der Partei ausgeschlossen wurde. Doch Robert blieb Marxist und war auch deshalb den Politbürokraten zeit seines ihm verbleibenden Lebens ein Dorn im Auge. 1977 bis 1979 verhängten sie Hausarrest gegen ihn, kappten seine Telefonleitung und erließen ein Gesetz – das bald als „Lex Havemann" für Furore sorgte –, mit dem sie die Weitergabe nichtgeheimer Nachrichten an Vertreter westlicher Medien unter Strafe stellten. Robert ließ sich aber zu keiner Zeit einschüchtern und abbringen von seinem Ziel, den DDR-Sozialismus grundlegend zu demokratisieren. Ihm, einem alten Mann, gegenüber erwies sich das gigantische Ministerium für Staatssicherheit als ohnmächtig. Es war neben seiner eindeutigen antifaschistischen Biografie vor allem seine Bekanntheit, die ihn vor weitergehenden Maßnahmen des Staats schützte.

Es war ein reiner Zufall, dass ich Robert kennenlernte. Im

Jahr 1980 lud Stadtjugendpfarrer Martin-Michael Passauer die Mitarbeiterrunde zu einem Weiterbildungsseminar in Grünheide am Rande Berlins ein. Dort diskutierten wir über Außenseiter. Wir hatten feststellen müssen, dass viele Jugendliche sich als solche erlebten. Sie wurden zu Außenseitern gemacht, wenn sie in Denken und Handeln von der herrschenden Norm abwichen, oft reichte es schon, dass sie anders aussahen als der DDR-Durchschnittsbürger. Einige Jugendliche wollten aber auch aus eigenem Antrieb mit der Gesellschaft der Erwachsenen nichts mehr zu tun haben. Einer der Teilnehmer schlug vor, wir sollten nicht nur über Außenseiter reden, sondern einmal mit einem sprechen, da gebe es doch ein paar Häuser weiter den bekanntesten Außenseiter der Republik, Robert Havemann. Zusammen mit einem Kollegen ging ich am späten Vormittag zu dem direkt am Seeufer gelegenen Flachbau, in dem Havemann wohnte. Als wir klingelten, ging neben der Tür ein kleines Fenster auf, und er schaute heraus. Wir stellten uns vor und fragten, ob er Interesse habe, mit uns zu reden. Er war gleich bereit, sich mit uns zu treffen, und lud uns für den Nachmittag in sein Haus ein. Zum vereinbarten Zeitpunkt marschierte ein gutes Dutzend Pfarrer und Kreisjugendwarte beim atheistischen Sozialisten Havemann an. Wir verbrachten zwei anregende Stunden auf der Terrasse. Als das Gespräch beendet war und meine Kollegen aufbrachen, blieb ich sitzen. Ich sagte Havemann, so interessant das Treffen gewesen sei, mir habe es nicht gereicht, ich würde ihn zwar über das Westfernsehen kennen, aber gelesen hätte ich noch nichts von ihm. Ich würde den Kontakt gerne weiterführen.

Es hatte mich in der Tat ungemein beeindruckt, wie dieser alte Mann sagte, es sei nur eine Frage der Zeit, dann werde dieses Politbüro hinweggefegt. Der Siebzigjährige sprühte vor Energie, er wollte selbst noch erleben, wie sich seine Prophezeiung erfüllte. Auch deshalb drängte er mich später immer

Robert Havemann und Rainer Eppelmann,1982
(Privatarchiv Eppelmann, Aufnahme: Katja Havemann)

wieder zu Aktionen. Sein Optimismus hatte allen Verfolgungen widerstanden und steckte seine Umgebung an. Wir luden ihn und seine Frau Katja ein, uns in der Samaritergemeinde zu besuchen, und beide sagten zu. Als ich diese freudige Botschaft in der Gemeinde verbreitete, war der Schrecken groß. Müsse es denn sein, dass Eppelmann nun auch noch einen erklärten Atheisten und Staatsfeind einlade nach all dem Stunk, den wir wegen seiner Eskapaden schon gehabt hätten? Der Gemeindekirchenrat war nicht davon zu überzeugen, Havemann auf einer Veranstaltung in der Samariter-Gemeinde auftreten zu lassen.

Daraufhin bat ich Robert und Katja Havemann in unser Haus nach Hohenschönhausen und lud dazu alle Interessenten ein, vor allem jene aus dem Treffpunktkreis. Und dort hat

Robert Havemann dann erzählt. Unter anderem von seiner Nazihaft in Brandenburg, wo auch Erich Honecker eingesessen hatte. Havemann wusste natürlich, dass der Generalsekretär des Zentralkomitees der Sozialistischen Einheitspartei Deutschlands und Vorsitzende des Staatsrats der Deutschen Demokratischen Republik sowie des Nationalen Verteidigungsrats der DDR, wie der Mann sich in kommunistischer Bescheidenheit gerne nennen ließ, in seiner Autobiografie gelogen hatte. Er hatte also keineswegs heldenhaft bis zur Ankunft der Roten Armee im Zuchthaus ausgeharrt, sondern war vorher abgehauen - ohne Zustimmung seiner Genossen. Kommunisten durften aber, selbst wenn sie eine Gelegenheit dazu hatten, nur im Einverständnis mit ihrer Parteileitung fliehen. Das war eine sinnvolle Maßnahme, weil die Nazis sich an den in Haft gebliebenen KP-Mitgliedern zu rächen pflegten. Nur wenn die Führung der Meinung war, dass ein Mitglied draußen besonders dringend gebraucht würde, ging sie das Risiko ein, dass im schlimmsten Fall Genossen an die Wand gestellt und erschossen wurden.

Als weniger gefährlicher politischer Gefangener war Honecker in Brandenburg in ein Außenkommando gesteckt worden, das Dächer in der Stadt reparierte und nur von einem Wärter namens Seraphim bewacht wurde. Eine Flucht war also kinderleicht. Honecker erlag der Versuchung und bemühte sich, irgendwo unterzukommen. Zwei Tage hielt er es ohne warmes Essen aus. Dann kam er auf den genialen Einfall, bei dem Wärter zu Hause aufzutauchen, dem er ausgekniffen war. Die Sowjetarmee rückte näher, und Seraphim ahnte, dass die Naziherrlichkeit ein baldiges Ende finden würde. Also, sagte sich der kluge Mann, verstecke ich für ein paar Tage einen Kommunisten - eine Option auf die Zukunft.

Eines Tages begegnete ich einem Enkel des schlauen Wärters. Er erzählte mir, sein Großvater sei später furchtbar enttäuscht gewesen von Honecker, der rasch Karriere in der SED machte. Der habe sich an den Wärter, der ihn verborgen hatte, nicht mehr erinnern wollen. Auch nicht, als dieser ihn in einer Notlage um Hilfe bat. Honecker antwortete nicht. Wahrscheinlich, so vermute ich, war es diesem „Helden" des antifaschistischen Widerstands peinlich, dass er sich seinem Bewacher auf gut Glück ausgeliefert hatte, weil ihm der Magen knurrte. Außerdem wollte er wohl nichts mehr hören von seiner ohne Parteisegen unternommenen Flucht.

Robert Havemann schilderte auch, wie er sich 1949 aus Überzeugung in die Volkskammer „wählen" ließ. Er war Abgeordneter des Kulturbundes. Die SED-Fraktion hatte aus kosmetischen Gründen keine offene Mehrheit, diese sicherte sich die Partei über die Mitglieder, die sie mit Hilfe der Massenorganisationen ins Parlament schickte. Es sollte alles ganz demokratisch aussehen, lautete Walter Ulbrichts Devise, wie sie uns Wolfgang Leonhard überliefert hat, wenn wir nur die Macht haben.

Robert Havemanns Vorlesungen an der Universität waren landesweit berühmt und stets überfüllt, wie die seines Kollegen Ernst Bloch, der es sich später ebenfalls mit den Herrschenden in der DDR verdarb. Die Chruschtschow-Rede auf dem XX. KPdSU-Parteitag im Jahr 1956 war für Robert die Zäsur. Er gestand sich ein, dass seine Vorstellungen über den Sozialismus nicht viel zu tun hatten mit der DDR-Wirklichkeit. Das dürfte vielen anderen ähnlich ergangen sein, aber kaum einer fand den Mut, daraus die Konsequenzen zu ziehen. Die meisten Funktionsträger waren längst korrumpiert durch Privilegien, Angst und ihr Eingebundensein in das SED-System. Als die SED 1976 Robert mit Hausarrest belegte, konnte sie doch nicht verhindern, dass er hin und wieder kleine Zeichen der Solidarität erfuhr. Wenn er etwa einkaufen ging und mit den zwei obligaten Aufpassern die Metzgerei betrat, dann begrüßte ihn die Verkäuferin nicht nur freundlich, sondern gab ihm extra zarte Rouladen, die sie für ihn reserviert hatte. An seinem persönlichen Vorbild wurde mir die Bedeutung von Öffentlichkeit in der Diktatur klar. Ich hätte eine Chance, sagte er mir, wenn ich mit meinen Forderungen in die Medien käme.

Wir hatten es viel leichter als Oppositionelle in anderen sozialistischen Staaten, denn der Westen lag vor unserer Haustür und sprach dieselbe Sprache. Wenn wir uns darauf beschränkten, unsere Ideen innerhalb der DDR verbreiten zu wollen, dann dauerte es Monate, bis wir Interessenten in Eisenach oder Rostock erreicht hatten. Nur die Spitzel der Stasi waren meist sofort informiert. Via West-Fernsehen und -Radio erreichten wir unser Publikum aber binnen weniger Minuten, und dies fast flächendeckend.

„Es ist fünf Minuten vor zwölf"

Als die sowjetischen Mittelstreckenraketen des Typs SS-20 in der DDR und der ČSSR aufgestellt und daraufhin im Westen mit der „Nachrüstung" der NATO durch Pershing-2-Raketen und Cruise Missiles gedroht wurde, forderte Robert Havemann im Sommer 1981 eine gemeinsame Stellungnahme dazu von uns beiden: von ihm als Kommunisten und von mir als Pfarrer der evangelischen Kirche. Wir beschlossen, dass ich einen Brief an Erich Honecker schreiben sollte und er einen an den KPdSU-Generalsekretär Leonid Breschnew mit konkreten Vorschlägen zur Abrüstung. In meinem Brief vom 7. Juli 1981 an Erich Honecker verband ich unter der Überschrift „Es ist fünf Minuten vor zwölf" grundsätzliche Äußerungen zur Sicherheitspolitik, die größtenteils von Robert stammten, mit siebzehn praktischen Forderungen, die wiederum mich am meisten interessierten. Das Schreiben sollte nach meiner Vorstellung nicht abstrakt sein, sondern Gedanken enthalten, mit denen die Bevölkerung etwas anfangen konnte. So verlangte ich unter anderem, dass die Wehrerziehung abgeschafft und Kriegsspielzeug verboten wird, keine Militärparaden mehr stattfinden, bei Staatsempfängen darauf verzichtet wird, Salut zu schießen, der Wehrersatzdienst in einen von der NVA unabhängigen Sozialdienst verwandelt und eine atomwaffenfreie Zone in Mitteleuropa eingerichtet wird. „Es ist 5 Minuten vor 12! Darum müssen wir etwas riskieren! Darum müssen wir Vertrauen schaffen! Darum müssen wir Menschen aufrichten! Darum müssen wir dauerhaften Frieden stiften! Sollten Sie dazu beitragen können – Danke!"

Erich Honecker hat meinen Brief nicht beantwortet, obwohl er nach dem „Gesetz über die Bearbeitung von Eingaben der Bürger (Eingabengesetz)" vom 19. Juni 1975 dazu verpflichtet gewesen wäre. Denn dieses Gesetz verlangte, dass staatliche Organe auf Eingaben aus der Bevölkerung fristgerecht reagierten. Natürlich publizierten auch die DDR-Medien, denen ich meinen Brief zugeleitet hatte, kein Wort. Lediglich die Redaktion der *Berliner Zeitung* ließ sich dazu herab, mir mitzuteilen, dass sie mein Schreiben nicht interessant genug finde, um es zu veröffentlichen. Also kopierte ich das Schreiben und verbreitete es in meinem Bekanntenkreis. Schließlich wurde der Brief im *Stern* veröffentlicht. Es war das erste Mal, dass ich gezielt über ein westliches Medium in die Öffentlichkeit ging. Ich war mir des Risikos bewusst, dass ich nun wegen „ungesetzlicher Verbindungsaufnahme" verhaftet werden konnte, wie es anderen bereits widerfahren war. Aber ich hoffte darauf, dass dieser Kelch an mir vorbeigehen würde, da ich durch die Bluesmessen inzwischen auch über die Grenzen der DDR hinaus bekannt geworden war. Außerdem spekulierte ich darauf, dass die Behörden nicht ohne Weiteres einen

Pfarrer einsperren würden, weil dies zu einem Konflikt mit meiner Kirche führen müsste, die in einem solchen Fall zur Solidarität gezwungen war. Eher rechnete ich damit, dass die Staatsorgane versuchen würden, mich in einen Verkehrsunfall zu verwickeln oder mich auf heimtückische Weise zu „zersetzen", deutlicher gesagt: kaputt zu machen.

Im Zusammenhang mit meinem Brief an Honecker lernte ich den ersten westdeutschen Journalisten näher kennen. Es war Dieter Bub, der als akkreditierter Korrespondent des *Stern* in Ost-Berlin arbeitete. Robert Havemann hatte ihm von meinem Brief erzählt und ihn zu mir nach Hohenschönhausen geschickt. In Dieter Bub lernte ich einen aufrichtigen Journalisten kennen, dem ich auch deswegen Hochachtung entgegenbrachte, weil er nicht wenig riskierte, wenn er für uns Briefe, Zeitungen oder Bücher von Ost nach West und andersherum beförderte.

Nachdem mein Brief an den Staatsratsvorsitzenden publik geworden war, wurde ich innerhalb der Kirche kritisiert: Eppelmann sei profilsüchtig, er mache zu viel Aufhebens um seine Person, er solle besser die Westmedien heraushalten – so und ähnlich klangen die Vorwürfe. Aber das focht mich nicht an, denn Robert hatte mich davon überzeugt, dass wir das einzig Richtige auf die einzig richtige Art und Weise taten.

Unsere nächste Aktion war ein Gespräch zwischen Robert und mir vor einer laufenden Videokamera, hinter der Katja, Roberts Frau, stand. Evi stellte, nicht erkennbar, da mit dem Rücken zum Objektiv, die Fragen, die Robert und ich beantworteten. Wieder ging es um sicherheitspolitische Themen, hier vor allem auch um unsere Forderung nach einem Abzug der Alliierten aus Deutschland. Was würde danach kommen? Würde Deutschland gespalten bleiben, wenn die sowjetischen Panzer abgezogen würden? Robert vertrat die Ansicht, dass in einem solchen Fall ganz Deutschland sozialistisch würde. Ich war mir nicht sicher, wie ich mir ein solches Zukunftsgemälde vorzustellen hatte. An eine deutsche Vereinigung haben wir damals nicht zu denken gewagt. Havemann gab die Videokassette Dieter Bub, der sie über die Grenze brachte. Der West-Berliner Politologieprofessor Manfred Wilke leitete sie dann weiter an ARD und ZDF. Die Stasi kannte den Text, bevor das Interview gesendet wurde, weil es ihr gelungen war, in Wilkes Umgebung einen Spitzel zu platzieren. Große Teile unseres Gesprächs wurden von ARD und ZDF ausgestrahlt. In den Nachrichtensendungen wurde ausführlich darüber berichtet. Millionen von Ost- und Westdeutschen hörten uns zu. Die Aktion schlug ein wie eine Bombe. Zum ersten Mal hatten ein Kommunist, der die DDR nach wie vor für das bessere Deutschland hielt, und ein Pfarrer gemeinsam Kritik an der DDR-Regierung geübt.

Manfred Stolpe erklärte mir später, dass die staatlichen Stellen deshalb so nervös auf das Havemann-Eppelmann-Tandem reagierten, weil sie darin die „Zange der Konterrevolution" witterten. Die große Sorge der SED bestand darin, dass sich der vereinzelte marxistisch motivierte Widerstand gegen das Regime verbündete mit der einzigen Organisation, die der Staat nicht vollständig unter Kontrolle hatte, nämlich der Kirche. So sehr die Herrschenden Havemann fürchteten, noch mehr ängstigte sie die Vorstellung, Einzelgänger wie er könnten eine Anbindung an eine oppositionelle Basis finden.

Es war wiederum Robert, der darauf drängte, eine weitere Aktion einzuleiten. Diesmal wollten wir uns nicht nur an Spitzenpolitiker und an die Öffentlichkeit wenden, sondern auch versuchen, Menschen zum Mitmachen zu bewegen. Wir sahen, welche Zustimmung der „Krefelder Appell" gegen die Mittelstreckenraketen 1980 in Westdeutschland erhielt, und wollten etwas inhaltlich Vergleichbares initiieren. Meine Fahrten zu Havemann blieben natürlich nicht unbemerkt: Beim sowjetischen Ehrenmal an der Autobahnauffahrt Erkner wartete jedes Mal ein Auto. Sobald wir vorbeikamen, gingen dessen Lichter an, es folgte uns bis zur Rüdersdorfer Brücke, die sehr lang und hoch ist. Dort überholte uns der Wagen, voll besetzt mit jungen Männern, die zu uns herüberschauten. Wir haben ihnen schließlich sogar zugewinkt.

Hätten wir gewusst, wozu die Staatssicherheit fähig war, hätten wir das wahrscheinlich nicht getan. In meiner Stasi-Akte konnte ich lesen: „Mit dem Ziel, die Mobilität von Pfarrer Eppelmann in seinem Erholungsort einzuschränken, wurde Anfang der 80er Jahre durch Gen. Hasse und mich im Rahmen einer bestätigten Aktion (Abteilungsleitung) Zucker in den Tank von Eppelmanns Trabant gekippt und erfolglos der Versuch unternommen, 2 Reifen zu zerstechen. (...) Kurz nach dem Tode von Havemann sollte der Umstand genutzt werden, dass Eppelmann häufig mit hoher Geschwindigkeit spät abends von Grünheide nach Berlin zurückfuhr. Ziel der geplanten Maßnahme war es, einen Unfall herbeizuführen, Verletzungen bzw. physische Vernichtung von Eppelmann wurden einkalkuliert. Hierzu wurden mehrere Varianten geprüft (Radmuttern lockern, in der Kurve Scheibe zerstören, vor der Kurve Spiegel aufstellen). Die Aktion wurde durch die Abteilungsleitung abgelehnt, da das Zu-Schaden-Kommen von unbeteiligten Personen nicht ausgeschlossen werden konnte."[2] Mit „unbeteiligten Personen" konnte die Stasi nur Evi meinen. Außer mir saß sonst niemand in unserem Trabant. Wäre sie nicht mitgefahren, hätte die Stasi meine Ermordung durch einen geplanten Verkehrsunfall mindestens in Kauf genommen. So verdanke ich Evi wohl auch mein Leben.

„Berliner Appell"

Doch zurück zum wichtigsten gemeinsamen Projekt von Robert Havemann und mir. Am Ende unserer Überlegungen stand der „Berliner Appell“, der Höhepunkt unserer kurzen Zusammenarbeit, die mit Roberts Tod im April 1982 ein abruptes Ende fand. Gemeinsam legten wir die Grundideen des Appells fest. Der große strategisch-politische Entwurf stammte wieder von Robert, und all das, was „zum Anfassen“ war, von mir. Wir ergänzten uns hervorragend. Auch diesmal hatten wir uns vorgenommen, das Projekt rasch und breit in der DDR bekannt zu machen.

Aber ich wollte mir diesmal nicht vorwerfen lassen, ich hätte die Möglichkeiten innerhalb der DDR nicht ausgeschöpft. Deshalb ging ich mit unserem Entwurf des „Berliner Appells“ zu Manfred Stolpe. Ich zeigte ihm unseren Text, erläuterte unsere Motive und fragte ihn, ob wir den Appell über kirchliche Kanäle innerhalb der DDR verbreiten dürften. Es machte mir Mut, dass er sofort auf unsere Idee einging: „Das ist jetzt dran, Bruder Eppelmann!“ Er schlug dies und jenes vor, um unseren Text noch zu verbessern, was wir dann auch einarbeiteten. Eine Verbreitung durch kirchliche Instanzen aber lehnte er ab. Es handele sich um ein privates Anliegen von Havemann und mir, erklärte er mir.

Später, als die Auseinandersetzung mit den Staatsorganen überstanden war, gestand mir Manfred Stolpe, er hätte mir den „Berliner Appell“ ausgeredet, wenn er gewusst hätte, wie die SED reagieren würde. Er vermittelte mich in Sachen „Berliner Appell“ an Christoph Demke, damals Leiter des Sekretariats des DDR-Kirchenbundes und später Bischof von Magdeburg, den er bereits informiert hatte. Demke riet mir, die Hauptinhalte des Appells in Frageform darzustellen. Sonst, begründete er seinen Vorschlag, gerieten Havemann und ich gleich in den Ruch der Besserwisserei. Wir folgten dieser sinnvollen Anregung:

„1. Es kann in Europa nur noch einen Krieg geben, den Atomkrieg. Die in Ost und West angehäuften Waffen werden uns nicht schützen, sondern vernichten. Wir werden alle längst gestorben sein, wenn die Soldaten in den Panzern und Raketenbasen und die Generäle und Politiker in den Schutzbunkern, auf deren Schutz sie vertrauen, noch leben und fortfahren zu vernichten, was noch übrig geblieben ist.

2. Darum: Wenn wir leben wollen, fort mit den Waffen! Und als Erstes: Fort mit den Atomwaffen! Ganz Europa muss atomwaffenfreie Zone werden. Wir schlagen vor: Verhandlungen zwischen den Regierungen der beiden deutschen Staaten über die Entfernung aller Atomwaffen aus Deutschland.

3. Das geteilte Deutschland ist zur Aufmarschbasis der beiden großen Atommächte geworden. Wir schlagen vor, diese lebensgefährliche Konfrontation zu beenden. Die Siegermächte des 2. Weltkrieges müssen endlich die Friedensverträge mit den beiden deutschen Staaten schließen, wie es im Potsdamer Abkommen von 1945 beschlossen worden ist. Danach sollen die ehemaligen Alliierten ihre Besatzungstruppen aus Deutschland abziehen und Garantien über die Nichteinmischung in die inneren Angelegenheiten der beiden deutschen Staaten vereinbaren.

4. Wir schlagen vor, in einer Atmosphäre der Toleranz und der Anerkennung des Rechts auf freie Meinungsäußerung die große Aussprache über die Fragen des Friedens zu führen und jede spontane Bekundung des Friedenswillens in der Öffentlichkeit zu billigen und zu fördern.

Wir wenden uns an die Öffentlichkeit und an unsere Regierung, über die folgenden Fragen zu beraten und zu entscheiden:

a) Sollten wir nicht auf Produktion, Verkauf und Einfuhr von sogenanntem Kriegsspielzeug verzichten?

b) Sollten wir nicht anstelle des Wehrkundeunterrichts an unseren Schulen einen Unterricht über Fragen des Friedens einführen?

c) Sollten wir nicht anstelle des jetzigen Wehrersatzdienstes für Kriegsdienstverweigerer auch sozialen Friedensdienst zulassen?

d) Sollten wir nicht auf alle Demonstrationen militärischer Machtmittel in der Öffentlichkeit verzichten und unsere staatlichen Feiern stattdessen dazu benutzen, den Friedenswillen des Volkes kundzutun?

e) Sollten wir nicht auf die Übungen zur sogenannten Zivilverteidigung verzichten? Da es im Atomkrieg keine Möglichkeit einer sinnvollen Zivilverteidigung gibt, wird durch diese Übungen nur der Atomkrieg verharmlost. Ist das nicht womöglich eine Art psychologischer Kriegsvorbereitung?

5. Frieden schaffen ohne Waffen – das bedeutet nicht nur: Sicherheit zu schaffen für unser eigenes Überleben. Es bedeutet auch das Ende der sinnlosen Verschwendung von Arbeitskraft und Reichtum unseres Volkes für die Produktion von Kriegswerkzeug und die Ausrüstung riesiger Armeen junger Menschen, die dadurch der produktiven Arbeit entzogen werden. Sollten wir nicht lieber den Hungernden in aller Welt helfen, statt fortzufahren, unseren Tod vorzubereiten?“[3]

Die Gespräche mit kirchenleitenden Persönlichkeiten hatten uns bei unserem Vorhaben bestärkt. Wir hatten den Eindruck gewonnen, dass es in der Kirche Sympathien für unseren Plan gab. Es hat uns später beim Unterschriftensammeln geholfen, dass wir darauf verweisen konnten, in der Kirche mit unseren Ideen nicht allein zu stehen. Um so erstaunter war ich, als ich später den Akten des Staatssekretariats für Kirchenfragen und des MfS entnehmen musste, dass Stolpe sich gegenüber staatlichen Stellen vom „Berliner Appell“ distanziert hatte. Er folgte damit der Linie der Kirchenleitung.

Obwohl die DDR-Medien uns totzuschweigen versuchten und die Kirche sich nicht engagieren wollte, sollte diesmal das erste Signal aus dem Osten kommen. Havemann hatte in seinem Kreis schon Unterschriften gesammelt. Ich begann damit Anfang Februar 1982 nach einem Gottesdienst. In diesem hatte ich an der Stelle, an der Informationen an die Gemeinde gegeben wurden, unter anderem mitgeteilt, dass ich einen Appell dabeihätte, den ich im Anschluss im Gemeindesaal Interessenten vorstellen würde. Wer mit dem Text einverstanden sei, könne ihn dann unterschreiben. Als es so weit war, kamen mehr Menschen in den Gemeindesaal als sonst. Unter ihnen befand sich Lutz Rathenow, den ich vorher nicht gekannt hatte. Havemann hatte ihm geraten, an diesem Tag vorbeizuschauen. Mehr als zwanzig Unterschriften füllten bald die Liste.

In den folgenden Tagen sprach ich alle möglichen Leute an, Mitarbeiter wie Besucher, und bat sie um ihre Unterschrift. Ich stellte unseren Appell außerdem auf einem Kreisjugendkonvent vor, auf dem sich Vertreter aus den Jungen Gemeinden unseres Kirchenkreises versammelten. Ich achtete darauf, dass nur Volljährige sich dem offenkundigen Risiko aussetzten, das mit ihrer Zustimmung einherging.

Sobald wir eine ordentliche Zahl von Unterstützern gewonnen hatten, wollten wir die Unterzeichnerlisten bei einem Rechtsanwalt in West-Berlin hinterlegen. Aber dazu kam es nicht, weil die Stasi diesmal schnell und hart zuschlug. Am 9. Februar 1982 war ich mit etwa zwanzig Konfirmanden und zwei Mitarbeitern in Hirschluch, einem Jugendrüstzeitheim der Evangelischen Kirche in Berlin-Brandenburg in der Nähe von Storkow, ca. 50 km südöstlich von Berlin. Beim Gang zum

Mittagessen bat mich der Heimleiter freundlich in sein Büro, wo ich sofort verhaftet wurde. Ich fragte, ob ich meine Tasche mit Waschzeug und Zahnbürste holen dürfe, und sie machten den Fehler, mir das zu erlauben. Dies gab mir die Gelegenheit, das Exemplar des „Berliner Appells", das ich hierher mitgebracht hatte, einem Kollegen in die Hand zu drücken. Außerdem bat ich, meine Frau zu informieren, die sofort Hartmut Grünbaum und Manfred Stolpe Bescheid sagen solle.

Die Fahrt mit der Stasi ging in Richtung Berlin. Unterwegs versuchte ich, von meinen Begleitern zu erfahren, was sie von mir wollten. Aber sie hatten offensichtlich den Befehl, nicht mit mir zu sprechen. Ich würde es schon merken, lautete ihre lakonische Antwort. Ich hatte die zweifelhafte Ehre, das gigantische Stasihauptquartier in der Normannenstraße in Berlin-Lichtenberg von innen kennenzulernen. Der Wagen erreichte durch eine Art Schleuse in einem Nebeneingang das Gelände. Dort wurde ich durch mehrere Gänge geführt in einen Raum, wo mein Vernehmer schon auf mich wartete. Er schrieb sein Verhörprotokoll mit der Hand:

„*Frage:* Ihnen wird hierdurch mitgeteilt, dass gegen Sie ein Ermittlungsverfahren wegen des dringenden Tatverdachtes der ungesetzlichen Verbindungsaufnahme gemäß § 219 Absatz 2 Ziffer 1 StGB sowie der öffentlichen Herabwürdigung gemäß § 220 Absatz 2 StGB eingeleitet wurde. (...)

Antwort: Ich bin mir nicht bewusst, Handlungen begangen zu haben, die eine derartige Beschuldigung rechtfertigen würden.

Frage: In welchem Umfang haben Sie Nachrichten, die geeignet sind, den Interessen der DDR zu schaden, Personen, Einrichtungen oder Organisationen im Ausland zugeleitet bzw. diese im Ausland verbreitet?

Antwort: Zunächst möchte ich voranstellen, dass ich keinerlei Nachrichten an Personen oder Einrichtungen des Auslands übermittelt habe, die eine derartige Eignung aufweisen. (...)

Frage: In welchem Umfang ist Ihnen die Haltung der Staatsorgane der DDR zu solchen von Ihnen in dem Appell unter Punkt 4 angeführten Fragestellungen nach Verzicht auf die Herstellung von ‚Kriegsspielzeug', die Durchführung des Unterrichts im Fach Sozialistische Wehrerziehung an den Schulen, nach Einführung eines sozialen Friedensdienstes sowie den Verzicht auf Übungen der Zivilverteidigung bekannt?

Antwort: Aus Presseveröffentlichungen von Zeitungen der DDR sowie innerkirchlichen Mitteilungen über die Reaktionen, beispielsweise des Staatssekretärs für Kirchenfragen zu den diesbezüglich auf den kürzlich durchgeführten Synoden erhobenen Forderungen, ist mir bekannt, dass solche Forderungen (...) als verfassungsfeindlich (...) charakterisiert wurden.

Frage: Aus welchen Gründen haben Sie sich in Kenntnis der staatlichen Reaktion auf derartige Forderungen mit Havemann zusammengeschlossen, um in Form dieses Appells öffentlichkeitswirksam Bürger der DDR zu inspirieren, gegensätzliche Positionen zur Politik der Regierung der DDR einzunehmen bzw. diese gegen die Staats- und Gesellschaftsordnung der DDR aufzubringen?

Antwort: Was ich mit diesem Appell wollte, habe ich bereits ausgesagt. Diese Ziele waren nicht gegen die DDR gerichtet, sondern sollten zu mehr Friedenssicherheit in Europa beitragen. Weiteres habe ich hierzu nicht zu sagen."[4]

Bald gewann ich den Eindruck, dass ich in den Westen abgeschoben werden sollte. Anders konnte ich mir manch seltsame Frage nicht erklären. Der Vernehmer wollte zum Beispiel wissen, wie meine und meiner Frau Vermögensverhältnisse seien und ob wir Immobilien und Kunstgegenstände besäßen. Was sollte das mit meiner „Straftat" zu tun haben?

Am ersten Tag wurde ich zweimal vernommen, insgesamt dauerte die Prozedur neun Stunden. Der Vernehmer verhielt sich jederzeit korrekt. Danach wurde ich zu einem Kleintransporter vom Typ „Barkas" geführt. Als ich mich bei einem meiner Aufpasser bedankte, weil er mir die Tür aufhielt, antwortete er laut: „Halt die Schnauze!" Der hinten fensterlose Barkas trug außen eine unverfängliche Aufschrift, sodass er nicht als MfS-Fahrzeug erkennbar war. Als ich nach fünfzehn oder zwanzig Minuten Fahrt von der Normannenstraße den Wagen verließ, stand ich in einer geschlossenen Kellergarage. Ich hatte keine Ahnung, wo ich war, und das war der Zweck der Geheimnistuerei meiner Chauffeure. Als ich später in den Genuss des Hofgangs kam, identifizierte ich sofort eine Plattenbausilhouette, die ich bestens kannte: Ich war im Stasiuntersuchungsgefängnis Berlin-Hohenschönhausen gelandet, ein paar Minuten von zu Hause entfernt.

Nach meiner Einlieferung wurde ich zunächst einer hochnotpeinlichen Leibesvisitation unterzogen, die nur einen einzigen Zweck hatte: mich zu demütigen. Dagegen half mir meine Knasterfahrung und die Tatsache, dass ich nicht zu den sexuell verklemmten Vertretern des Menschengeschlechts zähle. Bei anderen Menschen, die in die Fänge der Stasi gerieten, zeigte diese entwürdigende Behandlung größere Wirkung, wie ich von Betroffenen erfuhr. Dann wurde ich in eine Zelle gesperrt, deren Fensteröffnungen mit Glassteinen zugemauert waren, die unerreichbar hoch oben gerade einen Spalt freiließen, durch den ein bisschen Licht eindrang.

Als ich meinem Vernehmer aus der Normannenstraße hier wieder begegnete, fragte er mich grinsend: „Na, wie gefallen Sie sich denn jetzt?" Er sah mich im stasieigenen Gefängnisanzug und wusste, was zuvor mit mir geschehen war. Dann wollte er noch wissen: „Hab' ich denn nun Angst vor Ihnen, Herr Eppelmann?" Diese Frage bestätigte mir, dass den Stasileuten unsere Bluesmesse zum Thema „Angst“ schwer auf die Nerven gegangen war. Kein Wunder, denn Angst war ihre wirkungsvollste Waffe. Dass wir es gewagt hatten, von der Angst der Regierenden zu sprechen, musste ihnen ungeheuerlich erscheinen. Wir hatten in unseren Spielszenen den Angsthasen eine Kappe mit langen Ohren aufgesetzt. In einem Sketch saßen Stasispitzel zusammen und sagten: „Menschenskinder, jetzt fängt wieder eine Bluesmesse an, da müssen wir hin und aufpassen.“ Und dann sprangen unsere „Spitzel“ von der Bühne, verteilten sich unter die Zuschauer und setzten sich die Kappen mit den Ohren auf. Brüllendes Gelächter und donnernder Beifall waren die Antwort der Zuschauer, denn sie wussten, dass unter uns welche saßen, die alles genau beobachteten und notierten.

In den nun folgenden Vernehmungen habe ich mich über Roberts und meine Motive ausgelassen, den Vorwurf, strafbare Handlungen begangen zu haben, zurückgewiesen und nur gesagt, was den Staatsorganen ohnehin bekannt war. Da ich wusste, dass die Unterzeichnerlisten nicht geheim bleiben konnten und wir ganz bewusst eine öffentliche Aktion durchgeführt hatten, nannte ich die Namen der Unterstützer, soweit ich mich an sie erinnern konnte.

Der Vernehmer blieb sachlich. Am Anfang hatte er mir eine Zigarette angeboten. Ich lehnte sie ab, obwohl ich damals ein starker Raucher war. Er verstand sofort, dass ich damit die unüberbrückbare Distanz unterstrich, die uns trennte, und dass ich mich nicht von ihm abhängig machen wollte. Darum sagte ich: „Solange ich hier bin, rauche ich nicht!“

Während der Vernehmung betrat ein in Zivil gekleideter älterer Mann den Raum und stellte mir zwei, drei Fragen auf Deutsch, aber mit russischem Akzent. Ich habe keinen Zweifel, dies war ein „Berater“ vom sowjetischen KGB. Mein Vernehmer äußerte sich mit keiner Silbe zu dieser Unterbrechung.

Er setzte sich wieder hin und fuhr fort, als wäre nichts passiert. Ich hatte den Eindruck: Soeben war ein Bestimmer im Raum gewesen.

Am nächsten Morgen wurde ich in einen Raum gebracht, in dem mich der Generalstaatsanwalt von Berlin, Dr. Gläßner, darüber unterrichtete, dass ein Ermittlungsverfahren gegen mich eröffnet und ein Haftbefehl ausgestellt worden sei. Ich könne Haftbeschwerde einlegen. Es überraschte mich nicht, als diese dann abgelehnt wurde.

Während ich einsaß, organisierte die Stasi eine Hausuchung in unserer Wohnung. Staatsanwalt und Helfer rückten an, um so schlimme Dinge zu finden wie Bücher von Alexander Solschenizyn, Wolfgang Leonhard, Jürgen Fuchs oder Robert Havemann sowie „westlich lizensierte Illustrierte", wie der Durchsuchungsbericht festhielt. Außerdem fanden sie meine Unterzeichnerlisten für den „Berliner Appell".

Am Abend meines zweiten Hafttages bescheinigte mir der Vernehmer, dass ich ein störrischer Mensch sei. Wir müssten wohl noch lange miteinander zubringen, wenn ich nicht zur Zusammenarbeit bereit sei. Doch am folgenden Morgen, wir saßen gerade wieder beim Verhör, klingelte das Telefon, der Vernehmer nahm ab und teilte mir dann mit, dass wir gleich einen Termin beim Generalstaatsanwalt hätten. Dr. Gläßner erklärte mir dann, dass der Staat Gnade vor Recht ergehen lasse, da ich mich kooperationswillig gezeigt hätte, und das Ermittlungsverfahren gegen mich einstelle.

Meine Freilassung war in Wahrheit das Ergebnis der internationalen Solidarität. Nicht nur die Ständige Vertretung der Bundesrepublik in der DDR hatte sofort, nachdem sie von meiner Verhaftung unterrichtet worden war, an allen denkbaren Fäden gezogen, um mich aus dem Gefängnis herauszuholen. Auch die Kirche hatte sich in diesem Sinn bemüht. Weil ich zuvor an die Öffentlichkeit gegangen war, trafen in Ost-Berlin auch Proteste aus ganz Westeuropa ein. Die DDR war auf dem besten Wege bei der KSZE-Folgekonferenz in Madrid, die am Tag der Veröffentlichung unseres Appells begann, auf die Anklagebank gesetzt zu werden.

Hinzu kam, dass die Ost-Berliner Führung in zunehmendem Maß finanziell und wirtschaftlich abhängig war vom Wohlwollen westlicher Staaten. Dieser Umstand vergrößerte nicht nur den Spielraum der Kirche, sondern auch den der Opposition. Die Unsicherheit des SED-Politbüros hinsichtlich des Umgangs mit Dissidenten wuchs. Am Schluss trug die Abhängigkeit von der Bundesrepublik wesentlich dazu bei, dass die friedliche Revolution möglich wurde.

Inzwischen war unsere Initiative weit über die Grenzen der DDR hinaus bekannt geworden. Initiatoren des „Krefelder Appells" und andere politische Kräfte hatten sich mit unserer Aktion solidarisiert und gegen meine Verhaftung protestiert. Robert Havemann hatte recht behalten: Die Öffentlichkeit war der beste Schutz in einer Diktatur. Zumal in einer, die so auf internationale Anerkennung aus war wie die DDR.

Als die über siebzig Erstunterzeichner des „Berliner Appells" von der Stasi geholt und verhört wurden, hatten sie das erste Mal mit dem ominösen Ministerium zu tun. Sie widerstanden dem Druck, und damit änderte sich ihr Leben. Ihr Selbstbewusstsein wuchs, und die Möglichkeiten, sie einzuschüchtern, schwanden. Jedes Mal, wenn sie eine Konfrontation mit dem MfS überstanden hatten, fühlten sie sich sicherer.

So sehr unsere Angst vor dem allgegenwärtigen und vermeintlich allmächtigen Ministerium gewichen war, auf die leichte Schulter nehmen konnten wir seine Spitzel- und Zersetzungsaktionen nicht. Wir wussten, dass dort massiv daran gearbeitet wurde, uns bei einer günstigen Gelegenheit Ärger zu machen, und einige „Informanten" in die Gemeinde eingeschleust worden waren, um uns zu überwachen und zu zersetzen. Denn das war die Taktik des SED-Staats: Zum einen nahm er uns trotz zunehmender Stärke offiziell nicht zur Kenntnis, zum anderen aber scheute er keine Mühe und keinen Aufwand, um unsere Arbeit zu stören.

Zum Beispiel verbreitete die Stasi üble Gerüchte, um Protagonisten der Friedenskreise gegeneinander aufzubringen. Manchmal hatten sie damit Erfolg. So gelang es zu verhindern, dass ich wieder in das Vorbereitungskomitee des Seminars „Frieden konkret" gewählt wurde. Einmal versuchten die Mielke-Mitarbeiter, wie die Stasiakten zeigen, unsere Musikanlage zu stehlen oder kaputt zu machen. Ohne sie hätten wir unsere Bluesmessen nicht durchführen können. Während der Proben stand unsere Technik in der Kirche, und diese Gelegenheit wollte das MfS ausnutzen. Aber wir ahnten, was uns drohte, und richteten einen Wachdienst ein. Einige von uns nächtigten in Schlafsäcken in der Kirche und passten auf Verstärker und Lautsprecher auf.

Als ich am 12. Februar 1982 aus der Stasihaft entlassen worden war, fand ich meine Frau dicht vor einem Nervenzusammenbruch. In den letzten drei Tagen waren nicht nur laufend Mitarbeiter der Kirche, u. a. Hartmut Grünbaum und Manfred Stolpe, gekommen, auch das Telefon hatte unaufhörlich geklingelt. Leute aus der Gemeinde, Mitarbeiter und Westjournalisten wollten wissen, was geschehen war. Und als die Nachricht von meiner Entlassung die Runde gemacht hatte, ging es bei uns zu Hause zu wie in einem Tollhaus. Der Daueransturm auf unsere Haustür und das Telefon wollten nicht aufhören. Daher beschlossen wir, mit unseren vier Kindern die Flucht nach Eisenach anzutreten. In dieser schönen thüringischen Stadt tagte gerade der Friedrichshainer Kreiskirchenrat, dessen Mitglied ich war.

Im „Kreis der Brüder"

In Eisenach wurden wir freundlich begrüßt. Eppelmann war freigekämpft, und alle freuten sich. Am folgenden Tag aber schlug die Stimmung um. Superintendentin Laudien äußerte sich außerordentlich kritisch über meine Aktionen. Wenn ich das nächste Mal so etwas wie den Appell im Sinn hätte, müsse ich es vorher im „Kreis der Brüder", also mit den Kollegen und der Kirchenleitung, erörtern - was gleichbedeutend damit war, dass es dann nicht stattfinden würde. Das Vorbild des Christen sei die Ameise, fleißig und still. Sie als Superintendentin werde den „Berliner Appell" ab sofort mit allen ihr zur Verfügung stehenden Mitteln bekämpfen. Und dann schlugen die Brüder Pfarrer auf mich ein. Fast alle verurteilten den „Berliner Appell" als überzogen, verantwortungslos und einseitig. Sie akzeptierten nicht, dass Robert Havemann und ich Westmedien benutzt hatten. Nachdem die Veranstaltung beendet war, kamen zwei Kollegen heimlich zu mir und sagten, dass sie nicht übereinstimmten mit der Mehrheit des Konvents, sondern gut fänden, was ich getan hätte. Auf dieser Tagung in Eisenach spürte ich, dass meine Lage in der Kirche nun komplizierter wurde. Der folgende Pfarrkonvent sollte diesen Eindruck so schmerzhaft wie enttäuschend verstärken, auch weil „Schwester" Laudien dort noch massiver gegen mich auftrat. Die Berliner Kirchenleitung erklärte am 13. Februar 1982 öffentlich:

„Der Appell wirft eine Reihe von Fragen auf, die im Gespräch über die christliche Friedensverantwortung ihren Ort haben. Alle Synoden des Bundes haben zu einer Reihe dieser Fragen Stellung genommen. Viele Aussagen des Appells gehören in dieses Gespräch. Genauer als es im Appell geschieht, muss die tatsächliche politische und militärische Konstellation bedacht werden. Der Appell zeichnet zugleich ein Zerrbild der politisch Verantwortlichen. Er arbeitet mit Unterstellungen, für die es in der Nachfolge Jesu Christi keinen Raum geben darf.

Die Kirchenleitung rät nachdrücklich von einer Beteiligung an der Sammlung von Unterschriften ab, weil dadurch Missverständnisse und Gefährdungen hervorgerufen werden, die das notwendige sachliche Gespräch nicht fördern. Die Kirchenleitung beauftragt den Bischof, den Generalsuperintendenten von Berlin und den Stadtjugendpfarrer, mit den kirchlichen Mitarbeitern, die sich an der Verbreitung des Appells beteiligt haben, Gespräche zu führen. Der Bischof und das Konsistorium werden beauftragt, die offenen Fragen zum Vorgehen von Pfarrer Eppelmann zu klären."[5]

Auch Manfred Stolpe stellte sich nun inhaltlich gegen mich. Der „Berliner Appell" enthalte Argumente der fünfziger Jahre, spiegele die Ideen eines Greises, aufbereitet durch ein paar konkrete Vorschläge eines jungen Mannes. Es war offenkundig: Die Kirchenleitung versuchte, mich zu isolieren, um den Eindruck zu verstärken, dass sie nichts zu tun habe mit dem Appell, den sie als „friedensgefährdend" denunzierte. Dieser sei die Privatangelegenheit von Havemann, einem Atheisten, und Eppelmann, einem irregeleiteten und wichtigtuerischen Pfarrer. Diese und andere Kritik stieß jedoch auf Widerspruch. Vor allem die Jugendmitarbeiter in Berlin, aber auch Pfarrer, stellten sich hinter den Appell und griffen die Kirchenleitung an.

Es kam zu einer Versammlung von kirchlichen Mitarbeitern und Vertretern der Kirchenleitung, auf der diese Fragen kontrovers diskutiert wurden. Die Vertreter der Leitung sprachen sich erneut scharf dagegen aus, dass Havemann und ich die Westmedien einbezogen hatten, und warnten davor, dass sich das Verhältnis zwischen Staat und Kirche verschlechtern könne. Die Leitenden erweckten den Eindruck, man solle sie nicht dabei stören, wenn sie unter Ausschluss der Öffentlichkeit mit den Mächtigen des SED-Staats alles regelten. Ich weiß nicht, inwieweit sich die, die so argumentierten, darüber im Klaren waren, dass sie der Erwartungshaltung der SED genügten. Deren Position war eindeutig: Jede öffentliche Kritik nutzt dem „Klassenfeind“ und schadet dem Sozialismus.

Die Vertreter der Kirchenleitung wollten meine Gegenargumente nicht hören. Ich erinnerte daran, dass ich versucht hätte, den „Berliner Appell“ über kircheneigene Medien zu publizieren, dass mir dies aber verwehrt worden sei. Wenn man viele Menschen für die Friedensarbeit gewinnen wolle, dann gehe dies in der DDR nur mit Hilfe des Westfernsehens und des Westradios. Am Ende der Auseinandersetzung solidarisierte sich die Mehrheit der Versammlung mit dem Appell beziehungsweise seinem Anliegen.

Die Kirchenleitung ließ sich davon nur begrenzt beeindrucken. Sie ging nicht ab von ihrem elitären Standpunkt. Sie allein wollte mit dem Staat reden. Brüder der Kirchenleitung warfen mir Naivität vor und zeigten damit an, dass sie viel mehr wussten als wir gewöhnliche Sterbliche. „Wenn Sie wüssten, lieber Bruder Eppelmann, was wir wissen, dann würden Sie viel differenzierter argumentieren!“ Leider haben sie uns niemals erzählt, was uns zu größerer Weitsicht verholfen hätte. Mich macht noch heute betroffen, dass sie Geheimnisse vor uns hatten, aber keineswegs gegenüber den Sicherheitsorganen. Ein befreundeter Pfarrer erzählte mir wenig später, er habe soeben dazu beigetragen, dass „das Schlimmste“ von mir abgewendet worden sei. Es gab Mitglieder der Kirchenleitung, die mich einem Disziplinarverfahren unterziehen wollten. Seltsamerweise sollte es nur mir gelten.

Manch ein Pfarrer oder anderer Mitarbeiter verzweifelte an seiner Kirche. Zu ihnen zählte Pfarrer Brüsewitz aus Ripicha, der die Predigerschulen in Wittenberg und Erfurt besucht hatte. Als ich über Medien der Bundesrepublik erfuhr, er habe sich am 18. August 1976 vor der Michaeliskirche in Zeitz öffentlich verbrannt, fühlte ich mich vollkommen hilflos. Was musste in einem Menschen vorgegangen sein, bevor er sich mit Benzin übergoss, um sich dann anzustecken? Auf dem Pfarrkonvent wurde gefragt, was Brüsewitz für ein Mensch gewesen sei. Der Grundtenor in der Kirche war, ein Christ dürfe sich nicht das Leben nehmen. Und ein bisschen seltsam sei Brüsewitz schon immer gewesen, zu ernst solle man den Vorfall nicht bewerten. Man wusste außerdem zu berichten, dass er einmal ein Kaninchen mit auf den Altar gebracht habe. Als ich später feststellte, dass das Kaninchen bei einem Familiengottesdienst mit vielen Kindern mitgewirkt hatte, empfand ich diese Bemerkung als unfair. Auch ich nahm beispielsweise eine Sonnenblume mit in den Taufgottesdienst. Ich sehe darin keine Gotteslästerung, sondern eine Methode, denn mit Hilfe von Symbolen lassen sich manche Einsichten eindrücklicher und langanhaltender vermitteln.

Pfarrer Brüsewitz' Selbstverbrennung traf die Kirche an einem wunden Nerv. In dem Brief an seine Amtsbrüder im Kirchenkreis Zeitz, den er hinterlassen hatte, charakterisierte er die Situation der Kirche als „scheinbar tiefen Frieden", trotzdem tobe „zwischen Licht und Finsternis ein mächtiger Krieg", Wahrheit und Lüge stünden nebeneinander. Seine geplante Selbstverbrennung bezeichnete Pfarrer Brüsewitz als Zeichen „für meinen König und Feldmarschall in dieser so scheinbar friedlichen Welt". Er kritisierte nicht nur die gesellschaftlichen und politischen Verhältnisse im Arbeiter-und-Bauern-Staat, sondern besonders auch die evangelische Kirche und ihre Position gegenüber den Herrschenden.

Kirchenoffizielle Solidarität gegenüber Brüsewitz registrierte ich erst, als das SED-Zentralorgan *Neues Deutschland* ihn in übelster Weise verleumdete. Das war selbst den staatstreuesten Kirchenoberen zu viel. Sie hatten vermutlich den Eindruck, dass nicht nur ein einzelner Pfarrer, der sich zu einer Verzweiflungstat hatte hinreißen lassen, angegriffen wurde, sondern ein ganzer Berufsstand. Pfarrer Brüsewitz gebührt das Verdienst, in der evangelischen Kirche eine umfassende Diskussion über das Verhältnis der Kirche und der Christen zum realsozialistischen Staat initiiert zu haben, die bis zum Ende der DDR nicht mehr zu unterdrücken war.

Robert Havemann starb am 9. April 1982, das war ein Karfreitag. Der Widerstandskämpfer durfte im Staat des verordneten Antifaschismus nicht einmal unbewacht beerdigt werden. Für Evi und mich war es ein Bedürfnis und eine Freundespflicht, an Roberts Beerdigung teilzunehmen. Überall im Umfeld des Friedhofs und in Grünheide sahen wir die auffällig Unauffälligen der Staatssicherheit. Sie sollten beobachten, einschüchtern, Personalien überprüfen und Besucher abweisen. Als ich den Friedhof betrat, kam Propst Dr. Friedrich Winter auf mich zu, nach meiner Erinnerung war er sehr blass. Er riet mir, auf keinen Fall öffentlich zu reden. Der Friedhof war voller Menschen, die Kapelle überfüllt. Pfarrer Meinel aus Grünheide hielt den Gottesdienst. In seiner Predigt würdigte er den aufrechten Streiter Havemann, der den Mut gefunden hatte, als Erwachsener eine Kehrtwendung zu machen, sich vom Stalinismus zu distanzieren, und damit – wieder einmal – seine Karriere beendete.

Als ich dann am Grab Erde auf den Sarg geworfen hatte, musste ich in dieser traurigen Stunde den Versammelten etwas vermitteln von der Hoffnung, die Robert mir gegeben hatte. Ich wies darauf hin, dass für Christen auf den Karfreitag, den Tag der Trauer und des Schmerzes, Ostern folgt, der Tag des Sieges, der Hoffnung und der Zukunft. So verband ich Roberts Todestag und sein Handeln für uns mit unserer Hoffnung auf eine menschlichere, offenere und demokratischere

DDR. Die Beerdigung Robert Havemanns bedeutete also nicht nur den Abschluss eines Lebens, sondern auch einen Neuanfang. Robert war zwar nicht mehr da, wir waren jetzt allein gefordert, auch sein Werk weiterzuführen.

Freunde und Gegner

Die Kirchenleitung wollte seit dem „Berliner Appell" verhindern, dass es meinetwegen zu neuen Konfrontationen mit dem Staat kam. Aber ich wollte mich weiter in der unabhängigen, hauptsächlich bei uns in der Kirche beheimateten Friedensbewegung engagieren. Es gab also in den folgenden Jahren genügend Konfliktstoff. Dabei wusste ich, dass ich auf den Schutz durch die Kirche angewiesen war und Kompromisse mit deren Leitungsgremien eingehen musste. Diese wiederum wussten, dass sie mich nicht ohne Weiteres hinausdrängen konnten, ohne in der DDR und im westlichen Ausland unter heftigen Beschuss zu geraten. Es war für alle Beteiligten eine Wanderung auf einem äußerst schmalen Grat.

Weil mir klar war, dass die Staatsorgane über mich herfielen, sollte die Kirche mir ihren Beistand entziehen, stimmte ich zu, als Manfred Stolpe mir vorschlug, mich in einer regelmäßigen kirchlichen Gesprächsrunde einzubinden. Er wollte wissen, welche Personen ich dafür vorschlüge, und ich nannte Martin-Michael Passauer und Rudi Pahnke. Später kamen noch die Kollegin Ruth Misselwitz, Rechtsanwalt Wolfgang Schnur und der neue Stadtjugendpfarrer Wolfram Hülsemann hinzu. Die Kirchenleitung wurde von Bischof Forck, Generalsuperintendent Grünbaum, später dessen Nachfolger Günter Krusche und Propst Winter, dem dann Propst Dr. Hans-Otto Furian folgte, sowie von Manfred Stolpe vertreten; zeitweilig wurde Oberkonsistorialrat Pettelkau hinzugezogen.

Wir trafen uns bis zum Ende der DDR meist alle acht bis zwölf Wochen, um über mögliche Konfliktfelder zu sprechen. Es wurde offen diskutiert. Ich fand es nützlich, kirchenleitenden Persönlichkeiten Dinge vorzutragen, die dann vielleicht eine gewisse Rolle spielen konnten in deren Arbeit. Natürlich boten solche Gespräche auch die Möglichkeit, steuernd einzugreifen, Absprachen zu treffen, uns zu bitten, dieses oder jenes zu unterlassen. Im Nachhinein ist mir nicht immer wohl, wenn ich an diese Runde im Konsistorium denke. Inwieweit hatte Schnur zuvor fremde Aufträge erhalten, inwieweit sind Manfred Stolpes Einflussnahmen nicht nur auf kirchliches Interesse zurückgegangen?

Immer wieder hatte ich innerhalb der Kirche Auseinandersetzungen, weil ich bei verschiedenen Gelegenheiten Westmedien einschaltete, um Informationen schnell landesweit zu verbreiten und das DDR-Bild außerhalb unserer Grenzen realistisch darzustellen. Den Vorwurf, mit den Westmedien „verheiratet" und profilsüchtig zu sein, wurde ich bis zum Ende der DDR nicht los, obwohl sich allmählich auch andere für diesen Weg entschieden, an die Öffentlichkeit zu treten. Als bekannt wurde, dass ARD und ZDF erstmals über einen Gottesdienst während der Friedensdekade in der Samariterkirche berichten würden, entdeckte ich nicht wenige meiner Kritiker, die auffällig neu eingekleidet und frisiert waren. So ist das mit der Eitelkeit.

1986 besuchte uns ein belgisches Fernsehteam in der Samaritergemeinde. Die Belgier baten darum, am Abend im Friedenskreis Aufnahmen machen zu dürfen, und wollten mich am Schluss interviewen. Nachdem sie ihre Arbeit beendet hatten, fragte ich sie, was für einen Eindruck sie gewonnen hätten. Sie antworteten, dass sich ihr DDR-Bild gewandelt habe, sie seien mit völlig falschen Vorstellungen zu uns gekommen. Sie hätten gedacht, dass sich jenseits der Mauer niemand traue, den Mund aufzumachen, aber nun hätten sie gleich eine ganze Gruppe erlebt, die kein Blatt vor den Mund nehme. Ich musste die belgischen Fernsehleute in ihrem Optimismus bremsen und sie darüber aufklären, dass ihr DDR-Bild im Allgemeinen nicht so falsch gewesen sei. Sie hätten an diesem Abend jedoch Menschen erlebt, die viel selbstbewusster seien als die meisten anderen DDR-Bürger, weil sie das seit Jahren in der Kirche übten.

Der „Berliner Appell" hatte uns vorangebracht. Daneben spielte schon seit 1980 eine Initiative des Pfarrers Christoph Wonneberger aus der Weinberggemeinde in Dresden eine große Rolle: der Soziale Friedensdienst, abgekürzt SOFD. Dies war der Versuch, der Kriegsdienstverweigerung neue Impulse zu geben. Verweigerer sollten nicht mehr zur NVA, auch nicht zu den Bausoldaten, eingezogen werden, sondern einen zivilen Ersatzdienst leisten ähnlich wie in der Bundesrepublik. Die Bausoldatenregelung war für uns auf Dauer nicht befriedigend, weil Kriegsdienstverweigerer auch für die Aufrüstung eingesetzt wurden, indem sie zum Beispiel Schieß- und Flugplätze anlegen oder Lagerhallen für Waffen errichten mussten.

Die Zahl derer, die erklärten, die Bausoldatenanordnung sei zwar zu ihrer Zeit ein angemessener Kompromiss gewesen, aber inzwischen stünden neue Alternativen auf der Tagesordnung, wuchs. Nicht nur waffenloser, sondern auch ziviler Dienst - das war für uns das Gebot der Stunde. Aber die Regierenden ließen sich nicht bewegen, sondern zogen sich in Gesprächen darauf zurück, dass die Verbündeten im Warschauer Vertrag schon genug Kritik an der Bausoldatenanordnung äußerten, von der Wehrpflichtige in ihren Ländern nicht einmal träumen könnten. Mehr sei nicht machbar. Erst das Kabinett von Hans Modrow führte im Februar 1990 einen zivilen Ersatzdienst in der DDR ein.

Bei einer Rüstzeit des Kreisjugendkonvents von Friedrichshain 1981 stellte unser Kreisjugendmitarbeiter Bernd Schröder das SOFD-Projekt vor. Ganze zehn Monate hatte Wonnebergers Brief gebraucht, um uns zu erreichen. Kirchliche Kanäle wurden nicht zur Weitergabe benutzt, um das Verhältnis von

Staat und Kirche nicht zu belasten. Und die Westmedien blieben zunächst außen vor. Wonneberger trat erst später, anlässlich einer Ökumenischen Veranstaltung in Dresden, an die internationale Öffentlichkeit, um seine Idee vorzustellen.

Die Gefährdung des Friedens, der Nord-Süd-Konflikt, die Vergeudung nicht erneuerbarer Ressourcen – das waren Themen, die nicht nur die Friedens- und Ökologiebewegung im Westen beunruhigten. Wir wollten außerdem ein Zeichen der blockübergreifenden Solidarität setzen und verdeutlichen, dass es auch in den Staaten des Warschauer Vertrags Menschen gab, die mit der sogenannten Friedenspolitik ihrer Regierungen nicht einverstanden waren. Wir hatten registriert, wie Parteien und Regierungen die Friedensbewegungen Westeuropas zu diskreditieren versuchten. Ohne den Pazifismus der 30er-Jahre wäre Auschwitz überhaupt nicht möglich gewesen, erklärte etwa der damalige CDU-Generalsekretär Heiner Geißler.

Ich habe diesen Satz damals nicht verstanden, ich fand ihn nur ungeheuerlich. Bis heute halte ich es für unverantwortlich und unfair, die Schuld an Hitlers Mordregime Pazifisten anzulasten, die wie beispielsweise Carl von Ossietzky früher und massiver als viele andere vor der Nazigefahr gewarnt hatten, aber von den meisten ihrer Zeitgenossen nicht ernst genug genommen worden waren, ja, wegen ihrer Enthüllungen sogar vor 1933 verfolgt wurden. Die deutschen Pazifisten haben die Hitlerdiktatur nicht mit Gewalt verhindert – das ist unbestreitbar. Aber das KZ-System haben andere gefordert, geplant, gefüllt und genutzt, und wiederum andere haben es geduldet und weggeschaut.

Wir organisierten weiterhin Bluesmessen, Friedenswerkstätten und jeweils im November Friedensdekaden sowie Seminare. Auf wenig Gegenliebe seitens der Stadtverwaltung stieß unsere Idee, gemeinsam ein Konzept zur Verkehrsberuhigung zu entwickeln oder in der Samariterstraße auf den Gehwegen Bäume zu pflanzen.

Kontakte zu West-Journalisten

Inzwischen kamen immer mehr westliche Berichterstatter in die Gemeinde, um mich kennenzulernen und Informationen zu sammeln. Zu ihnen zählte Helmut Löhlhöfel von der *Süddeutschen Zeitung* und dessen Nachfolger als DDR-Korrespondent, Albrecht Hinze. Besonders eng war die Verbindung zu Peter Merseburger von der ARD, die nicht abriss, als er nach London versetzt wurde. Ihn konnte man ohne Umstände bitten, Briefe in den Westen zu befördern und dieses oder jenes Fachbuch mitzubringen. Für einen DDR-Bürger war dies außerordentlich wichtig. Jedes mitgebrachte Buch fand viele Leser, es wurde immer weiter verliehen. Mancher Band verschwand dabei leider auf Nimmerwiedersehen.

Von besonderer Bedeutung für mich waren meine Kontakte zu Ingemar Schwelz und Ulrich Schwarz. Der Österreicher Schwelz arbeitete für die New Yorker Nachrichtenagentur Associated Press (AP) und war trotz hohen Risikos jederzeit bereit, Kurieraufgaben zu übernehmen und technische Hilfsmittel in den Osten zu schmuggeln. Ulrich Schwarz war akkreditierter Korrespondent des *Spiegels* in der DDR. Genauer gesagt, er war dies zum zweiten Mal. Denn 1978 hatte die DDR-Regierung das Ost-Berliner *Spiegel*-Büro geschlossen, als in dem Nachrichtenmagazin das SED-kritische Manifest eines „Bundes Demokratischer Kommunisten Deutschlands“ veröffentlicht worden war. Aber im Lauf der Zeit erkannten die Politbürokraten, dass es ihrer internationalen Reputation schlecht zu Gesicht stand, das bedeutende Hamburger Magazin auszusperren. Also lud man den *Spiegel* zur Rückkehr ein.

Der war allerdings frech: Er forderte, als neuen Korrespondenten den alten zu akkreditieren. Es gab einiges Gezerre, aber dann hatten die Hamburger sich durchgesetzt, und Ulrich Schwarz saß wieder in Ost-Berlin.

Ich hatte ihn über Ralf Hirsch kennengelernt. In seinem Büro in der Leninallee lag jede Woche ein *Spiegel* für mich - wie für manch anderen - bereit, was für einen DDR-Bürger ein unschätzbares Informationsprivileg darstellte. Ulrich Schwarz wurde für mich bald zum Freund. Er gehörte quasi mit zur Familie und war auch dabei, wenn Geburtstage gefeiert wurden. Er wusste enorm viel über die DDR und hatte einen anderen Blickwinkel als wir. Dies machte Gespräche mit ihm besonders produktiv. Er sparte nicht mit Kritik an unseren Ansichten und Aktionen - meistens hatte er recht.

Wir waren, typisch für ein Land ohne Pressefreiheit, anfällig für Gerüchte. So glaubte zum Beispiel nicht nur ich eine bestimmte Zeit lang, dass die DDR die alte U-Bahn-Linie nach West-Berlin wiedereröffnen würde, um Gäste in die Devisenhotels zu befördern. Schwarz rückte in diesem wie in anderen Fällen unsere Köpfe zurecht. Er war nicht auf schnelle Schlagzeilen aus. Wir konnten mit ihm über alles sprechen, ohne Angst haben zu müssen, es am folgenden Tag in der Zeitung zu lesen. Wenn ich eine Aktion plante, diskutierte ich gerne mit ihm darüber. Wir profitierten von seinen vielfältigen Kontakten zu den Mächtigen der DDR.

Ulrich machte keinen Hehl daraus, dass er die Positionen der DDR-Opposition unterstützte. Die Staatssicherheit hielt ihn für einen feindlichen Spion und sein Büro für eine BND-Residenz. Für sie war es geradezu logisch, dass ein ihrer Meinung nach nachrichtendienstlich versierter Pfarrer wie ich mit Ulrich Schwarz zusammenarbeiten musste bei dem Versuch, die realsozialistische Herrlichkeit zu stören.

Er hatte, wie manch anderer auch, zunächst Schwierigkeiten

mit meiner Haltung am Ende der DDR. Es war in der Tat bei vielen Menschen auf Unverständnis gestoßen, dass der Demokratische Aufbruch, dessen Gründungsmitglied und letzter Vorsitzender ich war, an der Seite von CDU und Deutscher Sozialer Union (DSU) in der „Allianz für Deutschland“ in den Volkskammerwahlkampf ging, ich dann Minister für Abrüstung und Verteidigung im Kabinett de Maizière wurde und schließlich als Abgeordneter der CDU in den Bundestag einzog. Aber im Gegensatz zu anderen distanzierte Ulrich sich nicht von mir, sondern sprach mit mir darüber. Wir sind Freunde geblieben, und darüber bin ich froh.

Als Privatperson beharrte ich auf meinem Recht, meine Meinung zu sagen, und dies weiterhin auch gegenüber Pressevertretern. Das brachte mir immer wieder Ärger mit der Kirchenleitung ein. Als ich in offenen Briefen an Honecker und den Botschafter der Sowjetunion in Ost-Berlin erneut auf Abrüstungsschritte drängte, erhielt ich ein Schreiben, das im Westen Deutschlands als eine Art arbeitsrechtliche „Abmahnung“ qualifiziert worden wäre:

„Sehr geehrter Herr Pfarrer!
Das Kollegium des Konsistoriums ist am 25.10.1982 über das Gespräch mit Ihnen vom 29.09.1982 unterrichtet worden. Das Kollegium sieht sich danach veranlasst, Sie nochmals eindringlich an das Schreiben der Kirchenleitung vom 5.4.1982 - K.Ia Nr. 783/82 - zu erinnern. Die mit Ihnen am 29.9.1982 erörterten Aktionen haben wiederum ohne Abstimmung mit dem Gemeindekirchenrat und dem Pfarrkonvent stattgefunden. Der Brief an den Staatsratsvorsitzenden vom 26.8.1982 ist gegen den ausdrücklichen Rat der Superintendentin und des mit Ihnen in der Samaritergemeinde im Pfarrdienst stehenden Pfarrers Mueller-Schlomka geschrieben worden. Sie haben unter Nutzung Ihrer Stellung als Pfarrer und der westlichen Me-

dien erneut die Öffentlichkeit in einer Weise angesprochen, die die nach § 34 Pfarrerdienstgesetz gebotene Zurückhaltung vermissen lässt. Das Kollegium ist auch über Ihren Brief an den Botschafter der UdSSR in der DDR unterrichtet worden. Angesichts der bevorstehenden Friedensdekade weist das Kollegium eindringlich darauf hin, dass die zu diesem Zeitpunkt geplanten kirchlichen Veranstaltungen auf das Äußerste belastet würden, wenn sie zeitlich etwa mit einer Veröffentlichung Ihres Briefes an den Botschafter in westlichen Medien zusammenfielen. Wir bitten Sie deshalb dringend, eine ausschnittweise oder vollständige Veröffentlichung Ihres Briefes an den Botschafter der UdSSR in westlichen Medien wirksam zu verhindern."[6]

Politische Kontakte

Nach dem „Berliner Appell" kamen zu unseren Verbindungen mit Partnergemeinden politische Kontakte hinzu. Sie waren den Regierenden mehr als lästig. Den intensivsten Austausch hatten wir zunächst mit den Grünen. Ich erinnere mich gerne an die Besuche von Petra Kelly, Gert Bastian und Lukas Beckmann, für die es selbstverständlich war, nach einer Visite bei Honecker bei uns vorbeizuschauen. Dafür bin ich ihnen bis heute dankbar. Sie brachten uns Bücher aus der Friedensbewegung mit, die wir gut gebrauchen konnten. Auch andere Vertreter der Grünen scheuten sich nicht, mit uns zu sprechen. Man muss aber hinzufügen, dass auch in dieser Partei nur eine Minderheit Kontakte mit uns begrüßte, um dann von einer Mehrheit regelmäßig dafür gescholten zu werden.

Allerdings litten die guten Beziehungen durch einen Vertrauensbruch des damaligen Grünen-Geschäftsführers Lukas Beckmann erheblich. Wir hatten verabredet, am 4. November 1983 gemeinsam mit niederländischen und belgischen Freunden Briefe mit Abrüstungsforderungen in der amerikanischen und sowjetischen Botschaft in Ost-Berlin abzugeben. Wir wollten den Supermächten mitteilen, dass wir es ablehnten, uns zu ihren Geiseln machen zu lassen. Für den Fall, dass Cruise Missiles und Pershing-2-Raketen im Westen und weitere sowjetische SS 20 in der DDR und in der Tschechoslowakei aufgestellt würden, verlangten wir „die sofortige vollständige Evakuierung der betroffenen Bevölkerungen dieser Länder in eine von der UNO zur Verfügung gestellte entmilitarisierte Schutzzone gemäß der von allen beteiligten Ländern ratifizierten UNO-Konvention über den Schutz der Zivilbevölkerung bis zum 6. 8.1984“. Außerdem wollten wir jeweils einen Globus überreichen, um damit auszudrücken, dass es nur eine Erde gebe und man diese bewahren müsse. Bei den Vorbereitungsgesprächen waren seitens der Grünen Antje Vollmer und Lukas Beckmann in der Samaritergemeinde. Über das Konsistorium erreichte ich dank Stolpes Hilfe, dass die Behörden die Aktion duldeten, sofern wir keine große Sache daraus machen würden. Damit waren wir einverstanden, denn uns kam es darauf an, die erste gesamtdeutsche Demonstration für den Frieden mit europäischer Beteiligung in der DDR durchzuführen. Kein Zweifel, diese Demonstration hätte Furore gemacht und wäre zum Signal für weitere blockübergreifende staatsunabhängige Initiativen geworden.

Aber sie fand nicht statt! Am 3. November, einen Tag vor der geplanten Kundgebung, trat Beckmann vor die Presse und begeisterte sich öffentlich für die Aktion. Er gab sogar Treffpunkt und Treffzeit bekannt. Sofort nahmen sich die Medien der Sache an. Und sofort trat die Stasi auf den Plan. Wer verdächtig war, an der Aktion mitmachen zu wollen, wurde spätestens auf dem Weg in die Innenstadt angehalten und zum zuständigen Volkspolizeikreisamt gebracht. Auch mich stoppte ein Wagen auf der Straße in Chicago-Manier. Wie andere wurde ich stundenlang verhört und erst freigelassen, nachdem die Demonstration gescheitert war. Die Profilierungssucht eines Einzelnen bewirkte außerdem, dass die Grünen nicht mehr in die DDR einreisen durften.

Für mich bedeutete diese Katastrophe einen Bruch in meinem Verhältnis zu den Grünen, die ich bis dahin als natürliche Bündnispartner angesehen hatte. Die unabhängige Friedensbewegung in der DDR hätte in ihrer Entwicklung einen großen Schritt nach vorne machen können. Manche von uns heulten vor Wut, denn die Chance war passé, zum ersten Mal eine staatlich geduldete Demonstration in Ost-Berlin durchzuführen, deren Träger die unabhängigen Friedensbewegungen in beiden deutschen Staaten waren.

Anfang Januar 1984 lud die Kirchenleitung meine Frau und mich zu einer Aussprache ins Konsistorium. Als wir dort eintrafen, waren die leitenden Brüder schon mit ernsten Gesichtern versammelt. Uns wurde mitgeteilt, dass Staatssekretär Gysi Bischof Forck berichtet habe, der Generalstaatsanwalt der DDR habe so viel Belastungsmaterial gegen mich in der Hand, dass es für eine langjährige Haftstrafe reiche. Nur auf Betreiben von Gysi habe der Generalstaatsanwalt sich darauf eingelassen, mich nicht einzusperren, wenn ich mich binnen einer Woche dazu entschlösse, die DDR zu verlassen. Nun sei es an mir, mich zu entscheiden. Ich schaute zu Evi und sagte dann, dass es hier nichts zu entscheiden gebe. Ich hätte mir nichts vorzuwerfen und würde Gemeinde und DDR nicht verlassen. Die Brüder rieten uns daraufhin, bis zum Abend noch einmal in Ruhe über alles nachzudenken und dann Propst Winter mitzuteilen, was wir zu tun gedächten. Es wurde strikte Vertraulichkeit vereinbart und von allen Teilnehmern akzeptiert - auch von Manfred Stolpe.

Im Ergebnis des Gesprächs mit der Kirchenleitung musste

ich, wollte ich den Schutz durch die Kirche nicht verlieren, einen Informationsverbund für zunächst drei Monate akzeptieren. Kamen Personen zu mir, deren Besuch missdeutet werden konnte, Journalisten oder Angehörige westlicher Botschaften zum Beispiel, dann musste ich dies nachträglich der Superintendentin melden. Sollte ich auf die Idee verfallen, Aktionen zu unternehmen, die öffentlichkeitswirksam und nicht auf die Gemeinde begrenzt waren, sollte ich diese vorher anmelden. Einmal in der Woche musste ich der Superintendentin Bericht erstatten. Bei besonderen Vorkommnissen hatte ich sofort Propst Winter oder in dessen Abwesenheit Konsistorialpräsident Stolpe zu informieren. Generalsuperintendent Krusche übernahm meine seelsorgerische und geistliche Betreuung.

Wir waren da, auch öffentlich

Erst mit dem Olof-Palme-Marsch im September 1987 sollte es gelingen, eine internationale Friedensaktion unabhängiger Gruppen auf dem Boden der DDR - und auch der ČSSR - durchzuführen. Die DDR wollte ihr Renommee als Friedensstaat nicht weiter angekratzt sehen und gestattete es Friedensbewegten aus vielen europäischen Ländern, auf ihrem Zug von Stockholm nach Prag im Arbeiter-und-Bauern-Staat für ihre Ziele zu demonstrieren. Die Idee war auf einer Konferenz europäischer Friedensgruppen entstanden. Da die Veranstalter Wert darauf legten, die unabhängige Friedensbewegung in der DDR einzubeziehen, musste die SED wohl oder übel Leute aus der kirchlichen Jugendarbeit, vom Evangelischen Jungmännerwerk, als Mitveranstalter akzeptieren. So zählte etwa Martin-Michael Passauer zu den DDR-Vertretern - ein erstaunliches Novum.

Eine Kundgebung fand im ehemaligen Frauenkonzentrationslager Ravensbrück statt. Es war für mich ein einmaliges Bild, wie Menschen der SED-geführten Organisationen zusammen mit der unabhängigen Friedensbewegung durch die Straßen zogen. Plakate mit dem Symbol „Schwerter zu Pflugscharen“ tauchten vor den Kameras östlicher und westlicher Fernsehstationen auf. Endlich waren sie wieder in der DDR zu sehen!

Für die DDR-Friedensbewegung war der nach dem ermordeten sozialdemokratischen schwedischen Ministerpräsidenten benannte Marsch von kaum zu überschätzender Bedeutung. Die staatsoffizielle Verpönung unserer Tätigkeit verlor an Wirkung. Die Glaubwürdigkeit der Vorwürfe, die gegen uns erhoben wurden, litt beträchtlich wie auch das SED-Monopol auf die Friedensarbeit. Nun konnte unser Engagement nicht mehr einfach ignoriert werden. Wir waren da, auch öffentlich!

Die SED versuchte nach wie vor, die Friedensbewegungen in den NATO-Ländern für ihre Ziele einzuspannen. Es passte ihr gar nicht ins Konzept, dass wir internationale Kontakte aufbauten und pflegten. Deshalb behinderte sie diese, wo sie nur konnte. Viele Male wurde ich zu internationalen Friedenskonferenzen eingeladen, aber ich durfte nie hinfahren. Die Kirchenleitung traute sich nicht, mich offiziell als ihren Vertreter zu schicken, und meine privaten Versuche, dorthin zu gelangen, schlugen fehl.

Die dänischen Friedensorganisationen hatten sogar einmal eine Konferenz verschoben, weil die eingeladenen Gäste aus der DDR keine Ausreisebewilligung erhalten hatten. Als 1986 wieder eine Friedenskonferenz in Kopenhagen stattfinden sollte, zu der ich eingeladen war, versuchte ich mit Vehemenz, daran teilnehmen zu können. Unter anderem schrieb ich im September einen Brief an den Chef der SED-Bezirksleitung Ost-Berlin, Günter Schabowski, und bat um eine Ausreiseerlaubnis. Der *Stern* schloss später, ich hätte um die Ausreisebewilligung gebuhlt, und druckte den Brief als vermeintlichen Beleg ab, allerdings nur auszugsweise, weil das, was die Redaktion weggelassen hatte, nicht ins Bild gepasst hätte.

In meinem Schreiben versuchte ich Schabowski klarzumachen, dass ich nicht erst nach Kopenhagen fahren müsse, um die DDR kritisieren zu können. Bekanntlich täte ich dies ja schon in Ost-Berlin. Aber auch dieser Brief nutzte nichts. Ich durfte wieder einmal nicht fahren. Statt meiner schickte der Bund der Evangelischen Kirchen in der DDR Oberkirchenrätin Christa Lewek, seine „Außenministerin". Im Stasijargon zählte sie zu den „loyalen und realistischen Kräften". Sie vertrat unsere Kirche dermaßen oft auf internationalen Konferenzen, dass ihr Reisen ins Ausland eine „Last" waren. Das sagte sie vor laufender Fernsehkamera, und Millionen von eingesperrten DDR-Bürgern kochten vor Wut.

Außer den Grünen besuchten uns öfter der damalige West-Berliner Senator und spätere Bundessozialminister Norbert Blüm sowie der CDU-Bundestagsabgeordnete Heribert Scharrenbroich, beide aktiv in der Christlich-Demokratischen Arbeitnehmerschaft (CDA). Norbert Blüm kenne ich seit 1982. Eines Tages klingelte das Telefon, ich nahm ab und hatte den damaligen Senator am Ohr. Er sei zusammen mit Franz Alt, dem Fernsehjournalisten, gerade in Dresden, und wenn ich nichts dagegen hätte, würden sie jetzt zu mir nach Ost-Berlin fahren. Ich hatte nichts dagegen, die beiden kamen und wir unterhielten uns. Im Garten, wie die Stasi betrübt feststellen musste, denn dort konnte sie nicht mithören.

Ulf Fink, damals Senator für Arbeit und Soziales in West-Berlin, habe ich ein Jahr später getroffen. Eine Rentnerin aus unserer Gemeinde brachte mir einmal einen Ausschnitt aus einer Wochenendausgabe der West-Berliner Tageszeitung *BZ* mit. Es war die regelmäßige Rubrik „BZ fragt Politiker", in der ein Interview mit Fink abgedruckt war. Eine Frage war:

„Wen möchten Sie kennenlernen?“ Er antwortete: „Rainer Eppelmann.“ Ich rief Dieter Bub an, bat ihn, mir Finks Adresse zu besorgen und schrieb auf einer Postkarte sinngemäß: „Das Vergnügen, mich kennenzulernen, können Sie haben“, fügte Telefonnummer und Anschrift hinzu und steckte die Karte ein. Wenige Tage später rief er an. Kurz darauf besuchte er uns zusammen mit Frau und Sohn. Seitdem kam er zweimal im Jahr in die Samaritergemeinde und brachte Interessierte mit.

Politikern wie Norbert Blüm, Heribert Scharrenbroich, Ulf Fink, Stefan Schwarz, Rita Süßmuth, Uwe Lehmann-Brauns, Werner Schreiber und Hildegard und Michael Höbich werde ich stets dankbar sein. Ihr Engagement und ihre Treue sorgten mit dafür, dass die Herrschenden sich nicht mehr offen an uns herantrauten, wir mit unseren Aktionen und unseren Anliegen international zur Kenntnis genommen wurden und sich unsere Lage in der evangelischen Kirche verbesserte.

Von der SPD lernte ich unter anderem den Wieslocher Bundestagsabgeordneten Gert Weißkirchen als guten Gesprächspartner schätzen wie auch seinen Fraktionskollegen Freimut Duve. Kurz vor dem Ende der DDR traf ich im Konsistorium in Manfred Stolpes Beisein auch Jürgen Schmude, den ehemaligen Bundesminister für Bildung und Wissenschaft und Präses der Synode der EKD. Alle, die zu uns kamen, waren willkommen.

Unsere Besucher aus dem Westen befremdeten uns hin und wieder. Einmal zum Beispiel waren wir Gastgeber einer Gruppe von CDU-Abgeordneten, die auf Anregung von Norbert Blüm zu uns gekommen waren. Sie sprachen immer von „Deutschland“ und von „Europa“ und meinten die Bundesrepublik und die Europäische Gemeinschaft. Irgendwann hatte ich genug davon und fragte sie, wofür sie mich hielten. Etwa für einen Chinesen? Heribert Scharrenbroich, der dies miterlebte, berichtete mir später, dass diese Kritik ihn sehr betroffen gemacht habe. Er habe diesen Einwand nie vergessen und sei seitdem vorsichtiger in seiner Wortwahl geworden.

Es tat mir - genauso wie Gerd Poppe, der bei diesem Treffen dabei war - damals weh, wenn Westdeutsche uns in einer Zeit der Spaltung unseres Landes sprachlich aussperrten und sprachlich einen Alleinvertretungsanspruch erhoben. Sprache drückt auch hier das Denken aus, und mir wurde deutlich, wie sehr die deutsche Teilung bei vielen Menschen schon verinnerlicht war und als unüberwindlich galt.

Kontakte pflegte ich auch mit Diplomaten der Botschaften westlicher Staaten in Ost-Berlin. Die ersten, die zu uns kamen, waren die Briten, gefolgt von den Amerikanern. Danach nahmen die Österreicher, Schweizer und Franzosen den Kontakt zu uns auf. Seit 1988 gab es dann Verbindungen zu vielen diplomatischen Vertretungen europäischer Staaten außer den Mitgliedern des Warschauer Pakts. In Osteuropa interessierten sich nur die Jugoslawen für Gespräche mit uns. Die Ständige Vertretung der Bundesrepublik meldete sich erst spät bei uns.

Vor allem die Amerikaner wollten meine Anschauungen und Einschätzungen kennenlernen. Sie hielten mich auf dem Laufenden über die Position ihrer Regierung, vor allem zu Fragen der Abrüstung. Einer meiner Kontaktleute soll sein Gehalt vom US-Geheimdienst CIA bezogen haben, eruierte Ende 1992 der *Stern* und wollte mich damit denunzieren. Der behauptete Sachverhalt traf vielleicht zu. Ich fragte den Amerikaner genauso wenig wie all die anderen Diplomaten, mit denen ich mich unterhielt, ob sie für irgendwelche Nachrichtendienste tätig seien. Sie hätten es mir wohl auch kaum gesagt. Und Staatsgeheimnisse hat von mir niemand erfahren, ich kannte nämlich keine.

Dem *Stern* gelang damit in gewisser Hinsicht, was der Stasi trotz intensivster Bemühungen nicht glückte: den „Nachweis“

zu erbringen, dass Eppelmann und andere Bürgerrechtler im Auftrag „imperialistischer Geheimdienste" den Arbeiter-und-Bauern-Staat zersetzen sollten. Aber ich zahle diesen Preis gerne für die Pressefreiheit, die ich mit all ihren Ausuferungen der Meinungsdiktatur der SED tausendmal vorziehe.

Hätte mich ein Geheimdienst, gleich von welcher Seite, angesprochen und um meine Mitarbeit gebeten, hätte ich dies strikt abgelehnt. Erstens fühlte ich mich nie zum Spion berufen, und zweitens wäre dies mein politischer Tod gewesen. Das größte Geschenk, das ich der Stasi hätte machen können, wäre gewesen, den Vorurteilen des Herrn Mielke gerecht zu werden. Er war ja nicht von der Idee abzubringen, dass ich auf der Soldliste des britischen Secret Service stand. Mit größter Genugtuung hätten Stasi und Justiz zugeschlagen und mich als endlich überführten feindlichen Agenten eingesperrt, wenn sie mir irgendwelche Geheimdienstaktionen hätten nachweisen können.

Kontakte suchte ich ebenfalls, wenn ich - selten genug - aus familiären Gründen in die Bundesrepublik fahren durfte. Stefan Schwarz von der rheinland-pfälzischen Jungen Union, der von 1990-1994 mein Kollege im Bundestag sein sollte, besorgte mir Eintrittskarten für das Bonner Kanzlerfest, an dem ich zu DDR-Zeiten dreimal teilnehmen konnte. Er stellte mich bei diesen Gelegenheiten vor als den „Pfarrer Eppelmann aus Ost-Berlin".

Hier konnte ich zum Beispiel mit Anke Fuchs, der damaligen Bundesgeschäftsführerin der SPD, sprechen. Ich fragte sie, warum ihre Partei keine Kontakte zur unabhängigen Friedensbewegung in der DDR aufnehme. Sie widersprach energisch. Ihre Partei habe hervorragende Verbindungen zur DDR-Opposition, da müsse ich mich irren. Nicht ganz so unwahrhaftig, aber ähnlich desinteressiert zeigten sich die meisten Gesprächspartner auf dem Kanzlerfest. Wichtige Ausnahmen waren Bundespräsident Richard von Weizsäcker und Außenminister Hans-Dietrich Genscher.

Solche Reisen in den Westen waren nicht ohne Risiko. Zu Recht hatte Havemann mich darauf hingewiesen, dass es mir genauso ergehen könne wie seinem Freund Wolf Biermann, der 1976 nach einem Auftritt im Westen nicht mehr in die DDR hineingelassen und ausgebürgert wurde. Ich glaubte aber, dieser Möglichkeit weitgehend vorgebeugt zu haben. Ich wusste, dass mein Telefon abgehört wurde und nutzte diesen Umstand, um der Stasi hin und wieder Botschaften zu übermitteln. In einem solchen Fall rief ich irgendjemanden an und sagte ihm etwas, was in Wahrheit für die geheimen Mithörer gedacht war. So rief ich eines Tages, als mein Vater schwer krank in einem West-Berliner Krankenhaus lag, Manfred Stolpe an und sagte ihm, dass ich nun - erstmals - in den Westen fahren dürfe, aber auf jeden Fall wiederkäme. Zuvor hatte ich Dieter Bub gefragt, ob er im Notfall bereit sei, mich in seinem Journalistenauto im Kofferraum wieder in die DDR zurückzuschmuggeln, und dieser war gewillt, das Risiko auf sich zu nehmen.

Als Bub die DDR verlassen hatte, wurde die Lage komplizierter, und ich verkündete per Telefon, dass ich vor laufenden Fernsehkameras über die Mauer zurückklettern würde, falls die Grenzer mich abwiesen. Glücklicherweise wurde ich nie vor die Entscheidung gestellt, diese Mutprobe abliefern zu müssen.

Meinungsunterschiede und Spannungen innerhalb der DDR-Opposition

Unmittelbar nach dem „Berliner Appell", als wir die erste Friedenswerkstatt „Konkret für den Frieden" organisierten, herrschte fast vollständige Übereinstimmung unter den Oppositionellen in Ost-Berlin. Nachdem wir aber bemerkt hatten, dass uns die Staatsorgane nicht mehr einfach wegdrängen konnten und wir daher nicht mehr jeden Augenblick auf die Unterstützung des anderen bauen mussten, traten die Eigeninteressen und Charakterunterschiede der Beteiligten stärker hervor.

Es war einer der Vorzüge der Opposition, dass ihre Träger ganz verschiedene Biografien aufwiesen. Vera Wollenberger zum Beispiel entstammte der SED, Gerd Poppe und Bärbel Bohley dem Kreis um Robert Havemann. Ralf Hirsch hatte über unsere offene Jugendarbeit seinen Weg gefunden. Reinhard Schult, Mitbegründer des ersten Friedenskreises der DDR, studierte Theologie und war in der Berliner Evangelischen Studentengemeinde aktiv. Ingrid Koppe hatte sich 1977 geweigert, eine Resolution gegen Wolf Biermann zu unterschreiben, und flog von der Universität. Und ich kam aus einer evangelischen Arbeiterfamilie, wobei meine Eltern immer bemüht waren, sich gutbürgerlich zu geben.

Völlig einig waren wir uns alle in der Ablehnung des SED-Regimes. Als dieses schließlich abdanken musste, fiel die verbindende Klammer weg und jeder definierte seine Ziele neu. Dies ist ein ganz natürlicher Prozess, der sich überall, wo Diktaturen gestürzt werden, beobachten lässt. Aber auch vor dem Sturz der SED-Diktatur herrschte nicht immer eitel Sonnenschein. Es gab Meinungsunterschiede über Vorgehensweisen. Spannungen traten auf, weil die Bürgerrechtler meist gezwungen waren, sich in kirchlichen Räumen zu treffen. Manchen stieß dieser Umstand unangenehm auf. Sie hatten nichts im Sinn mit Singen und Beten und auch nicht mit Jesus und dem lieben Gott. Aber sie mussten Lieder und Predigten ertragen, weil sich sonst kein Freiraum für sie fand.

Die Initiative für Frieden und Menschenrechte, die Mitte

der achtziger Jahre gegründet wurde, war die erste bekannte Bürgerrechtsgruppe, die sich bewusst außerhalb kirchlicher Räume traf. Sie legte zu Recht Wert darauf, von anderen Einrichtungen unabhängig zu sein.

Auch andere versuchten, Versammlungsmöglichkeiten außerhalb der Kirche zu finden, und wenn sie die eigene Wohnung dazu umfunktionieren mussten. Gerd und Ulrike Poppe beispielsweise organisierten schon in den siebziger Jahren Lesungen bei sich zu Hause. Zwanzig bis achtzig Menschen drängten sich bei derartigen Gelegenheiten in einer Wohnung. Für die Kulturfunktionäre der SED war dies Grund genug, besonders Gerd Poppe zu schikanieren. Sie hetzten ihm die Baupolizei auf den Hals, die ihm aus Sicherheitsgründen solche Versammlungen untersagte und ihn, weil er sich nicht einschüchtern ließ, mit Geldstrafen drangsalierte. Der studierte Physiker erhielt Berufsverbot und musste als Maschinist in einem Schwimmbad arbeiten.

Auch Ralf Hirsch entzog sich mit einigen Freunden von der Arbeitsgruppe „Frieden stiften" im Friedenskreis der Samariterkirche einige Male den nervigen Diskussionen mit Vertretern der Kirchenleitung, ob dies oder jenes nun erlaubt sei oder nicht. Trotzdem rechneten die Staatsorgane die Aktionen dieser Gruppe dem Samariterfriedenskreis zu. Es war hin und wieder ein Spiel mit dem Feuer, auch weil die jugendliche Arbeitsgruppe die Kirchenoberen gerne austrickste und Initiativen einleitete, die nicht mehr zu stoppen waren, wie etwa eine Meinungsumfrage zum Thema Kriegsspielzeug, die nach dem Schneeballprinzip ablief. Die Kirche musste sich in solchen Fällen notgedrungen vor die Initiatoren stellen, wenn sie diese nicht der Stasi ausliefern wollte.

Die Spannungen unter den Bürgerrechtlern verstärkten sich manchmal auch durch mein Zutun. Als Veranstalter war ich in der stärkeren Position und ließ mir diese Chance hin und wieder nicht entgehen, um meine Meinung durchzusetzen. Manchmal blieb mir auch nichts anderes übrig. Ich verstehe, dass das Gefühl dauerhafter Abhängigkeit von der Kirche und meiner Zustimmung anderen nicht gefallen hat. Sie waren stets gezwungen, bei Differenzen einen Kompromiss zu suchen, mit dem die Kirche - also auch ich - leben konnte. Ich bemühte mich in solchen Fällen um einvernehmliche Lösungen.

Grund zur Irritation boten auch die vielfältigen Gerüchte über Stasiverstrickungen. Das Studium der Akten beweist heute, dass wir damals recht hatten, als wir annahmen, dass das MfS mit allen Mitteln in unsere Kreise eindringen würde. Die Staatssicherheit versuchte alles, um uns gegeneinander auszuspielen.

Es war ein Risiko, Freunden - oder Menschen, die man dafür hielt - zu vertrauen. Aber dieses Risiko musste man eingehen. Einmal erwischte ich mich selbst dabei, dass ich mich bei Menschen, die aus verschiedenen Gründen zu mir kamen, immer häufiger fragte, ob sie nur mitarbeiten wollten, Rat suchten, verzweifelt waren oder ob sie etwas vortäuschten, um mich auszukundschaften. Ich merkte, dass ich aufhörte, offen mit diesen Menschen umzugehen. Hinter jeder Aussage vermutete ich Lüge und Taktik. In dieser Phase lief ich Gefahr, meinen Beruf als Pfarrer nicht mehr ausüben zu können.

Rechtsanwalt Wolfgang Schnur

Eines Tages fragte mich Ulrich Schwarz, ob ich mir vorstellen könne, dass Wolfgang Schnur für die Stasi arbeite. Ich dachte kurz nach und verneinte dann entschieden. Ich erzählte Ulrich, ich hätte Wolfgang Schnur einmal darauf angesprochen, dass sein Hang zu schnellen Westautos, Häusern und Frauen ihn für die Stasi erpressbar mache. In seiner exponierten Stellung als Rechtsanwalt gehe er damit ein viel zu hohes Risiko ein. Mein Freund aber hatte mich beruhigt: „Keine Sorge, hier ist keine Gefahr." Für mich war Wolfgang Schnur ein Freund und blieb es - bis er als IM „Torsten" enttarnt wurde und dies zugab. Er war einer der fleißigsten Inoffiziellen Mitarbeiter des Ministeriums für Staatssicherheit. Allein seine Berichte über mich füllen einige Aktenordner. Er hatte kein Detail ausgelassen, ausgenommen die, die ihm selbst hätten schaden können.

Eines Tages im Frühjahr 1982 hatte er vor unserer Haustür in der Niehofer Straße in Hohenschönhausen gestanden. Evi und ich hatten seinen Namen schon gehört. Rechtsanwalt Schnur aus Rostock verteidigte die Bausoldaten, ein Job, den andere Advokaten gar nicht schätzten. Außerdem, so wurde erzählt, habe er „ein Herz für die Asozialen". Natürlich war er uns willkommen, als er klingelte. Nachdem er sich vorgestellt hatte, sagte Schnur, er sei auf mich durch den „Berliner Appell" aufmerksam geworden. Auch er kämpfe seit vielen Jahren an der „Bausoldatenfront", und angesichts gemeinsamer Interessen müssten wir zusammenstehen.

Seitdem schickte ich Leute, die einen Rechtsbeistand brauchten, zu ihm. Ich lud ihn zu Veranstaltungen ein, in denen es um Wehrfragen ging, wo wir von seinem Sachverstand profitierten. Es gab ja auch eine Gruppe im Friedenskreis der Samaritergemeinde, die sich mit diesem Thema befasste. Zweimal besuchte ich ihn an seinem Geburtstag in Rostock, weil ich den Eindruck hatte, dass er stark in seiner Arbeit aufging und daher keine Freunde hatte. Tatsächlich bestand die Geburtstagsrunde, die ich antraf, lediglich aus ihm, seiner zweiten Frau, dem Kraftfahrer und der Sekretärin. Erst viel später begriff ich, dass ein Mann wie er das bisschen Zeit, das ihm der Beruf ließ, brauchte, um der Stasi zu berichten. Wann hätte er Freundschaften pflegen sollen? Und mit wem hätte er über seine Sorgen sprechen können? Solche Menschen hatten gespaltene Persönlichkeiten und verloren in der Regel ihr vertrautes soziales Umfeld.

IM „Torsten" wurde erst spät enttarnt. Anfang März 1990, mitten im Volkskammerwahlkampf, war ich als Minister ohne Geschäftsbereich der Modrow-Regierung im Süden der DDR unterwegs. Doch dann schmiss eine Radiomeldung meine Planung über den Haufen. In Rostock seien Papiere aufgetaucht, die den Vorsitzenden des Demokratischen Aufbruchs (DA), der sich gerade erst wenig zurückhaltend als künftiger Ministerpräsident empfohlen hatte, stark belasteten. Schnur habe für die Staatssicherheit gearbeitet. Ich fuhr auf schnellstem Weg zurück nach Berlin, denn ich war Vorstandsmitglied und Pressesprecher des DA.

Dort dementierte Schnur heftig: Alles sei Lüge, irgendjemand wolle ihn fertigmachen. Selbstverständlich glaubte ich ihm, dem Freund. Er gab uns ein Ehrenwort von Barschelscher Güte. „Jetzt gerade!", erklärte der Wahlkampfparteitag des DA Mitte März in Dresden. Wir waren optimistisch und rechneten mit einem Ergebnis zwischen acht und fünfzehn Prozent. Wir wussten, dass in manchen Bezirks- und Kreisverbänden der von ihrer Götting-Vergangenheit gebeutelten CDU überlegt wurde, zu uns überzutreten. „Trotz Verleumdung" stand auf den Aufklebern, die wir nachträglich auf unseren Wahlplakaten anbrachten. Die Beschuldigungen gegen Schnur habe die Staatssicherheit lanciert, behaupteten Funktionäre des DA gutgläubig auf ihren Veranstaltungen. In dieser Zeit lag unser Parteivorsitzender im Krankenhaus und erweckte auch dadurch den Eindruck, das unbescholtene Opfer einer Verleumdungskampagne zu sein.

Direkt nach unserem Dresdener Parteitag ging ich zusammen mit Rechtsanwalt Dr. Kurzhals in das von den Bürgerbewegungen besetzte MfS-Hauptquartier in der Normannenstraße in Berlin-Lichtenberg. Schnur hatte uns erlaubt, dort seine Akte zu prüfen. Aber das Einzige, was wir fanden, war ein etwa 25 Jahre alter handschriftlicher Brief, in dem der Unterzeichnete Stasiminister Mielke schrieb, er habe ihm etwas Wichtiges mitzuteilen und bitte ihn deshalb um ein kurzes Gespräch. Unterschrieben war das Dokument der Anbiederung mit dem Namen „Wolfgang Schnur". Doch die Handschrift unterschied sich deutlich von der, die ich kennengelernt hatte. Wollte jemand Schnur schaden, indem er ihm einen solchen Brief unterschob, oder war das Schriftstück echt? Ich wusste es nicht. Als Beweisstück taugte das Papier in meinen Augen nicht.

Anschließend besuchten wir Wolfgang Schnur im Krankenhaus. Ich riet ihm, er müsse nun ehrlich sagen, ob er für die Stasi gearbeitet habe oder nicht. „Wie kannst du so etwas denken?", antwortete er empört. Mich verunsicherte, wie er auf diesen Brief reagierte. Er habe zum 80. Geburtstag seiner Großmutter in die Bundesrepublik fahren wollen und deshalb wohl an Mielke geschrieben. Ich hatte bis dahin nur gute Erfahrungen mit ihm gemacht und sah keinen Grund, an den Worten meines Freundes zu zweifeln, zumal, wie es schien, es Leute von der Stasi waren, die behaupteten, dass er ein Verräter sei. Zwei Tage später hörte ich im Radio, Schnur habe einen Brief an Bundeskanzler Helmut Kohl geschrieben, in dem er seine Stasimitarbeit eingestehe und erkläre, dass er sich aus der Politik zurückziehe.

Wir beriefen eine Sondersitzung des DA-Vorstands ein, in der Schnur aus der Partei ausgeschlossen wurde. Ich wurde zum amtierenden Vorsitzenden ernannt und kurz darauf auf einem Parteitag in Schwerin mit 96 Prozent der Stimmen gewählt.

Inzwischen war es mir gelungen, mit Wolfgang Schnur im Berliner St.-Hedwigs-Krankenhaus einen Termin zu verabreden. Ich musste noch etwas warten, seine Lebensgefährtin war bei ihm. Die beiden hatten einen gemeinsamen Sohn. Er trug den Namen Ralf - nach Ralf Hirsch. Auch über ihn hatte Schnur Aktenmeter von Berichten abgegeben.

Es klingt zwar völlig verrückt, aber ich glaube noch heute, dass Wolfgang Schnur sich auch als unser Freund verstanden hatte. Als ich zu ihm ins Zimmer durfte, nahm er mich fest in die Arme. Alles tue ihm leid, versicherte er. Aber er habe niemandem geschadet - diesen Satz wiederholte er mehrmals. Er erschien mir unehrlich, erst später lernte ich seine Reaktion als das typische IM-Verhalten kennen. Als Freund hätte er sich anders verhalten müssen. Er hätte aufrichtig schildern müssen, wie er zum Stasispitzel geworden war und was er über mich warum ausgekundschaftet hatte. Nach etwa einer Stunde verabschiedete ich mich. Ich sagte auf Wiedersehen, aber wir trafen keine Verabredung, wann dieses stattfinden könne. Mich hatte dieser Besuch maßlos enttäuscht, vor allem, als ich entdeckte, dass Wolfgang Schnur seine schmutzige Geschichte an den *Stern* günstig verkaufen wollte.

Je länger ich über Wolfgang Schnur nachdenke, desto klarer wird mir, dass man ihn nicht nur verdammen darf, so übel er uns auch mitgespielt hat. Was ebenso unterm Strich bleibt, ist die Tatsache, dass er sich für die Bausoldaten eingesetzt hat. Jahr für Jahr fuhr er Tausende von Kilometern. Oft besuchte er seine Mandanten mehrmals in den Untersuchungsgefängnissen, wohingegen andere Anwälte sich mit einem Termin begnügten und dann glaubten, die Sache im Griff zu haben. Wolfgang Schnur hat gewiss die Informationen, die er bei seiner Arbeit sammelte, an die Stasi weitergegeben. Aber er hat gleichzeitig versucht, den Inhaftierten zu helfen. Ich kenne Menschen, die noch heute Wolfgang Schnur dankbar sind für seine Unterstützung.

Wolfgang Schnur war wie viele seiner IM-Kollegen ein zerrissener Mensch. Er ging fast bis zur Selbstaufgabe in seinem Beruf auf. Das zerstörte seine Familie. Und er war ein Mann, der ein ungeheures Geltungsbedürfnis hatte, Bestätigung und öffentliche Anerkennung suchte und nach Macht über andere strebte. Er genoss es, wenn Staatsfunktionäre mit ihm verkehrten und seine Arbeit für wichtig befanden. Wenn er seine Berichte lieferte, hatte er das Gefühl, Macht über Menschen auszuüben.

Wohnungssorgen

Zurück zu meinem Lebenslauf: Evi und ich waren 1982 von Hohenschönhausen in die Samaritergemeinde gezogen. Vor allem die Erfahrungen nach dem „Berliner Appell" hatten uns dazu gebracht, unser Haus zu verkaufen und die Nähe der Gemeinde zu suchen. Hinzu kam mein Wunsch, Zeit zu sparen. Anfänglich war ich zur Gemeinde geradelt und dabei eine halbe Stunde pro Wegstrecke unterwegs gewesen. Stetes Training verkürzte die Fahrtzeit fast um die Hälfte. Mit dem Trabant dauerte es dann je nach Verkehrslage sieben oder acht Minuten, aber das oft ein paar Mal am Tag. Außerdem hatte sich meine Frau zu Recht darüber beklagt, dass sie und die Kinder am Rand der Gemeinde lebten.

Es fiel mir nicht leicht, aus dem Haus meiner Eltern auszuziehen. Als die Regierung Ende der siebziger Jahre die sogenannten Westgrundstücke den jeweiligen Bewohnern zum Kauf angeboten hatte, waren wir darauf eingegangen. Das Geld dafür hatten wir uns von Evis Eltern geliehen. So hatten wir unser Haus nach meinem Vater praktisch zum zweiten Mal gekauft.

Die Kirche unterstützte unsere Umzugspläne, weil sie es für sinnvoll hielt, dass ein Pfarrer in seiner Gemeinde wohnt. Darüber hinaus interessierte sich die Kirchenleitung für unser Haus als Wohnung für einen Pfarrer des neuen Gemeindezentrums in Hohenschönhausen, das durch das von der EKD subventionierte Sonderbauprogramm errichtet werden konnte. Es gelang uns allerdings nicht, das Haus an die Kirche zu verkaufen oder zu vermieten.

Ebenso schwierig wie der Hausverkauf gestaltete sich die Beschaffung einer Wohnung in der Gemeinde. Das Gemeindehaus gehörte zwar der Kirche, aber über seine Wohnungen verfügte die Kommunale Wohnungsverwaltung (KWV). Nur sie war in der Lage, dafür zu sorgen, dass eine Wohnung für uns frei wurde. Aber sie dachte monatelang nicht daran, uns zu helfen. Bischof Forck wandte sich daher an den Chef der SED-Bezirksleitung Berlin, Konrad Naumann – Schabowskis Vorgänger –, und bat ihn, seinen Einfluss dahingehend geltend zu machen, dass ich ins Samariterhaus einziehen könne.

Der Brief brachte Bewegung in die Angelegenheit. Der Magistrat teilte uns mit, dass wir in eine Gemeindewohnung ziehen könnten, wenn wir der Stadt unser Haus verkauften. Damit war der schwarze Peter uns zugeschoben worden. Konrad Naumann war nämlich auf einen Trick verfallen, unseren Umzug zu verhindern. Das Haus war nach dem offiziellen Verkaufswert auf 25.000 bis 30.000 Mark zu taxieren, der tatsächliche Wert betrug aber das Doppelte. Hätten wir es an eine Privatperson verkaufen dürfen, hätten wir den offiziellen Preis erhalten und unter der Hand etwa noch einmal so viel. Das war gängige DDR-Praxis. Mit der Stadtverwaltung funktionierte dieses Verfahren natürlich nicht, und darauf baute Naumann.

Zwischenzeitlich war eine Wohnung im Gemeindehaus frei geworden, und während wir darüber nachdachten, ob wir sie ohne KWV-Segen „besetzen“ sollten, tauchte schon eine Familie mit Zuweisungsschein im Gemeindebüro auf. Der Schlüssel des Vormieters war noch nicht einmal in der Küsterei abgegeben und die KWV über das Freiwerden der Wohnung unterrichtet worden. Manchmal war die DDR erstaunlich effektiv.

Wir gingen schließlich auf den miesen Handel ein. Mittlerweile weiß ich, dass die Staatssicherheit auf diese Weise auch bezweckte, uns finanziell zu schädigen. Sie hatte sich gegen unseren Umzug ausgesprochen, hatte sie doch unser Domizil in der Niehofer Straße unter großen Mühen umfassend verwanzt. 29.000 Mark zahlte der Magistrat schließlich für unser Haus, um es dann an den stellvertretenden Chef der Sparkasse zu verhökern. Ob diese Transaktion streng nach Warteliste ablief? Jedenfalls wohnt dieser gute Staatsbürger und verdiente Funktionär des Volkes bis heute darin. Was er dereinst dafür bezahlen musste, weiß ich nicht. Es war aber gewiss ein Schnäppchen.

Nach dem Ende der SED-Herrschaft versuchte ich nachzuweisen, dass ich zum Verkauf an die Stadt gezwungen worden sei. Ich fragte bei Bischof Forck und Manfred Stolpe an, ob sie noch Unterlagen über diese Affäre hätten, die ich als Belege für meine Behauptung benutzen könne. Bei Gottfried Forck fand sich ein Brief, unterzeichnet von Bischof und Konsistorialpräsident, an die damaligen „Herren von Berlin". Forck hat sich bei uns für diesen Brief entschuldigt und sich nachträglich darüber gewundert, dass er so etwas geschrieben hatte. Denn darin wurde nicht nur die Stadtverwaltung gebeten, meinem Umzug keine Steine in den Weg zu legen, sondern auch festgestellt, dass ich von der Kirchenleitung besser zu kontrollieren sei, wenn ich in der Gemeinde lebte. Die Kirchenleitung war uns also in den Rücken gefallen! Das lässt sich auch durch die Behauptung nicht wegdiskutieren, es habe sich um einen taktischen Schachzug gehandelt, um uns zu einem schnellen Umzug zu verhelfen.

Ein grundlegender Irrtum

Der Umzug hatte zwar geklappt, ich musste nicht mehr pendeln. An der Fülle meiner Arbeit änderte sich aber nichts und auch nichts daran, dass ich mich weiterhin voll auf sie konzentrierte. So war es kein Wunder, dass meine Ehe unter der pausenlosen physischen und psychischen Belastung zerbrach. 1986 sagte meine Frau, dass sie es nicht mehr aushalte mit mir. Diese Erklärung kam für mich wie aus heiterem Himmel – was nicht für mich spricht. In den folgenden zwei Jahren quälten wir uns durch Versöhnungsversuche und Streit. Wir nahmen auch die Ehe- und Familienberatung der evangelischen Kirche in Anspruch, was uns half, unsere Lage zu verstehen, aber die Fehlentwicklung nicht ungeschehen machen konnte. Es war zu spät.

Erst bei meiner Frau hatte ich Wärme und Geborgenheit erlebt. Ich kann mich nicht erinnern, dass meine Mutter mich in den Arm genommen oder gestreichelt hätte. Wir hatten schon vor dem Ausbruch der Krise immer wieder über meine Belastung und deren Folgen für das Familienleben geredet, aber ich hatte nicht gemerkt, dass das Eis, das uns trug, dünner wurde. Erst später begriff ich, dass ich mich oft rücksichtslos gegenüber Frau und Kindern verhalten hatte. Dass ich kaum Zeit hatte, mich meinen Kindern zu widmen, empfand ich als wenig dramatisch, wusste ich sie doch bei der Mutter in den besten Händen. Ich übersah aber die Notwendigkeit, meiner Frau dabei ein vollwertiger Partner zu sein.

Wenn ich früher darüber nachgedacht hatte, beruhigte ich mich mit der Feststellung, dass Evi und ich uns am Anfang unserer Ehe für ein solches Leben entschieden hatten. Sie hatte erklärt, dass sie zwei bis zweiundzwanzig Kinder mit mir haben wolle. Ich ignorierte dabei, dass es einen Unterschied gibt zwischen den Wünschen einer Neunzehnjährigen und der Wirklichkeit von Menschen Mitte dreißig. Wenn das schlechte Gewissen mich übermäßig piesackte, fragte ich mich, was anders zu machen sei. Meine Antwort war, dass ich meinen gesamten Lebens- und Arbeitsstil hätte ändern müssen. Ich hätte nicht mehr ein Pfarrer sein können, der von morgens früh bis abends spät für alle Leute da war. Ich hätte Dienst nach Vorschrift machen müssen. Ich beruhigte mich mit der Vorstellung, dass ich dann unglücklich wäre und eine Plage für meine Umgebung. Das konnte sich meine Familie doch auch nicht wünschen!

Eigentlich fand ich unser Leben nicht schlecht, jedenfalls war es besser als das, was ich in meiner Arbeit über die Lage anderer Menschen erfuhr. Wohl war ich niemand, der am späten Nachmittag von der Arbeit heimkam, um sich dann nur noch der Familie zu widmen. Dafür aber bot mein Status als Pfarrer meinen Angehörigen enorme Vorteile. Meine Frau zählte zu den freiesten Menschen in der DDR, sie konnte allein entscheiden, was sie tat. Sie hatte diese ungebundene Existenz jahrelang genossen. Und ich hatte geglaubt, dass die Gemeinsamkeiten, die so erwuchsen, für ein ganzes Leben ausreichten. Das war ein grundlegender Irrtum.

Am 11. Juni 1988 wurde unsere Ehe geschieden. Genau zwei Jahre später - also 1990 - heirateten wir wieder. In dieser kurzen Zeit hatte sich alles geändert! Und natürlich hatten wir inzwischen Erfahrungen gemacht und Dinge bedacht, die wir vorher nicht gesehen hatten, obwohl wir dieselben Menschen geblieben sind.

Wanzen in der Wohnung

Ich war davon überzeugt, dass meine Post überwacht wurde. Wenn jemand mich besuchte und etwas Vertrauliches besprechen wollte, bat ich meinen Gast ins Freie. Martin-Michael Passauer fand meine Vorsicht etwas überzogen, als ich ihn einmal zu einem Straßenspaziergang einlud. Ich nähme mich vielleicht doch ein bisschen zu wichtig, dachte er damals, aber wenn es mir guttue, draußen zu reden, sei ihm dies auch recht.

Darauf, dass unsere Wohnung komplett verwanzt war, kam ich durch einen Zufall. Die Gemeinderäume mit Küsterei und Büro liegen im Erdgeschoß in der Samariterstraße 27, direkt unter meinem damaligen Arbeitszimmer. Für mich bedeutete das, dass ich zigmal am Tag die Treppe hoch und runter laufen musste. Darum war es unerlässlich, dass die Küsterin über die Amtsleitung mit mir sprach. Aber das kostete knappes Geld, und außerdem gingen wir davon aus, dass die Leitung angezapft war. Also baten wir unsere Partnergemeinden, uns ein Haustelefon zu schenken. Sie waren so freundlich, dies bald zu tun, und wir glaubten uns aller Telefonsorgen ledig. Ein Apparat stand in meiner Wohnung, der andere bei der Küsterin.

Allerdings piepte es bald in meinem Hörer, wenn ich das Haustelefon benutzte. Es regte mich nicht sonderlich auf, sondern verleitete mich zu der eher resignierenden Feststellung, dass jetzt auch im Westen offenkundig nur noch Pfusch gebaut werde. Mit Ulrich Schwarz hatte ich hin und wieder über Wanzen gesprochen. Als ich ihn einmal in seinem Büro in der Leninallee besuchte, zeigte er mir ein Gerät, mit dem man Abhörmikrophone aufspüren konnte. Dieses Gerät müsse ich bei mir zu Hause ausprobieren, sagte ich Ulrich. Er erklärte mir, wie man es benutzte. Zu Hause angekommen, bat ich das Gemeindekirchenratsmitglied Winfried Weu, gemeinsam mit mir auf Wanzensuche zu gehen. Er erschien mir dafür besonders geeignet, arbeitete er doch für den DDR-High-Tech-Betrieb VEB Robotron. Allerdings nur von sieben bis neun Uhr morgens, weil er dann sein Soll im Kundendienst bereits erfüllt hatte und dafür einen guten Lohn einstrich – daher personifizierte er für mich in gewisser Hinsicht den unvermeidlichen Untergang der DDR. „Winne" hatte viel Zeit für die Gemeindearbeit und war gleich mit von der Partie. Als wir das Gerät einschalteten, fing es an zu piepen. Das bewies nicht, dass es eine Wanze gab, aber mein Verdacht verstärkte sich fast bis zur Gewissheit.

Erst ein Zufall brachte mich endgültig auf die richtige Spur. Eine Steckdose neben meinem Schreibtisch war locker, und ich bat ein im Haus wohnendes Gemeindemitglied, Stefan Freyer, den ich als leidenschaftlichen Bastler kannte, sie zu reparieren. Stefan schraubte die Steckdose von der Wand. Dann sagte er: „Du, Rainer, da ist ein Draht drin, der hier nichts zu suchen hat." Er stellte weiter fest, dass die Plastedose in der Rückwand ein Loch hatte. Tatsächlich führte eine Leitung hinter die Dose in die Wand, und dort fanden wir einen kleinen Gegenstand, der mit Gips befestigt war. Stefan brach ihn heraus, gab ihn mir, und ich hatte die erste Wanze in der Hand. Das war im Advent 1988. Ich rief empört das Evangelische Konsistorium an. Die Kirchenleitung drängte mich, mit meinem Fund auf keinen Fall an die Öffentlichkeit zu gehen. Sonst würden die Behörden nichts unternehmen und der Schuldige würde nicht erwischt werden. Außerdem würde dadurch das Verhältnis zwischen Staat und Kirche belastet. Ich verstand zwar die Logik nicht recht, die hinter dieser Bitte stand, ließ mich aber aus Loyalität darauf ein. Das Konsistorium erstattete Anzeige und ich brachte mein Fundstück zur Polizei.

Staatsanwalt Dr. Gläßner, den ich anlässlich meiner Verhaftung wegen des „Berliner Appells" schon kennengelernt hatte, nahm sich des Falls an. Als Erstes erklärte er mir, dass es ein Fehler gewesen sei, den mysteriösen Apparat auszubauen. Jetzt könne man nicht mehr feststellen, ob er tatsächlich funktioniert habe, und daher sei es unmöglich, zu sagen, ob es sich überhaupt um eine Abhöranlage handele oder nicht. Selbst wenn es eine solche sei, könne sie nur von der CIA oder einem anderen imperialistischen Nachrichtendienst installiert worden sein.

Diese Aussage verblüffte mich, denn inzwischen hatte ich herausbekommen, dass meine Wanze gerade mal fünfzig bis hundert Meter weit senden konnte. Und da erzählte mir der Generalstaatsanwalt von Berlin seelenruhig, dass möglicherweise die CIA einen Stützpunkt in der Nähe meiner Gemeinde eingerichtet hatte! Nach dem Herbst 1989 gestanden die beiden Stasioffiziere, die unter anderem dafür zuständig gewesen waren, mich zu bearbeiten, dass das MfS den Staatsanwalt instruiert hatte. Einer der beiden hatte sich gegenüber seinen Vorgesetzten bereit erklärt, die Panne, also die Enttarnung der Wanzen, auf sich zu nehmen und gewissermaßen das „Bauernopfer“ zu spielen. Aber diese Anregung wurde abgelehnt, und Dr. Gläßner musste weiterlügen.

Ich hatte herausbekommen, dass das Mikrofon Geräusche höchstens bis zu zwanzig Meter Entfernung aufnehmen konnte, eher weniger. Wenn ich flächendeckend abgehört werden sollte, reichte also eine Wanze nicht. Ich ging daher davon aus, dass sich mindestens eine weitere in der Wohnung befand. Die wollte ich jetzt finden. Inzwischen hatte ich Ulrich Schwarz seinen Detektor zurückgegeben. Die Sicherheitsorgane sollten nicht erfahren, dass ich das Gerät von ihm erhalten hatte, er hätte sonst eine Menge Ärger bekommen können. Ich bat den ARD-Korrespondenten Hans-Jürgen Börner während eines Spaziergangs vertraulich, mir ein anderes Wanzensuchgerät in West-Berlin zu kaufen. Ich weihte ihn ein, weil er absolut vertrauenswürdig war. Im Januar 1989 suchte ich meine Wohnung mit dem neuen Detektor systematisch ab. Und tatsächlich piepte es wieder. Diesmal fotografierte ich unsere Suche. Einen Satz Aufnahmen gab ich meinem Freund Wolfgang Schnur, der sie - wie ich heute weiß - an seinen Führungsoffizier weiterleitete. Im Fuß einer Tischlampe fanden wir die zweite Wanze. Zwei oder drei Tage später entdeckten wir die dritte. Sie war am raffiniertesten untergebracht, und zwar im Radio in einer Röhrenattrappe, in die ein Mikrofon samt Sendeanlage eingebaut war. Es gab keinen Quadratzentimeter in unserer Wohnung, den die Stasi nicht abgehört hatte. Darüber hinaus konnte sie belauschen, was in den Gemeinderäumen und in der im Stockwerk über unserer Wohnung gelegenen Superintendentur gesprochen wurde. Mir schlug diese Erkenntnis auf den Magen. Es bedeutete nämlich, dass die Stasi jedes seelsorgerische Gespräch - das auch in der DDR gesetzlich geschützt war - und jede Sekunde unseres Ehekonflikts bespitzelt hatte.

Unter der Modrow-Regierung klärte mich der stellvertretende DDR-Generalstaatsanwalt darüber auf, dass die Staatssicherheit mich tatsächlich mit Hilfe der von mir gefundenen Wanzen abgehört habe. Die Lauschprotokolle wurden unter dem Decknamen „Gramkow" abgelegt. Erwartete ich prominenten Westbesuch, dann bediente sich das MfS zusätzlich modernerer elektronischer Überwachungsmittel. Ein Jahrzehnt hatte es mich nun bearbeitet und keine Mühe gescheut. Und nun stellte es fest, dass es gescheitert war. Im Frühjahr 1989 musste es noch einmal von vorn anfangen. Als ich dies 1990 las, war ich stolz auf uns in der Samaritergemeinde.

Die friedliche Revolution

Im Nachhinein betrachtet begann für den Friedenskreis in der Samaritergemeinde das Ende der DDR im Mai 1987. Der offenkundig gewordene Betrug bei den Kommunalwahlen vierundzwanzig Monate später sollte der Glaubwürdigkeit der SED-Herren den Rest geben. Der „Probelauf" für die umfassende Wahlkontrolle von unten hatte aber mehr als zwei Jahre zuvor begonnen. In der Gruppe „Christen und Sozialismus" wurde die Idee geboren, die Stimmenauszählung bei den für Mai 1987 angesetzten Volkskammerwahlen zu überprüfen. Wir waren überzeugt davon, dass es bei keiner Wahl in unserer Republik mit rechten Dingen zuging. Schon die Durchführung mit dem De-facto-Gebot, offen zu wählen, die eingerichtete Wahlkabine also nicht zu benutzen, sprach allen demokratischen Regeln Hohn. Wir misstrauten auch den Resultaten, jenen 99-Prozent-Ergebnissen, auf die sich die Partei- und Staatsführung bezog, wenn sie behauptete, das Volk stehe geschlossen hinter ihr. Das Wahlgesetz bestimmte, dass Abstimmungen geheim und ihre Auszählung öffentlich stattzufinden hätten. Auch in diesem Fall entsprach das DDR-Recht demokratischen Gepflogenheiten. In der Praxis sah es dann, wie in anderen Fällen, meist ganz anders aus.

Schwierigkeiten bei der Wahlüberprüfung bekamen wir nur in den Sonderwahllokalen. Dort konnte man schon vor dem Termin seinen Stimmzettel in die Urne werfen. Sie dienten dem gleichen Zweck wie die Briefwahlen in der Bundesrepublik. Wer am Wahltag verhindert war, konnte seine Stimme im Sonderwahllokal abgeben. Nach einem Grund für die frühzeitige Stimmabgabe wurde man nicht gefragt. So war es kein Wunder, dass der Anteil der Wahlscheine, der dort einging, stetig wuchs, bis er ungefähr ein Drittel der Gesamtstimmenzahl umfasste. So vermieste man sich nicht mehr einen Sonntag mit dem Spektakel, sondern erledigte die lästige Angelegenheit schnell vorher nach Feierabend. Und für manchen war es willkommen, wenn Nachbarn nicht sahen, dass man sich als treuer Staatsbürger betätigte. Auf diese Weise konnte man sich auch der Bearbeitung durch Aktivisten der Nationalen Front entziehen. Wer nicht abstimmte, wurde oft schon am Mittag des Wahlsonntags von aufdringlichen Agitatoren besucht und zum Urnengang gedrängt. In den Durchführungsplänen für solcherlei Veranstaltungen verpflichteten sich die Wahlkommissionen, schon Stunden vor Lokalschluss am Abend die 100-Prozent-Marke zu erreichen.

Unsere Aktion war 1987 allerdings nicht ausreichend vorbereitet worden, so dass die Kontrolle nur in einigen wenigen Friedrichshainer Wahllokalen stattfand. Aber da wir in einer kleinen Minderheit der Auszählungsstellen eine große Mehrheit der offiziell eingestandenen Neinstimmen eruierten, war für uns die Sache klar. Allerdings konnten wir so den Betrug lediglich behaupten, beweisen konnten wir ihn noch nicht.

Im Mai 1989, als die Kommunalwahlen angesetzt waren, klappte die Kontrolle erheblich besser. Diesmal bewiesen unsere Zahlen eindeutig, dass die Ergebnisse gefälscht worden waren. Ich erstattete deshalb Anzeige. Daraufhin verfasste der 1. Sekretär der SED-Stadtbezirksleitung Berlin-Friedrichshain einen Brandbrief an den Generalstaatsanwalt, den er von seinen Bündnispartnern in der Nationalen Front unterschreiben ließ. Meine Anzeige sei eine Verleumdung der DDR, und er verlange deshalb strafrechtliche Schritte gegen mich. Ein paar Wochen später saß jedoch er in Untersuchungshaft. Sein Brief an die Strafverfolgungsbehörden trägt auch die Unterschrift des örtlichen CDU-Vorsitzenden, der noch heute Parteimitglied ist. Sein Name sei ohne sein Zutun unter den Brief gesetzt worden, hat er später erklärt. Die Herren waren also informiert über die Betrügereien bei ihren „Volkswahlen". Es hinderte sie bis zuletzt nicht daran, die Wahlen für rechtmäßig zu erklären.

Der ehemalige Pressesprecher der DDR-Generalstaatsanwaltschaft, Peter Przybilski, stellt in seinem Buch *Tatort Politbüro* dar, wie gereizt Stasiminister Mielke auf die Proteste gegen die Wahlfälschung reagierte. Er habe dazu einen geheimen Befehl ausgegeben über „Maßnahmen zur Zurückweisung und Unterbindung von Aktivitäten feindlicher, oppositioneller und anderer negativer Kräfte zur Diskreditierung der Ergebnisse der Kommunalwahlen am 7. Mai 1989"[7]. Die Stasi hatte nach Przybilskis Erkenntnissen herausbekommen, dass die Absicht bestanden habe, „durch den operativ bekannten Pfarrer Eppelmann und seinen Umgangskreis, durch Mitglieder der Initiative Frieden und Menschenrechte sowie der ‚Umweltbibliothek' und durch weitere feindliche, oppositionelle und andere negative Kräfte, Anzeigen beim Generalstaatsanwalt der DDR zu erstatten bzw. Eingaben an den Staatsrat der DDR sowie an den Nationalrat der Nationalen Front der DDR bzw. an örtliche Organe zu versenden". Die „Einleitung strafprozessualer Maßnahmen" sei „auf einen engen, offen feindlich handelnden Personenkreis zu beschränken"[8], ordnete Erich Mielke an. Daraus wurde dann aber nichts mehr. Mir war mitgeteilt worden, dass ich bei der öffentlichen Konstituierung des Stadtbezirkstags nicht erwünscht sei. Sollte ich dennoch kommen, dürfe ich den Sitzungssaal nicht betreten. So konnte nur unsere Superintendentin an diesem gewiss würdevollen Akt teilnehmen. Ich verzichtete auf einen Eklat und ging nicht hin, um vor der Tür abgewiesen zu werden.

Dass der Block im Osten aufweichte, spürten einige, auch ich, als wir gewahr wurden, was der neue Generalsekretär der KPdSU, Michail Gorbatschow, seit 1985 in seinem Riesenland bewegt hatte. Was seit Jahrzehnten unumstößlich schien, geriet ins Wanken. Glasnost und Perestrojka waren die Stichwörter, die bald überall die Runde machten. Aber auch in Polen und Ungarn zeigten sich Veränderungen, von denen ein Bürger der DDR nur träumen konnte. Von Meinungsfreiheit war die Rede und davon, dass richtige Wahlen mit konkurrierenden Kandidaten stattfinden sollten.

In Ungarn, Polen, der ČSSR und in der DDR hatten Teile der Bevölkerung in den Jahren seit dem 17. Juni 1953 immer wieder versucht, ihre Diktatoren loszuwerden. Aber wir waren bisher stets getrennt marschiert und deshalb geschlagen worden. So war es im Juni 1953 in der DDR gewesen, als das Volk aufstand und verlor, während Polen, Ungarn und Tschechoslowaken zuschauten. So war es 1956 in Ungarn, 1970 und 1980 in Polen gewesen; 1968 hatten sogar deutsche „Brüder" bereitgestanden, den „Prager Frühling" in der ČSSR zu ersticken. Jetzt aber zeichneten sich Umwälzungen in einigen Staaten zugleich ab. Die Herren in Wandlitz versetzte diese Entwicklung in gereizte Nervosität. Sie widersetzten sich halsstarrig jeder Reform. Heute erkennen wir, dass wir wahrscheinlich davon profitiert haben, weil wir so geradezu gezwungen wurden, den realen Sozialismus ohne Umwege abzulegen. Ein jahrelanges Hin und Her mit extremen volkswirtschaftlichen Einbußen wie in der Sowjetunion blieb uns erspart.

Die SED stellte die Bürgerbewegung stets vor die Alternative: entweder den ganzen realen Sozialismus oder keinen. Zu Kooperation und Reformen war sie nie bereit. Politbürokrat und Propagandachef Kurt Hager verwahrte sich öffentlich dagegen, die Tapeten in seinem Haus zu wechseln, nur weil der Nachbar tapeziert. Und Honecker bemühte Ochs und Esel, die den Sozialismus in seinem Lauf nicht aufhielten. Die Mauer bleibe noch hundert Jahre stehen, wenn es sein müsse, stellte der oberste DDR-Deutsche fest.

Die Politbürokraten raubten mit ihren selbstgerechten Reden der Bevölkerung jede Hoffnung, dass eine Veränderung von oben möglich sei. Gegen die Hoffnung einer „biologischen Lösung", genährt durch die beängstigende Vergreisung des Politbüros, stand die Tatsache, dass der designierte Nachfolger Honeckers Egon Krenz hieß. Er war in der SED-Führung zuständig für die Sicherheitsorgane, auch für das MfS, und ein typisches Produkt der FDJ, als deren Vorsitzender er sich lange Jahre größter Unbeliebtheit erfreut hatte. In seiner Biografie fand sich im Gegensatz zu manch anderem Führungskader nichts, was auf Charakter hätte schließen lassen. Er hatte öffentlich gutgeheißen, dass die Führung der chinesischen KP die Demonstrationen auf dem Platz des Himmlischen Friedens in Peking von Panzern niederwalzen ließ.

Von entscheidender Bedeutung für Beginn und Verlauf der Bürgerrevolution in der DDR war die sich allmählich verbreitende Erkenntnis, dass die sowjetischen Panzer dieses Mal in ihren Kasernen bleiben würden, nachdem sie zuvor die Aufstände in Ungarn und der DDR genauso unterdrückt hatten wie den „Prager Frühling". Jetzt konnten die Bürger der DDR und ihre Regierung unter sich ausmachen, wie die Zukunft zu gestalten war. Dieser Michail Gorbatschow zu verdankende Umstand stärkte unser Selbstbewusstsein enorm. Gleiches gilt für die Bürgerrechtsbewegungen in anderen Staaten des Warschauer Vertrags.

Die tiefer werdende Kluft zwischen den Reformbemühungen in einigen europäischen Ländern des sozialistischen Lagers und der Erstarrung von Politik und Gesellschaft im eigenen Land bewirkten, dass der DDR-Staat lange vor seinem offiziellen Ende Risse bekam. Vor allem die Aussicht, auch weiterhin nur dann in den Westen reisen zu dürfen, wenn irgendwelche Behörden einem gnädig gesonnen waren, untergrub die Autorität des Staats. Die Stimmung in der Bevölkerung schlug spürbar um. Erste Botschaftsbesetzungen signalisierten, dass viele Menschen nicht mehr bereit waren, sich von alten Männern schikanieren zu lassen, die die Zeichen der Zeit nicht erkannt hatten. Sie setzten für sich das jahrzehntelang wohl oder übel respektierte Recht der DDR außer Kraft. Sie interessierte es nicht mehr, dass es für die Ausreise in den Westen inzwischen ein offizielles Prozedere gab. Sie wollten raus, und sie gingen raus, wann sie es wollten - egal was im Gesetzbuch stand. Als sich gelegentliche Botschaftsbesetzungen zur Massenflucht ausweiteten, war der Zusammenbruch des ersten Arbeiter-und-Bauern-Staats auf deutschem Boden nicht mehr weit.

Die für jeden DDR-Bürger außerhalb des Wandlitzer Ghettos spürbaren wirtschaftlichen Schwierigkeiten verstärkten die allgemeine Unzufriedenheit. In den siebziger und achtziger Jahren hatte die SED nicht ohne Wirkung versprochen, den Wohlstand der Bevölkerung zu mehren, und tatsächlich waren einige drückende Mängel beseitigt oder gemildert worden. So entschärfte das Wohnungsbauprogramm allmählich eine der größten Lasten der DDR-Bürger, obwohl der Propagandarummel der Einheitssozialisten die Zahl der tatsächlich fertiggestellten Wohneinheiten auf groteske Weise nach oben verfälschte. Heute wissen wir genauer, dass viele neue Wohnungen nur auf dem Papier existierten, während gleichzeitig unzählige Altbauten und ganze Innenstädte dem Verfall preisgegeben wurden. Die Sozialgesetzgebung hatte aber immerhin vor allem die Lage der alleinstehenden und alleinerziehenden Frauen verbessert.

Die Wohltaten der SED-Machthaber für ihr eingesperrtes Volk entsprangen vor allen Dingen machtpolitischen Erwägungen, was viele Kritiker der heutigen Situation in den neuen Bundesländern übersehen. Das Politbüro und sein Wirtschaftspapst Günter Mittag verschuldeten die DDR immer stärker bei westlichen Banken, bis die Rückzahlungsfähigkeit erschöpft war. Die Herren verramschten alles, was zu Dumpingpreisen gegen Devisen loszuschlagen war. Sie wollten auf jeden Fall verhindern, noch zu ihren Lebzeiten eingestehen zu müssen, dass ihr realsozialistischer Musterstaat pleite war. Das war die Triebfeder ihrer Politik.

Die Versorgung wurde schlechter, die Planzahlen entstammten zunehmend der Fantasie der SED-Führung, und jede Hoffnung auf Besserung schwand. Die Ausreiseanträge stapelten sich bei den Behörden. Tausende von Menschen suchten Rat bei der Kirche, und bald war deren Leitung vollkommen überfordert durch den Andrang. Schließlich kamen die Menschen, die es in ihrer Heimat nicht mehr aushielten, zu jedem auch nur halbwegs bekannten Pfarrer und baten um Hilfe. Auch unsere Gemeinde war schließlich überlaufen von DDR-müden Menschen. Ich konnte ihnen zwar keinen Pass in die Hand drücken, aber ich hatte wenigstens einige Tipps parat, an welche Stellen sie sich wenden konnten, um die DDR eventuell möglichst schnell verlassen zu können.

Jetzt traten auch Oppositionelle in größeren Gruppen öffentlich auf, um für ihre Forderungen zu demonstrieren. Aus der Sicht der Regierenden geschah etwas Ungeheuerliches, als im Januar 1988 Menschen bei der traditionellen „Liebknecht-Luxemburg-Demonstration" Transparente entfalteten mit Rosa Luxemburgs berühmtem Satz „Freiheit ist immer nur die Freiheit des Andersdenkenden". Gnadenlos griffen die Sicherheitsorgane gegen jene durch, die sie nicht schon präventiv festgesetzt hatten. Trotz Perestrojka und Glasnost, trotz des gemeinsamen Ideologiepapiers mit der SPD, in dem ja von Streitkultur die Rede war – die SED dachte nicht daran, auch nur ein Milligramm Demokratie im eigenen Herrschaftsbereich zuzugestehen. Es gab leider Menschen in der Kirchenleitung, die diese Haltung unterstützten, auch das brutale Einschreiten von Volkspolizei und Staatssicherheit gegen Bürgerrechtler.

SPD und SED hatten im Sommer 1987 ein gemeinsames Ideologiepapier verabschiedet, in dem die Einheitspartei sich unter anderem dazu verpflichtete, den Streit der Ideen in der DDR zuzulassen. Darauf konnten wir uns in Folge berufen, wenn wir die Führung kritisierten. Es war uns zwar von vornherein klar, dass die SED nicht daran dachte, die Versprechungen zu halten, die sie unterschrieben hatte, um als gleichberechtigter Partner der SPD anerkannt zu werden. Aber wir gingen davon aus, dass das Politbüro sich nicht jeden Tag vorwerfen lassen wollte, wortbrüchig geworden zu sein. Außerdem war die DDR-Führung in hohem Maße abhängig vom Wohlwollen Bonns. Das Papier nutzte der SED letztlich also nicht viel, uns brachte es aber taktische Vorteile im Umgang mit unserer Staatsführung.

Wenn der Dialog innerhalb der DDR nun theoretisch möglich sein konnte, dann musste es auch erlaubt sein, eine Partei zu gründen, zumal die SPD, deren Ortsgruppe in Ost-Berlin von der Bonner Parteiführung nie aufgelöst und von den DDR-Behörden niemals verboten worden war. Warum sollte man sie also nicht wiederbeleben? So dachte ich, als ich im Januar 1989 das SPD-Vorstandsmitglied Jürgen Schmude nach einem Gespräch im Konsistorium bei Manfred Stolpe auf der Straße bat, im Erich-Ollenhauer-Haus anzufragen, ob die sozialdemokratische Führung mit meinem Konzept einverstanden sei. Ich hatte schon im Herbst 1988 deswegen bei Manfred Stolpe angefragt, der mir aber energisch davon abgeraten und erklärt hatte, dass er mich in solchem Falle nicht schützen könne. Leider erhielt ich nie eine richtige Antwort auf meinen Vorschlag. Die SPD war offenkundig zu stark auf ein gutes Verhältnis mit der SED fixiert und wollte sich auf einen Streit mit Honecker und Genossen nicht einlassen. Der Plan, eine Partei zu gründen, hätte einen entscheidenden Schritt zur Überwindung der SED-Diktatur bedeutet. Würde es gelingen, unabhängige Parteien zu bilden, dann war das Machtmonopol der Einheitspartei unterminiert. Gäbe es mehrere unabhängige Parteien, wären freie Wahlen eine notwendige Konsequenz. Die SED mit demokratischen Mitteln zu entmachten - das war mein Ziel.

Am Anfang standen aber eher pragmatische Erwägungen. Der lockere Verbund der Friedenskreise genügte den Anforderungen der politischen Auseinandersetzung nicht mehr. Die Opposition musste die Fähigkeit erlangen, schnell in der gesamten Republik zu reagieren, und dies ohne die Hilfe von Westjournalisten. Dazu war in meinen Augen nur eine Partei mit einem funktionierenden Apparat fähig. In unseren Diskussionen spielte die Vorstellung einer deutschen Einheit damals noch keine Rolle. Wir wollten zunächst eine andere DDR schaffen. Die weltpolitische Konstellation und die Lage in Europa schlossen jede andere Überlegung aus. Wir hatten uns mit der Teilung nicht nur abgefunden, sondern akzeptierten sie auch als letzte Sühne für die Verbrechen Hitlerdeutschlands. Wir im Osten mussten eben mehr von dieser Last tragen.

Wir träumten von einem dritten Weg, von einem Reformsozialismus mit allen demokratischen Freiheiten. Die Namen, die wir unseren Organisationen und Parteien gaben, hatten im Westen keine Vorbilder: Neues Forum, Demokratischer Aufbruch, Demokratie jetzt, Initiative für Frieden und Menschenrechte, Deutsche Forumpartei - in diesen und anderen Benennungen drückte sich unser Wille aus, eine eigene politische Kultur zu schaffen: weder Diktatur noch Konsumgesellschaft. Aus dem Rahmen fiel nur die Sozialdemokratische Partei in der DDR (SDP), die lediglich zwei Buchstaben zu vertauschen brauchte, bis sie nach einigem Hin und Her durch die Bonner SPD-„Baracke“ anerkannt wurde.

Spätestens die Volkskammerwahlen vom 18. März 1990 hätten jedem klarmachen müssen, dass wir Bürgerrechtler einer groben Fehleinschätzung aufgesessen waren. Die Bürger der DDR bezogen fast alle Informationen aus westlichen Quellen, und wir hatten die Konsequenzen dieser Tatsache nicht begriffen. In parteipolitischer Hinsicht dachten die meisten unserer Mitbürger längst wie die Menschen im Westen. Als ich nicht mehr umhin konnte, dieses Faktum anzuerkennen, war ich zunächst traurig. Aber dann machte ich mir klar, dass ich mich mit meinen Illusionen selbst getäuscht hatte. Manche Bürgerrechtler wie Marianne Birthler quittierten das Wahlergebnis dagegen mit harscher Kritik am Wähler. Dahinter stand auch die Enttäuschung, dass jene, die den Sturz der SED-Diktatur durch ihr mutiges Auftreten herbeigeführt hatten, weniger Stimmen bekamen als die SED/PDS oder die einstige Blockpartei CDU.

Demokratischer Aufbruch

Im Juni 1989 fuhren wir zu siebt nach Dresden, um in einem Haus eines Kollegen in Ruhe zu überlegen, wie wir eine politische Partei gründen könnten. Mit von der Partie waren Rudi Pahnke, Ehrhart Neubert von der Studienabteilung des Kirchenbundes, Edelbert Richter, ein Pfarrer aus Erfurt, dazu aus der Samaritergemeinde Thomas Welz und Thomas Sell, schließlich Wolfgang Schnur und ich. Unterwegs schaute ich einige Male in den Rückspiegel und stellte beruhigt fest, dass uns niemand folgte. Wolfgang Schnur saß neben mir. Ich sagte zu ihm: „Schau, Wolfgang, es fährt keiner hinter uns her. Die Stasi hat nichts mitbekommen.“ Glaubte ich, doch irren ist menschlich. Die Stasi fuhr ja auf dem Beifahrersitz mit, sie saß in Wolfgang unter uns.

Als wir zurückkamen, hatten wir einen Namen für unsere Organisation gefunden und vereinbart, dass wir als DDR-weite Bürgerbewegung anfangen wollten, um nicht sofort staatliche Sanktionen zu provozieren. Auf der Gründungsversammlung des Demokratischen Aufbruchs (DA) wollten wir vorsichtshalber zwei Vorstände wählen, weil nicht ausgeschlossen werden konnte, dass die Stasi sofort eingriff. Wolfgang Schnur hatte die juristische Aufgabe übernommen, die Frage zu klären, ob es einen legalen Weg zur Parteigründung gab.

Wir wollten das politische Spektrum des DA so breit wie möglich halten. Uns schwebte das Beispiel der Grünen in ihrer Anfangsphase vor, als sich ganz unterschiedliche Kräfte mit ganz unterschiedlichen Vorstellungen zusammengerauft hatten. Größtmögliche Pluralität war grundlegend für unser Selbstverständnis. An der Gründungsversammlung der Initiative Demokratischer Aufbruch nahmen eingeschriebene SED-Mitglieder ebenso teil wie überzeugte Radikaldemokraten, Ökologen und Konservative. Die Verbündeten aus der SED verließen uns aber, als die Parteigründung unmittelbar bevorstand. Sie wollten die Einheitspartei nicht verlassen, sondern versuchen, diese zu reformieren. In unseren ersten öffentlichen Äußerungen forderten wir demokratische Rechte wie Freizügigkeit und Meinungsfreiheit sowie freie und geheime Wahlen. Wir bekannten uns in unserer Grundsatzerklärung zur Vision einer sozialistischen Gesellschaft. Alles andere hätte den Vorwurf der Konterrevolution hervorgerufen.

Vor unserem Ausflug nach Dresden hatte ich ein Gespräch mit Bärbel Bohley, der ich von unserer geplanten Parteigründung erzählte. Bärbel erwiderte, dass sie und andere, darunter Katja Havemann und Rolf Henrich, ähnliche Überlegungen anstellten. Rolf Henrich aus Eisenhüttenstadt hatte gerade sein Buch *Der vormundschaftliche Staat* in der Bundesrepublik veröffentlicht. Er war deshalb aus der SED ausgeschlossen worden und durfte als Rechtsanwalt nicht mehr praktizieren. Bärbel und ihre Vertrauten wollten sich ein paar Wochen nach uns treffen, und ich versicherte ihr, dass wir zwar unseren Fahrplan einhielten, aber nicht an die Öffentlichkeit gehen würden, bevor beide Initiativen nicht miteinander geredet hätten. Ich fand es richtig, zunächst zweigleisig vorzugehen, weil dadurch unterschiedliche Konzepte entstanden, aus denen man sich am Ende das Beste hätte heraussuchen können, um eine gemeinsame Organisation auf die Beine zu stellen. Aber dazu kam es nicht. Im September 1989 entnahm ich den Medien, dass sich das Neue Forum gegründet hatte, ohne wie versprochen vorher Kontakt zu uns aufzunehmen. Offenkundig war unter dem Druck und der Hektik der Ereignisse unsere Verabredung in Vergessenheit geraten.

Den Demokratischen Aufbruch mussten wir nun ohne jene Verbündeten gründen, die sich im Neuen Forum organisiert hatten. Die Siebenergruppe, die sich in Dresden getroffen hatte, lud für Ende September zu einer Versammlung ein. Zuerst wollten wir in unserem Samariter-Gemeindehaus zusammenkommen. Aber dort zog die Stasi auf, um jeden wegzuschicken, der nicht nachweisen konnte, dass er Kirchenmitarbeiter war oder dort wohnte. So suchten wir unser vorgeplantes Ausweichquartier auf, die Wohnung von Ehrhart Neubert. Erst knapp die Hälfte war gekommen, als auch hier die Stasi vor der Tür stand. Die anderen fuhren schließlich ins Gemeindezentrum der evangelischen Kirchengemeinde „Zu den vier Evangelisten“ nach Berlin-Pankow. Dort war unsere Freundin Ruth Misselwitz Pastorin. Die beiden Gruppen verständigten sich telefonisch, und wir verabredeten notgedrungen, getrennt an einer Grundsatzerklärung zu arbeiten und weitere politische Schritte vorzubereiten. Doch dann stellten wir fest, dass die Stasi uns schon umstellt hatte. Der Bezirksrat für Inneres wollte mit uns reden und drohte, die Versammlung in den kirchlichen Räumen aufzulösen. Das konnte der inzwischen von uns alarmierte Bischof Forck zwar verhindern, doch nur ihm und Wolfgang Schnur wurde gestattet, ins Gemeindehaus zu gehen. Alle anderen mussten unverrichteter Dinge wieder gehen. Wir in unserer stasiumzingelten Versammlung verabredeten, DDR-weit für den DA zu werben und demnächst zur Gründungsversammlung wieder in Berlin zusammenzukommen. Bald schon gab es in einigen Orten der DDR Initiativgruppen.

Die Gründungsversammlung fand am 1. Oktober 1989 im kirchlichen Königin-Elisabeth-Hospital in Berlin-Lichtenberg statt. Dessen Direktor, Thomas Passauer, ein Bruder Martin-Michaels, war ein mutiger und fairer Gastgeber und ließ sich auch durch Druck nicht dazu bewegen, uns wieder auszuladen. Ich betrachtete den DA als mein „Kind" und fand es folgerichtig, für den Vorsitz zu kandidieren. Zu meiner Überraschung trat auch Wolfgang Schnur an. Er wurde gewählt.

Natürlich respektierte ich das Wahlergebnis, aber erfreut war ich nicht. Ich musste zur Kenntnis nehmen, dass ein Pfarrer als Parteivorsitzender nicht erwünscht war, zumal die Versammlung ja nicht nur von Friedenskreisen beschickt worden war. In anderen Organisationen sollte sich eine ähnliche Haltung gegenüber den nicht wenigen Pastoren der Bürgerrechtsbewegung zeigen. Vielleicht handelte es sich hierbei um eine späte Absetzbewegung, nachdem die Opposition sich so viele Jahre fast nur unter dem Dach der Kirche hatte treffen können. Außerdem strömten jetzt viele Menschen in die Bürgerrechtsgruppen, die vorher inaktiv gewesen waren und keine Erfahrungen in der Friedens- und Ökologiebewegung hatten sammeln können. Wir wollten diese Menschen für unsere Ziele gewinnen, und jetzt durften wir uns nicht beschweren, wenn sie kamen und ihre Interessen wahrnahmen. Ich erhielt dann, als über die Stellvertreter befunden wurde, mehr Stimmen, als der Vorsitzende bekommen hatte. Als einer der Stellvertreter war ich willkommen, aber als Parteichef erschien ein Rechtsanwalt den meisten besser geeignet zu sein.

Schnurs Wahl zum DA-Chef war einer der letzten Erfolge der Stasi. Ich kann mir nicht vorstellen, dass der Anwalt seine Kandidatur zum Vorsitzenden nicht vorher mit seinen Auftraggebern abgesprochen hatte. Er hatte ihnen unsere Programmentwürfe und Konzepte ausgehändigt und über unsere Sitzungen berichtet. Sollte dabei nicht darüber gesprochen worden sein, in welche Richtung er die Diskussionen im DA beeinflussen sollte, wenn das Projekt schon nicht zu ersticken war? Auch nach seiner Wahl hielt er die Stasi auf dem Laufenden. Mit der Entscheidung für Wolfgang Schnur, die auf dem Gründungsparteitag in Leipzig am 17. Dezember bestätigt wurde, war der Weg des DA vorbestimmt. Wir wussten es nur noch nicht.

4. November 1989

Die Tatsache, dass die SED die Bildung von oppositionellen Organisationen nun nicht mehr verhindern konnte, war der Anfang vom Ende ihrer Diktatur. Es dauerte allerdings bis zum 4. November 1989, bis ich vollends davon überzeugt war, dass sich unsere „friedliche Revolution" nicht mehr würde aufhalten lassen. An diesem Tag fand auf dem Alexanderplatz die größte Kundgebung statt, die Berlin jemals erlebt hatte. Eine knappe Million Menschen war gekommen. Honecker war gestürzt, und sein Nachfolger musste es sich gefallen lassen, auf einem Transparent verulkt zu werden als böser Wolf, der die Großmutter fressen will. Nur wenige Wochen zuvor hätte dies die Stasi in brutale Aktivität versetzt. Wir gaben den Sicherheitsorganen keinen Vorwand, die Demonstration auseinanderzuknüppeln, wie sie es zuvor in anderen Städten gemacht hatten. Wir hatten zahlreiche vorbereitende Gespräche mit Staatsvertretern geführt, das Wort von der „Vertrauenspartnerschaft“ machte die Runde. Viele von uns trugen Armbinden mit der Aufschrift „Keine Gewalt“.

Die Ladefläche eines Lastwagens diente als Rednertribüne. Ich war als Ordner in der ersten Reihe mitgelaufen und stand nun neben dem Laster. Ich sah, wie Markus Wolf, der 1986 als Chef der Auslandsspionage im MfS auf eigenen Wunsch abgetreten war, auf die Ladefläche stieg. Er wurde mit freundlichem Beifall empfangen, aber nach den ersten Worten gnadenlos ausgepfiffen. Er musste seine Rede abbrechen. Günter Schabowski, Politbüromitglied und Chef der Berliner SED-Bezirksleitung, erlebte Wolfs Einbruch hautnah mit. Er war als nächster Redner vorgesehen, war weiß im Gesicht und zitterte. Was konnte das Ende der SED besser symbolisieren als die sichtbare Angst eines ihrer Mächtigen?

9. November 1989

Schabowski war in der SED-Führung für die Öffentlichkeitsarbeit zuständig und stellte sich regelmäßig auf Pressekonferenzen den Fragen der Journalisten. Auf der Pressekonferenz fünf Tage nach der Demonstration in Berlin erläuterte er im umständlichsten SED-Deutsch, dass den Bürgern der DDR die Reisefreiheit gewährt werden solle. Es werde dazu ein Gesetz erarbeitet. An diesem 9. November verstanden die einstigen Untertanen der Einheitspartei ihre Führung wörtlich. Zu Tausenden zogen die Menschen zur Mauer und forderten deren Öffnung.

Gemeinsam mit Wolfram Hülsemann, dem Stadtjugendpfarrer von Ost-Berlin, fuhr auch ich zur Grenze. Wir trauten den Nachrichten nicht, die wir in Rundfunk und Fernsehen gehört hatten, und wollten uns selbst überzeugen. In Wolframs Auto erreichten wir die Schönhauser Allee, Ecke Bornholmer Straße. Als wir an der Grenze angelangt waren, standen dort einige hundert Menschen vor dem ersten Schlagbaum, einige hatten sich schon auf ihn gelehnt. Sie redeten mit den Grenzsoldaten und vermieden jede Aggression. Sie erkannten rasch, dass die Uniformierten, die die Bürger ihres Landes über Jahrzehnte arrogant heruntergemacht hatten, nicht mehr wussten, was sie tun sollten. Mit einem Mal war die ganze Selbstherrlichkeit verflogen. Wir hatten unsere Hände auf die Schlagbäume gelegt, nun packten wir das Holz. Plötzlich ging der Schlagbaum hoch, und wir drängten ins Sperrgebiet zur Bornholmer Brücke. Wir begegneten unbewaffneten Grenzern. Es hätte so viele Gründe gegeben für Rachsucht und Lynchjustiz, aber nichts dergleichen geschah. Ich war stolz auf uns Berliner. Die meisten wollten in den anderen Teil der Stadt, und als die Bewacher sie dorthin gehen ließen, waren sie glücklich. „Wir kommen morgen früh wieder!“, riefen sie.

Die ersten West-Berliner kamen aus der Gegenrichtung. Wildfremde Menschen fielen sich in die Arme, waren bewegt, fassungslos, verunsichert, aufgeregt und fröhlich. Trabbis fuhren laut hupend über die Grenze. Ich stand neben Wolfram noch immer im Sperrgebiet, wir gingen – wie verabredet – nicht über die Bornholmer Brücke in den Westen, sondern schauten einfach zu. Ich hörte in mich hinein. Endlich! Fast dreißig Jahre waren wir eingesperrt und abgeschnitten gewesen, und jetzt war das vorbei. Der 13. August 1961, der mein Leben so stark bestimmt hatte wie kein anderes Datum, war korrigiert! Und das war kein Geschenk von Günter Schabowski. Nein, die Öffnung der Mauer im November 1989 war die Leistung der Berliner. Dafür gebührt uns ebenso viel Anerkennung wie den Leipzigern für ihre Montagsdemonstrationen, besonders der am 9. Oktober, und den vielen Menschen in der ganzen DDR für den 4. November 1989 - Tage, die die SED-Diktatur zum Einsturz brachten. Wenn nicht Hunderttausende DDR-Bürger im Herbst 1989 auf die Straße gegangen wären, weil sie die Schnauze vom DDR-Sozialismus voll hatten, gäbe es die DDR noch!

Sie kamen alle und sprachen alle

Mitte Dezember diskutierten wir in Leipzig das Programm des DA. Es war eine ausführliche und kontroverse Debatte. Die Mehrheit verabschiedete sich von jeder Form des Sozialismus, was mit dazu beitrug, dass linke Kräfte den Demokratischen Aufbruch verließen. Zu ihnen zählte der heutige Sozialdemokrat Friedrich Schorlemmer und mein alter Freund und Kollege Rudi Pahnke. Im Programm präzisierten wir unsere Positionen unter dem Eindruck der im Verlauf der letzten Wochen gewonnenen Einsichten. Auf den Straßen wurde nun schon meist „Wir sind ein Volk!“ skandiert, Besuche bundesdeutscher Politiker gehörten inzwischen zum Alltag. Um die Offenheit des DA nach allen Seiten hin zu dokumentieren, hatten wir auf meinen Vorschlag hin Vertreter aller Bundestagsparteien eingeladen, am Parteitag als Gäste teilzunehmen und Grußworte zu sprechen. Sie kamen alle und sprachen alle. Wäre so etwas heute auf einem Parteitag einer bundesdeutschen Partei noch möglich? Nein, unvorstellbar!

Wir stellten uns als glaubwürdige, weil unbelastete neue politische Kraft mit einem breiten politischen Spektrum dar. So sehr bundesdeutsche Vorbilder uns beeinflussten, noch Anfang Januar hätten es viele von uns nicht für möglich gehalten, gemeinsam mit der ehemaligen Blockpartei CDU und der neu entstandenen DSU eine „Allianz für Deutschland“ zu bilden.

Spätestens in Leipzig hätte ich begreifen müssen, dass unser Versuch, ein möglichst breites Spektrum innerhalb der Partei zu bewahren, eine Illusion war. Zum einen tat sich zwischen den Befürwortern und den Kritikern einer baldigen deutschen Vereinigung eine Kluft auf. Zum anderen setzt Pluralität die Fähigkeit voraus, sich selbst nicht über alle Maßen ernst zu nehmen und zu akzeptieren, dass sich auch andere als die eigenen Auffassungen durchsetzen könnten.

Ein ermutigendes Beispiel dafür war für eine gewisse Zeit der Zentrale Runde Tisch in Berlin. An ihm versammelten sich nach Honeckers Sturz und der Maueröffnung die etablierten Parteien und die Bürgerbewegungen, um gemeinsam den Übergang zur Demokratie zu sichern. Sie kontrollierten die Regierung des SED-Ministerpräsidenten Hans Modrow und setzten bedeutende Entscheidungen durch, so etwa, dass die Nachfolgeorganisation des MfS, das Amt für Nationale Sicherheit (AfNS) unter Leitung des langjährigen Chefs der Berliner Bezirksverwaltung für Staatssicherheit und späteren Mielke-Stellvertreters Wolfgang Schwanitz, abgewickelt wurde.

Damals waren die Bürgerbewegungen in der Auseinandersetzung mit den DDR-Altparteien und der Koalitionsregierung wieder ein Stück zusammengerückt. Allerdings galt dies für die SDP nur bedingt, die Wert darauf legte, Distanz zu den früheren Mitstreitern zu halten. Ibrahim Böhme und seine Freunde dachten in erster Linie an ihre Profilierung und bereiteten sich schon aufs künftige Regieren vor. Die DDR-Sozialdemokraten hatten bereits einige Großveranstaltungen mit westdeutschen SPD-Prominenten wie Helmut Schmidt oder Willy Brandt organisiert und so einen verhängnisvollen Mechanismus ausgelöst. Denn nun fühlten sich die anderen Bundestagsparteien, bis auf die Grünen, herausgefordert, offen in die Politik in der DDR einzugreifen und dort ebenfalls aufzutreten, um die künftigen Wähler für sich einzunehmen.

Im Vorfeld der Wahlen besuchte ich den SPD-Ehrenvorsitzenden Willy Brandt in Bonn. Ihn hatte ich mein ganzes bewusstes Leben lang hoch geachtet und zeitweise verehrt. Ich fragte ihn traurig, ob er nicht mitbekomme, dass die Sozialdemokraten - und die ihnen zwangsläufig folgenden CDU/CSU und FDP - mit ihren Großeinsätzen unseren Versuch kaputtmachten, in der DDR eine eigene politische Kultur und Struktur aufzubauen. Brandt begriff, was ich meinte. Er konnte es aber nur nachdenklich zur Kenntnis nehmen. Sein Einfluss in der eigenen Partei war inzwischen deutlich begrenzt. Ich ließ einen stark betroffenen, großen alten Mann der SPD zurück.

Praktisch am Tag nach der Maueröffnung waren Kreis-, Bezirks- und Landesverbände westdeutscher Parteien an ihre ostdeutschen Wunschpartner herangetreten und hatten Hilfe angeboten. Natürlich taten sie das nicht nur, um die demokratische Revolution zu unterstützen. Die Parteizentralen in Bonn hatten schnell gespürt, wohin die Entwicklung ging. Bei den Weichenstellungen wollten sie möglichst mit am Hebel stehen und beeinflussen, welcher Verhandlungspartner ihnen künftig gegenübersaß. Die Instrumentalisierung der DDR-Parteien führte außerdem dazu, dass viele langjährige betontreue Bündnispartner der regierenden Stalinisten sich aus ihrer Mitverantwortung stehlen konnten. Die Altkader der Blockparteien und deren Apparate wurden gebraucht, um Wahlen zu gewinnen. Die Debatte über die Vergangenheit kam erst viel später in Gang, und dann unter einigen Mühen.

Der DA geriet angesichts der bundesdeutschen Einmischung in der DDR unter Druck. Mitte Januar 1990 informierte Wolfgang Schnur den Vorstand, dass er zu einem Gespräch mit Helmut Kohl eingeladen worden sei. Reden könne man ja einmal, war der Kommentar im Vorstand, der es sich gefallen ließ, dass Schnur immer wieder Entscheidungen im Alleingang traf. Aber wir brauchten Computer, Kopierer und andere kostspielige Geräte und Materialien. Im Gegensatz zu den einstigen Blockparteien war der DA nicht vermögend. Uns beeindruckte auch die Hilfsbereitschaft der Freunde aus dem Westen. Die meisten waren eher dem konservativen Lager zuzurechnen. Andere boten uns keine Unterstützung an. Auch diese Tatsache prägte die kommende Entwicklung. Ohne Hilfe aus dem Westen hätten wir den ehemaligen Blockparteien mit ihren Tausenden von hauptamtlichen Funktionären und gutgefüllten Kassen und der von der Bonner Baracke subventionierten SPD hilflos gegenübergestanden. Wir hatten noch keine republikweite Parteistruktur und Geld fehlte an allen Enden. Wer uns helfen wollte, war willkommen, sofern er ins politische Spektrum des DA passte.

In der DA-Führung war die allmählich offenkundig werdende Anlehnung an die Bonner Christdemokratie keineswegs unumstritten, und als sich ein Wahlbündnis CDU-DA-DSU abzeichnete, traten zwei Vorstandsmitglieder und Mitglieder in den Landesverbänden aus der Partei aus. Am 2. Februar meldete die *Berliner Zeitung*: „Die Oppositionspartei Demokratischer Aufbruch steht nach Angaben von Pfarrer Rainer Eppelmann einem Wahlbündnis mit der DSU und der CDU der DDR skeptisch gegenüber. Eppelmann hält allenfalls die Bildung eines demokratischen Blocks der Mitte mit der Deutschen Forumpartei für möglich."[9] Der DA ist schließlich im September 1990 in der CDU aufgegangen.

Wir hatten schließlich keine Alternativen. Die SPD fühlte sich über Bündnisfragen erhaben, die Bürgerbewegungen wollten mit Parteien nichts zu tun haben, und die FDP hatte ihre Partner bereits gefunden. Zuvor hatte ich noch ein Gespräch mit Hans-Dietrich Genscher in der Samariterstraße vereinbart, aber er war zu dem verabredeten Treffen nicht mehr gekommen.

Vermutlich waren in der FDP inzwischen die Würfel gefallen.

Sie setzte auf das Bündnis mit der Liberal-Demokratischen Partei Deutschlands (LDPD) und Forumpartei. Nach den Volkskammerwahlen stieß zu meinem großen Erstaunen noch die National-Demokratische Partei (NDPD) hinzu.

Minister ohne Geschäftsbereich

Am selben Tag, an dem die „Allianz für Deutschland" perfekt war, wählte die Volkskammer Mitglieder von acht Parteien und Vereinigungen, die bislang nicht in der Regierung vertreten waren, in das Kabinett von Hans Modrow. Auch ich wurde, für den DA, am 5. Februar zum Minister ohne Geschäftsbereich ernannt. Auf diese Weise unterstrich die Koalitionsregierung, dass sie die Interessen aller DDR-Bürger berücksichtigen und in den verbleibenden sechs Wochen bis zu den Volkskammerwahlen geordnete Verhältnisse gewährleisten wolle.

Den neuen Ministern wurden Dienstwagen der französischen Marke Citroën aus dem Bestand des Ministerrats und des Politbüros angeboten. Ich wurde als einer der Ersten angesprochen und erklärte, dass ich einen solchen Wagen nicht fahren würde, solange DDR-Bürger dreizehn Jahre auf einen Trabant warten müssten. Ein Lada würde mir reichen. Sieben der acht neuen Minister folgten dem Beispiel. Nur Walter Romberg (SPD), der neue Finanzminister, wünschte einen Citroën.

Eine gute Woche nach unserer Ernennung reiste ich als Mitglied einer DDR-Regierungsdelegation nach Bonn. Für einen noch vor wenigen Monaten geschmähten Staatsfeind war dies eine besondere Auszeichnung. Sie wurde noch gesteigert durch die Ehre, dass Bundespräsident Richard von Weizsäcker sich die Zeit für ein Vieraugengespräch mit mir nahm. Wir hatten uns einmal auf einem Kanzlerfest getroffen und freuten uns nun gemeinsam darüber, dass die Diktatur gestürzt war und wir uns sehen konnten, wann wir es für richtig hielten.

Es brachte mir nicht nur Freunde in der DDR-Abordnung ein, als ich bei einem Treffen der Delegationen nach den Reden von Ministerpräsident Hans Modrow und PDS-Wirtschaftsministerin Christa Luft das Wort ergriff, um mich statt für Finanzspritzen für eine baldige Wirtschafts-, Währungs- und Sozialunion auszusprechen. Zehn bis fünfzehn Milliarden Mark Solidarbeitrag hatten Hans Modrow und Christa Luft verlangt. Ich hielt diese Forderung nicht für sinnvoll und riet den westdeutschen Politikern sogar, sie abzulehnen, da Hans Modrow jede Finanzspritze vor den Wahlen als seinen Erfolg verkaufen und dies den Wahlerfolg der PDS verbessern würde. Auch Matthias Platzeck, Sprecher der Grünen Liga, meldete sich als einfaches Delegationsmitglied zu Wort. Wir fühlten uns nicht fair behandelt, denn niemand hatte uns vorher darüber informiert, dass wir in diesem Plenum unsere Argumente würden vortragen können. Hans Modrow und Christa Luft hatten wie Helmut Kohl und andere Redner schriftliche Beiträge vorbereitet, wir dagegen mussten spontan sprechen. Das war ein deutlicher Nachteil.

Am Abend unterhielt ich mich noch lange im Amtssitz von Bundestagspräsidentin Rita Süßmuth mit ihr, dem stellvertretenden Vorsitzenden der CDU-Bundestagsfraktion Professor Karl-Heinz Hornhues und Stefan Schwarz. Ich drang auch hier darauf, der DDR um keinen Preis das geforderte Geld zu geben. Wenn die Bundesregierung dies tue, müsse sie sich darauf einstellen, in kurzer Zeit wieder zur Kasse gebeten zu werden. Denn für das Geld würden Bananen, Videorekorder und andere westliche Segnungen importiert, um zu zeigen, was für eine gute Politik unter Führung der PDS gemacht werde. Dieses Geld könne für sinnvollere Zwecke ausgegeben werden, als den Wahlkampf der Partei des Demokratischen Sozialismus zu unterstützen. Über Finanzfragen dieser Größenordnung solle man erst nach den Volkskammerwahlen sprechen.

Die Bundesregierung lehnte die Geldforderung ab. Dafür stellte sie in Aussicht, die Wirtschafts- und Währungsunion kurzfristig einzuführen. Niemand außer mir in der DDR-Delegation war mit diesem Ergebnis zufrieden, und entsprechend fielen die Kommentare nach Abschluss des Besuches aus. Ich widersprach dem aufkommenden Missmut und erklärte, die Reise sei ein voller Erfolg gewesen. Ich bat meine Kollegen, sie sollten sich doch vorstellen, dass uns nicht einfach Geld in die Hand gedrückt worden sei, sondern viel mehr: In wenigen Monaten würden wir unser „Spielgeld" endlich los und bekämen das langersehnte Westgeld, mit dem man überall einkaufen könne.

Aber das wollte niemand begreifen. Offensichtlich hatten manche schon vergessen, welche verheerenden Wirkungen der Devisenneid in der DDR gehabt hatte. Man hatte manchmal den Eindruck, dass die Bevölkerung unserer Republik sich in die Klasse der Westgeldbesitzer und in die der Nichtwestgeldbesitzer teilte. Der Intershop, in dem man für westliche Währungen Waren kaufen konnte, die es sonst gar nicht oder nicht in dieser Qualität gab, nahm im Leben des DDR-Bürgers einen bedeutenden Stellenwert ein. Und das sollte nun bald zusammen mit vielen Versorgungsmängeln aus der Welt sein!

In der ersten Kabinettssitzung der Regierung Modrow, an der ich teilnahm, wurde ein für mich besonders wichtiger Beschluss gefasst. Auf der Tagesordnung stand ein Gesetzentwurf für einen zivilen Ersatzdienst in der DDR. Er entsprach im Wesentlichen dem, was in der Bundesrepublik üblich war. Als Erster erhob CDU-Vorsitzender Lothar de Maizière, stellvertretender Ministerpräsident und Staatssekretär für Kirchenfragen, Einwände gegen die Vorlage. Sie ging ihm nicht weit genug. Ich meldete mich ebenfalls zu Wort und unterstützte ihn. Wir ließen nicht locker, und am Schluss blieb der Zivildienstleistende nicht nur von der Gewissensüberprüfung verschont, sondern musste auch keinen Tag länger dienen als ein junger Mann, der seinen Wehrdienst in der NVA absolvierte. Ich bin noch heute stolz darauf, gemeinsam mit Lothar de Maizière das humanste Zivildienstgesetz Europas, vielleicht der Welt, durchgesetzt zu haben. An dieser Regelung könnte sich das vereinigte Deutschland ein Beispiel nehmen. Mich beeindruckte, welche Möglichkeiten in diesem Kabinett einem Neuling wie mir eingeräumt wurden. So konnte ich dazu beitragen, dass eine der wichtigsten Forderungen unserer Friedensarbeit in der Samaritergemeinde, die Einführung des Sozialen Friedensdienstes, verwirklicht wurde.

Michail Gorbatschow

Hans Modrow hatte nicht nur in dieser Hinsicht ein offenes Ohr für Vorschläge. Eines Tages fragte ich ihn, ob er nicht sehe, welch schweren Stand Michail Gorbatschow in der Sowjetunion habe. Er stimmte meiner Einschätzung zu. Daraufhin schlug ich ihm vor, dass einmal wir Deutschen etwas für den KPdSU-Chef unternehmen sollten, nachdem dieser uns geholfen hatte. Warum luden wir ihn nicht in die DDR ein? „Was glauben Sie, wie viele Menschen in Berlin oder Leipzig freiwillig auf die Straße gingen, um ihm zuzujubeln?“, fragte ich den Premier. Das würde diesen Mann auch in der Sowjetunion stärken. Modrow versprach, sich mit Gorbatschow in Verbindung zu setzen. Aber der KPdSU-Generalsekretär wollte sein Land im Augenblick nicht verlassen, weil er befürchten musste, dass in seiner Abwesenheit geputscht würde. Stattdessen lud er eine Delegation der DDR-Regierung nach Moskau ein. Fairerweise nahm Modrow mich mit.

So ging einer meiner größten Wünsche in Erfüllung. Denn Gorbatschow wollte ich schon lange kennenlernen und ihm danken für all das, was er in so kurzer Zeit in Bewegung gesetzt hatte. Diesmal bereitete ich mich besser vor als beim Besuch in Bonn. Ich hoffte darauf, unserem Gastgeber etwas sagen zu können, und außerdem wollte ich ihm etwas schenken. In der Samaritergemeinde hatten wir es uns in den letzten Jahren angewöhnt, bei festlichen Gelegenheiten Kerzen zu verschenken. Bei Taufen gab es Kerzen, auf denen Name und Taufdatum vermerkt waren. Bei Brautpaaren hielten wir auf der Kerze das Heiratsdatum fest und schrieben die Namen in Form eines Kreuzes. Nun wollte ich auch Gorbatschow eine Kerze überreichen. Ich bat unsere zweitälteste Tochter Wiebke, auf einer Kerze das Wort „Spassibo" anzubringen, das russische Wort für „Danke".

Eine Dankeschön-Kerze für Michail Gorbatschow, 7.3.1990 (Privatarchiv Eppelmann)

Diese Kerze nahm ich mit, als unsere kleine Delegation sich auf den Weg in die Sowjetunion machte. Bevor Gorbatschow uns zum Gespräch empfing, informierte ich Modrow über meinen Plan, damit er nicht überrascht wurde. Wir wurden gerufen und mussten mehrere Türen durchschreiten. An der letzten zündete ich meine Kerze an und überreichte sie mit einigen Worten des Dankes dem Generalsekretär. Das Geschenk berührte ihn. Er dankte mir und sagte, dass ihm so etwas noch nie geschenkt worden sei. Die Kerze werde einen Ehrenplatz einnehmen in dem Raum, wo die Gastpräsente aufbewahrt würden.

Das waren keine Floskeln, wie ich einige Wochen später im Mai feststellen konnte. Ich war als Minister für Abrüstung und Verteidigung mit einer Delegation nach Moskau gekommen, um am Staatsakt zum Sieg der Sowjetunion im Großen Vaterländischen Krieg teilzunehmen. Im Bolschoitheater war eine große Festveranstaltung angesetzt. Im Zuschauerraum hatten Veteranen Platz genommen, auf der Bühne thronten in Reihen das Politbüro der KPdSU, die Generalität sowie die Verteidigungsminister des Warschauer Vertrags. Gorbatschow betrat die Bühne durch einen Seiteneingang als Letzter. Als er mich sah, kam er zu mir, drückte mir freundlich die Hand und ging zu seinem Platz. Er hatte die Kerze nicht vergessen.

Ein Minister ohne Geschäftsbereich hat keine konkrete Aufgabe. Er muss sich also eine einfallen lassen, wenn er nicht nur Briefe beantworten und sonst untätig herumsitzen will. Ich wollte herausbekommen, wie es Menschen ging, die sich vor dem Sturz der Diktatur als Stützen des SED-Regimes verstanden hatten oder als solche von uns eingeschätzt wurden. Was war mit den scheinbaren Verlierern unserer Revolution geschehen, zum Beispiel den Uniformierten?

Zuerst meldete ich mich bei der Hauptzollverwaltung in der Berliner Grellstraße an. Es war mein zweiter Besuch dort. Den ersten hatte ich gemacht, um (erfolglos) einen Videorekorder zurückzubekommen, der bei Ralf Hirsch während einer Hausdurchsuchung beschlagnahmt worden war. Ulrich Schwarz hatte mir das Gerät geliehen, und ich wiederum hatte es Ralf geborgt. Diesmal fuhr ich im Dienstwagen vor und wurde am Eingang schon erwartet. Vor dem Sturz der SED-Dikatur hatten die höheren Zollbeamten Uniform getragen, aber nun saßen mir acht Zivilisten gegenüber. Sie waren vollkommen verunsichert. Sie redeten sich nicht mehr mit „Genosse“ an, sondern mit „Herr“. Die Leiter der Zollverwaltung erklärten, dass es für sie eine Befreiung sei, nicht mehr der SED angehören zu müssen. Einige stellten sich als „parteilos“ vor, waren inzwischen also aus der Einheitspartei ausgetreten. Sie hatten diesen Schritt nicht nur aus Opportunismus getan. Wenn sie beim Zoll, bei der Polizei oder in der Armee eine berufliche Laufbahn absolvieren wollten, war ihnen meist keine andere Wahl geblieben, als Mitglied der Staatspartei zu werden. Ich kenne allerdings zum Glück auch einige Menschen, die auf eine solche Karriere verzichtet hatten.

Große Unsicherheit herrschte bei allen ehemals Mächtigen, und viele verfielen in Devotion, legten die Verhaltensweise an den Tag, die sie zuvor bei ihren Untergebenen so geschätzt hatten. Nun nahmen sie wohl an, Unterwürfigkeit würde auch weiterhin honoriert. Ähnliches erlebte ich in der Zentralen Ausbildungsstätte der Polizei in Berlin-Kaulsdorf, wo Offiziere der Volkspolizei geschult wurden. Meinen dritten Besuch vorzubereiten, war recht einfach. Ich bat meinen Kabinettskollegen Admiral Theodor Hoffmann, den Minister für Nationale Verteidigung, eine Gesprächsrunde in seinem Ministerium in Strausberg mit Mitgliedern des NVA-Generalstabs zu organisieren. Hoffmann half gerne. Bei dem Gespräch mit der Führung der NVA stieß ich auf etwas mehr Selbstbewusstsein. Die Soldaten hatten nicht direkt an der Unterdrückung teilgenommen, obwohl die Führung unter bestimmten Bedingungen wohl nicht davor zurückgeschreckt hätte, die NVA auf das eigene Volk loszulassen. Zumindest in Sachsen waren die Vorbereitungen dazu im Oktober 1989 bereits getroffen. Die Offiziere der NVA hatten all die Jahre gelernt und gelehrt, dass ihnen der Imperialismus bei der nächsten sich bietenden Gelegenheit an die Gurgel gehen würde. Das Feindbild war klar konturiert. Die Perestroika Michail Gorbatschows und die vor allem durch ihn wesentlich vorangetriebenen Abrüstungsschritte trugen dazu bei, dass dieses Feindbild in der NVA ausgehöhlt wurde. Das registrierte offenkundig auch die Partei- und Staatsführung. Ab Mitte der achtziger Jahre hatte Honecker öfter Einheiten der NVA besucht. Nachdem die Soldaten bei den Einkommensverbesserungen lange Zeit übergangen worden waren, erhielten sie nun einige Male hintereinander Solderhöhungen. Aber das konnte die Stimmung nicht verbessern. Die Loyalität gegenüber der Führung litt unter einem zunehmenden Mangel an Glaubwürdigkeit. Solche Überlegungen im Offizierskorps trugen dazu bei, dass in einer Einheit der bei Potsdam stationierten 1. Motorisierten Schützendivision am 11. November 1989 heftige Diskussionen aufkamen. Den Soldaten war zwei Tage nach der Maueröffnung angekündigt worden, dass ihnen möglicherweise bald befohlen würde, unbewaffnet die Grenze in Berlin zu „sichern". Revolutionen beschleunigen auch das Nachdenken. Was im Oktober noch unvorstellbar erschienen war, wurde nun zur Realität: Offiziere diskutierten über Befehle! Der Einsatzbefehl blieb aus; ob er in die Tat umgesetzt worden wäre, weiß ich nicht. Seitdem wussten der Verteidigungsminister und die SED-Oberen aber, dass ihnen die NVA nicht mehr unbedingt für Gewaltakte zur Verfügung stand. Glücklicherweise kam die Armeeführung nie in die Lage, sich entscheiden zu müssen, ob sie dem Befehl zum Eingreifen folgen würde oder nicht.

Im November 1989 habe es auch leidenschaftliche Auseinandersetzungen im Generalstab gegeben, berichtete Admiral Hoffmann mir später in unserer Gesprächsrunde. Verteidigungsminister Heinz Keßler, ein Honecker-Intimus aus alten FDJ-Tagen, bemühte sich in nächtelangen Monologen, die Armee auf Honecker und Krenz einzuschwören. Kurz nach der Maueröffnung erhob sich sein ranghöchster Offizier, Generalleutnant Joachim Goldbach, und sagte, dass er den Wahnsinn nun nicht mehr mitmache. Dies war das Signal für andere, Keßler ebenfalls den Gehorsam aufzukündigen.

Auch der damalige Chef der Volksmarine, Vizeadmiral Theodor Hoffmann, war gegen Keßler aufgetreten. Mit diesem könne man keine neue Politik in der NVA machen, war seine Überzeugung. Der Generalstab beauftragte ihn, den Staatsratsvorsitzenden Egon Krenz darüber zu unterrichten, dass der Verteidigungsminister nach Meinung der militärischen Führung zurücktreten müsse. „Dann machen Sie es doch selbst", antwortete Krenz auf Hoffmanns Kritik an Keßler. Am 18. November 1989 wurde Hoffmann zum Verteidigungsminister ernannt. Kurz darauf wurde er zum Admiral befördert. Hoffmann stellte klar, dass die NVA ausschließlich für die Abwehr eines Angriffs von außen zuständig sei. Er leitete unverzüglich eine Militärreform ein. So schaffte er den Polituntericht ab, hob den ständigen Alarmzustand auf und verlangte, dass Befehle von Vorgesetzten an Untergebene durch Diskussion vorbereitet würden.

Daran konnte ich anknüpfen, als ich sein Nachfolger wurde. Erste positive Veränderungen in der NVA registrierte ich bereits bei meinem Besuch im Februar 1990, als ich in Strausberg mit mehr als zwanzig hohen Offizieren zusammentraf. Auch sie redeten sich inzwischen mit „Herr" an und überraschten mich mit Zügen eines neuen, demokratischen Selbstverständnisses. Sie begriffen sich vereinzelt schon als „Abrüstungsoffiziere".

Besuch bei den Honeckers in Lobetal

Meine interessantesten Besuche führten mich aber zu Erich und Margot Honecker sowie zu Egon Krenz. Vor meinen Unterredungen mit den einstigen SED-Größen hatte ich mit Modrow, dem Volkskammerpräsidenten Günther Maleuda von der Demokratischen Bauernpartei Deutschlands (DBD) und dem amtierenden Staatsratsvorsitzenden Manfred Gerlach (LDPD) gesprochen. Sie teilten meine Meinung, dass ein Signal gesetzt werden müsse. Honecker und Krenz sollten öffentlich erklären, dass die Kommunalwahlen vom 8. Mai gefälscht worden wären. Sollten wir das erreichen, seien die Chancen größer, wirklich zu fairen und freien Wahlen unter friedlichen Umständen in der DDR zu kommen. Modrow gab mir zu verstehen, dass er vor dem 18. März nicht zu Honecker gehe, dies könne er sich nicht leisten. Ich war - soviel ich weiß - der einzige DDR-Politiker, der den vor Kurzem noch so hochgepriesenen früheren Parteichef vor den Volkskammerwahlen besuchte.

Krenz hatte ich am 22. Januar 1990 bei seinem Auftritt am Runden Tisch erlebt. Honeckers „Kronprinz“, der sich nur wenige Wochen zwischen Mitte Oktober und Anfang Dezember 1989 als den ersten Mann der DDR darstellen durfte, gab sich wie ein schüchterner Schulbub. Zerknirscht entschuldigte er sich bei allen, „die unter der alten Sicherheitsdoktrin gelitten haben“. Für das MfS wollte er, der lange Jahre im Politbüro für Sicherheitsfragen zuständig gewesen war, keine Verantwortung übernehmen. Auch für den Wahlbetrug vom 8. Mai 1989 zeigte er sich nicht zuständig, obwohl er doch Leiter der Zentralen Wahlkommission gewesen war. So schlecht sein Gedächtnis bei heiklen Fragen war, er vergaß in diesen Wochen nicht, darauf zu verweisen, dass er ein Blutbad in Leipzig verhindert und später die Mauer geöffnet habe. Inzwischen wissen wir, dass Egon Krenz sich Verdienste zusprach, die zu entscheidenden Teilen anderen gebühren.

Am Tag nach der Wahl von Krenz zum neuen Generalsekretär machte ihm der Vorsitzende der Konferenz der Evangelischen Kirchenleitungen, Landesbischof Dr. Werner Leich, in Begleitung von Manfred Stolpe im Schloss Hubertusstock seine Aufwartung. Als ich Manfred Stolpe daraufhin vorwarf, dass sich die Kirchenleitung dem neuen DDR-Chef anbiedere, erwiderte er, dass ich Krenz in seinen Fähigkeiten unterschätzte. Außerdem sei das Treffen noch mit Honecker vereinbart worden. Meines Erachtens war das Rendezvous vollkommen überflüssig, die Kirche hatte es in dieser Zeit des Umbruchs nicht mehr nötig, sich mit Repräsentanten einer untergehenden Diktatur zusammenzusetzen, Nähe zu zeigen und Solidarität zu üben. Statt staatsmännisch zu parlieren, hätte die Kirche sich uneingeschränkt auf die Seite der Bürgerbewegungen stellen müssen.

Zuerst unterhielt ich mich mit Egon Krenz, um sein Eingeständnis der Wahlfälschung zu erwirken. Er wies alle Schuld von sich. Die örtlichen Wahlkommissionen hätten möglichst gute Ergebnisse nach Berlin melden wollen, da hätten sie vermutlich hier und da eben nachgebessert. Eine Anweisung dazu habe es aber nicht gegeben. Ich versuchte ihn davon zu überzeugen, dass er sich nicht aus der Verantwortung davonstehlen könne. Er akzeptierte schließlich die These, dass er wenigstens die politische Verantwortung für die Sache trage. Er war auch bereit, eine allgemeine Schulderklärung in diesem Sinn abzugeben. Allerdings wolle er vorher lesen, was Honecker in dieser Angelegenheit von sich gebe. Er konnte es kaum glauben, dass ich gemeinsam mit ihm vor die Fernsehkameras treten würde, sobald beide Schuldbekenntnisse vorlägen.

Mit Anwalt Wolfgang Vogel vereinbarte ich einen Termin beim ehemaligen Staatsratsvorsitzenden und seiner Frau Margot, der früheren Volksbildungsministerin. Vogel hatte sich zunächst zugeknöpft gezeigt, als ich mit meiner Besuchsbitte an ihn herangetreten war. Ich erklärte ihm, dass Honecker als historische Figur nun die Aufgabe habe, sich zu seiner Verantwortung zu bekennen. Wenn der frühere erste Mann im Staat ein differenziertes Urteil über seine Rolle wünsche, müsse er dazu beitragen und Stellung nehmen. Wichtig sei, dass er sich zum Wahlbetrug vom Mai 1989 äußere. Als ich einwilligte, dass Honeckers Verteidiger Dr. Friedrich Wolff an dem Gespräch teilnehmen könne, stand dem Treffen nichts mehr im Wege.

Um nicht aufzufallen, fuhr ich im privaten Trabant nach Lobetal, wo das Ehepaar Honecker bei Pfarrer Uwe Holmer Aufnahme gefunden hatte. Ein Pressefotograf erkannte mich, stürzte auf mich zu, knipste ununterbrochen und fragte immer wieder, was ich hier wolle. Auf mein Klingeln öffnete die Pfarrersfrau, gleich darauf erschien Margot Honecker. Ich gab ihr die Hand, sie führte mich in ein einfach eingerichtetes Wohnzimmer, wo ihr Mann und Rechtsanwalt Wolff auf mich warteten. Erich Honecker stand auf und begrüßte mich. Ich kam ohne Umschweife zur Sache und sagte: „Herr Honecker, ich möchte Ihnen zur Einstimmung sagen, dass ich hier jetzt nicht als Politiker bin. Wenn ich als Politiker gekommen wäre, müsste ich mich mit Ihnen ununterbrochen streiten und Ihnen einen ganzen Sack voller Vorwürfe machen. Ich komme zuallererst als Mensch. Und zwar deswegen, weil ich glaube, Sie in ihrer jetzigen Situation zu verstehen."

Er schaute mich erstaunt an. Ich fuhr fort: „Ich muss Ihnen von meinem Vater erzählen. Der hat ein Leben lang die Vorstellung gehabt, jedem seiner Kinder ein Haus zu bauen. Er wollte dies wohl in der Hoffnung tun, dass er, wenn er stirbt, jedem Kind sagen könnte: Das ist dein Haus, und dieses ist dein Haus usw. Den Kindern wäre gar nichts anderes übriggeblieben, als zu erwidern: Danke schön, lieber Papi, du bist der Beste. Dann hätte er in Frieden sterben können. Aber irgendwann hat mein Vater festgestellt, dass er es nicht schaffen würde. Hinzu kam, dass von den Kindern, die er in die Welt gesetzt hatte, nur noch zwei etwas mit ihm zu tun haben wollten, und das weniger aus Liebe als aus Mitleid. Als er das begriff, wurde aus einem starken Mann innerhalb von zwei Jahren ein Wrack, weil er sich als Versager fühlte. Bald darauf war er tot. Wie meinem Vater geht es jetzt Ihnen. Sie wollten etwas aufbauen und meinten auch, etwas aufgebaut zu haben, aber nun stellen Sie fest, dass die, für die Sie etwas aufgebaut haben, Sie nicht mehr haben wollen. Die jagen Sie jetzt vom Hof." Honecker antwortete: „Ich habe den Eindruck, Sie verstehen mich."

Dann klärte ich ihn über den Zweck meines Besuchs auf, dass ich ein Schuldeingeständnis von ihm erwartete wegen des Wahlbetrugs. Er müsse die politische Schuld dafür übernehmen. Ich sei bereit, eine entsprechende Erklärung im Fernsehen zu verlesen. Honecker bestritt nicht, dass das Abstimmungsergebnis „korrigiert" worden sei, erklärte aber, von einer Anweisung zur Wahlfälschung nichts zu wissen. Er beharrte darauf, frei von allen Fehlern zu sein. Er habe stets das Beste getan und gewollt und sich nichts vorzuwerfen.

Auch Rechtsanwalt Wolff versuchte Honecker zur Einsicht zu bringen. Ein Eingeständnis von Schuld könne dem ehemaligen Staatsratsvorsitzenden nur nutzen. Mindestens politische Schuld habe der Genosse Honecker doch auf sich geladen als der oberste Repräsentant der DDR, und diese schließe den Wahlbetrug ein. Als der Kundschafter Günter Guillaume 1974 in der Bundesrepublik aufgeflogen sei, sei Bundeskanzler Willy Brandt zurückgetreten und habe die Verantwortung übernommen.

Diese Argumente leuchteten Honecker ein, er machte sich

mit Wolff an die Arbeit. Deren Ergebnis aber war höchst unbefriedigend, denn es fand sich darin ein Satz, der sinngemäß lautete: Ich habe keine Schuld auf mich geladen. Ich sagte Honecker, dass ich eine solche Erklärung nicht verlesen würde, weil ich mich damit lächerlich machen würde und er sich auch. Wolff unterstützte mich, und auch Margot Honecker trat dafür ein, ein allgemeines Schuldeingeständnis abzugeben.

Als der Text schließlich formuliert war, setzte sich Margot Honecker an die Schreibmaschine und tippte ihn ins Reine. In der Zwischenzeit unterhielt ich mich mit Erich Honecker. Ich fragte ihn: „Wissen Sie eigentlich, wann ich Ihnen am nächsten gekommen bin?" Er wusste es natürlich nicht, und ich klärte ihn darüber auf, dass es in Trier war, als der SED-Generalsekretär im Spätsommer 1987 auf Staatsbesuch in der Bundesrepublik war und dabei auch Karl Marx' Heimatstadt besucht hatte.

Ich hatte anlässlich des Geburtstags meines Vaters in die Bundesrepublik reisen dürfen und aus zweieinhalb Metern Entfernung erlebt, wie Honecker mit Begleitung durch die Stadt fuhr. So nahe sei ich ihm in der DDR, wo wir beide doch zu Hause seien, nie gekommen. Mit zugezogenen Gardinen sei er durch Berlin gebraust und habe sich sonst im Wald von Wandlitz versteckt. Ob er nie darüber nachgedacht habe, dass die Führer der Arbeiter und Bauern in allen osteuropäischen Ländern die Arbeiter und Bauern nie an sich herangelassen hätten?

Mit Honeckers Erklärung ging ich zu Krenz. Der las sie und erklärte sich daraufhin bereit nachzuziehen. Gemeinsam mit ihm trat ich am 15. Februar 1990 gegen 20 Uhr vor die Kameras, ich verlas Honeckers Text, und Krenz trug seinen vor. Es waren magere Erklärungen, aber die bislang einzigen Schuldeingeständnisse der vor Kurzem noch mächtigsten Männer der DDR. Egon Krenz erklärte:

„Liebe Mitbürgerinnen und Mitbürger,
in einem Moment, da immer mehr Beweise der Fälschung der Wahlergebnisse bei den vorangegangenen Kommunalwahlen offenbar werden und eine unerträgliche Belastung für das demokratische Denken unseres Volkes entstanden ist, möchte auch ich als damaliger Vorsitzender der Wahlkommission der Republik nochmals Stellung nehmen. Ich kann anhand von Unterlagen vor dem Volk der DDR dafür geradestehen, dass ich in Übereinstimmung mit der Wahlkommission, in der Vertreter der Parteien und Organisationen sowie Einzelpersonen mitgewirkt haben, auf eine unbedingt korrekte Wahldurchführung gedrungen habe. Als die aus den Kreisen übermittelten Wahlergebnisse eingingen, wurden sie ordnungsgemäß zusammengefasst, von der Zentralen Wahlkommission ohne Veränderungen bekannt gegeben und dem Staatsrat mit Unterschrift aller Mitglieder der Wahlkommission zur Bestätigung vorgelegt.

Zugleich kann ich es bei dieser Feststellung nicht mehr bewenden lassen. Die politische Verantwortung für gesellschaftliche Zustände, in denen eine kritische Auseinandersetzung mit der Wirklichkeit immer mehr verloren ging und bei Wahlen eine Welle von undifferenzierter Zustimmung demokratische Willensbildung ersetzen konnte und dieser Vorgang auch noch mit sozialistischer Demokratie in Verbindung gebracht wurde, diese Verantwortung tragen wir alle, die wir in der damaligen Partei- und Staatsführung auf die Gestaltung politischer Verhältnisse prägenden Einfluss hatten.

In dieser Frage wiederhole ich, was ich bereits am Runden Tisch gesagt habe: Ich bekenne mich zu meiner politischen Mitverantwortung an der Politik der damaligen Partei und Staatsführung. Ich habe weder heute noch in Zukunft die Absicht, diese auf andere Schultern zu delegieren. Ich habe mit meinen politischen Freunden zu spät versucht, andere Verhältnisse in der SED herbeizuführen. (...)“[10]

Wenn ich nur eine einzige Person der einstigen DDR-Führungsriege bestimmen dürfte, die die größte Schuld auf sich geladen hat und dafür vor Gericht gestellt werden sollte, dann würde ich nicht Erich Mielke nennen. Mit ihm hatte allenfalls eine Million Menschen zu tun. Aber alle Bürger der DDR waren als Kinder, Jugendliche oder Eltern dem unverantwortlichen und menschenunwürdigen Bildungssystem der DDR ausgesetzt. Die Spinne in diesem Netz hieß Margot Honecker. Wenn Kindern das Rückgrat gebrochen, wenn sie zu Lüge und Heuchelei erzogen wurden, wenn Eltern und Schüler vor Schulleitern, FDJ-Sekretären und Staatsbürgerkundelehrern den Kotau machten, wenn im Unterricht das Töten verherrlicht wurde, dann trug dafür vor allem Margot Honecker die Verantwortung. Viele Lehrer litten nicht weniger furchtbar unter ihrer stalinistischen Militanz. Sie ihrem gerechten Urteil zuzuführen, wäre eine lohnende Anstrengung gewesen.

Während sie voller Energie die Volksbildung in der DDR dirigierte, verlor Erich Honecker seinen Realitätssinn. Das war nicht nur auf zunehmendes Alter zurückzuführen, sondern mehr noch auf seine Karriere. Die für ihn typische Verkennung der Wirklichkeit suchte alle Parteichefs im sozialistischen Lager heim, erst Gorbatschow sollte aus den realsozialistischen Traumgebilden ausbrechen.

Die Wahlen am 18. März 1990

Als die Wähler am 18. März den Christdemokraten die meisten Stimmen gaben, meinten sie weniger die Ost-CDU, sondern Helmut Kohl und die deutsche Einheit. Sie wollten auf schnellstmöglichem Weg die Teilung überwinden, und dies zu tun, hatte ihnen die CDU versprochen.

Der Demokratische Aufbruch erhielt 106.146 Stimmen und damit vier von 396 Volkskammermandaten: zwei in Thüringen, eines in Sachsen und meines in Berlin. Unsere einstigen Mitstreiter in der Bürgerrechtsbewegung, die sich im Bündnis 90 zusammengeschlossen hatten, wurden für ihren Mut vor und während der friedlichen Revolution ebenso wenig belohnt mit etwas mehr als 330.000 Stimmen und 12 Sitzen. Die PDS errang dagegen fast zwei Millionen Stimmen und 66 Mandate. Die CDU hatte mit 4,7 Millionen Stimmen und 163 Mandaten fast doppelt so viele Stimmen und Sitze wie die SPD. Die DSU, unser zweiter Partner in der Allianz, hatte immerhin die Zustimmung von über 727.000 Bürgern gefunden, was ihr 25 Mandate einbrachte - der erste und letzte große Erfolg dieses

Rainer Eppelmann bei der ersten freien Wahl in der DDR am 18. März 1990

CSU-Ablegers. So gut die Allianz insgesamt abgeschnitten hatte, das Ergebnis für unsere Partei war erschütternd schlecht. Eigentlich hätte schon zu diesem Zeitpunkt jedem deutlich sein müssen, dass wir allein nicht überlebensfähig waren, und schon gar nicht in einem vereinten Deutschland, das wir inzwischen anstrebten.

Erst jetzt begriff ich richtig, dass bereits am 9. November 1989, als die Mauer fiel, die Weichen in Richtung Vereinigung gestellt waren. Die DDR hätte nicht überleben können, außer am Tropf der Bundesrepublik. Und diese wäre verständlicherweise nicht bereit gewesen, eine marode Wirtschaft über Wasser zu halten. Sie wäre, wie sich inzwischen gezeigt hat, dazu auch nicht imstande gewesen, fordert der Aufbau der neuen Bundesländer doch viel mehr Anstrengungen, als selbst Pessimisten es sich ausgemalt hatten. Die DDR-Ökonomie war am Ende, auch wenn viele in Ost und West dies nach wie vor nicht einsehen wollten. Wäre die Vereinigung verzögert oder gar offengehalten worden, dann wären weiterhin Zigtausende von Deutschen von Ost nach West abgewandert und die Wirtschaft im Osten gänzlich zugrunde gerichtet worden. Dies wäre die teuerste Variante gewesen.

Der Übergang

Bundeskanzler Helmut Kohl begegnete ich als Vertreter des DA erstmals, als im Bonner Kanzleramt nach dem Wahlerfolg der Allianz über die Regierungsbildung gesprochen wurde. Nach Schnurs Enttarnung amtierte ich als Parteivorsitzender und war in dieser Eigenschaft zu diesem Treffen eingeladen worden. Außer Kohl und mir waren unter anderem anwesend: CDU-Generalsekretär Volker Rühe, von der DSU Parteichef Hans-Wilhelm Ebeling und Peter-Michael Diestel, von der Ost-CDU deren Vorsitzender Lothar de Maizière und Generalsekretär Martin Kirchner. Wir waren vom Wahlsieg überrascht worden, auch wenn der DA durch Schnurs Enttarnung als Stasispitzel deutlich unter den Erwartungen geblieben war. Kohl und Rühe interessierten sich vor allem dafür, wer ihr künftiger Verhandlungspartner sein würde.

Lothar de Maizière war sich noch nicht sicher, ob er als Spitzenkandidat und Vorsitzender der stärksten Partei Ministerpräsident werden sollte. Hing diese Zögerlichkeit vielleicht auch mit der Angst zusammen, dass seine Stasiakte eines Tages auf den Tisch kommen würde, obwohl es dem MfS gelungen war, Tonnen von Akten zu vernichten? Wir überlegten gemeinsam, ob es überhaupt personelle Alternativen gab. Auch ich leistete einen Beitrag zur Suche: Wenn de Maizière dieses Amt nicht übernehmen wolle, hätte ich einen Vorschlag, der in der DDR-Bevölkerung gewiss viel Anklang fände, nämlich Manfred Stolpe. Diese geäußerte Eingebung brachte mir nicht den Beifall des Kanzlers ein.

Als wir einige Zeit später mit den DDR-Sozialdemokraten über die Bildung einer Koalitionsregierung verhandelten, präsentierte ich Manfred Stolpe noch einmal als Kandidaten, diesmal für das Amt des Außenministers. Auch in dieser Funktion konnte ich mir den Konsistorialpräsidenten gut vorstellen, damals besser als den stellvertretenden DDR-SPD-Vorsitzenden Markus Meckel, der kurz darauf die DDR nach außen vertrat.

Die SPD sollte ebenso mit in die Regierung eintreten wie der Bund Freier Demokraten. Angesichts der großen Aufgabe der ersten und letzten frei gewählten Regierung der DDR, einen ganzen Staat abzuwickeln, mussten alle wichtigen politischen Kräfte an einem Strang ziehen. Allerdings waren die Koalitionsverhandlungen äußerst kompliziert. Der Wahlkampf hatte deutliche Spuren hinterlassen und vor allem das Verhältnis zwischen SPD und DSU belastet. Die Deutsche Soziale Union hatte in den vergangenen Monaten scharf gegen die Sozialdemokraten polemisiert, und es bedurfte einiger Mühe, die Zusammenarbeit der beiden Parteien möglich zu machen.

Pausengespräch in der ersten frei gewählten Volkskammer der DDR, 1990. Von links nach rechts: Gregor Gysi, Günther Krause, Lothar de Maizière und Rainer Eppelmann (Privatarchiv Eppelmann)

Am 12. April 1990, nach zähen Verhandlungen um Inhalte und Personen, stand die neue Regierung unter Ministerpräsident Lothar de Maizière fest. Ihr Ziel war, Deutschland möglichst rasch und gut zu vereinigen, ohne die Stabilität in Europa zu gefährden. Es sollte in die EU integriert und Mitglied einer sich in ihren militärischen Funktionen verändernden NATO werden. Am 1. Juli 1990 sollte eine Währungs-, Wirtschafts- und Sozialunion in Kraft treten. Die deutschen Streitkräfte auf dem Gebiet der DDR sollten übergangsweise weder der NATO unterstellt noch Teil der Bundeswehr sein. Die Justiz sollte gründlich nach rechtsstaatlichen Prinzipien reformiert werden. Die polnische Westgrenze musste völkerrechtlich verbindlich anerkannt werden.

Abschluss der Koalitionsgespräche in Ost-Berlin am 9. April 1990.
Von links nach rechts: Hans-Wilhelm Ebeling (DSU), Rainer Ortleb (LDP), Lothar de Maizière (CDU), Markus Meckel (SPD) u. Rainer Eppelmann (DA).
Deutsche Presse-Agentur (dpa), © picture-alliance/dpa

Minister für Abrüstung und Verteidigung

Als die Koalitionsgespräche sich ihrem Ende zuneigten, wurde mir klar, dass mir ein Ministerium angetragen werden würde, weil der amtierende Vorsitzende einer Koalitionspartei nicht übergangen werden konnte. Ich überlegte mir, welche Ämter mich reizten und - vor allem - welche ich mir zutraute. In den Sinn kamen mir die Ministerien für Auswärtiges, Arbeit und Soziales und, je länger ich darüber nachdachte, desto mehr das Verteidigungsministerium. Es erschien mir als schlüssige Konsequenz meiner Biografie, das Verteidigungs- in ein Abrüstungsministerium zu verwandeln.

Lothar de Maizière bot mir, ohne in meine Überlegungen eingeweiht zu sein, dieses Ministerium an. Ich nahm es unter der Bedingung an, als Abrüstungs- und Verteidigungsminister geführt zu werden. Ich hatte den Kriegsdienst verweigert und lange Jahre Friedensarbeit gemacht, um das Bewusstsein der Menschen zu pazifizieren. Im Abrüstungs- und Verteidigungsministerium konnte ich diese Arbeit nun fortsetzen, und zwar wirkungsvoller als je zuvor. Ich wäre mir unglaubwürdig vorgekommen, wenn ich nach all den Anstrengungen der Vergangenheit diese Gelegenheit ausgeschlagen hätte, einen Teil meiner Ziele politisch durchzusetzen. Noch heute bin ich froh, dass ich nicht Arbeits- und Sozial- oder Außenminister wurde, sondern Ressortchef für Abrüstung und Verteidigung.

Später erfuhr ich, dass ich der Wunschkandidat der Armeespitze war. Hoffmann und andere glaubten, dass ich die auf die Soldaten zukommenden Probleme ernst nehmen würde. Außerdem hatten die Offiziere im Ministerium schon 1985, als Keßler-Vorgänger Heinz Hoffmann gestorben war, auf einen zivilen Vorgesetzten gehofft. Egon Krenz war einer der Kandidaten in den Gesprächen gewesen.

Die Lage in der NVA war außerordentlich kompliziert. Mein

Vorgänger Hoffmann hatte sich unter anderem mit dem ersten Soldatenstreik der DDR-Geschichte auseinanderzusetzen. Anfang Januar hatten in Beelitz Soldaten gemeutert. Sie protestierten dagegen, als billige Arbeitskräfte missbraucht zu werden. Außerdem war es üblich, dass ein Wehrpflichtiger aus Magdeburg aus seinem Betrieb herausgeholt wurde, um dann für neunzig Mark Sold in Dresden in einem Unternehmen arbeiten zu müssen, während ein Dresdener Rekrut dann für ebenso wenig Geld in Magdeburg arbeitete. Sie seien bereit, als Soldaten in der NVA zu dienen, aber nicht dazu, als uniformierte Arbeitskräfte in der Wirtschaft die Lohnkosten zu drücken. Der Reichsarbeitsdienst sei abgeschafft, erklärten sie.

Admiral Hoffmann fuhr nach Beelitz und stellte sich den meuternden Soldaten. Er sagte ihnen Änderungen zu. Das fiel ihm nicht schwer, weil er diese Neuerungen ohnehin anordnen wollte. Der Einsatz von Soldaten in der Wirtschaft wurde gestoppt, und Einberufungen erfolgten nun möglichst in Heimatnähe. Hoffmann hatte den Mut, den Soldaten recht zu geben. Manche Offiziere verübelten ihm, dass er streikenden Soldaten Zugeständnisse gemacht hatte.

Am 18. April fuhr ich nach Strausberg, wo das Verteidigungsministerium seinen Sitz hatte. Dort übergab mir Admiral Hoffmann die Armee auf der Treppe des Hauses, das seit dem 20. Juli 1990 Stauffenberghaus heißt. Dem Haus 20 gaben wir den Namen Von-Tresckow-Haus, um die Wehrmachtoffiziere zu ehren, die am Widerstand gegen Hitler teilgenommen hatten. Der komplette Generalstab war angetreten, die Militärattachés der Botschaften und unzählige Journalisten wollten erleben, wie zum ersten Mal im Warschauer Pakt ein Zivilist, zumal ein Waffendienstverweigerer und Friedensaktivist, den Oberbefehl über eine Armee übernahm. Vor noch nicht einmal einem Jahr wäre man als traumtänzerischer Spinner ausgelacht worden, hätte man Derartiges auch nur als vage Möglichkeit angedeutet.

Ich war nun verantwortlich für mehr als 135.000 Männer und Frauen, Soldaten und zivile Mitarbeiter. Allein im Ministerium waren 5000 Menschen beschäftigt. Ihr neuer Chef ist Maurer gewesen und dann Pfarrer geworden. Meine engsten Mitarbeiter waren ebensolche militärischen Laien wie ich. Einer der beiden Staatssekretäre, Werner E. Ablaß (DA), war Leiter eines evangelischen Altersheims. Der Parlamentarische Staatssekretär, Dr. Bertram Wieczorek (CDU), hatte als Arzt gearbeitet. Der Staatssekretär für Abrüstung, Frank Marczinek, besaß als Einziger von uns militärischen Sachverstand. Er hatte es in der NVA bis zum Major gebracht, dann aber 1989 den Dienst quittiert und sich auf die Seite der Friedensbewegung gestellt. Walter Romberg von der SPD hatte ihn mir empfohlen.

Parlamentarische Staatssekretäre hatte es im Verteidigungsministerium der DDR nicht gegeben, genauso wenig einen Soldatenbeauftragten, der die Aufgabe hatte, die Interessen der Mannschaftsdienstgrade zu eruieren. Dieses Amt übernahm der zwanzigjährige Michael Hahn vom Demokratischen Aufbruch, dem auch der Umweltbeauftragte Klaus Gille angehörte. Der Leiter meines Beraterstabs, Dietmar Herbst, ist zuvor Lehrer für Deutsch und Religion in Celle gewesen und Mitglied der FDP. Ich hatte mich mit ihm angefreundet, als er mit dem Arbeitskreis „FDP und Kirche“ der niedersächsischen Liberalen 1988 die Samaritergemeinde besucht hatte und wir in der Folge gemeinsame Seminare durchführten. Der Personalchef, Gerd Engelmann (DA), war ebenfalls Lehrer, hatte allerdings in der DDR als Bürgerrechtler Berufsverbot bekommen. Mein Parlamentsreferent Wolfgang Apfeld, ein Arbeitsschutzingenieur und überzeugter Christ, kam aus der Samaritergemeinde. Später stieß auf Honorarbasis noch der sozialdemokratische Abrüstungspolitiker Egon Bahr zu uns. Für militärische Verhältnisse waren wir eine exotische Führungsmannschaft.

Mir war klar, dass wir jemanden gewinnen mussten, der militärischen Sachverstand einbringen konnte. Mein Vorgänger als Minister, Admiral Hoffmann, den ich in der Modrow-Regierung schätzen gelernt hatte, erschien mir dazu am besten geeignet. Ich fragte ihn unter vier Augen, ob er bereit sei, als Chef der NVA und ranghöchster Offizier unter mir zu dienen. Es war für ihn wahrhaftig keine Beförderung, die ihm in Aussicht gestellt wurde, aber er nahm nach einer Bedenkzeit an. Zuvor informierte er mich darüber, dass er nach wie vor Mitglied der PDS sei und dies auch bleibe. Für mich war das ein deutliches Zeichen, dass er es ehrlich meinte.

Als der Amtsübernahmeakt vollzogen war, stellte ich dem Generalstab seine neuen Vorgesetzten vor und begrüßte die Militärattachés. Danach wurden mir die Räume im Hauptgebäude gezeigt, und meine erste Amtshandlung bestand darin, anzuordnen, dass die Bilder mit Panzern, Kanonen und heroischen Soldaten von den Wänden verschwanden. Stattdessen hängten wir Bilder von Joachim Buhlmann auf, der seit 1987 seine Werke nur noch in Kirchen ausstellen konnte.

Admiral Hoffmann und andere führende Offiziere rieten mir, bald eine Kommandeurstagung durchzuführen, um die Soldaten über die Absichten der Regierung zu unterrichten. Sie fand am 2. Mai 1990 statt. Dort erklärte ich unter anderem:

„Es besteht keine akute Kriegsgefahr. Die Einsicht, dass Krieg in Europa nicht mehr verantwortet werden kann und nicht gewinnbar ist, wird von allen Mächten, die hier militärisch präsent sind, einhellig geteilt. Wir verstehen die Angst der europäischen Nachbarn vor einem erstarkenden Deutschland, und wir verstehen das Bestreben, sich gegen eine überstarke militärische Macht in der Kernzone Europas zu sichern. Aber dem entspricht auch das Bestreben, den europäischen Vereinigungsprozess voranzutreiben, die Blockkonfrontation endgültig zu überwinden und anstelle der in den Jahren des Kalten Krieges entstandenen Sicherheitsstrukturen allmählich neuartige gesamteuropäische Institutionen zu entwickeln. Die Vereinigung der beiden deutschen Staaten, insoweit sie bedachtsam und verantwortungsbewusst betrieben wird, widerspricht dem nicht. Sie kann sich eher förderlich auswirken. Damit haben sich die Aussichten auf neue Abkommen zur Abrüstung, zur militärischen Vertrauens- und Sicherheitsbildung im Gefolge der Verhandlungen in Wien und Genf durchaus verbessert (...). Grenzüberwindende Politik ist menschlicher, als es grenzüberschreitende Aktionen sind. Diesem Denken müssen wir uns verpflichtet fühlen. Dennoch wird die DDR, solange sie noch als selbständiger Staat fortbesteht, im Interesse ihrer äußeren Sicherheit ihre Volksarmee, in angemessenem Umfang und streng defensiv strukturiert, aufrechterhalten müssen. Es wird auch nach der Vereinigung auf DDR-Territorium eine zweite deutsche Armee geben, die, in kein Militärbündnis integriert, hier eigene, territoriale Sicherheitsfunktionen ausüben wird und dementsprechend strukturiert, ausgerüstet und ausgebildet werden muss."[11]

Soldaten klatschen gewöhnlich nicht. Diesmal taten sie es minutenlang. Und genauso neu war, dass sie diskutieren durften über das, was der Minister ihnen vorgetragen hatte.

Die Offiziere nahmen frische Motivation mit in ihre Einheiten. Die Desertionen gingen zurück, zuvor hatten durchschnittlich 34 Soldaten pro Tag eigenmächtig den Dienst quittiert und in Westdeutschland Zuflucht gefunden. Die Angehörigen der NVA registrierten, dass sie und ihre Interessen ernst genommen wurden. Dazu gehörte, dass die Offiziere und Unteroffiziere befragt wurden, ob sie gemeinsam mit den Wehrpflichtigen einen neuen Eid leisten wollten. Der 2. Mai war Einberufungstag, und die Volkskammer musste sich beeilen, einen Eidestext zu verabschieden, der demokratischer Gepflogenheit Rechnung trug. Wir wollten verhindern, dass die Dienstgrade weiterhin der Arbeiter-und-Bauern-Macht und der SED verpflichtet blieben, während die Wehrpflichtigen auf die Demokratie vereidigt wurden. 85 Prozent der Offiziere und Unteroffiziere sprachen sich dafür aus, einen neuen Eid abzulegen. Wer sich dazu nicht bereit zeigte, wurde aus der NVA entlassen.

Wer, wie manche westlichen Medien, den Aufwand kritisierte, den wir in einer zur Auflösung vorgesehenen Armee betrieben, der übersah, dass wir im Mai 1990 noch nicht den Einigungsvollzug vom Oktober ahnen konnten. Davor standen noch Verhandlungen mit den Alliierten und zwischen den bei-

Als Minister für Abrüstung und Verteidigung bei einem offiziellen Besuch in Frankreich, 1990 (Privatarchiv Eppelmann)

den deutschen Staaten. Viele westdeutsche Politiker und Offiziere haben die internationalen Umstände der deutschen Vereinigung in ihrer Bedeutung zu gering geachtet. Die Regierung de Maizière hatte versprochen, dass die deutsche Einigung die europäische nicht behindern werde und dass die Staaten des sich auflösenden Warschauer Vertrags nicht vor der Tür des neuen Hauses blieben. Lothar de Maizière, Markus Meckel und ich waren uns in diesem Punkt einig. Wir wollten vor allem verhindern, dass die Sowjetunion die deutsche Einheit als ihr „Versailles“ empfand, selbst wenn dadurch die Aufhebung der Teilung ein oder zwei Jahre mehr beanspruchen sollte. Denn sonst vermachten wir unseren Kindern und Enkeln eine schlimme Erblast, wenn sie damit rechnen müssten, dass in Moskau mächtige Menschen sitzen, die die neuen Grenzen in Europa nicht akzeptieren wollen. Erst Helmut Kohls Besuch bei Michail Gorbatschow und deren Kaukasus-Gespräche im Juli 1990 machten den raschen Weg zur deutschen Einheit frei.

Am 27. April traf ich zum ersten Mal meinen bundesdeutschen Amtskollegen Gerhard Stoltenberg. Da ich symbolische Handlungen schätze, hatte ich ihm vorgeschlagen, dass wir uns in Torgau an der Elbe begegnen sollten, wo kurz vor Kriegsende, am 25. April 1945, amerikanische und sowjetische Kampfeinheiten sich zum ersten Mal auf deutschem Boden begrüßt hatten. Stoltenberg erwies sich allerdings nicht als Freund solcher Signale, so wie er auch meinen Vorschlag ablehnte, dass wir gemeinsam nach Warschau, Prag, Moskau, Paris und London reisen sollten, um dort Sorgen abzubauen und um Verständnis für unsere Absichten zu werben. Er wollte vermeiden, Bundesaußenminister Genscher in die Quere zu kommen. Statt in Torgau kamen wir im Hotel „Holiday Inn“ am Flughafen Köln/Bonn zusammen. In der abschließenden Erklärung hieß es, dass das geeinte Deutschland zwar Mitglied der NATO sein solle, dass die militärischen Strukturen und Einrichtungen des westlichen Bündnisses aber nicht auf das Beitrittsgebiet ausgedehnt würden.

Das Bundesverteidigungsministerium stellte uns auf meine Bitte einen Berater zur Verfügung, der keine Weisungsbefugnis besaß, uns aber erklären sollte, wie manche Dinge in der Bundeswehr geregelt würden. Der Berater war ein netter älterer Herr, der seinen Auftrag allerdings etwas missverstanden hatte. Zunächst fiel uns auf, dass er hier und dort Offizieren Befehle erteilte. Und dann erfuhr ich, dass er jeden Abend seinem Arbeitgeber berichtete, was wir im Lauf des Tages getan hatten. Daher sagte ich Stoltenberg bei unserem zweiten Treffen, die Kommunikation zwischen der Bonner Hardthöhe und Strausberg funktioniere nun so gut, dass wir seinen Berater nicht mehr benötigten. In der Tat telefonierten wir wöchentlich miteinander und schafften es, größere Reibungsverluste zu verhindern.

Diffamierungen

Irritationen blieben dennoch nicht aus. Sie hingen nicht zuletzt zusammen mit Pressemeldungen, von denen mindestens einige den Zweck hatten, mich zu diffamieren. Leider betätigten sich auch Mitarbeiter meines Ministeriums als Ideenlieferanten für Sensationsjournalisten. Da wurde gemeldet, Abrüstungsminister Eppelmann verkaufe Waffen, lasse irakische Kampfflugzeuge in Dresden reparieren und wieder zurücktransportieren. Panzer der NVA sollten in Jugoslawien gesehen worden sein, Tretminen aus unseren Beständen in Angola, Brückenlegepanzer im Irak. Dann soll der offenkundig verrückt gewordene Ex-Pfarrer in Strausberg sogar befohlen haben, Atomkriegspläne gegen die Bundesrepublik zu entwerfen.

In der Tat waren Brückenlegepanzer aus einer Gemeinschaftsproduktion von DDR und ČSSR in den Irak verkauft worden, dies aber noch zu Zeiten des Ministerpräsidenten Willi Stoph. Inzwischen schwammen die Panzer an Bord eines irakischen Schiffes irgendwo auf den Weltmeeren. Sobald ich davon erfuhr, versuchte ich alles, um zu verhindern, dass der Frachter seinen Zielhafen erreichte, aber er hatte den Suezkanal schon passiert. Ich erhielt den offiziellen Dank des US-Botschafters in Ost-Berlin für meinen Versuch, die Brückenlegepanzer zurückzuholen, aber öffentlich wurde mir unterstellt, Saddam Hussein aufzurüsten. Eine Lieferung von Tretminen nach Angola hat höchstens zu Honeckers Zeiten stattgefunden; schon die Modrow-Regierung hatte im Februar 1990 ein Kriegswaffenausfuhrverbot erlassen. Und die MiG-Jäger, die das irakische Militär zur Wartung nach Dresden gebracht hatte, stehen möglicherweise noch heute dort. Wir haben die Flugzeuge jedenfalls nicht zurückgegeben.

Ich wehrte mich gegen diese Verleumdungen auch vor Gericht. Den Prozess habe ich selbstverständlich gewonnen, und der Journalist, der sich diese üblen Geschichten ausgedacht hatte, musste alles zurücknehmen. Aber dieses Ergebnis war natürlich nicht so spektakulär wie die vorherige Waffenschieberstory, und außerdem interessiert sich kaum einer für ein Gerichtsurteil über eine Sache, die Monate zurückliegt. Ich lernte, dass ein in der Öffentlichkeit ausgesprochenes oder geschriebenes Wort nicht mehr zurückzuholen ist.

Ein weiterer Verleumdungsversuch war die Behauptung, ich ließe auf Kosten des Steuerzahlers West-Berlins Regierenden Bürgermeister mit einem NVA-Hubschrauber zum Privatvergnügen herumkutschieren. Walter Momper (SPD) verbrachte seinen Sommerurlaub auf der Insel Rügen und hatte mich gebeten, ihm einen Hubschrauber für zwei dienstliche Flüge nach Hamburg und nach Berlin zur Verfügung zu stellen, um ihm die Fahrt über die völlig verstopften DDR-Autobahnen zu ersparen. Ich empfand Mompers Bitte als angemessen und vernünftig und erfüllte sie ihm. Daraus wurde eine Story in der *Bild am Sonntag* über einen Hubschrauber, mit dem schon Honecker geflogen sei und den nun Momper in Absprache mit mir auf Steuerzahlers Kosten zweckentfremde.

Ich wusste, wer der *Bild am Sonntag* den Tipp gegeben hatte, und wollte den Betreffenden sofort entlassen. Lothar de Maizière aber bat mich, der Regierung in ihren letzten Wochen solchen Ärger zu ersparen. Wir waren in der Tat schon ausreichend gebeutelt durch die täglichen Verdächtigungen, wer alles für die Stasi gearbeitet habe. Auch ich geriet aus unerfindlichen Gründen in den Geruch, IM gewesen zu sein. Nachdem ich jahrelang vom MfS schikaniert und bespitzelt worden war, traf mich kein Vorwurf härter als diese Lüge. Ich begnügte mich damit, den Informanten zur Rede zu stellen. Der tat so, als wisse er von nichts. Seiner Laufbahn hat es nicht geschadet.

In Dresden gründete mein Ministerium ein Institut für Konversion, also für die Umwandlung von Waffen in zivile Gebrauchsgegenstände. Wir hatten diese Forschung bitter nötig, denn uns plagten gewaltige militärische Altlasten. Allein 300.000 Tonnen Munition waren im Besitz der NVA – wie sollten wir diese Mengen umweltverträglich vernichten? Nach unseren ersten Berechnungen würden wir damit drei Jahrzehnte beschäftigt sein. Und wohin mit den Flugzeugen, Panzern, Lastwagen, Motorrädern, Gewehren, Pistolen, Kanonen und all dem anderen Material? Dazu kamen die Kasernenstandorte und Truppenübungsplätze, die durch Munitionsreste, Benzin und Öl verseucht waren. In den Böden wurden außerdem immer wieder verrostete Fässer mit undefinierbarem Inhalt entdeckt. Sie stammten zum Teil noch von der IG Farben, jenem Chemiegiganten, der zu Hitlers Zeit seine größte Machtentfaltung erlebt hatte und nach 1945 entflochten worden war.

In unserer Lage kam es uns zupass, dass die Ungarn, Tschechoslowaken und Polen Interesse an Waffen aus unseren Beständen bekundeten. Mit Kenntnis des Bundesverteidigungsministeriums verhandelte Staatssekretär Ablaß mit Ungarn und Polen über Kriegsgerät, das die DDR dereinst von dort bezogen hatte.

Fast alle Verträge dieser Art trugen die Zusatzklausel, dass sie nur mit Zustimmung der Bundesrepublik Deutschland rechtskräftig würden. Denn inzwischen war nach den Gesprächen Helmut Kohls mit Michail Gorbatschow im Kaukasus klar geworden, dass wir uns im Eiltempo auf die Einheit zubewegten. In meiner Amtszeit wurden lediglich zwei Verträge realisiert: Zum einen lieferten wir auf den dringenden Wunsch Washingtons und Bonns Schutzmasken nach Saudi-Arabien – die Angst vor Giftgasangriffen der Irakis war begründet. Und zum anderen verkauften wir in Absprache mit der Hardthöhe Kleinkalibergewehre, die einst der Stasi gehört hatten, an einen lizenzierten Waffenhändler in Regensburg, der sie dann als Schonzeitbüchsen für Jäger anbot.

Andererseits gab es eine Reihe von rechtsgültigen Verträgen der Regierung Stoph über den Kauf von Waffen. Rüstungsgüter im Wert von mehr als einer Milliarde Mark der DDR waren bestellt, darunter Schiffe, Panzer und Raketen. Hätte die Sowjetunion auf die Einhaltung der Kaufverträge gepocht, dann hätte die DDR Waffen bezahlen müssen, die sie nicht mehr brauchte. Aber die Regierung in Moskau zeigte sich großzügig und verzichtete darauf, ihr gutes Recht durchzusetzen und Konventionalstrafen zu verhängen. Ein Großteil der Bestellungen wurde storniert gegen die Bezahlung der Kosten, die der Sowjetunion bis zu diesem Zeitpunkt entstanden waren. Dabei war die UdSSR selbst im Ausland hochverschuldet, und ihre Wirtschaft befand sich in einem katastrophalen Zustand.

Wir erwarben neben einigen Ausrüstungsgegenständen nur noch zwei fertige Raketenschnellboote, die sich leicht zu Küstenschutzschiffen umfunktionieren ließen. Es wunderte mich nach meinen bis dahin gemachten Erfahrungen mit den Medien nicht, dass unser Erfolg beim Rückgängigmachen gültiger Verträge auf den Kopf gestellt wurde und mir eine Welle der Empörung entgegenschlug: Trotz ihrer bevorstehenden Auflösung rüste die NVA weiter auf, behaupteten einige Gazetten.

Wir bemühten uns, Fairness mit Fairness zu vergelten und gaben der Sowjetunion alle Geheimunterlagen und die Codes für die Luftverteidigung unkopiert und kostenlos zurück, als wir aus dem Warschauer Vertrag ausschieden.

Für öffentlichen Ärger sorgte schließlich noch, dass ich einen Befehl meines Vorgängers, Admiral Hoffmann, teilweise bestätigte, mit dem der NVA-Geheimdienst aufgelöst wurde. Er hatte seine Aktivität bereits im März eingestellt. Später wurden die Akten, die Auskunft über seine 138 Agenten in der Bundesrepublik gaben, vernichtet. Dass die Bundesbürger, die für die DDR-Seite gearbeitet hatten, ungeschoren davonkommen sollten, empörte die Medien, vor allem im Westen. Die Vernichtung dieser Akten hatte ich verhindern wollen. Ich hatte mich nach einiger Bedenkzeit und diversen Beratungen lediglich damit einverstanden erklärt, die Personalakten von DDR-Bürgern, die für die NVA spioniert hatten, zu vernichten. Aber wie ich heute begründet annehmen muss, waren sämtliche personenbezogenen Akten im Mai 1990 bereits verbrannt.

Kein Platz für politische Erklärungen

Mehr noch als der Ärger mit Medien und Mitarbeitern bedrückte mich die Entfremdung zwischen der Samaritergemeinde und mir. Ein Grund war, dass ich ab Mitte Februar

1990, von einem Tag auf den anderen, im Gegensatz zu früher für Gemeindeglieder schwer zu erreichen war und so vieles von dem, was ich tat, nicht erklären konnte. Ein weiterer bestand darin, dass ich in meiner neuen Funktion einiges aus einem anderen Blickwinkel betrachtete. Und nicht zuletzt hatten sich mit dem Niedergang des realen Sozialismus und dem sich abzeichnenden Ende der Blockkonfrontation auch manche Axiome früherer Jahre glücklicherweise als falsch herausgestellt. Offenkundig mussten wir zum Beispiel nicht mehr davon ausgehen, dass uns die DDR überleben würde.

Aus der Warte des Ministers - und später des Bundestagsabgeordneten - sah die Welt komplizierter aus als aus dem Blickwinkel des Gemeindepfarrers. Frieden schaffen ohne Waffen, und dies so schnell wie möglich: Das ist eine bis heute richtige Forderung. Allerdings muss ich als Politiker bedenken, dass es ohne Kompromisse und Folgeabschätzung nicht geht. Wir müssen Lösungen finden, die mehrheitsfähig sind und die die Interessen unserer Nachbarn und Bündnispartner berücksichtigen.

Inzwischen muss ich eingestehen, dass Ronald Reagan in gewisser Hinsicht recht hatte. In seiner Amtszeit wurde die Sowjetunion tatsächlich totgerüstet. Gorbatschow und seine Perestroika waren erst möglich, als selbst der verkalkteste Politbürokrat durch die Gewalt der Tatsachen begreifen musste, dass die Heimat aller Werktätigen pleite war. Das war die grausame Logik des Wettrüstens. Allerdings brachte diese Politik die Welt in eine gefährliche Konfrontation, und wir wissen nicht, ob der Frieden unter allen Umständen gehalten hätte. Insofern habe ich nichts von dem zurückzunehmen, was Robert Havemann und ich im „Berliner Appell“ oder der Samariterfriedenskreis in seinen zahlreichen Aktionen gefordert hatten.

Ich war parteiisch für den Frieden und die Überwindung

des SED-Regimes. Aber ich weiß heute mehr, und so würde ich als Gemeindepfarrer in mancherlei Hinsicht anders sprechen als früher. Gelernt habe ich vor allem, dass man niemanden zu seinem Glück zwingen, dass man die eigene Meinung nicht absolut setzen darf. Wenn man dies versucht, beseitigt man das Glück - auch das bisschen, das man auf dem Weg des Kompromisses finden kann.

Viele von den Freunden, mit denen ich mit der Kerze in der Hand auf der Straße gestanden hatte, glaubten, ich hätte den Verstand verloren, als ich Minister für Abrüstung und Verteidigung wurde. Wie konnte man als Pazifist Oberbefehlshaber der NVA werden! Der einzige Grund, dies zu akzeptieren, wäre für sie gewesen, ich hätte die Armee auf einen Schlag, mit meinem ersten Befehl, aufgelöst. Einige meiner Freunde erschienen nicht, als ich meine Abschiedspredigt in der Samaritergemeinde hielt. Der Gemeindekirchenrat hatte sogar verhindern wollen, dass ich predigte, um mir nicht den „Platz für politische Erklärungen zur Verfügung" zu stellen. Dies nach fünfzehn Jahren Zusammenarbeit!

Wie gut wäre es gewesen, wenn wir in den bewegten Tagen damals Gelegenheit dazu gehabt hätten, uns wieder einmal gründlich mit der Bergpredigt bzw. den Seligpreisungen zu beschäftigen. In unseren Friedenskreisen hatten wir uns immer wieder durch das Wort Jesu „Selig sind die Friedfertigen, denn sie werden Gottes Kinder heißen"[12] auf unserem Weg bestärkt gefühlt. In der friedlichen Revolution des Herbstes 1989 hatten wir tagtäglich erlebt, welche Kraft von den Friedfertigen ausgehen kann. Aber nun galt es, von einer Position des Mahnens, die sich auf keine politische Macht stützen konnte, zu einer Position aktiven politischen Gestaltens überzugehen. Die Probleme, die damals meine Samaritergemeinde, meine Freunde und mich umtrieben, waren für Christenmenschen nicht neu. Martin Luther hatte im Gegenüber zur katholischen

Kirche und den Täufern immer wieder über die Bergpredigt meditiert. Er war sich sicher geworden, man dürfe die Bergpredigt nicht zu einem politischen Handlungsprogramm für ein endzeitliches Reich Gottes schon hier auf Erden machen. Außerdem rechnete der Reformator sehr konkret mit der Macht des Bösen in der Welt. Deshalb war er davon überzeugt, der Versuch, die Welt nach dem vollkommenen Liebesgebot der Bergpredigt zu regieren, könne nur ein Chaos anrichten. Der Teufel und die bösen Menschen, so Luther, würden die Freiheit zum Tun des Bösen missbrauchen. Eine radikale Anwendung des von der Bergpredigt proklamierten Liebesgebots müsse deshalb in der Gesellschaft zu Konsequenzen führen, die geradezu im Gegensatz zur Liebe stehen. Solche Überlegungen Luthers, die ich hier nur andeuten kann, schienen mir in der Umbruchszeit 1989/90 wieder sehr aktuell zu sein. Auch er hatte ja den Weg vom Wittenberger Theologieprofessor, der mit seinen Thesen theologische Einsprüche formuliert hatte, zu einer Persönlichkeit gehen müssen, die aktiv in den Lauf der Dinge in Kirche und Gesellschaft eingreifen musste. Erst später fand ich in einem theologischen Lexikon einen Satz, der für mich die Probleme, mit denen meine Freunde und ich uns damals bis hin zu persönlichen Zerwürfnissen auseinandersetzen mussten, auf den Punkt brachte: „Ein Christ kann mit der Bergpredigt nicht die Welt regieren oder revolutionieren, aber ohne sie darf er es nicht einmal versuchen.“[13]

Solche Einsichten wurden für mich gestützt durch das Erbe Dietrich Bonhoeffers, dessen Rede von der „Kirche für andere“ auch in der DDR intensiv diskutiert wurde. Auch Bonhoeffer war durch die Begegnung mit der Bergpredigt, wie er selber einmal schrieb, erst wirklich zum Christen geworden. Seine Ethik war hinfort bestimmt durch die absolute Verpflichtung auf Frieden und Gerechtigkeit. Gerade aber weil Bonhoeffer hier so unerbittlich klar formulierte, konnte er auch sagen, es komme nicht auf die unbefleckte Reinheit des eigenen Gewissens in der Nachfolge Christi an, sondern auf die konkrete Verantwortung für den anderen Menschen. Bonhoeffer, der überzeugte Christ, hatte sich in das unübersichtliche Milieu der Geheimdienste gewagt, weil er schon 1933 überzeugt war, es käme nun für Christen und Kirchen darauf an „nicht nur die Opfer unter dem Rad zu verbinden, sondern dem Rad selbst in die Speichen zu fallen“[14]. Ich fand es schon als Student des Paulinums hilfreich, wie hier Mut zu einer bewussten politischen Existenz aus christlichem Glauben gemacht wurde, auch wenn dabei zwielichtige Situationen nicht zu vermeiden waren.

Auch Martin Luther King jr., der schwarze amerikanische Bürgerrechtler und Friedensaktivist, wurde mir damals zu einem wichtigen Zeugen dafür, welche politischen Konsequenzen aus dem Evangelium abgeleitet werden können. King wusste wahrscheinlich nur wenig über die Unterdrückung im Machtbereich des Kommunismus, aber es fiel uns nicht schwer, seine Erkenntnisse auf unsere Verhältnisse in der DDR zu übertragen: „Jede Religion, die sich um die Seelen der Menschen, aber nicht um die Slums und ihre verelendende Wirkung, um die erstickenden wirtschaftlichen Verhältnisse und die lähmenden sozialen Bedingungen sorgt, ist trocken und unfruchtbar wie Staub.“[15] Auch über Martin Luther King hatten wir in der Samaritergemeinde intensiv diskutiert, aber uns dabei wohl nicht hinreichend klargemacht, wie oft er dabei ins Zwielicht geraten war.

Über diese mich bestimmenden Gedanken hätte ich damals mit meinen Freunden und meiner Gemeinde sprechen müssen, um meinen Weg vom Pazifisten zum Abrüstungs- und Verteidigungsminister zu erklären, aber dazu fehlte es damals an der Zeit und vor allem der inneren Ruhe. Es war eine Phase der täglichen öffentlichen Großveranstaltungen, der Presseerklärungen, der Interviews in allen Medien, der Kommentare und Hintergrundberichte. Wir konnten uns nicht für Tage irgendwohin zur meditativen Besinnung zurückziehen. Vielleicht gehörte das aber auch zu jenen bitteren Folgen eines Lebens in der Nachfolge Jesu, dass das Zwielicht nicht scheinen darf und muss, wie Dietrich Bonhoeffer meinte.

Im Januar 1992 besuchte ich einige Male die Gauck-Behörde, um meine Stasiakten durchzusehen. Dort traf ich Bärbel Bohley, Katja Havemann, Lutz Rathenow, Jürgen Fuchs, Reinhard Schult und andere. Wir haben miteinander geredet. Später rief Katja meine Frau an und schlug vor, sich wieder einmal zu treffen. Die Zeit hat hier nicht nur Wunden geheilt, sondern auch beigetragen zum gegenseitigen Verständnis. Meine Freunde von gestern haben vielleicht festgestellt, dass ich nicht ein völlig anderer geworden bin.

Kündigung des Warschauer Vertrages

Als nach den Gesprächen im Kaukasus die Sowjetunion keine Einwände mehr dagegen erhob, dass das geeinte Deutschland Mitglied der NATO wird, stand uns die Aufgabe bevor, den Warschauer Vertrag zu kündigen. Ich hatte die zweifelhafte Ehre, als ehemaliger Bausoldat eine Tagung des Verteidigungsministerkomitees des östlichen Bündnisses zu leiten, da diese turnusgemäß in Strausberg stattfand. Als Diskussionsleiter verhinderte ich einen politischen Eklat, indem ich meinen ungarischen Kollegen, auch er inzwischen schon in Zivil, unterstützte, nachdem er vom sowjetischen Verteidigungsminister Dmitrij Timofejewitsch Jasow heftig angegriffen worden war. Jasow, seit 1987 im Amt und Kandidat des KPdSU-Politbüros, verhielt sich ganz wie ein Vertreter der alten stalinistischen Schule. In seinem Verständnis war er der Befehlshaber, und die anderen, immerhin Repräsentanten souveräner Staaten, hatten zu gehorchen. Vom ungarischen Verteidigungsminister verlangte er kategorisch zu versprechen, dass sein Staat im Warschauer Vertrag bleibe. Aber dieser konnte nur erwidern, sein Land sei inzwischen eine Demokratie und über solche Fragen entschieden Parlament und Regierung, nicht er allein. Jasow gab sich damit aber nicht zufrieden, sondern wurde immer zorniger. Schließlich griff ich ein. Ich bemühte mich, Jasow den Standpunkt des ungarischen Ministers zu verdeutlichen und ihm klarzumachen, dass die Verhältnisse sich unwiderruflich verändert hatten. Jasow beruhigte sich etwas, als er merkte, dass er nun gegen zwei stand. Alle anderen im Raum schwiegen. Sie kannten solches Abkanzeln aus der Vergangenheit und wagten es offensichtlich nicht, dem mächtigen Mann aus Moskau Paroli zu bieten.

Letzte Tagung der Verteidigungsminister des Warschauer Paktes, Strausberg bei Berlin, 1990 (Privatarchiv Eppelmann)

Noch mehr erzürnte ich Jasow, als er mit dem Ergebnis der Untersuchungen über die Umweltsituation in den sowjetischen Militärstandorten in der DDR konfrontiert wurde. Jasow wurde puterrot, sprang auf und erklärte: „Ich habe nicht gedacht, dass wir es hier mit solchen Kinkerlitzchen zu tun haben, sondern hier sind Männer zusammen und befassen sich mit den Fragen der Friedenssicherung und der Verteidigung." Ich widersprach. In meinen Augen handele es sich keineswegs um unwichtige Fragen, sondern um Vergiftungen, die so unnötig wie gefährlich seien. Jasow erwiderte zornig, dass sie die Sieger des Zweiten Weltkriegs seien und ich dies nicht vergessen solle. Dann verließ er wutschnaubend den Raum. Später sagte er mir, dass er mich zwar für einen schwierigen, aber auch für einen ehrlichen Mann halte.

Meist kam ich mit meinen russischen Gesprächspartnern gut aus. Als ich im April zum ersten Mal als Abrüstungs- und Verteidigungsminister in Moskau war, lernte ich unter anderem Armeegeneral Pjotr Luschew näher kennen, den Oberbefehlshaber der Truppen des Warschauer Vertrags. Er lud mich ein, an den Feierlichkeiten zum Sieg im Krieg gegen Hitlerdeutschland am 8. Mai teilzunehmen. Ich sagte zu, bat aber darum, auch Leningrad besuchen zu dürfen, weil dort Deutsche unendliches Leid angerichtet hätten. Dafür wollte ich mich als Regierungsmitglied entschuldigen. Er griff die Idee auf und schlug vor, dass wir gemeinsam ins heutige St. Petersburg führen.

Nach den Feierlichkeiten in Moskau flogen wir zusammen mit Begleitung nach Leningrad. Luschew ging den ganzen Tag mit uns durch die Stadt und über den riesigen Friedhof, auf dem unzählige Opfer der Blockade liegen, mit deren Hilfe Hitler die Stadt aushungern wollte.

Auf dem Flugplatz, von dem aus wir nach Ost-Berlin zurückreisten, fragte er mich, ob wir uns auf russische Art verabschieden wollten. Wir umarmten uns seitdem immer, wenn wir uns trafen.

Gemeinsam mit Pjotr Luschew vollzog ich am 24. September den offiziellen Austritt der DDR aus dem Warschauer Pakt. Ich erwartete ihn in meinem Verbindungsbüro in unserer Hauptstadt, das ich jenseits der Legalität - Berlin stand nach wie vor unter alliierter Kontrolle - eingerichtet hatte, um der Regierungsarbeit nicht allzu fern zu sein. Als Luschew kam, empfing ich ihn an der Eingangstür des Büros. Wir beide wussten, dass wir das Ende des östlichen Bündnissystems einleiteten, als wir das „Protokoll über die Herauslösung der Truppen der Nationalen Volksarmee der Deutschen Demokratischen Republik aus den Vereinten Streitkräften der Teilnehmerstaaten des Warschauer Vertrages" gemeinsam unterschrieben. Wir umarmten uns, tranken ein Glas Sekt, umarmten uns wieder, und ich brachte ihn zum Ausgang. Es war ein Abschied von einem Freund.

Die Geburt einer neuen Heimat

Am Tag der deutschen Einheit, dem 3. Oktober 1990, war ich früh aufgestanden, um im Ministerium die letzten Aufgaben als Amtschef zu erledigen und die NVA an Gerhard Stoltenberg zu übergeben. Ich gestehe, dass es mir schwerfiel, mich von Menschen zu verabschieden, von denen ich viele als lernwillig und fair kennengelernt hatte.

Später fuhr ich zum Alexanderplatz, wo eine öffentliche Gesprächsrunde von Journalisten und Politikern unter freiem Himmel stattfand. Anschließend bestiegen die Schöneberger Sängerknaben die Bühne. Ich unterhielt mich mit ihrem Leiter, der mich gleich zur Adventsfeier der Sängerknaben einlud.

Den Abend verbrachte ich zu Hause bei meiner Familie – meine Frau und ich hatten nach zwei Jahren der Trennung im Juni wieder geheiratet. Zusammen mit Freunden wollten wir das Ende der Deutschen Demokratischen Republik und die Geburt einer neuen Heimat feiern. Aber ich empfand das Zusammensein als enttäuschend. Jedenfalls wollte bei mir nicht die richtige Stimmung aufkommen. Für mich war der 3. Oktober nicht der entscheidende Tag, sondern der Schlusspunkt einer Entwicklung, die ihren Höhepunkt bereits am 9. November 1989 gefunden hatte: dem Tag, an dem wir Berliner die Mauer öffneten. Auch meine Gäste von der Samaritergemeinde waren eher nachdenklich. Sie machten sich Gedanken über das, was nun vor uns stand. Wir gehörten zu den vielleicht 85 Prozent Ostdeutschen, die nicht mehr DDR-Bürger, sondern Bundesbürger sein wollten. Von einem Tag auf den anderen lebten wir in einer Gesellschaft, die einen ganz anderen Geist hat, andere Antriebskräfte, andere Lebens- und Denkweisen.

Trotz aller Nachdenklichkeiten verstanden wir aber auch die, die an diesem Tag den alten Choral *Nun danket alle Gott mit Herzen, Mund und Händen* anstimmten. Ja, selbst wenn es historisch ganz gewiss nicht korrekt war, auch mir ging in diesen Stunden der deutschen Einigung jener große Psalm 126 durch den Sinn, in dem die Erlösung Israels gefeiert wird: „Wenn der Herr die Gefangenen Zions erlösen wird, so werden wir sein wie die Träumenden. Dann wird unser Mund voll Lachens und unsre Zunge voll Rühmens sein. Da wird man sagen unter den Heiden: Der Herr hat Großes an ihnen getan! Der Herr hat Großes an uns getan!"[16] Wir wussten, jetzt beginnt eine ganz neue Arbeit, ein neues Leben für uns. Alles, was wir in den letzten vierzig Jahren gelernt oder gelehrt bekommen hatten, war mit einem Schlag entweder gar nicht mehr oder nur noch bedingt verwendungsfähig. Wie es nun weitergehen würde, das wusste in der Tat Gott allein. Wir waren aber sicher, dass Gott auch auf den neuen und gewiss nicht einfachen Wegen an unserer Seite sein würde. Er würde mich auch in Zukunft tragen, aber auch fordern. Dem wollte ich mich stellen.

Im Bundestag

Der 3. Oktober 1990 war für mich wie auch für viele meiner Freunde ein zweideutiger Tag gewesen. Auf der einen Seite gab es natürlich die Freude über die Aufhebung der deutschen Teilung. Aber überschwänglich war diese Freude keineswegs, weil ich mir ja noch gar nicht richtig vorstellen konnte, was die Vereinigung mit sich bringen würde. Ich ahnte bereits damals, der Fall der Mauer und das Einrollen des Stacheldrahtes an der innerdeutschen Grenze würden uns nicht nur an den „Segnungen" des Westens Anteil haben lassen, wir würden nun auch mit Situationen und Problemen zu tun bekommen, von denen wir „gelernte“ DDR-Bürger auch durch das West-Fernsehen eigentlich nichts wussten. Der 3. Oktober war für mich neben aller bedenklichen Freude aber auch ein Tag des Abschieds. Die DDR war niemals nur ein Schreckensort oder ein Stasi-Land gewesen. In dieser DDR habe ich meine Kindheit und Jugend verlebt, und wir waren da doch nicht andauernd traurig, verängstigt oder verfolgt. In der DDR habe ich meine Frau kennengelernt, dort sind vier unserer fünf Kinder geboren worden. Eine Fülle von Freundschaften ist hier gewachsen, die bis heute Bestand hat. Wir wussten in der DDR, was Freundschaften wert sind, und sind deshalb damit meist sehr sorgsam umgegangen. Ohne die Hilfe von guten Freundinnen und Freunden wäre das Leben hinter der Mauer oft sehr viel schwieriger gewesen. Wir hatten als Bürgerrechtler in der DDR gegen das SED-Regime gekämpft, wir hatten auf den Sturz der alten Männer im SED-Politbüro hingearbeitet und die Entmachtung des Staatssicherheitsdienstes gefordert. Im Mittelpunkt unserer Hoffnungen hatte eine erneuerte DDR gestanden. Wir hatten die Selbstbefreiung gewagt, aber nicht geahnt, worauf wir uns dabei einließen. Unser Freund Jürgen Fuchs, der viel zu früh gestorbene Schriftsteller und wortgewaltige Zeitzeuge, brachte es auf den Punkt, als er auf dem 39. Historikertag 1992 ausrief: „Wann bricht schon mal ein Staat zusammen!“ Dafür gab es keine Parallelen, aus denen wir hätten lernen können, was da nun auf uns zukommen könnte. Die DDR, deren politisches System wir verändern wollten und in der wir doch ein volles Leben gelebt hatten, sie wurde, wie Stefan Heym es formulierte, am 3. Oktober tatsächlich einerseits zu einer „Fußnote in der Geschichte“. Aber beschrieb diese Einschätzung tatsächlich unsere Situation präzise? Wer lässt schon gerne wesentliche Teile seiner Biografie zur historischen Fußnote herabstufen? Also: Mein Abschied von der

DDR geschah nicht leichten Herzens. Da überwogen doch eher Nachdenklichkeit und auch ein Stück Wehmut die berechtigte Begeisterung und Freude über die wiedergewonnene Einheit Deutschlands.

Der Tag der Deutschen Einheit veränderte mein Leben aber auch ganz praktisch. So musste ich zum Beispiel mit diesem Datum Abschied von meinen Personenschützern nehmen. Noch einen Tag vorher hatten sie mir erzählt, ich stünde auf der Abschussliste der RAF ganz weit oben. Gab es denn einen Tag später kein Risiko mehr für mich? Ich werde es wohl niemals wirklich erfahren. Rund sechs Monate waren diese „Schutzengel" immer um mich herum gewesen. Besonders meine Familie hatte diese intensive Begleitung auch bei jedem Spaziergang oder Verwandtenbesuch immer als Belastung empfunden und war deshalb über diesen Abschied erleichtert.

Fühlbarer war für mich aber eine andere Veränderung: Nach der Wiedervereinigung wurde ich erst einmal arbeitslos! Ich gehörte ja nicht zu denen, die in das Übergangsparlament gekommen waren, das bis zur nächsten Bundestagswahl Anfang Dezember 1990 eingesetzt worden war. Vom Demokratischen Aufbruch hatte es nur ein Einziger geschafft, ein sächsischer Abgeordneter, der allerdings nur kurze Zeit dem Bundestag angehörte, weil Dr. Hans Geisler dann sächsischer Sozialminister im Kabinett Biedenkopf wurde. Ich machte also zunächst Wahlkampf für die CDU in Brandenburg, weil dort am 14. Oktober bereits die ersten Landtagswahlen anstanden. Als ich dann gefragt wurde, ob ich für die CDU als Bundestagskandidat zur Verfügung stünde, war mir klar, dass ich dann auch in dieser Partei Mitglied sein müsste, anders hätte ich keine Chance zur Wahl gehabt. Ich musste also noch in die Ost-CDU eintreten. Glücklicherweise war das nicht mehr die „Blockflöten"-CDU, die Gerald Götting von 1966 bis zum 2. November 1989 als Vorsitzender im Sinne der SED-Führung geleitet hatte. Trotzdem ist mir dieser Schritt nicht leichtgefallen. Ich wurde als Kandidat der CDU für den Wahlkreis Strausberg-Fürstenwalde-Seelow aufgestellt und mit einem Direktmandat tatsächlich in den Deutschen Bundestag gewählt. Wenn ich mich richtig erinnere, hat die CDU damals sechs Direktmandate in Brandenburg gewonnen, genauso viele wie die SPD. Das ist uns seitdem nie wieder gelungen. Bei allen folgenden Wahlen kamen die Abgeordneten der CDU für Brandenburg nur noch über Listenplätze in den Bundestag. 1990 war die Begeisterung vieler aus diesem Bundesland über das Ende der SED-Diktatur und die wiedererlangte Einheit, verbunden mit der Hoffnung, dass die Lebensverhältnisse sich rasch den westlichen Bedingungen anpassen würden, noch so groß, dass die CDU als die Partei, die am stärksten die rasche Wiedervereinigung propagiert hatte, etwa genauso oft gewählt wurde wie die SPD.

Vom 2. Dezember 1990 an war ich also Bundestagsabgeordneter, Mitglied des Deutschen Bundestages, und durfte deshalb meinem Namen die Abkürzung MdB hinzufügen. Das war schon etwas ganz Besonderes für mich. Als Jugendlicher so um die achtzehn hatte ich davon geträumt, entweder ein großer Sportler zu werden oder in einem gesamtdeutschen Parlament zu sitzen! Dabei habe ich allerdings niemals an die Volkskammer, das Scheinparlament der DDR, gedacht. Nun war dieser Traum Wirklichkeit geworden und ich voller Spannung, wie ich mit dieser neuen Aufgabe unter für mich völlig neuen Verhältnissen zurechtkommen würde! Klaus Peter Hertzsch, der in Jena Praktische Theologie lehrte, dichtete damals ein Lied, das auf die Melodie von *Lob Gott getrost mit Singen* zu singen war und viel für mich bedeutete, heißt es doch dort unter anderem: „Vertraut den neuen Wegen, auf die der Herr uns weist, weil Leben heißt: sich regen, weil Leben wandern heißt.(...) Vertraut den neuen Wegen und wandert in der Zeit! Gott will, dass ihr ein Segen für seine Erde seid (...) Vertraut den neuen Wegen, auf die uns Gott gesandt! Er selbst kommt uns entgegen. Die Zukunft ist sein Land. Wer aufbricht, der kann hoffen in Zeit und Ewigkeit. Die Tore stehen offen. Das Land ist hell und weit."[17] Dieses Lied, das inzwischen in das neue Evangelische Gesangbuch aufgenommen wurde, hätte damals die Hymne für viele der Bürgerrechtler sein können, die nun in völlig neue Verantwortungsbereiche gerufen wurden.

Die konstituierende Sitzung des 12. Deutschen Bundestages fand am 20. Dezember 1990 noch im Bonner Alten Wasserwerk statt. Den Vorsitz hatte zunächst der Alterspräsident des Bundestages Willy Brandt, bevor dann Rita Süssmuth zur Bundestagspräsidentin wiedergewählt wurde. Am 17. Januar 1991 wählten wir dann die Koalitionsregierung aus CDU/CSU und FDP unter Bundeskanzler Helmut Kohl im Alten Wasserwerk.

Ich habe bis auf die Pädagogische Akademie in Bonn in allen deutschen Parlamentsgebäuden in Deutschland arbeiten dürfen. Im 1976 eröffneten Palast der Republik in Ost-Berlin, in dem auch die Volkskammer und das Zentralkomitee der SED tagten, erlebte ich unter anderem die Ratifizierung des Einigungsvertrages vom 31. August 1990. „Erichs Lampenladen", wie wir den Protzbau an der Spree oft nannten, hat sich mir nicht weiter eingeprägt, zu groß war die Differenz zwischen dem hier inszenierten Staatsprunk und der Lebenswirklichkeit der meisten DDR-Bürger. Dass hier die erste frei gewählte Volkskammer der DDR zum Schluss noch tagte, gab Teilen des Baus zwar eine gewisse Würde, rechtfertigte aber nicht die Erhaltung eines Baus, der Jahrhunderte deutscher Geschichte unsichtbar machen sollte. Das Alte Wasserwerk in Bonn, das als Interimslösung bis zur Vollendung des neuen Plenarsaals 1992 als Sitzungsort des Bundestages diente, hatte tatsächlich ab 1875 der Förderung des Rhein-Grundwassers gedient, war 1958 stillgelegt, aber noch in Bereitschaft gehalten worden, bis der Bundestag dort 1986 einzog. Der Sitzungssaal im Wasserwerk war nur halb so groß wie der erste Plenarsaal. Deshalb saßen wir Abgeordneten dort ziemlich eng beieinander und fanden das gar nicht schlimm. Irgendwie erinnerte mich das mustergültig renovierte Wasserwerk immer an Kammerspiele, in denen nur mit halber Stimmkraft gesprochen werden musste. Der neue Plenarsaal von Behnisch & Partner überzeugte durch die Eleganz und Transparenz seiner großen Glaswände, die die Durchsichtigkeit der Demokratie versinnbildlichten, aber auch schwer lösbare Akustikprobleme im Innern zur Folge hatten. Als dieser letzte Plenarsaal in Bonn dem Parlament 1992 übergeben wurde, stand allerdings bereits fest: Berlin wird neuer Parlamentssitz. Bereits am 4. Oktober 1990 hatte es in dem nach dem Krieg behelfsmäßig wieder aufgebauten Reichstag eine Sitzung des ersten gesamtdeutschen Bundestages, zu dem nun auch 144 Abgeordnete aus den neuen Ländern gehörten, stattgefunden. Dann begannen umfangreiche Planungen.

Bei einem Besuch in Bonn hatten mich Christo & Jeanne Claude von ihrer Idee des „Verhüllten Reichstages" überzeugt, an der sie seit 1971 arbeiteten. Im Juli 1995 schaute ich zusammen mit dem Künstlerehepaar und einigen engen persönlichen Freunden auf das silbrig-glänzende Wundergebilde, in das sich der Reichstag unter einem strahlend blauen Himmel verwandelt hatte. Die Berliner und Tausende Touristen lagerten auf den Rasenflächen vor dem Reichstag.

Etwas von der Heiterkeit und Eleganz jener 14 Tage im Sommer 1995 ist dem Reichstag erhalten geblieben. Der Umbau durch das Büro von Sir Norman Foster lässt der Geschichte ihr volles Recht, ermöglicht aber auch eine parlamentarische Arbeit, wie sie unserer Zeit angemessen ist. Die gläserne Kuppel über dem Reichstag erwies sich als ein demokratischer Glücksfall. Seit ihrer Eröffnung sind Millionen von Menschen ihren Volksvertretern aufs Dach gestiegen. Jeder, der das einmal mitgemacht hat, fühlt sich irgendwie zu unserem Parlament zugehörig. Der alberne Versuch, die Bezeichnung „Reichstag“ zu unterdrücken und durch die gespreizte Formulierung „Plenarbereich des Deutschen Bundestages im Reichtstagsgebäude“ zu ersetzen, blieb Episode. Dafür sorgten schon die Berliner Busfahrer, die aus der Ausrufung dieser bürokratischen Superformulierung oft eine kabarettistische Meisterleistung machten. Am 19. April 1999 nahm der Bundestag mit einer ersten Sitzung sein neues Domizil in Berlin in Besitz.

Aber zurück nach Bonn und in das Alte Wasserwerk: Durch meine Abgeordnetentätigkeit wurde ich auch zum Vielflieger. Woche für Woche flog ich nun von Berlin-Tegel zum Flughafen Köln-Bonn. Bonn ist überhaupt mein erstes Flugziel gewesen, das war im Herbst 1989. Die Bordkarte von diesem Flug habe ich mir aufgehoben. Damals war ich immerhin schon 46 Jahre alt und saß zum ersten Mal in einem Flugzeug! Für Reisen in die Sowjetunion oder andere sozialistische Bruderländer fehlte einem Pfarrer mit vier Kindern in der DDR nicht nur das Geld. Die Vergabe solcher Flugreisen gehörte in der DDR zu den Privilegien; da musste man neben Geld entweder sehr gute Beziehungen zu Mitarbeitern im staatlichen Reisebüro haben oder aber ausgezeichnet und „delegiert“ werden.

Bonn – eine kleine Stadt

Für einen Berliner gehört Bonn mit seinen rund 300.000 Einwohnern zu den kleinen Städten. Aber die kleine Stadt am Rhein mit dem herrlichen Blick auf das Siebengebirge oder den Venusberg hat mir immer gut gefallen, was mir die Trennung von der Familie sehr erleichtert hat. Der Rhein ist über große Teile in die Stadt Bonn eingebunden, ganz anders, als ich das in Ost-Berlin mit der Spree erlebt hatte. Die Spree war ja zu DDR-Zeiten, in Ostberlin zumindest, fast versteckt. Ans Wasser kam man gar nicht heran, wäre man dann doch möglicherweise auf Fluchtgedanken gekommen. Auf dem Rhein konnte ich den lebhaften Schiffsverkehr beobachten. Nachdem ich mich eingelebt hatte, habe ich gerne zusammen mit Mitarbeitern oder Freunden einen der Ausflugsdampfer bestiegen, um in Richtung Linz den Rhein entlangzufahren. Gewöhnungsbedürftig war auch das Klima im Rheintal. An manchen Tagen konnte es ausgesprochen drückend sein. Es gab aber auch Abende, da konnte ich mich auf dem Kaiserplatz mit seinen Eiscafés oder der Terrasse der Parlamentarischen Gesellschaft oberhalb der Rheinpromenade wie in Italien fühlen. Bei aller harten Arbeit eines Abgeordneten, der ich mich nun zu widmen hatte, hatte ich immer auch den Eindruck, wenn du von Berlin nach Bonn fliegst, ist das schon so etwas wie eine Reise in den Urlaub.

Im Regierungsviertel um den „Langen Eugen", das Abgeordnetenhochhaus von Emil Eiermann, der auch die neue Gedächtniskirche am Berliner Zoo gebaut hatte, wohnten auch die meisten neuen Abgeordneten. Abends traf man sich in der Parlamentarischen Gesellschaft, manchmal auch im Presseclub mit seinen sagenhaften Bratkartoffeln und der Chefin, die praktisch alle kannte. Nahm man noch einige wenige Restaurants an der B 9 und in Godesberg hinzu, dann wusste man schnell, wo Bundeskanzler Kohl die italienische Küche genoss oder bestimmte Minister sich gerne sehen ließen. Ein Treffpunkt der besonderen Art war schließlich die unterirdische Cafeteria im Alten Wasserwerk, die praktisch rund um die Uhr geöffnet hatte. Dort herrschte „Ossi", der nicht aus den neuen Ländern kam, sondern ein vielsprachiger Ladiner aus dem Friaul war und eigentlich Osvaldo Cempellin heißt. Ossi war für viele Abgeordnete eine Art Beichtvater und Zuhörer in viel zu späten Nachtstunden. Er kannte fast alle politischen und persönlichen Geheimnisse Bonns und hatte die Kunst der höflichen Diskretion zur Meisterschaft entwickelt. Fotografen und Filmaufnahmen wären in seinem Reich undenkbar gewesen. Seit dem Jahr 2000 ist diese wichtige Persönlichkeit in der Parlamentarischen Gesellschaft in Berlin, im ehemaligen Reichspräsidentenpalais am Reichstag, präsent.

Meine erste Abgeordnetenzeit werde ich schon deshalb nicht vergessen, weil sich für mich fast jeden Tag ganz neue Erfahrungswelten und Eindrücke auftaten. Wir DDR-Bürger waren ja zum Lagerdasein verurteilt und kamen nie aus dem sogenannten „sozialistischen Lager" heraus. Jetzt auf einmal konnten wir uns völlig frei und ungehindert nicht bloß in der Bundesrepublik Deutschland, sondern in ganz Europa und der Welt bewegen. Auch eine völlig neue Arbeit konnten wir jetzt aufnehmen, wenn wir das wollten und die Chance dazu bekamen. Für mich war das besonders faszinierend, weil ich nun voraussichtlich auf Dauer nicht mehr als Gemeinde- oder als Kreisjugendpfarrer oder als der Initiator der Bluesmessen tätig war, sondern parlamentarische und politische Ämter übernahm, die mich ständig neu herausforderten.

Pfarrer und Parlamentarier

Mein Weg in die Politik hatte sich gewissermaßen von selbst ergeben. Ich war immer gerne Pfarrer gewesen. Besonders wichtig ist mir in meinem Pfarrdienst gewesen, die frohe Botschaft des Evangeliums an junge Menschen und an sogenannte „Randgruppen" in der Gesellschaft heranzutragen. Das konnte zu innerkirchlichen Konflikten führen und machte mich zu einem politisch denkenden Menschen. Trotz aller Jugendträume war es aber niemals mein Ziel gewesen, den kirchlichen Dienst zu verlassen. Dass ich dann in der Endphase der SED-Herrschaft politische Funktionen übernahm, hatte auch damit zu tun, dass es in der DDR eigentlich nur innerhalb der Kirchen Menschen gab, die die demokratischen Grundtechniken in der Gemeindeversammlung, dem Gemeindekirchenrat, auf Synoden oder Pfarrkonferenzen geübt hatten. Noch als Abgeordneter hatte ich über mehrere Jahre hinweg die Vorstellung, es gebe für mich eine Rückkehrmöglichkeit in den kirchlichen Dienst. Erst als mir meine Kirchenleitung erklärte, für mich gebe es nach dem Wechsel in die Politik keinen Platz mehr – auch nicht in dem entlegensten Dorf der Landeskirche –, begriff ich, dass das eine Illusion war. Diese kirchenleitende Entscheidung, die nicht nur mich, sondern auch andere ehemalige Pfarrer im parlamentarischen Bereich betraf, hat mich zuerst traurig gemacht. Ich glaube auch heute noch, dass sich meine Kirche manche Wirkungsmöglichkeit selbst verbaute, als sie die Mitarbeit von Pfarrern mit politischen bzw. parlamentarischen Erfahrungen prinzipiell ausschloss.

Wenn ich gleichsam ein Stück aus dem Pfarrdienst in die Politik hineingestolpert war, so gab es auch eine ganze Reihe von Pfarrerinnen und Pfarrern, die die Neuordnung der deutschen Verhältnisse ganz bewusst nutzten, um sich aus dem kirchlichen Dienst herauszulösen. Manchmal wurde über diese Menschen negativ hergezogen. Ich bin der Meinung, so konnten nur Menschen reden, die die Verhältnisse in der DDR nicht kannten. Ich hatte es ja selber dankbar erlebt, dass es für viele junge Christen in der DDR eine qualifizierte Berufsausbildung nur im Rahmen von Kirche und Theologie gab. Das haben viele als Chance begriffen und gehofft, sie würden sich mit dieser von außen her aufgenötigten Entscheidung arrangieren können. Das ist aber nicht allen gelungen. Solange die DDR existierte, haben sie die ihnen aufgetragenen Dienste nach bestem Wissen und Gewissen wahrgenommen. Als diese Rahmenbedingungen aber so nicht mehr existierten, sahen sie für sich die Möglichkeit, nun auch beruflich „in der Wahrheit zu leben" und sich einer Tätigkeit zuzuwenden, mit der sie sich in jeder Weise identifizieren konnten. Solche persönlich verantworteten Entscheidungen habe ich immer respektiert, zumal ich wusste, wie oft solche Neuorientierungen auch einen schmerzhaften Ablösungsprozess aus Verhältnissen bedeuteten, in denen man eben doch ein Stück Heimat gefunden hatte.

Schon als Pfarrer hatte ich mich immer auch als ein interessierter politischer Zeitgenosse verstanden, aber ich hatte mich natürlich niemals professionell etwa mit der Sozial-, Arbeitsmarkt-, Steuer-, Umwelt-, Verkehrspolitik oder gar der Außen-, Menschenrechts- und Geschichtspolitik auseinandergesetzt. Es war für mich deshalb eine große Herausforderung und Chance zugleich, mitten im Leben noch einmal etwas völlig anderes beginnen zu können. Ich bilde mir sogar ein, an der einen oder anderen Stelle Einfluss gehabt zu haben, Menschen unterschiedlicher Prägungen miteinander ins Gespräch gebracht zu haben und ein klein wenig auch „Stimme des Ostens" gewesen zu sein. Hierher gehört dann vielleicht auch ein Wort zu meiner Sprechweise. In der Internet-Enzyklopädie *Wikipedia* konnte man bis vor Kurzem lesen: „Ein Markenzeichen Rainer Eppelmanns ist seine ausgeprägte ‚Berliner Schnauze', ein sorgfältig kultiviertes proletarisches Idiom, mit dem er seine Volksverbundenheit zum Ausdruck bringt." Diese Einschätzung hat mich amüsiert. Der unbekannte Autor scheint mich persönlich kaum zu kennen. Ich habe zeitlebens mit „Berliner Schnauze" gesprochen, warum sollte ich daran etwas ändern, bloß weil nun hinter meinem Namen ein „MdB" stand? Meine Sprache ist Teil meiner Identität, die wollte ich nicht verbiegen. Bei den richtigen Anlässen kann ich mein „Berlinern" allerdings auch so weit zurücknehmen, dass ich fast richtig hochdeutsch spreche. Aber auch dann bleibt hörbar: Hier spricht ein echter Berliner.

Mühen der Ebenen

Bevor ich in meiner neuen Funktion überhaupt richtig loslegen konnte, galt es aber zunächst auch für mich, die „Mühen der Ebenen" zu überwinden. Ganz weit vorne stand dabei für mich wie für alle Neuen die Einrichtung meines Abgeordnetenbüros. Neben dem „Langen Eugen" hatte die Bundestagsverwaltung einige Containerbauten aufgestellt, um den zusätzlichen Abgeordneten aus den neuen Ländern geeignete Arbeitsmöglichkeiten zu verschaffen. Die dort vorgesehenen Räume waren allerdings lediglich mit den notwendigen Büromöbeln und der dazugehörigen Technik ausgestattet. Alles andere musste ich nun organisieren in einer Welt, deren Spielregeln und Möglichkeiten ich ja erst lernen musste. Das Wichtigste in einem Abgeordnetenbüro sind die Mitarbeiter. Ich muss von Menschen umgeben sein, wenn irgend möglich von offenen und fröhlichen Menschen. Die Arbeit für und mit einem Abgeordneten ist durch einen ständigen Wechsel der Aufgaben bestimmt. Das erfordert neben aller Kompetenz Einsatzbereitschaft und viel Verantwortung. Mitarbeiter müssen mitdenken, mitplanen und mitentscheiden. Jeder kluge Chef wird das in seinem eigenen Handeln berücksichtigen. Ohne wirkliche Teamfähigkeit sind Mitarbeiter und Abgeordneter schnell am Ende ihrer Kunst. Ich habe das Glück gehabt, immer wieder Mitarbeiter zu finden, die diesen Anforderungen im großen Umfang entsprachen. Wir haben viel zusammen gearbeitet, aber auch als Menschen aufeinander geachtet und oft auch zusammen gelacht. Besonders dankbar bin ich meiner letzten Büroleiterin. Heidrun Neumann hatte nicht nur das Büro insgesamt bestens im Griff, sondern moderierte auch meine Außenbeziehungen in das Parlament hinein, zum Wahlkreisbüro und zu den ungezählten Menschen, mit denen ich sachlich und freundschaftlich verbunden war, auf eine vielgerühmte Weise. Es gab Freunde, die sagten: „Es ist gar nicht schlimm, wenn du mal nicht im Büro zu erreichen bist. Dann ist wenigstens mal Gelegenheit zu einem ausführlichen Schwatz mit Frau Neumann." Ich habe das nicht als Kränkung empfunden, sondern als Bestätigung, die richtige Wahl getroffen zu haben. Mitarbeiter bei einem Abgeordneten müssen aber nicht nur teamfähig, sondern auch stressfest sein. Da gibt es immer wieder Momente, in denen es auf unterschiedliche Weise eng wird, wo Termine platzen, Unterlagen im Moment nicht greifbar sind oder schwierige Besucher betreut werden müssen. Dann hilft es ungemein, wenn die Mitarbeiter die Ruhe bewahren. In meinem Büro hat das fast immer hervorragend geklappt.

Optisch unterschied sich mein Büro bald von dem anderer Abgeordneter: Da fielen vor allem die Bilder auf, die sich an den Wänden drängten. In den ersten Jahren waren es überwiegend Karikaturen, weil mir ihre pointierten Aussagen sehr gefielen. Auch solche, die mich durch den Kakao zogen, fehlten hier nicht. Wenn Besucher ins Büro kamen, wurden sie oft von meiner Bildersammlung so beansprucht, dass ich eigens um Aufmerksamkeit für mich bitten musste. Das gab einen guten Einstieg in das Gespräch. In Berlin gab es später auch andere Bilder, zum Beispiel eins, das einen sehr engen Bezug zum 3. Oktober 1990 hatte und die maßgeblich Handelnden zeigte, also Lothar de Maizière, Helmut Kohl und Hans-Dietrich Genscher. Auch zahlreiche Fotos schmückten mein Berliner Büro. Eins davon war mir besonders wichtig, es zeigt, wie ich die vielbändigen Materialien unserer Enquete-Kommission zur Aufarbeitung der SED-Diktatur dem inzwischen verstorbenen Papst Johannes Paul II. in Rom bei einer Audienz überreichen durfte.

Das andere, wodurch sich mein Büro auszeichnete, waren die Pflanzen und Blumen. Ich brauche immer etwas Lebendiges um mich herum. Ein Raum ohne Grün, ohne Blattpflanzen, wo ich mich denn auch selber ein Stück mit darum kümmern muss, dass es ihnen gut geht, könnte ich mir gar nicht vorstellen. Das gilt für zu Hause wie im Büro. Wenn ich längere Zeit auf Reisen war, sorgte ich immer dafür, dass meine Pflanzen gut versorgt wurden. Wenn das mal nicht richtig funktionierte, war ich traurig und konnte dann auch sauer reagieren.

Schließlich interessierten sich meine Besucher oft noch für drei weitere Ausstattungsstücke meines Büros. Da gab es einen Glaswürfel, in dem das Brandenburger Tor zu sehen und ein Mauer-Stück eingelassen ist. Für mich war das kein „Mauerkitsch", sondern eine materielle Erinnerung an eines der wichtigsten Erlebnisse in meiner Biografie. Befremdlich wirkte auf viele die präzise gearbeitete Miniatur-Ausgabe eines Grenzpfahls der Deutschen Demokratischen Republik mit Staatswappen und allem, was dazugehört. Das war das Ehrengeschenk einer Einheit der Grenztruppen an ihren Minister. Mich erinnerte es an die Menschen, die in der NVA Dienst taten und denen ich für ein halbes Jahr verbunden gewesen war, aber auch – gerade weil dieses Souvenir von der Grenze eigentlich eine ungeheure Verharmlosung des Mord-Regimes an der DDR-Staatsgrenze darstellte – an alles das, was wir glücklicherweise im November 1989 überwunden hatten. Ähnlich ambivalente Reaktionen löste eine Mine als „Mitbringsel" aus Kambodscha aus. Als Mitglied des Menschenrechtsausschusses wollte ich mich aber immer wieder neu daran erinnern lassen, wie ungeheuer wichtig es ist, diese schrecklichen Minen weltweit zu verbieten und zu vernichten. Die Uhr in meinem Büro war übrigens auch eine Karikatur. Sie zeigte die gewaltige Silhouette von Bundeskanzler Helmut Kohl, auf dessen Bauch das Ziffernblatt bequem Platz hatte.

Wenn ich an mein Bonner Abgeordnetenbüro denke, muss ich immer auch an Wasser denken. Zweimal, zur Jahreswende 1993/94 und im Januar 1995, hatte ich dort „Besuch" vom alten Vater Rhein, der nach Regenrekorden und verstärkter Schneeschmelze sein Bett verließ und weite Regionen der tiefer gelegenen Teile der Uferstädte überflutete. Unsere Behelfsbauten, in denen wir logierten, liefen rasch voll. Mitarbeiter des Bundestages und Angehörige des BGS brachten unsere Büroeinrichtungen, vor allem unsere Akten und Computer, in Sicherheit. Das alles wurde mit beeindruckender Routine ab-

Überreichung des Bundesverdienstkreuzes durch die Bundestagspräsidentin Rita Süssmuth (Privatarchiv Eppelmann)

gewickelt. Ich merkte, die Menschen im Rheintal hatten mit solchen Ereignissen ihre Erfahrungen und fanden das alles nur halb so spannend wie ich, für den ein Hochwasser etwas ganz Neues war. Als das Wasser im Januar 1994 endlich zurückgegangen war, forderten alle Kolleginnen und Kollegen, die ihre Büros neben mir in der „Baracke" hatten, neue Fußbodenauslegeware, obwohl einige Fachfirmen sehr rasch dafür gesorgt hatten, dass von der tagelangen Überschwemmung unserer Räume, wo das Wasser einen Pegelstand von 1,50 m erreicht hatte, praktisch nichts mehr zu sehen und zu merken war. Meine Nachbarn aber meinten nun, die mit Schmutzwasser „verseuchten" Teppichböden seien gesundheitsgefährdend. Ich habe das für übertrieben gehalten, an den Steuerzahler gedacht und meinen vom Rhein gewaschenen Teppichboden nicht auswechseln lassen. Krank geworden bin ich nicht! Als ein Jahr später der Rhein wieder über seine Ufer trat und unsere Baracke gefährdete, machte ich einen Vorschlag, um ähnliche Probleme zu vermeiden. Ich erinnerte mich an das Prinzip der verbundenen Röhren. Wenn man die Baracke von außen abdichtete und sauberes Leitungswasser in die Räume leitete, könnte das Schmutzwasser vom Rhein nicht eindringen. Dieser Vorschlag stieß auf keine Gegenliebe bzw. war die Zeit meines „Neuerervorschlages", wie man solche bahnbrechenden Vorschläge in der DDR nannte, natürlich viel zu kurz für die bürokratischen Bedenkenträger, von denen es auch in der Bundestagsverwaltung mehr als genug gab. Das von mir angeregte Experiment wurde also nicht gewagt, und der Rhein überschwemmte erneut die Büros.

Die Stadt Bonn hat uns „Neulinge" damals sehr herzlich in Empfang genommen. Wir bekamen eine Netz-Fahrkarte für alle öffentlichen Nahverkehrsmittel im Raum Bonn zur Verfügung gestellt. Die Lokalzeitung spendierte man uns allerdings nur so lange, bis wir es gewagt hatten, für den Umzug nach Berlin zu plädieren. Von diesem Zeitpunkt an brauchten uns die Bonner Lokalnachrichten nicht mehr zu interessieren. Sehr hilfreich habe ich die Unterstützung bei der Wohnungssuche empfunden. Es musste ja alles sehr schnell gehen, und wir Abgeordneten aus den neuen Ländern hatten ja noch keinerlei Erfahrungen mit dem freien Wohnungsmarkt. Mir wurde eine Wohnung in Bonn-Beuel angeboten, direkt am Rhein und an der Fähre, die nach Königswinter führt. Da hätte ich also – immer am Rhein entlang – mit dem Fahrrad in mein Büro fahren können. Einige Male habe ich das tatsächlich auch gemacht. Weil ich aber dabei doch ins Schwitzen kam und im Büro nicht duschen konnte, ließ ich es bald bleiben. Ähnliche Erfahrungen machten übrigens auch die Grünen bei ihrem Einzug in den Bundestag, die sehr bald auf ihr demonstratives Fahrradfahren verzichteten und die Vorzüge der Dienstlimousinen des Bundestages schätzen lernten.

Abgeordnete haben eine Reihe von Privilegien, um die sie manchmal beneidet werden. Auch ich war da prinzipiell kritisch eingestellt, hatte ich doch den Missbrauch verachten gelernt, den die SED-Funktionäre mit ihren Privilegien getrieben hatten. Jetzt wurden mir also selber solche Privilegien zugestanden. Dazu gehörte eine Netzkarte der Deutschen Bundesbahn, die es mir möglich machte, sämtliche Strecken der Deutschen Bundesbahn für Dienstfahrten kostenfrei und 1. Klasse zu nutzen. Diese Karten galten auch für den Bereich der S-Bahnen in den Großstädten, die über ein solches Netz verfügen, und die Strecken, die von Privatbahnen betrieben werden. Ich begriff sehr bald den Vorzug dieses Angebots. Denn wenn die Mitarbeiter jedes Mal eine Fahrkarte vor Beginn einer Dienstfahrt beantragen müssten, wäre der bürokratische Aufwand unverhältnismäßig hoch gewesen. Die Benutzung der 1. Klasse hatte auch ihren guten Sinn, denn entweder benutzte ich die Bahnfahrten zum Aktenstudium oder versuchte – das allerdings sehr viel seltener – etwas verlorenen Schlaf nachzuholen. Diese Netzkarte kann übrigens nur der Abgeordnete selber benutzen, sein Name steht darauf, sie ist also personengebunden und kann nicht an Freunde oder Verwandte „ausgeliehen“ werden. Er kann sie also nicht weitergeben. Bei Flügen ist die Regelung eine andere. Natürlich werden die dienstlichen Flüge vom Bundestag bezahlt, aber sie müssen vorher schriftlich beantragt und von einer Verwaltungsdienststelle genau geprüft werden. Für Flüge in das Ausland gelten noch strengere Regeln. Ein drittes Privileg für Abgeordnete, aber zum Beispiel auch für Mitglieder von Bundestagskommissionen, die nicht zum Hohen Haus als Parlamentarier gehören, stellt der Fahrdienst des Deutschen Bundestags dar. Am Ort des Parlamentes unterhält der Bundestag eine Fahrzeugflotte, mit der der Abgeordnete von einem Arbeitsort zum anderen gefahren wird. In Bonn kannte jeder die meist schwarzen Mercedes- oder BMW-Limousinen des Bundestages. Wer den Tagesablauf eines Abgeordneten erlebt und weiß, dass der Abgeordnete an jedem Sitzungstag eine Vielzahl von Sitzungs- und Gesprächsterminen wahrzunehmen hat, wird schnell zugestehen, dass dieser Einsatz nur möglich ist, wenn es keine Transportprobleme gibt. In Bonn waren auf eine bestimmte Weise sogar die Taxifahrer einbezogen. Das bedeutete eine deutliche finanzielle und personelle Entlastung – vor allem in den Spitzenzeiten, zum Beispiel um große Plenardebatten herum oder aber bei Terminen in den sogenannten „Randzeiten“, wie etwa Fahrten zum Flughafen im Morgengrauen oder nach Mitternacht.

Abgeordnete aus den neuen Ländern

Gespannt waren wir darauf, wie sich das Verhältnis der Abgeordneten aus den alten und den neuen Bundesländern zueinander gestalten würde Ein erheblicher Teil der Abgeordneten, die aus den alten Bundesländern kamen, hatte ja eine relativ lange Parteikarriere mit der entsprechenden parlamentarischen Erfahrung hinter sich. Sie kannten natürlich den ganzen Apparat innerhalb und außerhalb des Bundestages und noch ein paar Kontakte, Regeln und Tricks dazu. Das sah bei uns ganz anders aus. Kaum einer von uns war ein Berufspolitiker im üblichen Sinn, sieht man hier von einigen PDS-Abgeordneten ab. Diese altgedienten Politfunktionäre mussten sich in einem demokratischen Parlament allerdings noch sehr viel mehr eingewöhnen als wir, die wir basisdemokratische Einsichten und Erfahrungen mitbrachten. Wir mussten im Schnellverfahren ein Land entdecken, das wir auch im Fernsehen nur in Ausschnitten erlebt hatten und das in erheblichen Teilen ganz anders funktionierte als die DDR. Das vereinigte Deutschland wirkte auf uns noch wie ein fremdes Haus, das andere gebaut hatten. Wie alle Bürger der neuen Länder mussten wir in diesem fremden Haus unser alltägliches Leben organisieren. Aber wir sollten zugleich auch mit unseren westdeutschen Kollegen Führungsaufgaben wahrnehmen. Wir haben diese Aufgabe insgesamt gesehen gewiss gut gemeistert, aber es gibt doch Unterschiede. Ich will hier nur auf einen hinweisen: Die Kolleginnen und Kollegen aus dem Westen verfügten alle über eine beträchtliche internationale Erfahrung und waren irgendwie schon überall gewesen. Nun, das ließ sich allmählich und soweit notwendig nachholen. Dauerhaft blieben die Unterschiede in den Fremdsprachenkenntnissen. Die meisten westdeutschen Abgeordneten beherrschen mindestens eine Fremdsprache gut! Da es in der DDR keine praktische Gelegenheit gab, eine Fremdsprache - etwa bei entsprechenden Reisen - lebendig zu nutzen, war die Motivation zum Spracherwerb niedrig. Besonders die Pflichtsprache Russisch wurde meist ausgesprochen widerwillig gelernt. Nur diejenigen, die in der Sowjetunion studiert oder dort gearbeitet hatten, sprachen ein passables Russisch. Die Englisch- und Französischlehrer konnten im Regelfall erst nach 1990 in das Land reisen, dessen Sprache sie unterrichteten. In der DDR bedeutete es für sie einen beruflichen Höhepunkt, wenn sie gelegentlich eine ausländische Delegation begleiten durften, die die von ihnen gelehrte Sprache als Muttersprache sprach. Angesichts dieser Defizite, die uns das auf Abschottung bedachte SED-Regime aufzwang, freut es mich besonders zu sehen, wie selbstverständlich die junge Generation in den neuen Ländern heute international aktiv ist.

Zumindest am Anfang wurden Abgeordnete aus den neuen Ländern von den „alten Hasen" aus dem Westen nicht selten mit einer gewissen Nachsicht, um nicht zu sagen von oben herab behandelt. Das nicht freundlich gemeinte, wenn auch nicht ganz falsche Wort von der „Laienspielerschar" saß in den Köpfen fest. Mich hat das nicht aus der Ruhe gebracht: Wir Bürgerrechtler in der DDR waren tatsächlich Laienspieler, denn Opposition und Widerstand konnten wir auf keiner DDR-Hochschule oder in einer sozialistischen Massenorganisation studieren. Das mussten wir uns alles selber beibringen. Aber wann schon haben Laienspieler so viel bewegt wie wir? Menschlich viel merkwürdiger fand ich, dass manche Kollegen mich erst mit Handschlag begrüßten, als ich Mitglied des Präsidiums der CDU geworden war. Solange ich einfacher Abgeordneter, Bundesvorsitzender der Sozialausschüsse der CDU (CDA) und Mitglied des CDU-Bundesvorstandes war, wurde mir diese Ehre nicht zuteil. Besonders pikant waren diejenigen Fälle, die mir den Handschlag sofort wieder verweigerten, als ich nicht mehr für das Präsidium kandidierte.

Christ und Parlamentarier

Ich habe mich während der 15 Jahre, die ich Bundestagsabgeordneter war, oft gefragt: Bleibt dein Christsein in diesem parlamentarischen Geschäft, das ja so turbulent und aufreibend ist, nicht irgendwo auf der Strecke? Findest du überhaupt noch Zeit zur Besinnung und zum Blick auf das Wesentliche? Die allermeisten Abgeordneten sind ja viel fleißiger, als mancher denkt, der im Fernsehen mit lustvollem Kameraschwenk gezeigt bekommt, wie leer das Plenum des Bundestages bei den meisten Sitzungen ist. Ein Abgeordneter, der wirklich von Mittwochmittag bis Freitagnachmittag oder -abend ununterbrochen im Parlament säße, der wäre wirklich eine faule Sau, um es einmal ganz hart auszudrücken. Der müsste sich nämlich peinliche Fragen gefallen lassen: Wann beantwortest du die Bürgerpost, in der sich die konkreten Sorgen und Nöte niederschlagen, die die Menschen bewegen, für die du Verantwortung übernommen hast? Wann bildest du dich weiter? Wann versuchst du, dich mit den anstehenden Gesetzesentwürfen vertraut zu machen? Wann nimmst du an der konkreten Arbeit deiner Fraktion und Partei teil? Sage nicht, das tust du in der sitzungsfreien Zeit, da hast du in deinem Wahlkreis im Gespräch mit deinen Wählerinnen und Wählern zu sein.

Die meisten Abgeordneten haben ja auch sonst noch zusätzliche Aufgaben zu erfüllen. Sie sind Leiter eines Ausschusses, einer Arbeitsgruppe oder einer Kommission. Sie sind Mitglieder in einem Fraktionsvorstand oder haben eine leitende Funktion in einer Vereinigung, wo sie sich ehrenamtlich mit spezifischen Anliegen beschäftigen. Der normale Abgeordnete mag seine Arbeit mit 50–60 Stunden Arbeitszeit in der Woche schaffen. Alle die, die zusätzliche Aufgaben und zusätzliche Funktionen haben, brauchen ganz sicher noch viel mehr. Da kann es also schon manchmal ganz schön knapp werden.

Gelegenheit zur Besinnung konnte ich also nur dann finden, wenn ich auch das bewusst organisierte und mir die Zeit dafür frei hielt. Oft waren es vertraute Gespräche, die mir weiterhalfen, und das tägliche Lesen und Nachdenken über Losung und Lehrtext der Herrnhuter Losungen. Immer wieder nahm ich mir auch die Zeit für eine Predigt oder eine Andacht. Ich erinnere mich an beeindruckende Gottesdienste mit Soldaten, ein großes Referat über Solidarität und Gerechtigkeit beim Leipziger Kirchentag 1997, Andachtsbeiträge in der *Frohen Botschaft* oder der Zeitschrift der Johanniter-Unfallhilfe, aber auch an Referate und Diskussionen zum Beispiel bei Wirtschaftsverbänden, wo die Frage nach der politischen Verantwortung der Christen im Mittelpunkt stand.

Die Enquete-Kommissionen

Eine große Freude und Anerkennung war es, als ich 1991 als einziger ostdeutscher Abgeordneter zum Vorsitzenden eines Bundestagsausschusses ernannt wurde, nämlich des Ausschusses für Familie und Senioren. Das bin ich mehr als zwei Jahre gewesen. Damals war alles ganz neu für mich, aber auch für die Ausschussmitglieder: Nur mit der üblichen kurzen Begrüßung wollte ich die Sitzungen nicht eröffnen. Ich wollte auch ein Stück auf die gemeinsame Arbeit einstimmen. So las ich zu Beginn jeder Sitzung etwas aus einem Buch vor, das für mich sehr wichtig und schön ist, nämlich eine Sammlung jüdischer Geschichten aus der Sowjetunion von Mark Rasumny, die den Titel *Auch im Herbst blühen die Bäume* trug. Die Staatssekretärin der Ministerin für Familie und Senioren erzählte mir später einmal, wie befremdlich ihr diese Art der Eröffnung beim ersten Mal vorgekommen war. Ich war aber davon überzeugt, neben aller politischen Arbeit müsse es einfach gut tun, eine

Geschichte zu hören, über die man einen Augenblick nachdenken konnte. Ein Jahr später habe ich die bisher vorgelesenen Texte als kleines Weihnachtsgeschenk den Ausschussmitgliedern zugeschickt.

Nach zwei Jahren Bundestagsarbeit - ich fühlte mich nun fast wie ein alter Hase - kamen Debatten auf, besonders durch Markus Meckel, auch ein früherer Pfarrer und nun Abgeordneter der SPD, die Geschichte der SED-Diktatur müsse aufgearbeitet werden. Einwände gegen diese Idee kamen sofort, besonders aus dem Lager der PDS. Dann müsse über beide deutsche Staaten geredet werden, auch mit der alten Bundesrepublik müsse „abgerechnet" werden. Wir kennen inzwischen diese Argumentationslinie zur Genüge: Natürlich gab es in der DDR Fehler, aber die BRD hatte doch auch ihre Macken. Vergessen wurde bei dieser Parallelsicht, welche gravierenden Unterschiede bestanden.

Es war der Unterschied zwischen der Bundesrepublik, einem freiheitlich-demokratischen Rechtsstaat, und der DDR, die als Bestandteil des sowjetischen Imperiums von der SED diktatorisch beherrscht wurde. Die beiden deutschen Teilstaaten repräsentierten zwei grundsätzlich unterschiedliche Gesellschaftssysteme. So erschien es im Bundestag allmählich immer mehr Abgeordneten durchaus sinnvoll, sich - auch vor dem Hintergrund der jüngeren deutschen Geschichte - öffentlich intensiv mit der Diktatur in der DDR zu befassen und damit die Geschichte der zweiten totalitären Diktatur auf deutschem Boden aufzuarbeiten.

Offen war zunächst, in welcher Form das geschehen sollte. Ich bin sehr froh, dass der Vorschlag eines Tribunals abgelehnt wurde, wie er hauptsächlich von Friedrich Schorlemmer propagiert wurde. Das wäre eine fürchterlich moralisierende Veranstaltung ohne jeden wirklichen Erkenntnisgewinn geworden, die hauptsächlich der Selbstdarstellung ihres „Erfinders" gedient hätte. Auch die von Markus Meckel zunächst favorisierte Vorstellung, die SED-Diktatur in einem Untersuchungsausschuss aufzuarbeiten, konnte sich glücklicherweise nicht durchsetzen. Die Unmöglichkeit, eine Diktatur durch die Justiz eines Rechtsstaates angemessen aufarbeiten zu können, erschien damals zwar noch nicht restlos vergeblich zu sein, aber wir ahnten doch, dass im Panzer unserer rechtsstaatlichen Gesetze eine umfassende Aufarbeitung der SED-Diktatur kaum zu bewerkstelligen wäre.

Eine Enquete-Kommission konnte hier eine viel breitere Fragestellung entwickeln, sie konnte ungleich mehr Opfern, Zeitzeugen, Politikern und Experten eine Bühne zur historischen Aufarbeitung der Diktatur bieten. Ebenso wichtig war mir damals allerdings auch, dass im Einsetzungsbeschluss der Enquete-Kommission festgeschrieben wurde, diese habe Versöhnung herzustellen zwischen denen, die regierten oder den Regierenden massiv geholfen haben, und denjenigen, die regiert wurden und die unter dieser Diktatur gelitten haben. Ich war der festen Überzeugung, dass Versöhnung nur dann möglich wäre, wenn differenzierte Urteile über politische Strukturen, Machthaber, Täter und Opfer, internationale Verflechtungen und moralische Entscheidungssituationen erarbeitet worden seien.

Natürlich gab es sofort heftige Auseinandersetzungen über die Anmaßung, eine Enquete-Kommission könne Geschichte aufarbeiten; das Parlament wolle nicht warten, bis die Wissenschaft in die Gänge gekommen sei, und insbesondere aus dem Lager der SED-Nachfolgepartei PDS war der Vorwurf zu hören, eine solche Enquete-Kommission diene nur den Rachebedürfnissen der „sogenannten Bürgerrechtler“. Auch die evangelischen Kirchen in Deutschland reihten sich zumindest teilweise in den Chor der Gegenstimmen ein. Ich habe bis heute den Verdacht, das entsprang der großen Sorge, auch die Kirchen könnten bei einer solchen umfassenden und öffentlichen Aufarbeitung zu Schaden kommen.

Darum war es mir sehr wichtig, dass unter denjenigen, die Mitglieder der Enquete-Kommission werden würden, mindestens einer kirchenleitende Verantwortung hatte. Das war auch schon deshalb einfach notwendig, weil die Kirchen, insbesondere die evangelischen Landeskirchen, in allen Phasen der SED-Diktatur eine wichtige Rolle gespielt hatten. Besonders in den letzten Monaten der DDR waren die Kirchen - nicht immer ganz freiwillig - zu einer entscheidenden Basis des Protestes geworden. Das Verhältnis von Staat und Kirchen war in der DDR eben niemals ein Randphänomen, so sehr sich die SED-Machthaber auch darum gemüht hatten, die Kirchen und die Christen an den Rand zu drängen.

Natürlich fiel mir für diese Position in der Enquete-Kommission sofort mein Freund und damaliger Superintendent und Pfarrer an der Sophienkirche in Berlin, Martin-Michael Passauer, ein. Ich bin bis heute froh, dass ich ihn für die Enquete-Kommission gewinnen konnte. Insbesondere dank seiner Mitarbeit konnte nicht nur den Kirchenleitungen allmählich deutlich gemacht werden, wie ernsthaft, ehrlich und fair unser Bemühen war, die Geschichte der DDR, dieser Diktatur der SED, zu beurteilen und dabei immer die gewichtige Rolle der Kirche einzubeziehen und zu würdigen.

Diese Einsicht war allerdings keineswegs von Anfang an vorhanden. Mit Schrecken denke ich immer noch an die erste Begegnung der Kommissionsmitglieder, die die CDU berufen hatte - Martin-Michael Passauer, Professor Peter Maser und Rainer Eppelmann - mit dem obersten Leitungsgremium der Evangelischen Kirche in Deutschland (EKD), der sogenannten Kirchenkonferenz, in Hannover zurück. In diesem Gremium treffen sich alle Bischöfe und die meisten Leiter der Kirchenverwaltungen in regelmäßigen Abständen zur Erörterung von

Fragen mit grundsätzlicher Bedeutung. Am 7. September 1994 wurden wir in den großen Saal im Kirchenamt der EKD geführt, um den dort an einem riesigen Rundtisch versammelten Kirchenoberen unsere wichtigsten auf die Kirchen bezogenen Ergebnisse mitzuteilen. Die Atmosphäre war von tiefstem Misstrauen und hoher Bereitschaft zum Verletztsein bestimmt. Besonders heftig reagierten einige Bischöfe aus den neuen Ländern, als wir, auf Zahlen gestützt, den Begriff der Entchristianisierung als Folge von vierzig Jahren SED-Diktatur gebrauchten. Ich erklärte damals – bei ständig wachsender Unruhe im Saal –: „Die schlimmste Folge der SED-Kirchenpolitik [...] ist die weitgehende Entchristianisierung, insbesondere der jüngeren DDR-Bevölkerung. In den Großstädten können wir noch mit etwa 5 % Christen rechnen, im Gesamtdurchschnitt mit vielleicht 10 %. Diese Entchristianisierung als Ergebnis von vierzig Jahren SED-Kirchenpolitik kann nicht mit dem verglichen werden, was als Säkularisierung ganz allgemein zu beobachten ist. Das Gebiet der früheren DDR ist wieder zum Missionsland geworden.“[18]

Was damals die kirchenleitenden Gemüter so heftig erhitzte, dass beide großen evangelischen Nachrichtendienste, nämlich *epd* und *idea*, unseren Auftritt in eigenen Dokumentationen an die Öffentlichkeit brachten, gehört heute zum unbestrittenen Allgemeinwissen. Ich beobachte aber auch voller Respekt, mit welcher Energie sich die kleiner gewordenen Gemeinden und Kirchen in den neuen Ländern darum bemühen, ihre Position in einer entchristianisierten Umwelt neu zu bestimmen und zu festigen. Die erste Enquete-Kommission hatte so viele kirchennahe Menschen als Mitglieder, dass ein Freund von mir zu sagen pflegte: „Wenn es einmal eine Morgenandacht in der Kommission geben sollte, brauchten wir keine Liederblätter für *All Morgen ist ganz frisch und neu* auszugeben. Das können alle bis auf die Mitglieder der PDS.“

Wir haben es nicht ausprobiert, aber das Thema „Kirchen" war stets präsent.

Es gab fast kein Gebiet des Lebens in der DDR, in dem die Kirchen nicht direkt oder indirekt auf wichtige Weise beteiligt waren. Ging es um „Machtstrukturen und Entscheidungsmechanismen im SED-Staat", so hatten wir der Frage nachzugehen, inwieweit diese durch die Kirchen begrenzt wurden. Die Kirchen waren ja die einzigen großen gesellschaftlichen Organisationen, die frei über sich, ihre Leitungsgremien, überhaupt ihr Personal, aber zum Beispiel auch über ihre in die Gesellschaft hineinwirkenden Aktivitäten bestimmen konnten.

Wenn wir uns mit der „Rolle und Bedeutung der Ideologie" beschäftigten, stießen wir gleichfalls sofort wieder auf die Kirchen. Sie widerstanden aus ihrem Glauben heraus dem materialistisch-atheistischen Totalitätsanspruch der SED. In so mancher kirchlicher Nische konnten Reste spätbürgerlich-idealistischen Denkens überwintern. Bei allen passenden Gelegenheiten gingen die Kirchen mit ihrem Widerspruch gegen den alltäglichen Atheismus im SED-Staat an die Öffentlichkeit.

Verhandelte die Kommission den Themenkomplex „Recht, Justiz und Polizei" im SED-Staat, so war davon zu sprechen, wie sich Kirchenvertreter immer wieder, wenn auch zumeist in der Stille, zu Anwälten der Opfer gemacht hatten. Dieser Einsatz begann in der Zeit der sowjetischen Speziallager und endete erst in der friedlichen Revolution im Herbst 1989, als die Kirchen immer wieder „Keine Gewalt!" forderten.

Welche Bedeutung die Kirchen im Rahmen der Deutschlandpolitik gehabt hatten, war allgemein bekannt. Zäh hatten sie an ihren Grenzen überwindenden Verbindungen festgehalten, zahlreiche diskrete Kontakte über die Grenzen hinweg waren durch die Kirchen vermittelt worden. Mit ihrer Partnerarbeit pflegten die Kirchen schließlich ein „gesamtdeutsches"

Bewusstsein, das nicht auf Wiedervereinigung abzielte, aber das Freund-Feind-Denken überwinden half.

Direkt zu „Rolle und Selbstverständnis der Kirchen in den verschiedenen Phasen der SED-Diktatur“[19] bieten die Materialienbände der ersten Enquete-Kommission nicht weniger als rund 1700 Seiten. Damit schuf die Kommission im Zusammenwirken aller ihrer Mitglieder und in Verbindung mit zahlreichen kirchenleitenden Persönlichkeiten, Vertretern aus den Gemeinden und Basisgruppen sowie Spezialisten der kirchlichen Zeitgeschichte eine erste umfassende Kirchengeschichte der DDR. Diese erfasst nicht nur die beiden großen Kirchen, sondern auch die in der DDR sogenannten „kleinen Religionsgemeinschaften“, also die Freikirchen. Die Fachleute erläutern mir, dass diese „Kirchengeschichte der DDR“ bis heute gültig ist, auch wenn die Forschung inzwischen natürlich kräftige Fortschritte gemacht hat. Damals veröffentlichte ein Heidelberger Professor dickleibige Bücher, gab aber auch unzählige Interviews in den Medien und schrieb fortlaufend Zeitungsartikel, in denen er vor allem die evangelischen Kirchen und ihre Leitungen auf der Grundlage eines breit ausgewerteten Quellenmaterials beschuldigte, zu „sozialismusaffinem“ Verhalten und zur „Anpassung“ an das SED-Regime geneigt zu haben. Außerdem behauptete der Professor immer wieder und durchaus publikumswirksam, die evangelischen Kirchen seien mehr oder weniger vollständig in der Hand von inoffiziellen Stasi-Mitarbeitern in kirchenleitender Tracht gewesen.

Die Kommission beschäftigte sich intensiv mit den Einbrüchen, die dem MfS in den kirchlichen Raum hinein gelangen, stellte dazu aber in ihrem Bericht fest: „Den Erfolgen im Bereich der Kirchen müssen aber auch die Grenzen entgegengehalten werden, auf die das MfS stieß. Der konspirative Charakter seiner Tätigkeit wurde begrenzt durch die prinzipielle Öffentlichkeit des kirchlichen Wirkens. Es gelang dem MfS auch nicht, das Vertrauensverhältnis innerhalb der kirchlichen Mitarbeiterschaft und an der Basis grundlegend zu zerstören. [...] Begrenzt wurde die Tätigkeit des MfS gegenüber den Kirchen auch durch die Vielgestaltigkeit der kirchlichen Arbeitsformen. [...] Entscheidend begrenzt wurde der Einfluss des MfS innerhalb der Kirchen vor allem durch deren vielfältige Organisationsformen und demokratisch-synodale Verfassung."[20]

Wenn die Kommission über die Rahmenbedingungen für „abweichendes und widerständiges Verhalten und oppositionelles Handeln" in der DDR sprach, mussten ebenfalls immer wieder die Kirchen, hauptsächlich die evangelische, genannt werden. Sie hatten sich in ihren Gemeindekirchenräten und Synoden Reste einer demokratischen Kultur erhalten. Im Raum der Kirchen konnte das selbstständige Denken geübt werden. Unter dem „Schutzdach der Kirchen" konnten auch solche Menschen den „aufrechten Gang" üben, die nicht zu den Kirchenchristen gezählt wurden. Die Schwierigkeiten der Kirchenleitungen mit den „Gruppen" waren zwar vorhanden, aber wurden nicht bestimmend. Als sich der Sturz der SED-Diktatur abzuzeichnen begann, sorgten die Kirchen im ganzen Land mit ihren Friedensgebeten dafür, dass der Protest friedlich blieb. Kerzen, Gebete und der Ruf „Keine Gewalt" wurden zur „materiellen" Gewalt, um eine Formulierung von Karl Marx zu benutzen, die dieser gewiss anders gemeint hatte. Und noch einmal taten Christen und Kirchenvertreter einen wichtigen gesellschaftlichen Dienst, als sie an vielen Orten die Leitung der „Runden Tische" übernahmen. Wer anders hätte denn diese Vorformen einer demokratischen Gesellschaftspraxis moderieren sollen?

Auch solche Menschen, die allem, was Jesus, Christenglaube und Kirche heißt, fremd gegenüberstanden, haben mir im Verlauf ihrer Arbeit gesagt: „Jetzt erst verstehen wir, was

Christen zu ihrem Tun antrieb, was sie untereinander verband und was ihr Vorhandensein für unsere Gesellschaft hätte bedeuten können. Leider haben wir das nur zu oft erst begriffen, als es zu spät war." In der DDR hatten junge Christen oft unter ihrer Minderheitensituation gelitten. Die atheistische Propaganda wechselte zwar den Grad ihrer Aggressivität, bestimmte aber das gesamtgesellschaftliche Klima doch eindeutig. Auch in der Spätphase der DDR, als die Partei- und Staatsführung immer stärker die Nähe zu den Kirchenleitungen suchte, änderte sich daran im Grunde genommen nichts. Es gab keine offenen Angriffe mehr, aber der Glaube an Jesus und die befreiende Kraft der frohen Botschaft wurde doch immer noch wie eine vielleicht ehrenwerte persönliche Macke von Leuten behandelt, deren moralische Integrität allgemein geachtet wurde. Dass mit Jesus die Welt verändert werden kann, dass der Glaube sogar Mauern versetzen und eine Gesellschaft menschlicher gestalten kann, das wurde damals von vielen als eine Utopie eingestuft, die nur noch Randgruppen der Gesellschaft als realisierbar betrachteten. Insofern war der Herbst 1989 für uns wirklich ein Wunder!

In den Enquete-Kommissionen haben wir etwa 300 umfangreiche Studien und Expertisen genannt, lesen und auswerten müssen. In rund 60 internen Sitzungen gab es intensive Diskussionen der Kommissionsmitglieder untereinander. Etwa 250-mal tagten kleinere Gruppen aus der Kommission zu bestimmten Einzelthemen. In diesen sogenannten „Berichterstattergruppen" wurde ein großer Teil der Detailarbeit geleistet. Am eindrucksvollsten aber waren für mich immer die öffentlichen Anhörungen, zu denen wir nicht weniger als 70-mal die Öffentlichkeit einluden. Da reiste die ganze Kommission mal nach Berlin oder Dresden, Halle, Magdeburg, Schwerin oder Erfurt, um sich mit Zeitzeugen, Fachleuten der unterschiedlichsten Art und hochrangigen Repräsentanten aus den Parteien und der Regierung zu treffen. Das war nicht nur für mich ein Geschichtsunterricht der ganz besonderen Art. Spannend war es, Helmut Schmidt oder Helmut Kohl zuzuhören und sie befragen zu können. Der amerikanische Botschafter kam zu uns, ebenso aber auch ehemalige Mitglieder des ZK der KPdSU. Wir hörten Künstler, Stasigeneräle, Wirtschaftsfachleute, Bischöfe, Pfarrer und Priester sowie fast die gesamte einschlägig ausgewiesene Historikerzunft an. Das war alles ungemein interessant, aber noch stärker beeindruckte uns regelmäßig die Begegnung mit den Opfern der SED-Diktatur, die aus unterschiedlichsten Zusammenhängen heraus über die Unterdrückungsmechanismen im Alltag der SED-Diktatur berichteten. Das waren zumeist ganz einfache Menschen, die in die Mühlen der Repression geraten waren und immer noch nicht verstanden, weshalb gerade ihr Leben durch die SED-Diktatur beschädigt wurde. Mit großem Respekt haben wir auch denen zugehört, die in den Anhörungen über den Alltag in der DDR berichteten, wie es ihnen gelang, sich nicht verbiegen zu lassen.

Diese öffentlichen Anhörungen mit ihren Begegnungen mit konkreten Menschen waren für uns Kommissionsmitglieder sehr wichtig, fanden aber auch in den Medien die stärkste Beachtung. Wobei wir, die wir in beiden Kommissionen von 1992 bis 1998 mitgearbeitet haben, feststellen mussten, wie das Interesse in der Öffentlichkeit an der Aufarbeitung der SED-Diktatur allmählich deutlich geringer wurde. Das habe ich einerseits als einen Akt der Normalisierung begriffen, andererseits konnte ich verstehen, dass Menschen, deren Gegenwart und Zukunft von wirtschaftlicher Unsicherheit geprägt sind, sich nicht unbedingt mehr für die Vergangenheit interessieren. Gerade deswegen ist es mir aber bis heute immer wieder wichtig darauf hinzuweisen, dass die Transferbillionen, die der Aufbau Ost inzwischen gekostet hat, Folgekosten eines

Regimes sind, das nicht nur viele der ihm unterworfenen Menschen ruinierte, sondern auch die Natur, die Verkehrsstrukturen, die Industrieanlagen und vieles andere. Das SED-Regime lebte von den Leistungen einer Vergangenheit, mit der es nichts zu tun hatte, dem Fleiß und Improvisationsvermögen der Menschen in der DDR – und den Milliardenkrediten vom „Klassenfeind" jenseits der Elbe. Bis heute leiden wir unter den „Altlasten", die uns die SED-Oberen hinterlassen haben.

Die Texte und Ergebnisse der beiden Enquete-Kommissionen, also ihre sogenannten „Materialien"[21], haben wir komplett gedruckt, später auch auf einer CD-ROM zugänglich gemacht. Das waren für die erste Kommission achtzehn und bei der zweiten Kommission noch einmal vierzehn dicke Bücher. Die gehören in jede anständige Bibliothek. Diese zweiunddreißig Bände enthalten sämtliche Debatten, die Abschlussberichte, die Expertisen, die Protokolle der öffentlichen Anhörungen und der öffentlichen Sitzungen. Der aufgeschlossene Zeitgenosse kann heute also nicht behaupten, er wisse nichts von den Untaten der SED-Diktatur, wie es die vorherige Generation über die Nazi-Verbrechen sagte. Der Nürnberger Gerichtshof war ein Strafgericht und konnte sich nur mit Verbrechen und ihrer Sühne beschäftigen. Wir konnten ein viel umfassenderes Bild von dem Regime zeichnen, das in der Friedlichen Revolution davongejagt worden war.

Erfreulicherweise stellt man bei wissenschaftlichen Arbeiten immer wieder fest, dass die „Materialien" der Enquete-Kommissionen als wichtige Quellen genutzt werden. Ich betone das so ausdrücklich, weil diese umfassende Materialsammlung und der damit verbundene Aufwand für den Deutschen Bundestag etwas ganz Neues waren. Bei anderen Enquete-Kommissionen reichte normalerweise eine broschierte Ausgabe mit dem Abschlussbericht. Unsere große Materialienausgabe ist einmal dem Fleiß und der Energie der Mitglieder der Enquete-Kommissionen und der dort beschäftigten hauptamtlichen Sekretariatsmitarbeiter zu verdanken, zum anderen aber auch meiner Hartnäckigkeit. Ich habe mich über Monate intensiv darum bemüht, die Verantwortlichen im Deutschen Bundestag, insbesondere die Bundestagsverwaltung, dazu zu bringen, das Projekt zu realisieren, das ja auch für sie etwas völlig Neues war. Wahrscheinlich hätten wir das alles aber nicht ohne die wirkungsvolle und großartige Unterstützung der damaligen Präsidentin des Deutschen Bundestages, Prof. Dr. Rita Süssmuth, geschafft. Sie, deren Blick schon längst vor dem Sturz der SED-Diktatur immer auch auf das „andere Deutschland" gerichtet war, hat sich damit hohe Verdienste um die Aufarbeitung der deutschen Teilungsgeschichte erworben.

Stiftung Aufarbeitung

Am Ende der zweiten Enquete-Kommission war es uns allen klar, es würde keine dritte Enquete-Kommission geben. Gleichzeitig meinten wir alle: Die Arbeit der Aufarbeitung der SED-Diktatur und des Erinnerns muss auch über die Tätigkeit der Kommissionen hinaus fortgesetzt werden. Der Vorschlag, eine Bundesstiftung zur Aufarbeitung der SED-Diktatur dafür einzurichten, wurde fraktionsübergreifend in der Kommission aufgegriffen. Am 2. April 1998 - sozusagen schon mitten im Wahlkampf - stimmte das Plenum des Bundestages über unseren Entwurf eines Gesetzes zur Gründung der Stiftung ab. Das Gesetz wurde mit überwältigender Mehrheit - nur die PDS stimmte dagegen - angenommen und trat am 5. Juni 1998 in Kraft. Inzwischen hat sich die Stiftung Aufarbeitung, wie sie allgemein genannt wird, zu dem Zentrum der Aufarbeitung der SED-Diktatur schlechthin entwickelt. Sie fördert zahlreiche

Aufarbeitungsinitiativen und Projekte, führt eine Vielzahl von Veranstaltungen im In- und Ausland durch und vergibt regelmäßig Stipendien für Promotionsvorhaben, die sich mit der DDR und der deutschen Teilungsgeschichte befassen.

Als die zweite Enquete-Kommission das letzte Mal zusammenkam, wurde das feierlich begangen. Die maßgebenden Wissenschaftler in beiden Kommissionen hatte ich Bundespräsident Prof. Dr. Roman Herzog zur Auszeichnung mit dem Bundesverdienstkreuz vorgeschlagen. Der Bundespräsident folgte unserem Vorschlag und verlieh das Bundesverdienstkreuz 1. Klasse an Prof. Dr. Bernd Faulenbach, Prof. Dr. Peter Maser, Prof. Dr. Hermann Weber und Prof. Dr. Manfred Wilke. Bundestagspräsidentin Rita Süssmuth nahm die Auszeichnung in Vertretung des Bundespräsidenten vor. Eigentlich war dafür nur eine halbe Stunde eingeplant. Umso mehr freute es alle Kommissionsmitglieder und -mitarbeiter, dass Rita Süssmuth den ganzen schönen Sommerabend hoch über dem Rhein bei uns blieb und mitfeierte.

Wenn Menschen auf eine konstruktive und anständige Art und Weise bei diesen beiden Enquete-Kommissionen ein paar Jahre miteinander gearbeitet haben, Parlamentarier und Wissenschaftler, Angestellte im Büro und der Verwaltung, dann bleibt es nicht aus, dass da auch ganz persönliche, menschliche Beziehungen entstehen. Ein fester Freundeskreis aus ehemaligen Mitgliedern der Enquete-Kommissionen existiert bis heute. Wir fünf treffen uns einmal pro Jahr für ein verlängertes Wochenende an unseren jeweiligen Heimatorten oder in deren Umgebung. Wir erzählen uns über Arbeit und Familie, genießen das Zusammensein beim gemeinsamen Essen und diskutieren natürlich auch die aktuelle Politik. Aber wir besichtigen auch Betriebe, Museen und Gedenkstätten. Keiner von uns möchte diese „Freundestreffen“ missen. Auch als Vorstandsvorsitzender der Stiftung Aufarbeitung komme ich immer wieder mit Menschen zusammen, die ich aus der Zeit der Enquete-Kommissionen kenne, und habe freundschaftliche und gute Beziehungen zu ihnen. Viele von ihnen arbeiten auch in den verschiedenen ehrenamtlichen Gremien der Stiftung Aufarbeitung mit.

Helmut Kohl

Einen ersten, noch ganz flüchtigen Eindruck von Bundeskanzler Helmut Kohl hatte ich in der Phase des heißen Wahlkampfs, als sich der Bundeskanzler in Berlin 1990 mit den Vertretern der „Allianz für Deutschland" traf. Einen nachdrücklicheren Eindruck bekam ich dann bei einem Gespräch, zu dem ich das erste Mal im Kanzleramt in Bonn war, nachdem die „Allianz für Deutschland" die Volkskammerwahlen gewonnen hatte. Die damalige Gesprächsrunde bestand aus Helmut Kohl, Volker Rühe, Theo Waigel, Lothar de Maizière, dem Stasi-Mann Kirchner, der Generalsekretär in der Ost-CDU war, Hans-Wilhelm Ebeling, Peter-Michael Diestel und mir. Reinhold Wutzke vertrat den Demokratischen Aufbruch.

Die Hauptfrage galt dem künftigen Ministerpräsidenten der DDR. Unmittelbar vor dieser Veranstaltung hatte mich Lothar de Maizière gefragt, was ich davon hielte, wenn er als Nachfolger von Gerald Götting Vorsitzender der Ost-CDU werden würde. Er hatte sich noch nicht entschieden und zögerte noch, das Amt anzunehmen. Daraufhin schlug ich Manfred Stolpe vor, dem ich es vor dem Hintergrund seiner bisherigen beruflichen Tätigkeit als führendem Kirchenjurist zutraute, ein Kabinett leiten und moderieren zu können. Außerdem hielt ich es für möglich, dass Stolpe in die CDU eintreten würde, wenn er von der Spitze der West-CDU angesprochen würde. Er war immerhin der Organisator der großen Veranstaltung am 9. November 1989 im Französischen Dom in Ost-Berlin gewesen, auf der sich die neuen Parteien vorgestellt hatten. Stolpe wurde dann aber nicht von der CDU, sondern von Helmut Schmidt zur Mitarbeit geworben. Mein damaliger Vorschlag, Manfred Stolpe als Ministerpräsidenten zu gewinnen, irritierte Bundeskanzler Kohl offensichtlich.

Auch bei späteren Gelegenheiten hatte ich den Eindruck, dass Helmut Kohl bei aller Sympathie mir gegenüber immer ein Stück Distanz bewahrte. Er konnte mich wohl nicht verlässlich so einplanen, wie es seiner Erfahrung mit anderen entsprach. Manche meinten, ich sei Helmut Kohl wohl zu links, zu evangelisch und auch zu ostdeutsch. Für Angela Merkel traf das zwar alles auch zu, aber sie war doch stark von ihm geprägt worden. Nicht ohne Grund wurde sie im Volksmund später „Kohls Mädchen" genannt.

Im Gespräch mit Bundeskanzler Helmut Kohl, 1994
(Privatarchiv Eppelmann)

Im Gespräch mit der CDU-Parteivorsitzenden Angela Merkel, 2002 (Privatarchiv Eppelmann)

Intensivere Kontakte zu Helmut Kohl entstanden, als ich Mitglied im Bundesvorstand der CDU, später auch im CDU-Präsidium, wurde. Der Vorschlag für das Präsidium war von Johannes Gerster, dem Mainzer Bundestagsabgeordneten und späteren, sehr verdienstvollen Leiter der Konrad-Adenauer-Stiftung in Israel, gekommen, der mich sogar für den Stellvertreterposten der Bundes-CDU vorgeschlagen hatte. Aber Helmut Kohl wollte lieber Christoph Bergner, später Ministerpräsident in Sachsen-Anhalt und heute Aussiedlerbeauftragter der Regierung, auf diesem Posten haben und mich als Beisitzer in das Präsidium hineinnehmen. Ich wurde mit einem sehr anständigen Ergebnis gewählt und bin dann mehrere Jahre Mitglied im Präsidium gewesen. Dadurch bin ich Helmut Kohl natürlich relativ häufig begegnet, ebenso wie ab 1994 in meiner Funktion als Bundesvorsitzender der Sozialausschüsse der CDU (CDA).

Das Verhältnis des Parteivorsitzenden zu meinem Vorgänger in der Leitung der CDA, Ulf Finck, war schwierig gewesen. Bei mir wurde es ein richtig gutes Verhältnis. Es hat regelmäßige Gespräche zwischen der Leitung der CDA und dem Bundeskanzler gegeben. Diese waren aus einer ganzen Reihe von Gründen allerdings auch sehr notwendig. Das eine war ein finanzieller Grund, mussten doch für die Arbeit der CDA in den neuen Bundesländern geeignete Organisationsstrukturen aufgebaut werden. Es gab zwar die Mitglieder der früheren Blockpartei Ost-CDU, die aber in diesen Jahren häufig die Partei verließen, weil sie nicht einer Kohl-CDU angehören wollten. Erfreulicherweise aber kamen neue Mitglieder aus dem Bereich der Bürgerrechtler oder solche, die sich bisher überhaupt nicht politisch engagiert hatten, dazu.

Gewisse Grundstrukturen waren also vorhanden, aber alles das, was die CDU ausmachte - Seniorenunion, Frauenunion, Mittelstandsvereinigung, Junge Union und Evangelischer Arbeitskreis -, gab es verständlicherweise aus DDR-Zeiten nicht. Hier musste „Entwicklungshilfe“ geleistet werden. Die CDU hat dafür Geld zur Verfügung gestellt, so dass wir als CDA in jedem großen ostdeutschen Bundesland wenigstens einen Sozialsekretär einstellen konnten. Unsere Bitten um finanzielle Hilfe wurden immer sehr großzügig vom Bundesvorsitzenden der CDU unterstützt.

Es sollen sogar Gelder aus der sogenannten Geldspendenaffäre, die Helmut Kohl so viel Vertrauen kosten sollte, dafür eingesetzt worden sein. Ich wusste davon nichts, frage mich aber heute, wie ich reagiert hätte, wenn ich das damals erfahren hätte. Sicherlich hätte es keinen weiteren Aufbau geben können. Wir hätten unsere Mitarbeiter entlassen müssen, weil wir die Gehälter nicht hätten bezahlen können. Noch heute bin ich froh, dass ich damals nicht vor diese Fragen gestellt wurde.

Beide Funktionen, die des Vorsitzenden der Sozialausschüsse und die des Beisitzers im Präsidium der CDU, ließen sich nicht immer harmonisieren. Bereits bei der Übernahme meines neuen Amtes als Bundesvorsitzender der CDA erklärte ich: „Kohl wird damit leben müssen, dass ich immer mal nörgeln und meckern werde, aber das geschieht dann im Interesse der Arbeitnehmer und nicht um des Nörgelns und Meckerns willen." Ich erinnere mich an eine Auseinandersetzung mit Helmut Kohl, wo es um die Einschränkung der Lohnfortzahlung im Krankheitsfall und die Verschlechterung des Kündigungsschutzes ging, um die Lohnnebenkosten zu senken. Weil ich als Bundesvorsitzender der CDA argumentierte und versuchte, die Interessen derer, deren Bundesvorsitzender ich war, so gut wie nur irgend möglich zu vertreten, sagte Helmut Kohl mir aus seiner Sicht als Bundesvorsitzender der CDU, er erwarte von mir, zuerst als CDU-Mitglied und dann erst als CDA-Mitglied Entscheidungen zu treffen. Ich musste mich also immer wieder mit der Frage auseinandersetzen: „Willst du glorreich dastehen als Saubermann, aber riskieren, dass die Regierung kippt?" Das in die Praxis umzusetzen, war nicht immer ganz leicht. Bei der Abstimmung über Maßnahmen zur Senkung der Lohnnebenkosten in der CDU/CSU-Bundestagsfraktion habe ich noch als einziger CDU-Abgeordneter dagegen gestimmt. Aber als es im Bundestag darum ging, Helmut Kohl die Mehrheit zu sichern, haben wir alle, auch ich, Ja zu diesen Beschlüssen gesagt. Natürlich löste das heftigste Auseinandersetzungen innerhalb der CDA aus.

Christlich-Demokratische Arbeitnehmerschaft (CDA)

Zum Bundesvorsitzenden der CDA wurde ich am 19. März 1994 in Königswinter bei Bonn mit 77 von 82 Stimmen gewählt. Daraufhin bedankte ich mich bei den Delegierten des Bundesausschusses der CDA mit den sehr ernst gemeinten Worten: „Ihr habt mir das vielleicht Kostbarste geschenkt, was man einem Menschen überhaupt schenken kann – euer Vertrauen." Zugleich forderte ich – wie Norbert Blüm vor mir – eine Stärkung des Mannschaftsgeistes in den Gremien der CDA und benutzte dazu ein Bild, das Eindruck machte: In einem eleganten Handschuh frieren die fünf Finger luxuriös vor sich hin. Im einfachen Fäustling können sich die Finger „kuschelig miteinander wohlfühlen". Das wurde verstanden, löste aber auch freundschaftlichen Spott aus, sagten doch manche: „Wenn samstags Sitzung bei der CDA mit Eppelmann ist, kann man sich am Sonntag den Kirchgang sparen." Das sah ich zwar nicht ganz so, nahm es aber als ein gutes Zeichen dafür, dass auch der Politiker Eppelmann noch als Pfarrer erkennbar blieb.

Die CDA vertritt innerhalb der CDU die Arbeitnehmer mit christlich-sozialen Grundwerten und wurzelt in der Christlichen Arbeiterbewegung. Oft stellte die CDA in CDU-geführten Regierungen den Sozial- oder Arbeitsminister. Nach dem Zweiten Weltkrieg waren es vor allem die christlichen Gewerkschafter in Nordrhein-Westfalen gewesen, die sich für die Gründung der CDA innerhalb der CDU stark gemacht hatten. Ging es zunächst vor allem um die soziale Frage, das heißt die materielle Sicherheit der Arbeitnehmer und ihre Rolle in den Betrieben, so wandte sich die CDA seit 1967 mit ihrer „Offenbacher Erklärung" verstärkt auch gesamtgesellschaftlichen Fragen zu. Dazu gehörten insbesondere neben der Arbeits- und

Sozialpolitik in ihrer ganzen Breite auch die Renten-, Gesundheits- und Familienpolitik.

Die CDA war also eine sehr westdeutsch geprägte Vereinigung, für die es keinesfalls selbstverständlich war, einen Pfarrer aus dem Osten zu ihrem Vorsitzenden zu wählen, der ja auch kein ausgewiesener Sozialpolitiker war. Allerdings hatte ich mich in der Zeit als Stellvertretender Bundesvorsitzender und nachher als Bundesvorsitzender und als Abgeordneter in einem sozialpolitischen Arbeitskreis, nämlich dem für Familie und Senioren, bereits intensiv mit der Sozialpolitik befasst. Damit betrat ich eine völlig neue Welt, die es in der DDR ja nicht gegeben hatte. Ich musste überhaupt erst lernen, was Tarif- und Arbeitsmarktrecht sind, denn eine Lohnabsprache unter gleichberechtigten und unabhängigen Kontrahenten gab es in der DDR nicht.

Die Beschäftigung mit diesen und anderen Themen hat mein Bild von der Bundesrepublik Deutschland und von der CDU völlig korrigiert. Bisher hatte ich diese Themen eher der SPD zugeordnet. Es war ja kein Zufall, dass ich Ende der achtziger Jahre, also 1987/88, ernsthaft den Gedanken erwogen hatte, in der DDR die Sozialdemokratische Partei wiederzuerwecken. Auch durch das westdeutsche Fernsehen und durch das, was in den DDR-Zeitungen stand, war der Eindruck bei mir verfestigt worden, die CDU sei die Partei der Wirtschaft, der Unternehmer und des Kapitals. Nun stellte ich auf einmal fest, dass das ein völlig falscher oder einseitiger Eindruck war, der da vermittelt wurde. Alle großen sozialpolitischen Gesetze der alten Bundesrepublik sind bis Ende der neunziger Jahre, also bis zu dem Augenblick, wo Helmut Kohl abgewählt wurde, von einem CDU-Kanzler unterschrieben worden. Dieser Tatbestand lässt sich allerdings nicht davon trennen, dass ehemalige Bundesvorsitzende oder Hauptgeschäftsführer der CDA, ich denke da zum Beispiel an Hans Katzer und an Norbert Blüm, einen großen Einfluss auf die bundesdeutsche Sozialpolitik hatten. Sie trugen über lange Jahre dazu bei, dass es Vollbeschäftigung gab und die deutsche Wirtschaft eine Spitzenposition in der Welt innehatte.

Auf diesem Fundament konnte weitergebaut werden. Handlungsbedarf für vernünftige sozialpolitische Entscheidungen sah ich z. B. im Umstrukturieren der Arbeitsmarktbereiche oder der Rentenfrage. Das hätte man spätestens 1991/92 angehen müssen, nachdem es mit einer großartigen Leistung gelungen war, die DDR-Rentner in das Rentensystem der Bundesrepublik zu übernehmen. Wir haben es aber bis heute nicht geschafft, unser Rentensystem vor dem Hintergrund einer hohen Massenarbeitslosigkeit und eines erheblichen Geburtenrückgangs so zu gestalten, dass auch diejenigen, die heute zwanzig sind, davon ausgehen können, eine Rente zu erhalten, mit der sie so leben können, dass sie sich nicht dramatisch in ihren Lebensmöglichkeiten einschränken müssen. Wir sind leider nicht einfallsreich genug und zu sehr davon behaftet gewesen, Dinge, die einmal erkämpft und errungen worden waren, zu behalten. Wir haben leider, so glaube ich, den Fehler gemacht, nicht stark genug zu sagen, dass Veränderungen und auch Einschnitte jetzt dringend erforderlich seien. Allerdings hätten wir Sorge dafür tragen müssen, dass diese Veränderungen möglichst gerecht erfolgen müssten. Ich glaube, wenn wir uns damit intensiver befasst hätten, wären wir möglicherweise ein Stück weiter gekommen, nicht nur wir selbst, sondern auch unsere Gesellschaft. Das ist für mich bis heute eine Frage nicht nur an die CDA, sondern besonders auch an die Gewerkschaften.

Als Bundesvorsitzender der CDA habe ich mich vor allem als Brückenbauer empfunden. Zum einen, weil es vor meiner Wahl zu entgegengesetzten Lagern innerhalb der CDA gekommen war, die ich wieder miteinander versöhnten wollte. Zum anderen wollte ich eine Brücke von Arbeitnehmern zu Arbeitgebern und umgekehrt schlagen. Zusätzlich wurde zu der Zeit, als ich den CDA-Vorsitz übernahm, immer deutlicher erkennbar, dass wir altershalber viele Mitglieder verloren hatten und die Mittel, die für sozialpolitische Maßnahmen erforderlich waren, immer knapper wurden. Wir mussten uns also überlegen, wie wir die Attraktivität der CDA erhöhen und neue Leute gewinnen konnten. Wie konnten wir, gerade weil wir weniger geworden waren, überzeugender, attraktiver, lauter, hörbarer reden? Worauf kam es an, wenn wir von möglichst vielen verstanden werden wollten?

Da gab es zum Beispiel das Informationsblättchen *Soziale Ordnung*, das die CDA über viele Jahre herausgebracht hatte. Das war zwar intellektuell und sozialpolitisch sehr anspruchsvoll, wurde aber im Grunde nur von Insidern gelesen. Wir haben daraus eine richtig attraktive Zeitschrift gemacht, die keinen Vergleich mit anderen Verbandszeitschriften zu scheuen brauchte. Dadurch, dass wir Annoncen aufnahmen, konnte die Auflage sogar erhöht werden. Wir fanden neue Leser, die zwar (noch) keine CDA-Mitglieder waren, aber da trotzdem gern hineingeschaut haben. Wichtig wurden auch die intensiven Gesprächsrunden, beispielsweise mit den Bundesvorständen des DGB, der Einzelgewerkschaften, der Jungen Union, der Frauen- und der Seniorenunion, die ich neu belebte. Wir haben dabei immer wieder festgestellt: Es gab eine Fülle von Punkten, wo gemeinsame Interessen und Einschätzungen erarbeitet werden konnten, die zu gemeinsamen Initiativen verdichtet wurden. Das erhöhte auch unsere Durchsetzungskraft im Parlament.

In meiner Zeit wurde der sogenannte Zukunftspreis der Sozialen Ordnung („Soziale Ordnung“ heißt unsere bereits erwähnte Zeitschrift) initiiert. Erster Preisträger war Jürgen Rüttgers. Der zweite wurde Jean-Claude Juncker, der luxemburgische Ministerpräsident, Finanzminister und auch Sozialpolitiker, ein guter Freund von uns.

Die sieben Jahre, in denen ich Bundesvorsitzender der Sozialausschüsse der CDU war, waren die intensivste Zeit meines Eingebundenseins innerhalb der CDU, war ich doch seit Langem der erste Bundesvorsitzende der CDA, der nicht nur qua Amt im Bundesvorstand der CDU mit beratender Stimme präsent war. Ich war in den Bundesvorstand der CDU und zwei Jahre später auch in das Präsidium der CDU, also in das oberste Leitungsgremium gewählt worden. Das gab mir immer wieder die Möglichkeit, unsere sozialpolitischen Fragen, Sorgen und Anregungen direkt und persönlich in den Leitungsgremien der Partei zur Geltung zu bringen.

Grundlage meiner Arbeit in der CDA war die Einsicht, es gibt kein Wirtschafts- und Gesellschaftsmodell weltweit, das geeigneter ist, sich den Herausforderungen der sich ständig wandelnden modernen Welt anzupassen, als unsere soziale Marktwirtschaft. Diese ist ein dynamisches System mit hoher Anpassungsfähigkeit, das Freiraum für die Entfaltung des Einzelnen lässt. Auch die soziale Marktwirtschaft muss reformiert werden, das war mir klar. Aber ich war und bin davon überzeugt: Bei allem Wandel brauchen die Menschen als verlässliche Eckpfeiler die christlich geprägten Grundwerte Freiheit, Gerechtigkeit und Solidarität. Dazu habe ich viele Reden bei den unterschiedlichsten Gelegenheiten gehalten, in denen ich immer wieder versuchte, neben allen sozialpolitischen Einsichten auch etwas von der christlichen Fundierung unserer Überzeugungen deutlich zu machen.

Als mich das weit verbreitete evangelische Monatsblatt *Frohe Botschaft* im Frühjahr 2002 um eine Betrachtung für die Mai-Ausgabe bat, schrieb ich unter der Überschrift „Arbeit, Mäßigkeit und Ruh“ einen Text, in dem ich deutlich zu machen versuchte, von welchen aus der Bibel herrührenden

Grundüberzeugungen ich auch als Sozialpolitiker letztlich bestimmt wurde. Er soll deshalb am Ende dieses Kapitels noch einmal abgedruckt werden:

„Der schlesische Barockdichter Friedrich von Logau, der 1655 in Liegnitz starb, hat in seinen Sinngedichten eine Einsicht formuliert, über deren utopischen Wahrheitsgehalt ich in den letzten Monaten oft nachgedacht habe: ‚Arbeit, Mäßigkeit und Ruh / Schleußt dem Arzt die Türe zu.' Wenn wir mit diesem Wort im Kopf auf unsere heutige Situation schauen, wird uns schnell klar, weshalb überall nach Reformen gerufen wird. Wenn es uns gelänge, die drei Faktoren Arbeit, Mäßigkeit und Ruhe in unserem persönlichen Leben und in der ganzen Gesellschaft gerechter und menschenfreundlicher zu regulieren, würden wir wahrscheinlich auch mit der notwendigen Gesundheitsreform sehr schnell zu guten Ergebnissen kommen.

Wie wichtig Arbeit ist, brauche ich in einer Zeit, wo die Arbeitslosenziffern in unserem Land wieder die 4-Millionen-Grenze erreichen, nicht besonders zu betonen. Geregelte und gerecht bezahlte Arbeit dient der Existenzsicherung, stabilisiert aber auch unser Selbstwertgefühl: Ich werde gebraucht, meine Leistung am Arbeitsplatz wird anerkannt, und ich finde dort vielfältige menschliche Kontakte!

Auch Christenmenschen, selbst Kirchenleitungen und Synoden, verfügen über keine Patentrezepte, wie das mit der Arbeit in Zukunft besser geregelt werden könnte. Vielleicht ist es aber im Umkreis des Maifeiertages hilfreich, wieder einmal über die Probleme von Arbeit und Ruhe im Lichte der biblischen Botschaft nachzudenken.

Im Zusammenhang damit fasziniert mich immer wieder der Schöpfungsbericht: Das göttliche Schöpfungswerk wird in der hebräischen Bibel mit demselben Begriff bezeichnet, mit dem dann auch die Arbeit des Menschen benannt wird. Gott als der erste ‚Werktätige'! Als der Schöpfer sein Werk am siebten Tag vollendet hatte, sah er, dass es ihm gut geraten war, und er ‚ruhte am siebenten Tage von allen seinen Werken, die er gemacht hatte'.[22] Damit kam der Sonntag in die Welt, aber auch die Einsicht, dass zur ehrlichen und guten Arbeit immer die Ruhe dazugehört. Für Gott und uns Menschen gilt in gleicher Weise: Erst in der Ruhe können wir die Früchte unserer Arbeit genießen.

In der Geschichte vom Sündenfall Adams und Evas[23] ist erneut von der Arbeit die Rede. Und hier wird von der Härte der Arbeit so geredet, dass manche meinen, damit sei die Arbeit ein Teil des Fluches, den Gott über das erste Menschenpaar nach dem Sündenfall verhängte. Aber schauen wir nur genau hin: Wenn da vom ‚Schweiße unseres Angesichts' die Rede ist, in dem wir unsere Arbeit tun sollen, dann geht es auch um die lebenserhaltende Qualität der Arbeit. Nur wer hart arbeitet, soll (oder kann) auch ordentlich essen. Das war für den Bauern, der sein eigenes Feld bestellte und dessen Früchte dann mit seiner Familie verzehrte, eine ganz selbstverständliche Sache.

Die hebräische Bibel wusste aber auch, dass in vielen Fällen Menschen für andere arbeiten und darauf angewiesen sind, für ihre Arbeit gerecht entlohnt zu werden. Nichts anderes meint die sehr plastische Weisung: ‚Du sollst dem Ochsen, der da drischt, nicht das Maul verbinden.'[24] Das war nicht nur ein Gebot der Gerechtigkeit, sondern auch der Klugheit für Arbeitgeber. Ein hungriger Ochse kann seine Arbeit nicht ordentlich tun.

Heute leben wir in sehr viel komplizierteren Verhältnissen, als sie im alten Israel vorhersehbar waren. Arbeit ist für viele zur Mangelware geworden. Sie leiden nicht nur unter den finanziellen Folgen der Arbeitslosigkeit, sondern auch unter dem Bewusstsein: Du wirst offensichtlich nicht gebraucht!

Sehr viel mehr allerdings leiden unter einem Übermaß an Arbeit: Ich muss noch mehr arbeiten, um beruflich voranzukommen. Ich muss noch mehr schaffen, um mir noch mehr leisten zu können. Die Arbeit wächst mir über den Kopf. Aber was soll ich machen? Da stimmt es bei beiden Gruppen dann letztlich nicht mehr mit der Ruhe. Die einen haben viel zu viel davon und die anderen viel zu wenig.

Ich bin nicht so optimistisch zu glauben, dass wir allein mit Hilfe einer biblischen Besinnung die Probleme der modernen Gesellschaft und Arbeitswelt lösen können. Aber vielleicht würde es den Partnern im Bündnis für Arbeit doch helfen, sich zunächst darüber klar zu werden, wofür der Mensch geschaffen ist, und danach dann ihre Konzeptionen auszurichten. Es geht darum, das Verhältnis von Arbeit und Ruhe neu zu organisieren, das menschenfreundliche Maß zu finden. Bestimmt nützt es aber auch mir und Ihnen, im Umfeld des Maifeiertages einmal genauer darüber nachzudenken, wie es bei uns ganz persönlich mit der Verteilung von Arbeit und Ruhe ausschaut. Vielleicht kommen wir dann auch wieder zu jener Mäßigkeit, die der schlesische Dichter als lebens- und gesundheitserhaltend gepriesen hat.“[25]

International Prayer Breakfast

Noch in meiner ersten Legislaturperiode wurde ich von einem sächsischen Kollegen auf eine Institution aufmerksam gemacht, von der ich bisher noch nie gehört hatte, das International Prayer Breakfast. Er hatte in einem großen Hotel in Washington erlebt, wie sich dort Abgeordnete, Wirtschaftsleute, Kulturschaffende fast aus der ganzen Welt zum Internationalen Gebetsfrühstück getroffen hatten. Dieses Meeting wird von amerikanischen Parlamentariern durchgeführt und findet stets in Anwesenheit des Präsidenten und des Vizepräsidenten der USA statt. Das International Prayer Breakfast geht auf eine Anregung des amerikanischen Präsidenten Dwight David Eisenhower zurück. Gegen Ende des Zweiten Weltkrieges, an dem doch maßgeblich christliche Länder oder solche, die vom christlichen Glauben geprägt wurden, beteiligt waren, schlug Eisenhower vor, etwas wie eine Bruderschaft zu schaffen. In dieser sollten Menschen die Chance bekommen, persönliches Vertrauen zueinander zu gewinnen. Auf dieser Grundlage könnten sie sich dann stärker für Frieden und Gerechtigkeit in der Welt einsetzen, als sie bisher dazu offensichtlich in der Lage wären. Seitdem trifft sich dieser Kreis regelmäßig, um miteinander zu reden, miteinander zu beten und Kontakte zu Parlamentariern in anderen Ländern aufzubauen.

Bevor ich an einem solchen Frühstück in den USA teilnahm,

National Prayer Breakfast Washington 2004 u. a. mit den Bundestagsabgeordneten Christa Nickels, Renate Diemers, Sabine Bergmann-Pohl und Walter Link (Privatarchiv Eppelmann)

war ich zu den sogenannten Gebetsfrühstücken des Deutschen Bundestages gegangen. Wie war es zu dieser Einrichtung im deutschen Parlament gekommen? Der frühere baden-württembergische Landtagsabgeordnete Rudolf Decker, ein überzeugter und überzeugender Pietist von der Art, wie sie in seiner Heimat nicht ganz selten sind, war 1979 zum International Prayer Breakfast nach Washington eingeladen worden. Sofort nach seiner Rückkehr gründete mein Freund Rudolf Decker ein solches Gebetsfrühstück im baden-württembergischen Landtag. 1981 trug er die Initiative in den Bundestag. Mit dabei waren von Anfang an Horst Waffenschmidt, der zuletzt Aussiedlerbeauftragter der Bundesregierung war und 2002 starb, Philipp Jenninger und Hans-Jochen Vogel. Etwa 20 bis 40 Abgeordnete aus allen Parteien kommen seitdem in den Sitzungswochen regelmäßig Freitag früh von 7.45 Uhr bis kurz vor 9 Uhr in der Parlamentarischen Gesellschaft - unmittelbar neben dem Reichstag - zusammen, um miteinander bei einem Frühstück zu beten und sich auszutauschen im Sinne eines christlichen Netzwerkes. Als ich das erste Mal dabei war, spürte ich rasch die Besonderheit dieses Kreises. Denn hier spielte die Parteizugehörigkeit, ohne dass sie verleugnet worden wäre, keine Rolle. Hier konnte man ganz ungeschützt reden und sicher sein, dass nichts nach draußen gelangte. Mittlerweile haben weit über 100 Abgeordnete ihr Interesse an diesem Kreis bekundet.

Einmal im Jahr nimmt eine Delegation von sechs bis sieben Abgeordneten des Deutschen Bundestages am International Prayer Breakfast in Washington teil. Auch Nicht-Parlamentarier können dieser Delegation angehören. Diese werden meist von der Initiative des Bundestages „Vereinigung zur Förderung der Völkerverständigung“ vorgeschlagen. Die Ausgewählten müssen übrigens nicht unbedingt Christen oder überhaupt religiös sein. Selbst Klaus Gysi, der frühere Staatssekretär für

Kirchenfragen in der DDR, ist bereits als Gast beim International Prayer Breakfast in Washington gesichtet worden. Die nach Washington Eingeladenen sollten aber durch ihr Verhalten zeigen, dass sie der Völkerverständigung dienen und bereit sind, vertrauensvolle Beziehungen auf internationaler Ebene zu fördern. Das bedeutet nicht, sich in die Politik der Außenminister oder die Geschäfte der Diplomaten einzumischen, sondern es geht darum, die Arbeit der Profis zu ergänzen. Es gibt ja immer wieder Situationen, in denen Minister, Politiker, Diplomaten noch nicht oder nicht mehr miteinander reden dürfen, weil die Gegenseite ein „Schurkenstaat" ist oder von einem Diktator beherrscht wird. Hier kann die „Vereinigung zur Förderung der Völkerverständigung" einspringen. Wir sagen uns nämlich, um des Friedens und der Gerechtigkeit willen und in Verantwortung vor Gott und den Menschen reden wir trotzdem mit solchen Leuten. So gelang es zum Beispiel Rudolf Decker in seinem Spezialeinsatzgebiet Zentral- und Ostafrika Präsidenten oder Regierungschefs von Ländern, die miteinander verfeindet waren, dazu zu bringen, miteinander zu reden und Waffenstillstandsverhandlungen aufzunehmen. Ich halte dieses Engagement der „Vereinigung für Völkerverständigung" für eine vernünftige und effektive Ergänzung zur üblichen Diplomatie.

In Bonn hatte die „Vereinigung zur Förderung der Völkerverständigung" sogar ein eigenes Haus, in dem man sich alle sechs Wochen zu sogenannten Kaminabenden traf. Entweder wurde ein ausländischer Diplomat, der gerade in Bonn anwesend war, eingeladen, oder es berichtete jemand von uns über eine seiner interessanten Auslandsreisen. Das wird in Berlin fortgesetzt mit den Kaminabenden im Christlichen Hospiz in der Albrechtstraße. Außerdem gibt es inzwischen die sogenannte „Internationale Berliner Begegnung". Dabei handelt es sich um die deutsche Variante des International Prayer

National Prayer Breakfast, Washington 1996: Begrüßung durch Präsident Bill Clinton (Privatarchiv Eppelmann)

Breakfasts von Washington. Die „Internationale Berliner Begegnung“ ist natürlich nicht so groß wie ihr Washingtoner Vorbild, wir sind ja keine Weltmacht. Wir laden auch nicht alle Länder dieser Erde ein. Da kommen auch keine 6000 Menschen zusammen, sondern etwa 300 Personen aus verschiedenen Ländern, wobei Schwerpunkte gesetzt werden. Dazu gehören besonders Kontakte zu Menschen in Mittel- und Osteuropa und zu afrikanischen Parlamentariern hauptsächlich aus Zentral- und Ostafrika, mit denen auf der Grundlage des christlichen Friedensgebotes unter anderem auch unkonventionelle Möglichkeiten des Krisenmanagements besprochen werden. Dies alles geschieht gemäß der Präambel unseres Grundgesetzes „in der Verantwortung vor Gott und den Menschen“.

In eine ähnliche Richtung zielen auch die sogenannten Botschafterfrühstücke, die im Normalfall alle sechs Wochen stattfinden. Einige Abgeordnete laden dazu befreundete, mit Deutschland in Verbindung stehende Botschafter aus anderen Ländern zu einem Frühstück ein. Dabei wird dann, ganz wie im Gebetsfrühstückskreis der Abgeordneten, oft über politische Probleme des jeweiligen Landes gesprochen, aber individuelle menschliche Probleme werden eben auch berücksichtigt. Immer geht es darum, die Gesprächsmöglichkeiten zu erweitern und gegenseitiges Vertrauen zu vertiefen, Gräben zu überwinden und neue Allianzen für eine Verständigung der Völker und Menschen zu schmieden.

Je länger ich bei all diesen Aktivitäten beteiligt bin, desto mehr verstärkt sich mein Eindruck von ihrer Bedeutung. Es ist wichtig, direkte Kontakte gerade zu den Menschen aufzubauen, die die Geschicke ihrer Länder wesentlich mitbestim-

Bei der Internationalen Berliner Begegnung im Evangelischen Johannes-Stift, Berlin 2005 (Privatarchiv Eppelmann)

men. Ein direktes Gespräch kann den Fortgang einer Sache ungeheuer beschleunigen: Der deutsche Botschafter in den USA hatte sich in einer schwierigen Situation zum Beispiel vier Wochen lang vergeblich um ein Gespräch mit dem Arbeitsminister der USA bemüht. Wir flogen in die USA und hatten innerhalb von zwei Stunden den Termin! Ich kenne keine vergleichbare Arbeitsgruppe im deutschen Parlament, wo Abgeordnete so zusammenkommen und sich als Menschen, oft auch als überzeugte Christenmenschen, begegnen. Ich halte das für sehr wichtig: Mir tut jeder leid, der eine solche oder ähnliche Gruppe nicht hat.

Über die „Vereinigung zur Förderung der Völkerfreundschaft" und Rudolf Decker habe ich Afrika und seine Probleme näher kennengelernt. Ich war zweimal im Sudan, das erste Mal, als deutsche Diplomaten tatsächlich noch nicht dorthin gingen, weil die USA solche Kontakte für nicht förderlich hielten. Ich glaube, unsere Kontakte haben letztlich mit vorbereitet, dass es inzwischen wieder Gespräche und beispielsweise auch Hilfen für die Hungerregion Darfur gibt. Wichtig war in diesem Fall ganz gewiss, dass nicht nur wir uns um Kontakte bemühten, sondern parallel auch amerikanische Abgeordnete. Auch das hat natürlich zu einer veränderten Haltung der Amerikaner zum Sudan beigetragen.

Unsere Verbindungen nach Mittel- und Osteuropa liegen mir, das wird ja aus meiner Biografie verständlich, besonders am Herzen. Ich konnte sie wesentlich intensivieren. Wir sind in den baltischen Ländern gewesen, nach Weißrussland gefahren und inzwischen dreimal nach Russland. Wir haben Kontakte zur russisch-orthodoxen Kirche aufgebaut, weil wir den Eindruck hatten, dass man das Wohlwollen der orthodoxen Kirche brauche, wenn man in Russland etwas bewirken will. Ich benutze bewusst das Wort „Wohlwollen", wir wollten nicht mehr. Denn wir sind ja keine Vertreter einer bestimmten Kirche, sondern eine Laienbewegung. Ich glaube inzwischen, dass auch die Amerikaner unsere Kontakte nach Mittel- und Osteuropa wünschen, um in diesem Bereich Vernetzungen aufzubauen und Kontakte herzustellen. Auch unsere Bemühungen um Kontakte in die Länder des zerfallenen Jugoslawiens haben Anerkennung gefunden. Wir haben Parlamentarier aus diesen genannten Ländern mehrfach zur Internationalen Berliner Begegnung eingeladen. Ich hoffe sehr, dass diese Kontakte wie überhaupt die Arbeit für die Völkerverständigung auch in Zukunft erfolgreich fortgesetzt werden, und will mich daran weiter beteiligen.

Unterausschuss für Menschenrechte

1973 trat die DDR der Menschenrechtskonvention der UNO von 1966 bei. Das geschah allerdings unter erheblichen ideologischen Vorbehalten. So war noch im *Kleinen Politischen Wörterbuch*, das 1986 in Ost-Berlin erschien, zu lesen: „Die Menschenrechte sind Ausdruck des jeweiligen Charakters der Produktionsverhältnisse und der davon abgeleiteten politischen Verhältnisse einer Gesellschaft. Es gibt deshalb keine ewigen, dem Menschen angeborenen Rechte. Menschenrechte reflektieren die Interessen der herrschenden Klassen und üben neben ihrer politischen auch eine ausgeprägte ideologische Funktion aus." Das bedeutete anders ausgedrückt: „Nicht die Freiheit von der Gesellschaft und vom Staat, sondern die Freiheit in der sozialistischen Gesellschaft und im sozialistischen Staat, die umfassende Einbeziehung und die Mitwirkung an den gesellschaftlichen Angelegenheiten ermöglichen die Entwicklung der sozialistischen Persönlichkeit und ihrer Freiheit."[26] Was das in der Praxis hieß, bekamen wir tagtäglich zu spüren: Die SED-Machthaber bestimmten, welche Rechte uns zustanden. Wer sich nicht „einbinden" ließ und „mitwirkte", war keine sozialistische Persönlichkeit, hatte keinen Anspruch auf „Freiheit", sondern musste kontrolliert und repressiert werden. Die Frage der Menschenrechte war eine Klassenfrage!

Nun war die DDR allerdings auch dringend an ihrer internationalen Anerkennung interessiert. 1973 wurde der Honecker-Staat in die UNO aufgenommen und feierte das als großen politischen Sieg. Als Mitglied der Weltstaatengemeinschaft mussten die SED-Machthaber dann aber auch manche Kröte schlucken. Die Konferenz über Sicherheit und Zusammenarbeit in Europa (KSZE) verabschiedete 1975 die auch von der DDR unterschriebene Schlussakte von Helsinki über die „universelle Bedeutung der Menschenrechte und Grundfreiheiten, deren Achtung ein wesentlicher Faktor für den Frieden, die Gerechtigkeit und das Wohlergehen ist"[27]. Dadurch wurde über ideologische Grenzen hinweg ein System politischer Verpflichtungen im Blick auf die Menschenrechte geschaffen, das wesentlich zum Ende der DDR beigetragen hat. Wir Bürgerrechtler bestritten nämlich von da an unseren Machthabern das Recht, im Klasseninteresse zu bestimmen, welche Freiheitsrechte uns zugestanden werden konnten. Sie hatten es ja selber in der finnischen Hauptstadt unterschrieben, dass jedem Menschen unabhängig von seiner Stellung in Staat, Gesellschaft, Familie, Beruf, Religion und Kultur diese Rechte bereits dadurch zustehen, dass er als Mensch geboren ist. Welchen Wert ein klares Bekenntnis zu den Grundrechten, aber auch das Beharren auf diesen Rechten zukommt, hatten wir also in der DDR im ständigen Konflikt mit der Staats- und Parteiführung gelernt. Das Bekenntnis in Artikel 1 Absatz 2 des *Grundgesetzes der Bundesrepublik Deutschland* „zu unverletzlichen und unveräußerlichen Menschenrechten als Grundlage jeder menschlichen Gemeinschaft, des Friedens und der Gerechtigkeit in der Welt"[28] war für uns keine nichtssagende

Verfassungslyrik. Wir hatten lernen müssen, dass die uneingeschränkte Achtung der Menschenrechte zu den wichtigsten Voraussetzungen eines gelingenden Lebens im privaten und öffentlichen Bereich gehört.

Das Eintreten für die Menschenrechte hatte für mich sehr viel mit meinem Verständnis des Gleichnisses vom barmherzigen Samariter zu tun. Natürlich bewunderte ich den Mann, der da einem Fremden uneigennützig und großzügig geholfen hatte. Der chinesische Philosoph Laotse soll gesagt haben: „Verantwortung tragen wir nicht nur für das, was wir tun, Verantwortung tragen wir auch für das, was wir nicht tun.“[29] Der Samariter hatte sich seiner Verantwortung, so wie er sie verstand, gestellt. Aber reichte das in unserer Zeit aus? Musste das *Prinzip Verantwortung*, das der Philosoph Hans Jonas Ende der siebziger Jahre formuliert hatte, nicht dazu führen, an die Wurzeln menschlichen Elends zu gehen? Durften wir uns darauf beschränken, uns mit den Opfern von Menschenrechtsverletzungen in aller Welt solidarisch zu verhalten? Mussten wir nicht in unserem bescheidenen Rahmen dazu beitragen, die Verhältnisse so zu ändern, dass es zu solchen Verletzungen gar nicht erst kommen konnte? Aus dem Gleichnis vom barmherzigen Samariter hatte ich gelernt: Wir Christen dürfen nicht wegschauen, wo Elend und Unrecht an unserem Weg sichtbar werden. Aber ich wollte gelegentlich auch noch etwas mehr erreichen, wobei mir klar war: Dein Beitrag wird nur ein winziger sein können. Aber ich wusste auch: Das Meer setzt sich letztlich aus Milliarden von einzelnen Wassertropfen zusammen!

Deshalb habe ich auch sehr gerne im Unterausschuss für Menschenrechte des Bundestages mitgearbeitet, der unter der rot-grünen Regierungskoalition zu einem eigenständigen Ausschuss für Menschenrechte und humanitäre Hilfe umgestaltet wurde. Das hatte den Vorteil, dass dieses Gremium mit eigenen parlamentarischen Aktivitäten an die Öffentlichkeit, die Regierung und das Parlament treten konnte, was vorher nur mit der ausdrücklichen Zustimmung des Auswärtigen Ausschusses möglich war. Dort dominierten aber oft politische oder diplomatische Rücksichtnahmen die Handlungsmöglichkeiten so stark, dass deutliche Worte zu Menschenrechtsverletzungen kaum möglich waren.

Mit solchen Schwierigkeiten hat jede Menschenrechtspolitik zu kämpfen, die ihre Aufgabe ernst nimmt. Im Zwiespalt zwischen diplomatischen Taktiken und wirtschaftlichen Interessen auf der einen Seite und den Anliegen einer international aktiven Menschenrechtspolitik auf der anderen Seite geht es vor allem um Glaubwürdigkeit. Wir müssen unter allen Umständen vermeiden, hier mit verschiedenen Standards zu arbeiten. Das gilt insbesondere - so meine ich - für Demokratien, die christlich geprägt sind oder doch christliche Traditionen zu ihrer kulturellen Grundausstattung zählen. Denn jeder von uns müsste eigentlich wissen, dass Gott der Vater aller Menschenkinder ist und wir alle seine Geschöpfe; nicht nur die, die in Europa leben oder in den reichen Ländern Nordamerikas oder in Australien. Nicht nur die weißen Menschen, auch die schwarzen, gelben, braunen und roten sind genauso geliebte und angenommene Geschöpfe Gottes. Wir behandeln sie aber oft nicht wie unsere Geschwister, sondern höchstens wie Stiefgeschwister, die man beaufsichtigen, anleiten und immer auch etwas fürchten muss, weil sie anders als wir sind.

Ich will ein Beispiel für diesen Konflikt zwischen konsequentem Eintreten für Menschenrechte und der Berücksichtigung politisch-wirtschaftlicher Einsichten und Interessen nennen: Als Reaktion auf schwere Menschenrechtsverletzungen in Myanmar, dem früheren Birma, verhängten die westlichen Staaten Sanktionen. Gegenüber der Volksrepublik China, wo Todesurteile, Hinrichtungen, Arbeitslager und die brutale Verfolgung der Opposition Alltag sind, zeigen wir uns hingegen sehr viel „kulanter". Die Wirtschaftsbeziehungen sind offensichtlich wichtiger als die Menschenrechte! Auch die Erwartung, dass China im Atomstreit mit dem Mullah-Regime im Iran eine Vermittlerrolle übernehmen könnte, bremst menschenrechtliches Engagement aus.

Der von der Bundesrepublik 1999 ins Leben gerufene deutsch-chinesische Rechtsstaatsdialog zeigt bisher nur begrenzte Wirkungen. Ein deutscher Regierungschef überlegt es sich im Kontakt mit der chinesischen Führung selbstverständlich, auf welche Weise und in welchem Umfang er Menschenrechtsverletzungen anspricht. Er und seine Berater wägen gründlich ab, ob Missstände oder die Nichteinhaltung von Menschenrechten, die Verletzung der Menschenwürde, öffentlich anklagt oder überhaupt zur Sprache gebracht werden sollen. In der weltweiten Völkergemeinschaft hat das dazu geführt, dass die USA nach der Aufnahme diplomatischer Beziehungen zur kommunistischen Volksrepublik China 1979 die offiziellen Kontakte nach Taipeh abbrach, nachdem Taiwan schon 1971 seinen Sitz in der Generalversammlung und im Sicherheitsrat der UN an die VR China verloren hatte. Seitdem versucht die Republik Taiwan mühsam, wenigstens wieder in Nebenorganisationen der UNO aufgenommen zu werden, um nicht völlig von der politischen Landkarte zu verschwinden. Unser feiges und egoistisches Verhalten gegenüber der Volksrepublik China und der Republik China auf Taiwan wird richtig beschämend, wenn wir noch berücksichtigen, dass Taiwan im Gegensatz zur kommunistischen VR China inzwischen eine echte Demokratie ist.

Wenn ich sehe, wie deutsche Regierungen Menschenrechtsverletzungen in Tschetschenien in den letzten Jahren geflissentlich übersahen, um Russland und Präsident Putin nicht zu kränken, ist das meiner Meinung nach genauso beschämend wie die Leisetreterei gegenüber dem kommunistischen China. Das trägt nicht zur Glaubwürdigkeit unserer Menschenrechtspolitik bei und macht es denen zusätzlich schwer, die unter den Menschenrechtsverletzungen zu leiden haben. Denn sie müssen sich zwei „Bündnissen" gegenüber ausgeliefert fühlen, erstens dem der Menschenrechtsverletzer untereinander, die darauf achten, dass sie öffentlich nicht bloßgestellt werden, und zweitens dem zwischen den Menschenrechtsverletzern und den Demokratien, die auf dem Hintergrund ihrer ökonomischen und diplomatischen Interessen Bündnisse mit den Menschenrechtsverletzern eingehen und sich nicht wagen, für die unter Menschenrechtsverletzungen Leidenden einzutreten.

Das ist mir besonders deutlich in Kuba geworden, wo ich dreimal in Sachen Menschenrechten gewesen bin. Hier herrschen immer noch fürchterliche Armut und eine erschreckende Brutalität im Umgang mit Bürgerrechtlern. Insbesondere Meinungs- und Versammlungsfreiheit gibt es praktisch nicht. Die Menschen- und Bürgerrechte der kubanischen Verfassung stehen - wie einst in der DDR - alle unter dem Vorbehalt, dass ihre Inanspruchnahme den Aufbau des sozialistischen Regimes nicht stört. Rund 200 politische Gegner werden unter katastrophalen Verhältnissen in Gefangenschaft gehalten. Die UN-Hochkommissarin für Menschenrechte und andere UN-Beauftragte, Vertreter von amnesty international oder vom Internationalen Komitee vom Roten Kreuz dürfen die Gefängnisse nicht inspizieren. Der Katalog von behördlichen Repressionsmaßnahmen im Alltag gegen Andersdenkende ist lang. Die Regierenden sind kaum noch in der Lage, die immer stärker werdende Unzufriedenheit der Kubaner politisch aufzufangen.

Die Bürgerrechtler in Kuba bemühen sich inzwischen, nicht nur zu artikulieren, wogegen sie sind, sondern auch zu betonen, welche neuen demokratischen Visionen ohne fremde

Hilfe von außen und ohne Vermittlung der Exilkubaner die Zukunft ihres Landes bestimmen sollten. Das letzte Mal war ich im Januar 1998 auf Kuba – unmittelbar vor dem Besuch des damaligen Papstes, der dann fordern sollte: „Möge Kuba sich der Welt öffnen und die Welt sich Kuba öffnen!" Während ich im Flughafen auf mein Gepäck wartete, wurde auf einem großen Bildschirm eine lange Rede von Castro übertragen, die er in Italien hielt, um den Papst offiziell nach Kuba einzuladen. Damit wurde in einem öffentlichen Ritus vorgetäuscht, der Kommunist Castro habe nichts gegen die katholische Kirche und den Papst. Weite Teile der europäischen Intelligenz beklatschten dieses durchsichtige Manöver des Diktators begeistert, jubelten ihm stehend zu.

Ich hatte kubanische Bürgerrechtler kennengelernt und freundschaftliche Kontakte zu ihnen aufgebaut. Wir stellten eine Fülle von Parallelen fest zwischen der Situation in Kuba und der in der DDR in den siebziger Jahren. Ich wollte ein Stück dabei behilflich sein, den sich regenden politischen Widerstand in Kuba zu ermutigen, hatte ich doch nicht vergessen, wie wichtig für uns in der ummauerten DDR die Besuche aus dem Westen gewesen waren. Jeder dieser Besuche hatte unser Selbstbewusstsein gestärkt, machte uns das doch deutlich: Wir sind nicht allein! Wir haben Freunde außerhalb unseres Landes, die auf uns achten. In der DDR waren die Kirchen für uns Bürgerrechtler eine wesentliche, wenn auch nicht unproblematische Stütze gewesen. Ich gewann den Eindruck, dass in Kuba nichts an Verbesserungen ohne die katholische Kirche möglich sein wird.

Sehr eindrücklich war für mich aber auch eine Reise in Sachen Menschenrechte nach Indonesien. Damals war Ost-Timor noch ein okkupierter Teil von Indonesien. Die damalige Regierung Indonesiens, die ja praktisch eine Militärdiktatur verkörperte, sorgte dafür, dass die Bewohner von Ost-Timor keine Chance hatten, ihre Sehnsucht nach Selbständigkeit laut und vernehmbar zu äußern. Da war das Hotel in Ost-Timor, das für uns zwei Mitglieder des Deutschen Bundestages, die dem Ausschuss für Menschenrechte angehörten, völlig freigeräumt worden war! Trotzdem war es uns mit Hilfe eines auf der Straße angehaltenen Taxis gelungen, uns in einem Restaurant mit einem Bürgerrechtler zu treffen. Kaum war das Gespräch beendet, stürmte auch schon der indonesische Staatssicherheitsdienst in das Lokal. Er hatte uns also bereits aufgespürt, zum Glück für unseren im Untergrund lebenden Gesprächspartner aber wenige Minuten zu spät. Ich freue mich sehr darüber, dass Ost-Timor im Jahr 2002 auf friedlichem Wege seine Unabhängigkeit erlangen konnte. Problematisch bleiben die instabilen politischen Verhältnisse in der Republik Indonesien. Der Einfluss islamistisch-terroristischer Kräfte nimmt dort ständig zu. Die ethnisch-religiösen Konflikte des über viele Inseln ausgebreiteten Staates verstärken weitere Sezessionsbewegungen und sind immer wieder Anlass zu blutigen Auseinandersetzungen zwischen Christen und Muslimen, so zum Beispiel auf den Molukken seit 1999.

In meiner Funktion als Mitglied des Ausschusses für Menschenrechte des Bundestages, aber auch im Auftrag der „Vereinigung zur Förderung der Völkerfreundschaft“ bin ich auch mehrfach im Sudan gewesen. Dort konnten wir zweimal intensiv mit Präsident Ahmad al Bashir reden, und das zu einer Zeit, als der Sudan noch als „Schurkenstaat“ geführt wurde und es keine offiziellen Beziehungen Deutschlands zu ihm gab. Wir konnten ihm deutlich machen, dass es auch in seinem eigenen Interesse zu einer Verbesserung der Verhältnisse nur kommen könne, wenn er international anerkannte Menschenrechte einhielte und einen gewissen internationalen Standard akzeptierte. Mit Freude habe ich zur Kenntnis nehmen können, dass inzwischen mit den Regionen im Süden des Sudan, also den Christen dort, Verhandlungen aufgenommen wurden. Dass es da inzwischen zu einer Friedensregelung gekommen ist und Regierungsvertreter und Rebellenführer miteinander Verhandlungen aufgenommen haben, das hat auch mit den Gesprächen zu tun, die Rudolf Decker mit Regierungsmitgliedern und anderen Verantwortlichen in Khartoum geführt hat. Das ist durch eine Fülle von begleitenden Gesprächen und das Anknüpfen von unterschiedlichsten Beziehungen, vor allem aber durch das Schaffen eines Vertrauensverhältnisses ermöglicht worden. Gewiss, es konnte dabei immer nur um Vorstufen für verantwortliche politische Verhandlungen gehen, aber es ist sicher kein Zufall, dass der afrikanische Politiker, der solche Bemühungen immer in besonderer Weise vorangetrieben hat, der kenianische Außenminister Stephen Kalonzo Mysyoka, ein Christ ist. Er war schon mehrmals beim International Prayer Breakfast dabei. Ich habe daraus die Erfahrung gewonnen, wenn es die Gesetze der Diplomatie nicht zulassen, reguläre Verhandlungen aufzunehmen, dann müssen andere in die Bresche springen, die einen Dialog vorbereiten. Das können manchmal die Kirchen sein. Das können auch einzelne glaubwürdige Christen sein wie mein Freund Rudolf Decker, der in vielen Staaten Afrikas als ein hochgeschätzter Gast begrüßt wird, obwohl er über kein offizielles Amt verfügt. Jedenfalls haben mir alle diese Reisen und Kontakte mit sehr unterschiedlichen Menschen – darunter Diktatoren und Rebellen, Menschenrechtsaktivisten und Sicherheitsdienstmitarbeiter, Christen und Nichtchristen – immer wieder eines gezeigt: Zum Gespräch gibt es keine Alternative. Ja, um so schwieriger eine Situation ist, um so notwendiger ist das Gespräch!

Sehr bedaure ich, dass in der gegenwärtigen öffentlichen Diskussion um den möglichen Beitritt der Türkei in die EU die Situation der Christen in der Türkei überhaupt keine Rolle spielt. Die rund 120.000 Christen in der Türkei, die etwa 0,2

Prozent der Bevölkerung ausmachen, sind keineswegs gleichberechtigt. Das gilt insbesondere für Protestanten und Katholiken, aber auch für Glieder anderer christlicher Kirchen, zum Beispiel für die Assyrer. Sie dürfen keine Schulen und sozialen Einrichtungen betreiben. Der Neubau von Kirchen ist praktisch unmöglich. Die theologischen Ausbildungsstätten sind seit 1970 geschlossen. Immer wieder kommt es unter Berufung auf ein Stiftungsgesetz von 1935 zu Enteignungen von christlichem Grundbesitz und kirchlichen Immobilien. Der Neuerwerb von Immobilien ist christlichen Gemeinden untersagt. Bei einem Besuch in Istanbul erzählte mir der Pfarrer der evangelischen Gemeinde, dass auf das sonntägliche Geläut zum Gottesdienst aus Angst verzichtet würde, um die moslemischen Mitbürger nicht zu provozieren. Deutsche, die in der Türkei leben, bekämen keine Kreditkarte für die Bank. Sie müssten mehr Kfz-Steuern zahlen als Türken für den gleichen Wagen. Auch in Gesprächen mit griechisch-orthodoxen Christen wurde mir überzeugend geschildert, dass von Religionsfreiheit oder relativer Gleichberechtigung in einem Land, das sich um die Mitgliedschaft in die Europäische Union bewirbt, noch immer nicht die Rede sein kann. Ein weiterer Punkt, der mich sehr betroffen macht, ist der Umgang mit der kurdischen Minderheit. Der Vorwurf des Terrorismus wird auf ein ganzes Volk übertragen und Friedensverhandlungen immer wieder verweigert. Und schließlich bewegt mich im Hinblick auf die Türkei die Frage der Gleichstellung von Mann und Frau dort, die in weiten Teilen des Landes noch keineswegs den menschenrechtlichen Anforderungen entspricht, die erfüllt sein müssen, bevor ernsthaft über einen türkischen Beitritt zur EU gesprochen werden kann. Menschenrechte dürfen nicht verhandelbar sein! Sie müssen eingehalten werden – überall in der Welt und besonders aber in Europa und in Deutschland!

Gescheiterweise gibt es eine Fülle von Nicht-Regierungsorganisationen (NGO) und kirchlichen Gruppierungen, die immer wieder da, wo sie sich selber um die Einhaltung von Menschenrechten mühen, das auch in enger Abstimmung mit den Parlamentariern tun, die im Menschenrechtsausschuss des Deutschen Bundestages aktiv sind. Besonders deutlich wird das dort, wo es um Einzelfallhilfe geht. Amnesty international zum Beispiel oder christliche Gruppen nennen uns Namen von betroffenen Christen. Gleichzeitig geben sie uns Tipps, wo wir uns für diese bei den politisch Verantwortlichen einsetzen können. In solchen Einzelfällen sind dann Erfolge gar nicht selten, die allerdings nicht verschleiern dürfen, worauf es langfristig ankommt – die grundsätzliche und allgemeine Verbesserung der menschenrechtlichen Standards überall auf der Welt.

Wer sich für Menschenrechte einsetzt, hat, besonders wenn er Parlamentarier ist, hier zunächst zwei Möglichkeiten. Einmal kann er die Öffentlichkeit mobilisieren und Anklage erheben oder er kann bei Reisen in die betreffenden Länder versuchen, mit den Gesprächspartnern vor Ort und gegebenenfalls auch sehr diskret zu reden. Er kann konkret Namen oder Missstände mit dem Ziel ansprechen, unmittelbar vor Ort etwas zu verändern.

Zum Bereich Öffentlichkeitsarbeit gehören unter anderem auch öffentliche Anhörungen des Deutschen Bundestages. So haben wir zum Beispiel eine Anhörung über die Benachteiligung von Christen in islamischen Ländern durchgeführt oder darüber, welche Verantwortung große – beispielsweise deutsche – Konzerne, etwa in Schwarzafrika, haben: die Einhaltung von Menschenrechten dort vor Ort zu beachten und zu unterstützen.

Das Thema Menschenrechte hatte mich auch schon in der DDR beschäftigt. Als die DDR 1973 Mitglied in der UNO wurde, musste sie mit ihrem Beitritt auch die UNO-Charta für Menschenrechte anerkennen. Deshalb meinten wir, auf die

Einhaltung der Menschenrechte auch in der DDR selbst pochen zu dürfen oder diese sogar einklagen zu können. Ich erinnere mich noch sehr genau, wie wir begannen, uns in den Friedensarbeitskreisen auch mit Strategie- und Bewaffnungsfragen zu beschäftigen. Der „Berliner Appell" und die ersten Friedenswerkstätten waren wichtige Zwischenstationen. Es dauerte dann immerhin noch bis 1985, bevor wir uns offiziell trauten, in unseren Friedenskreisen auch eigene Untergruppen zu bilden, die sich speziell mit den Menschenrechtsfragen beschäftigten – auch und besonders in der DDR. Das war ja ein Sakrileg, denn die Regierenden behaupteten doch fortwährend lautstark, in ihrem ummauerten Imperium würden alle Menschenrechte eingehalten. Dass es da nun auf einmal DDR-Bürger gab, nicht irgendwelche Konterrevolutionäre aus dem Westen, die öffentlich auf Mängel wiesen, war für uns ein Akt politischen Mutes und für die Regierenden in der DDR ein großes Ärgernis.

Die UN-Charta der Menschenrechte ist das wichtigste Dokument auf diesem Gebiet. Es gibt darüber hinaus eine ganze Reihe unterschiedlicher Dokumente für den Einsatz der Menschenrechte weltweit, die auch die unterschiedlichen Auffassungen über die Reichweite der Menschenrechte zeigen. Westliche Staaten legen großen Wert auf die individuellen Freiheitsrechte – also Rede-, Versammlungs- und Religionsfreiheit, überhaupt die demokratischen Grundrechte – während die Politiker des Ostens behaupteten, bei ihnen seien die sozialen Menschenrechte – also Recht auf Arbeit, Kleidung, Wohnung, Essen, Trinken usw. – im Vordergrund, was in den Ländern des Westens so nicht der Fall wäre. Wir haben erst nach dem Sturz der kommunistischen Diktaturen in vollem Umfang erfahren, wie traurig es auch um die sozialen Rechte im Sozialismus wirklich stand. Eine allgegenwärtige Propaganda hatte auch auf diesem Gebiet die eigene Bevölkerung und die internationale Öffentlichkeit fortwährend belogen. Die unterschiedlichen Auffassungen über die Menschenrechte nützten vor allem den Menschenrechtsverletzern, konnten sie diese Gegensätze doch immer wieder dazu missbrauchen, menschenrechtliche Aktivitäten der Völkergemeinschaft zu lähmen. Nach dem Ende der kommunistischen Regime bekamen die Menschenrechte einen erheblich größeren Wirkungsraum und Stellenwert, weil dieses gegenseitige Ausspielen nicht mehr möglich war. Allerdings haben sich inzwischen neue Allianzen gebildet, vor allem die der Menschenrechtsverletzer untereinander. Ich nenne hier nur die Rotchinesen, die Kubaner, die Libyer und die Sudanesen, die zum Beispiel bei den Genfer Tagungen der UN-Kommission für Menschenrechte gemeinsam darauf achteten, dass sie nicht wegen ihrer Menschenrechtsverletzungen angeprangert wurden. Dieses System wurde mit der Zeit so perfektioniert, dass der ehemalige Generalsekretär der UNO, Kofi Annan, schon 2003 die Menschenrechtskommission heftig kritisierte und meinte, so würde Menschenrechtspolitik pervertiert. Ob der neue UNO-Menschenrechtsrat, der im letzten Jahr die unglaubwürdig gewordene Kommission abgelöst hat, hier eine Besserung bringen wird, scheint mir sehr zweifelhaft.

Für mich hat Menschenrechtsarbeit immer auch ein Stück weit etwas mit dem Abtragen von Dank zu tun. Als einer, der Freiheit, Demokratie und garantierte Menschenrechte gewonnen hat, fühle ich mich in besonderer Weise dafür verantwortlich, mich für Menschen einzusetzen, denen die Menschenrechte noch immer vorenthalten werden und denen es viel schlimmer geht als uns damals in der DDR. Vornehmlich, auch das hat mit meiner Biografie zu tun, interessieren mich da natürlich die ehemals kommunistischen Länder. Wie haben sich diese Länder inzwischen entwickelt? Welchen Stellenwert haben dort heute die Menschenrechte? Aber auch Afrika, wo der Standard der Menschenrechte in den meisten Staaten ständig gefährdet ist, liegt mir in besonderem Maße am Herzen.

Ausschuss für Entwicklungshilfe und wirtschaftliche Zusammenarbeit

Eng mit der Menschenrechtsarbeit verknüpft war in meiner letzten Legislaturperiode meine Tätigkeit im Ausschuss für Entwicklungshilfe und wirtschaftliche Zusammenarbeit des Deutschen Bundestages. Ich habe mich dabei immer besonders für die Flüchtlingslager interessiert, die an vielen Orten der Welt davon zeugen, wie wenig die Menschenrechte oft beachtet werden. Ich denke dabei besonders an Flüchtlingslager in Asien, etwa in den Nachbarstaaten von Burma. In Burma herrscht ja eine harte Militärdiktatur, die sich nicht scheut, die internationale Öffentlichkeit maßlos zu brüskieren, indem sie Aung San Suu Kyi, die Friedensnobelpreisträgerin von 1991, seit etwa zehn Jahren unter Arrest hält. Genannt werden muss diese brutale Diktatur deswegen, weil sie meint, den richtigen Weg gefunden zu haben, um ihre Macht und die diktatorischen Verhältnisse im Land zu verfestigen. Sie verdummt ihr Volk. Mit Absicht wird die Bildung für das einfache Volk gedrosselt und immer weniger Geld in Schule und Erziehung investiert. Denn ein Volk, das keine Bildung hat, über keine Informationen verfügt, lässt sich sehr viel leichter missbrauchen und beherrschen als ein Volk, das gut ausgebildet und informiert ist.

Da gibt es viele, die versuchen, durch den Dschungel in die Nachbarländer zu entkommen, zum Beispiel nach Thailand. Wir, der damalige Bundestagsabgeordnete der SPD, Volker Neumann, ein großer Asien- und Chinakenner, und ich, sind in einem solchen Flüchtlingslager in der Nähe der burmesischen Grenze gewesen. Hier lebten viele Tausende von Menschen, mitten im Urwald. Es besteht seit fast zwanzig Jahren. Wir sind da Kindern, jungen Männern und Frauen begegnet, die in diesem Lager geboren wurden und seitdem hier leben. In selbst gebauten Schulen können sie am Rande der Legalität etwas Schulbildung bekommen. Internationale Organisationen sind beim Beschaffen von Lehrmitteln behilflich. Aber an eine höhere Ausbildung oder das Erlernen eines Berufes ist nicht zu denken. Trotzdem fiel mir die gute Selbstorganisation und Selbstverwaltung in diesem Lager auf – bis hin zu einer Art Gerichtsverhandlung über kleinere Vergehen, die im Lager passieren. Auch die Sauberkeit war erstaunlich. Die peinlich sauberen Hütten waren von kleinen Gärten umgeben mit Anpflanzungen und kleinen Käfigen für Hühner, Kaninchen und Ziegen. Funktionstüchtige Toilettenhäuser waren eine Selbstverständlichkeit.

Ein weiteres Flüchtlingslager der UNO habe ich in Ostafrika besucht. Hier gab es keine Selbstverwaltung oder Eigeninitiative. Alles wurde von den internationalen Helfern erwartet. Es gab keine Gärtchen mit Tieren und keine Schulen dort. Das hat mir noch einmal deutlich gemacht, dass wir uns noch genauer überlegen müssen, welche Hilfe tatsächlich nützt. Woran liegt es, dass jahrzehntelange Entwicklungshilfe mit oft sehr guten Einzelprojekten nach einer gewissen Zeit im Sande verläuft? Ich kann mich an einen Besuch einer Gruppe des deutschen Bundestages ins Grenzgebiet von Äthiopien und Eritrea erinnern, in ein verstepptes, verwüstetes Land. Dort hatte eine deutsche Nicht-Regierungs-Organisation motorbetriebene Brunnen gebohrt, die kurz vor ihrer Einweihung standen. Wir sahen die Bewohner noch die alten Wasserstellen nutzen. Der verantwortliche Ingenieur blieb skeptisch und meinte, nach einigen Jahren wären die neuen Brunnen unbrauchbar. Das läge zum einen daran, dass die Europäer den

Delegationsreise des Bundestagsvizepräsidenten Hermann-Otto Solms nach Uganda, 2004 (Privatarchiv Eppelmann)

Afrikanern einen ungeheuren Zeitsprung aufnötigten, quasi aus der Steinzeit in das Computerzeitalter. Zum anderen wären die Brunnen nicht von den Afrikanern selbst gebaut und würden deshalb schwer angenommen und weniger gewissenhaft und sachkundig erhalten, als wir es in Deutschland täten.

Als ich in den Ausschuss für Entwicklungshilfe und wirtschaftliche Zusammenarbeit kam, war ich in meiner letzten Legislaturperiode im Bundestag angekommen. Nun nahm ich die deutsche Entwicklungspolitik in einer Schärfe und Differenziertheit wahr, wie das vorher nicht der Fall gewesen war. Mir kam dabei das chinesische Sprichwort in den Sinn: Wenn du einem Hungernden helfen willst, dann gib ihm nicht nur einen Fisch, sondern vor allem die Angel dazu. Wir müssen da sehr viel phantasievoller werden. Wir werden auch lernen müssen, uns mit der Mentalität der Betroffenen noch stärker auseinanderzusetzen und sie noch geduldiger zu berücksichtigen.

In diesen Zusammenhang gehört dann auch ein ganz heißes Eisen, die Aids-Prävention. Die Problematik ist heute allgemein bekannt. Es wird sehr viel Geld im Kampf gegen Aids zur Verfügung gestellt und für medizinische Betreuung gesorgt. Wir haben an der einen oder anderen Stelle sogar die Chance, das Leben derer, die erkrankt sind, ein wenig zu verlängern. Das Problem selbst lösen wir damit aber nicht. Das wagt im Grunde aber kaum einer auszusprechen. Denn wir fragen nur selten: Wie geht der Betroffene mit seiner Sexualität um? Trifft er Vorsorge? Das geschieht meist nicht, sodass immer mehr Menschen infiziert werden. In Südafrika, wo doch 80 Prozent der Bevölkerung christlichen Denominationen angehören, sind heute nach Angaben von „Brot für die Welt" fünf Millionen Menschen HIV-infiziert. Das entspricht einem Bevölkerungsanteil von 20 Prozent. 600 Menschen sterben dort pro Tag an Aids. Jede dritte schwangere Frau gilt als infiziert. Heute leben in Südafrika 600.000 Waisenkinder, deren Eltern zu Opfern der Seuche wurden. Aus anderen Regionen Afrikas kommen vergleichbare Schreckensmeldungen.

Wir aber haben es bisher jedoch nicht geschafft, die Menschen in Afrika, aber auch in anderen Teilen der Erde, verstärkt dafür zu sensibilisieren, über die eigene Sexualität und das Verhältnis von Mann und Frau nachzudenken. Ganz offensichtlich sind für mich hier aber auch die Wechselbeziehungen von sozialen Verhältnissen und Aidsprophylaxe oder Bildungsstandards und der Bereitschaft, hier im eigensten Interesse Vorsorge zu betreiben. Wenn ich nicht bereit oder fähig bin, an dieser Stelle etwas zu verändern, dann nützen mir die Ärzte und alle Medizin letztlich auch nichts.

Das sagt sich allerdings leichter, als es dann in die Praxis umgesetzt werden kann. Als Ausschussmitglieder hatten wir zum Beispiel einmal eine Begegnung mit Mitgliedern einer Frauenbewegung in Afrika, die neben Aidsberatung sexuelle Aufklärung betrieb und dazu aufforderte, die Geburtenrate herunterzusetzen. Diese jungen Frauen zwischen zwanzig und fünfunddreißig empfahlen ihren Geschlechtsgenossinnen also, nur ein oder zwei Kinder zu bekommen. Als ich aber am Ende unserer Begegnung die Frauen fragte, wer von ihnen selbst denn weniger als vier Kinder hätte, meldete sich keine! Selbst wenn die Aufklärung von Einheimischen betrieben wird, klafft also noch eine gewaltige Lücke zwischen Theorie und Praxis.

Wer für Menschenrechte eintritt, muss auch bereit sein, Verantwortung zu übernehmen für Menschen, die in Not sind. Diese allgemeine Forderung muss jedoch konkret umgesetzt werden, soll sie kein leeres Gerede bleiben. Was das bedeuten kann, lernte ich auf einer Reise durch Kasachstan kennen. Kasachstan gehörte einst zu den mittelasiatischen Republiken der Sowjetunion und erklärte im Dezember 1991 seine Unabhängigkeit. 1941 wurden von Stalin in der Kasachischen ASSR Russlanddeutsche angesiedelt, die aus den Gebieten an der Wolga und am Schwarzen Meer unter dem haltlosen Vorwurf der Kollaboration mit Deutschland deportiert worden waren. Waren es ursprünglich einmal 300.000 deutschstämmige Menschen, die auf diese Weise in die kasachische Steppe kamen, so sind davon heute allenfalls noch gut 200.000 übrig geblieben. Die Auswanderung nach Deutschland konnten vor allem Russlanddeutsche im arbeitsfähigen Alter realisieren.

Zurück blieben dabei oft die Alten, die einen neuen Anfang nicht mehr wagen wollten, zu schwach und zu krank waren. Diese Menschen sind heute nahezu existenziell abhängig von der Hilfe, die aus der Bundesrepublik Deutschland kommt. Die Familienverbände existieren ja meistens nicht mehr. So sind die Menschen dort zum Beispiel auf die Suppenküchen angewiesen, die mit deutscher Unterstützung wenigstens eine schlichte warme Mahlzeit am Tag ausgeben können. Weil aber nicht alle Bedürftigen gleichzeitig berücksichtigt werden können, kann diese Hilfe nur gruppenweise jeweils ein Vierteljahr lang geschehen, dann muss für eine gewisse Zeit ausgesetzt werden, damit andere eine Mahlzeit empfangen können, ehe die Ersten wieder an der Reihe sind.

Ich werde die alte, schon ein wenig verwirrte Frau nicht vergessen, die sich in der Phase befand, wo sie in der Suppenküche nichts zu essen bekam. Sie hatte Hunger und verstand die Welt nicht mehr. Die guten Frauen, die ihr jeden Tag etwas zu essen gegeben hatten, kannten plötzlich keine Barmherzigkeit mehr. Still stand diese alte Frau nun an der Küchentür und wartete auf ein Wunder. Die Küchenfrauen taten, was sie konnten. Sie kratzten die Reste zusammen, die manche der glücklichen Esser auf ihren Tellern zurückgelassen hatten, gossen noch etwas Soße darüber und gaben das der alten Frau, die sich dankbar verneigte und immer wieder den Segen Gottes über ihre Wohltäterinnen herabflehte.

Es hat mich sehr betroffen gemacht, dass unter der letzten Regierung Schröder diese Hilfen immer weiter eingeschränkt wurden, denn ich werde auch diese Geschichte nicht vergessen: Die armen, alten Menschen, zumeist von allerlei Krankheiten geplagt, bekamen nach dem Mittagessen auch Medikamente verabreicht. Da standen sie dann in langer Reihe und erhielten von einer russischen Ärztin mit hoher weißer Mütze mal diese, mal jene Tablette – aber immer höchstens eine oder zwei davon. Da wir gerade gehört hatten, dass manche Menschen eine Stunde und länger zu Fuß laufen mussten, um die Suppenküche und Medikamentenausgabestelle zu erreichen, fragte mein Freund, ein naiver Professor aus Deutschland, die Ärztin: „Weshalb gibt man diesen armen Menschen immer nur eine Tablette?“ Die Ärztin lächelte nur: „Würden wir ihnen eine ganze Packung auf einmal geben, stünden die meisten von ihnen innerhalb kürzester Zeit auf dem Markt damit, um etwas Geld in die Finger zu bekommen. Wir aber wollen, dass sie ihre Medizin selber nehmen." Ja, so sieht Armut heute aus.

Ich werde aber auch die überwältigende Offenheit, Freude und Gastfreundschaft nicht vergessen, die wir dort erleben durften. So viele Hände gab es zu schütteln, so viele Umarmungen waren ganz selbstverständlich, so viele Segenswünsche aus tiefstem Herzen! Das war alles noch viel tiefer und herzlicher, als es uns selbst bei unseren ersten Westbesuchen begegnet war. In Erinnerung ist mir auch eine Wohnung geblieben, in der eine alte Frau und ein alter Mann mit ihren Tieren auf engstem Raum zusammenlebten, weil sie diese nicht draußen halten konnten. Sie wären ihnen sofort gestohlen worden. Es war ein dunkler, schmutziger Raum mit heruntergekommenen Möbeln. Aber auch da wurden wir mit großer Herzlichkeit und Hoffnung aufgenommen. Wie oft haben wir die flehentliche Bitte zum Schluss einer Begegnung hören müssen: Vergesst uns nicht! Der Herr segne euch!

Diese Menschen haben immer ein hartes Leben gehabt. Sie wurden in die Verbannung verschleppt, mussten Fronarbeit in der Trudarmee leisten, haben oft den größeren Teil ihrer Familie in all dem Elend verloren und müssen nun im Alter von der Barmherzigkeit anderer leben. Trotzdem haben wir mit ihnen gemeinsam auch ein bisschen Freude haben dürfen. In einem Altersheim war es schon eine Sensation, dass Parlamentarier aus Deutschland für einen ganzen Abend zu ihnen gekommen waren. Die Bonbons, die wir mitgebracht hatten, lösten eine Dankbarkeit aus, die uns nur beschämen konnte. Und dann erzählten diese Menschen aus ihrem Leben und genossen es, dass ihnen mal jemand zuhörte. Als die letzte Geschichte erzählt war, fragten wir uns im Stillen: Wie geht es nun weiter? Mein Freund und Bundestagskollege Walter Link, der in Bielefeld-Bethel zum Diakon ausgebildet worden war, aber wusste, was zu tun war. Er stimmte ein bekanntes deutsches Volkslied an, wir stimmten natürlich auch mit ein, und die alten Menschen um uns herum sangen begeistert mit. Es folgte ein Lied auf das andere. Und als wir schließlich doch zum Aufbruch drängen mussten, sagte eine der alten Frauen: „Ach, es war heute richtig so wie früher!" Mir und den anderen Mitgliedern unserer kleinen Delegation sind die vielen Stunden mit diesen Menschen nicht überflüssig vorgekommen, waren sie es doch, die uns in ihrer Armut beschenkten.

Immer wieder frage ich mich: Was kann an dieser Stelle das reiche Deutschland mehr als bisher tun? Unter Kanzler Helmut Kohl und dem damaligen Parlamentarischen Staatssekretär beim Bundesminister des Innern, dem Aussiedlerbeauftragten der Bundesregierung Horst Waffenschmidt, sind viele Russlanddeutsche als sogenannte Spätaussiedler nach Deutschland gekommen. Horst Waffenschmidt, der 2002 auf Schloss Eichholz bei Wesseling ganz überraschend starb, war ein überzeugter Christ und gehörte zu den Initiatoren des fraktionsübergreifenden Gebetsfrühstücks. Sein Buch *Betet für Bonn – betet für Deutschland* erlebte zwischen 1995 und 2000 vier Auflagen. Als *Christ in der Politik*, so ein anderer Buchtitel von Horst Waffenschmidt, hat er vieles versucht, um die Spätaussiedler in Deutschland zu integrieren. Sein Name bleibt aber auch mit verschiedenen Versuchen verbunden, Russlanddeutschen in Russland selbst eine Perspektive zu geben. Das mit Unterstützung der Bundesregierung gebaute Wohngebiet Neudorf in Strelna südwestlich von St. Petersburg umfasst auch ein Gewerbegebiet, in dem russlanddeutsche und deutsche Unternehmen verschiedene Formen der Kooperation erproben. Alle diese Bemühungen helfen aber nicht den vielen alten Menschen deutscher Abstammung in den Weiten Russlands und den angrenzenden Staaten. Sie werden von Integrationsprojekten und ähnlichen Bemühungen nicht mehr erreicht. Sie haben auch keine Chance mehr, Hilfe zur Selbsthilfe in Anspruch zu nehmen. Sie müssen auf umfassende Weise und bis zu ihrem Tod diakonisch betreut werden. Ich halte das für eine humanitäre Verpflichtung, der sich keine Bundesregierung entziehen darf.

Rom und noch ganz andere Reiseziele

Einer meiner Mitarbeiter, Holger Dötsch, der bei mir einige Jahre für die Presse- und Öffentlichkeitsarbeit zuständig war, hat einen Bruder, der Priester ist und eine ganze Reihe von Jahren in Rom gelebt und gearbeitet hat. Durch ihn bekam ich erste Kontakte zum Vatikan vermittelt.

Einer meiner großen Wünsche war eine Begegnung mit Papst Johannes Paul II., denn ohne ihn wären die politischen Umwälzungen im östlichen Europa gar nicht angestoßen worden. Als der Krakauer Kardinal Karol Wojtyła 1978 vom Kardinalskollegium zum Papst gewählt wurde, hatte das nicht nur größten Einfluss auf die katholische Kirche in Polen, sondern auch auf die katholische Bürgerrechtsbewegung. Ich bin zutiefst überzeugt davon, wenn sich der polnische Papst nicht von Anfang an so massiv für Lech Wałęsa und die polnische Gewerkschaftsbewegung Solidarność eingesetzt hätte, wäre es aller Wahrscheinlichkeit nach den Machthabern in Polen, allein oder mit den verbündeten Regierungen in den anderen Ländern des Warschauer Vertrages zusammen, gelungen, das Feuer der Freiheit in Polen auszutreten. Schon als Kardinal war es Karol Wojtyła gelungen, in der sozialistischen Musterstadt Nowa Huta, die für die Stahl- und Walzwerker erbaut worden war und auf keinen Fall eine Kirche haben sollte, den Bau einer großen Kirche im Zentrum der Stadt durchzusetzen. Über viele Jahre mussten sich die Bewohner im Sommer und im Winter zu Gottesdiensten im Freien treffen – und sie kamen zu Tausenden. Wenn die Partei 50.000 Menschen zu einer Demonstration auf die Beine brachte, dann verehrten am kommenden Sonntag hunderttausend Gläubige unter Leitung ihres charismatischen Kardinals das ausgesetzte Allerheiligste. Der Krakauer Oberhirte gab niemals nach. 1977 konnte die damals hochmoderne Kirche „Arche des Herrn" eingeweiht werden, die Karol Wojtyła Maria, der Königin Polens, widmete. Als ich davon zum ersten Mal hörte, sind mir Tränen der Rührung gekommen, so groß war meine Bewunderung für diesen Glaubensmut der polnischen Christen und ihres geistlichen Führers. Zugleich verspürte ich auch etwas Neid, weil ich mir das bei uns in der DDR überhaupt nicht hätte vorstellen können, dass die Menschen einer Stadt – z. B. Eisenhüttenstadt, Halle-Neustadt oder Schwedt – mit solchem Nachdruck und in solcher Geschlossenheit ihre religiösen Rechte einforderten.

Für das alles wollte ich dem Papst gern persönlich danken. In Vorbereitung auf die Begegnung mit dem Heiligen Vater wurde mir mit der Bitte um Verständnis gesagt, dass es keine Privataudienz mehr geben könne, sondern eine Audienz in der Audienzhalle, die etwa 12.000 Menschen fasst. Die Aula Paolo IV, Ende 1971 unter der Leitung von Pier Luigi Nervi fertiggestellt, war mit Pilgern aus der ganzen Welt gefüllt, besonders aus Lateinamerika, das hörte man an den Liedern oder den Zurufen. Auch aus Polen waren viele Gläubige gekommen und natürlich aus Italien. Mir wurde ein Platz in der ersten Reihe zugewiesen, in der ein Dutzend Menschen saß, die bei dieser Audienz die Möglichkeit erhalten sollten, in einem zweiten Teil der Begegnung jeweils einzeln drei bis fünf Minuten mit dem Papst zu reden. Der Papst wurde in seinem Papamobil auf die erhöhte Bühne gefahren und zu einem thronartigen Sessel geleitet, wo er Platz nahm. Körperlich war Johannes Paul II. gewiss ein gebrechlicher Mann. Doch beim Predigen – er hielt hintereinander fünf Ansprachen - war davon nichts zu spüren. Jede der Predigten dauerte fünf bis sechs Minuten. Der Papst benutzte dabei fünf verschiedene Sprachen, die alle nicht seine Muttersprache waren. Die päpstlichen Ansprachen wurden immer wieder durch Lieder und Beifall unterbrochen, es war ungeheuer lebendig. Der Papst reagierte auf diese spontanen Aktionen, soweit ihm das noch möglich war. Aber die Durchhaltekraft des Papstes bei seiner körperlichen Gebrechlichkeit hat mich tief beeindruckt.

Bei meinem Gespräch mit dem Papst habe ich mich kurz vorgestellt und ihm etwas zu den 14 Bänden der Materialien der 2. Enquete-Kommission zur Aufarbeitung der SED-Diktatur gesagt, von denen ich ihm den ersten Band stellvertretend überreichte. Die Materialien der 1. Enquete-Kommission waren ihm schon früher vom bayerischen Ministerpräsidenten Edmund Stoiber überreicht worden. Ich bedankte mich bei dem Papst, dass er durch sein konsequentes Verhalten den

Audienz bei Papst Johannes Paul II. am 19. Juni 2002 (Privatarchiv Eppelmann, Aufnahme: Servizio Fotgrafico de „L'O.R“, Città del Vaticano)

Sturz des Kommunismus im östlichen Europa entscheidend unterstützt habe. Während ich das in kurzen Worten zu formulieren versuchte, schaute mich Johannes Paul II. mit einem ganz klaren Blick an. Ich merkte, er verstand genau, was ich ihm sagen wollte. Diese Begegnung mit dem polnischen Papst war für mich ein sehr eindrückliches Erlebnis. Ich begegnete dabei einem Menschen, dessen Glauben dazu beitrug, die Berge der Ideologie zu versetzen. Ich begegnete einem Kirchenführer, der auch im hohen Alter noch die Kraft hatte, die Menschen anzusprechen und zu faszinieren. Unvergesslich wird mir aber auch die geistliche Lebendigkeit dieser päpstlichen Audienz bleiben. Die Menschen bildeten mit ihrem schwerkranken Oberhaupt eine Gemeinschaft des Glaubens und des Gebetes, die immer wieder zu einem lebendigen Dialog wurde. Als evangelischer Pfarrer habe ich nur darüber staunen können, welche Lebendigkeit im Rahmen jahrhundertealter Zeremonien da möglich war.

Es kam in Rom noch zu einer zweiten Begegnung, nämlich mit dem damaligen Präfekten der Glaubenskongregation, Josef Kardinal Ratzinger, dem heutigen Papst Benedikt XVI. Mit ihm konnte ich eine gute Stunde reden. Es ging dabei besonders um die Einhaltung der Menschenrechte im Allgemeinen und auf Kuba im Besonderen. Der Kardinal interessierte sich sehr für die Erfahrungen, die ich bei drei Reisen in das Reich Fidel Castros hatte sammeln können. Ich sagte ihm, wie wichtig meiner Meinung nach ein sehr vorsichtiger, aber auch kontinuierlicher Einsatz gerade der katholischen Kirche für Kuba sei, weil ich keine andere Möglichkeit sähe, unmittelbar in diesem Land zu wirken. Besonders wichtig war mir bei diesem Gespräch, dem Kardinal von meinen eigenen Erfahrungen zu berichten. Wer sich nämlich als Bürgerrechtler auf den langen Weg macht, in einer Diktatur Gesellschaftsverhältnisse zu verändern, braucht neben seiner Überzeugung und seinem Glauben, der ihm Kraft gibt, vor allem Freunde und Unterstützer. Diese Funktion könne unter den gegenwärtigen Bedingungen in Kuba nur die katholische Kirche übernehmen.

Nach Wolgograd, das frühere Stalingrad, hatte mich Metropolit German eingeladen. Metropolit German war zuvor Exarch der russisch-orthodoxen Kirche für Deutschland und Mitteleuropa mit Sitz in Berlin-Karlshorst gewesen. Ich hatte ihn durch das befreundete Ehepaar Andrea und Jürgen Hackauf aus meinem Wahlkreis kennengelernt. Metropolit German hatte sich nämlich gleich nach 1990 einen Traum erfüllen wollen, den er seinerzeit in der DDR nicht hatte verwirklichen können: Er wollte ein orthodoxes Kreuz auf den Seelower Höhen im Landkreis Märkisch-Oderland für die vielen russischen Soldaten errichten, die noch so kurz vor Kriegsende bei der letzten sowjetischen Großoffensive dort ihr Leben lassen mussten. Weil die sowjetischen Gedenkstätten aber inzwischen unter Denkmalschutz gestellt und deswegen nicht mehr verändert werden durften, war dieser Wunsch auch im vereinigten Deutschland nicht leicht zu realisieren. Deshalb war man an mich herangetreten, gehörten die Seelower Höhen doch zu meinem Wahlkreis. Wir haben dann eine Lösung gefunden, wenn das auch fast ein Jahr dauerte. Das Kreuz wurde schließlich nicht direkt in der Seelower Gedenkstätte, sondern am 28. Mai 2003 in deren unmittelbarer Nachbarschaft aufgestellt und mit einem ökumenischen Gottesdienst geweiht.

Als Anerkennung für meine Hilfe hatte mich Metropolit German dann nach Wolgograd eingeladen, wofür ich ihm sehr dankbar bin. Nicht nur, dass ich so authentische orthodoxe Frömmigkeit erleben konnte, sondern auch das Wiederaufleben der Orthodoxie in der Sowjetunion nach der langen Phase des verordneten Atheismus überhaupt. Ich war erstaunt, wie voll die orthodoxen Kirchen heute sind. Es kommen nicht nur alte Leute, sondern Menschen aus allen Bevölkerungs- und Altersschichten. Schmerzlich berührt der Anblick der vielen Armen, die vor den Kirchentüren um christliche Wohltätigkeit betteln. Überall in Russland werden heute neue und teilweise sehr prächtige Kirchen gebaut. Das ist allerdings auch dringend nötig, denn unter Stalin und Chruschtschow sollen weit über 80 % aller Kirchen in der Sowjetunion vernichtet oder zweckentfremdet worden sein. Auch die Hinwendung der heute Regierenden, die atheistisch erzogen worden waren, zur orthodoxen Kirche fiel mir auf. Schon Boris Jelzin und heute Wladimir Putin zeigen sich inzwischen gerne im Kreise von Bischöfen oder an der Seite des Moskauer Patriarchen. Die orthodoxe Kirche kommt diesen Bestrebungen entgegen, erhofft sie sich doch gewisse Vorteile durch ihre demonstrative Staatstreue. So gibt es inzwischen einen Staat-Kirche-Vertrag, der dies regelt. Um eine solche gesetzliche Anerkennung bemühten sich natürlich auch die evangelisch-lutherische und die römisch-katholische Kirche in Russland. Am Anfang gingen die drei Kirchen noch gemeinsam vor, doch inzwischen beansprucht die orthodoxe Kirche ihre Vorrangstellung. Sie hat keinerlei Interesse daran, dass die anderen Kirchen gleichberechtigt behandelt werden. Ja, sie begegnet den Kirchen außerhalb der Orthodoxie sehr misstrauisch und verweigert den ökumenischen Dialog.

Natürlich besuchte ich auch das riesige Denkmal „Die Mutter Heimat ruft auf" für die Gefallenen des großen Vaterländischen Krieges und den Sieg über Hitler-Deutschland auf dem Mamajew-Hügel. Unmittelbar neben dieser beeindruckenden Gedenkstätte wurde gerade eine orthodoxe Kirche gebaut, die ein Jahr später, zu den Jubiläumsfeiern „60 Jahre Kriegsende" 2006, eingeweiht wurde. Das wäre vor zehn Jahren noch unvorstellbar gewesen, dass unmittelbar neben einem dieser nationalen politischen Heiligtümer eine ansehnliche neue orthodoxe Kirche entsteht. Beeindruckend war für mich auch die unvorstellbare Breite der Wolga, man sieht das andere Ufer nicht. Kein Wunder, dass die deutschen Truppen hier nicht weiter kamen!

Wir wohnten im privaten Gästehaus des Metropoliten auf dem flachen Land, ca. 25 km von Wolgograd entfernt, dessen schäbiges Aussehen und Ausstattung mich etwas überraschten. Die anderen Häuser des Dorfes und der Gesamtzustand sahen noch erschreckender aus. Die Lebensbedingungen fern von Moskau oder St. Petersburg hinken diesen Metropolen doch sehr nach. Hier ist von einem Umbruch noch wenig zu spüren. Von daher wundert es mich nicht, wenn nostalgisches Denken und die Sehnsucht nach den kommunistischen Zeiten in bestimmten Bevölkerungsschichten wieder lebendig sind. Nur so erklärt es sich auch, dass gelegentlich die Forderung laut wird, Wolgograd wieder in Stalingrad umzubenennen oder neue Stalin-Denkmale aufzustellen.

Deswegen hat es mich auch nicht überrascht, als ich später einen deutschsprachigen Reiseführer von Georgien in die Hand bekam und darin Empfehlungen für den Besuch von Stalins Geburtshaus und dem dazugehörigen Museums-Palast in Gori fand. Als ich georgische Politiker auf diesen Stalin-Kult ansprach, hatten sie überhaupt kein Verständnis für mein Befremden. Zumindest in Gori sollen 95 Prozent der Bevölkerung Stalin noch immer für eine der größten Persönlichkeiten der russischen Geschichte halten.

Als schwierig und schmerzvoll sind mir meine Begegnungen mit Israel und dem Nahen Osten in Erinnerung geblieben. In Israel bin ich schon ganz am Anfang meiner Zeit als Abgeordneter gewesen. Das war meine erste Dienstreise ins Ausland überhaupt, die von dem damaligen Vorsitzenden der Deutsch-Israelischen Parlamentariergruppe, Johannes Gerster, angeregt worden war. Dieser Gruppe habe ich die gesamte Zeit als Abgeordneter angehört. Meinen ersten Blick auf Jerusalem werde ich niemals vergessen. Ich hatte mir damals gesagt: Jetzt kannst du sterben, alle deine Wünsche, die du als Jugendlicher hattest, sind in Erfüllung gegangen: Deutschland ist wieder ein ungeteiltes Land, du selber bist Abgeordneter dieses Landes und nun erlebst du Israel! Du stehst auf dem Boden, auf dem Jesus von Nazareth gelebt und gewirkt hat.

Drei Dinge haben mich in Israel sehr stark beeindruckt. Das eine war Yad Vashem. Diese zentrale Erinnerungsstätte an die Vernichtung der europäischen Juden hat mir dabei geholfen, mich dieser dunkelsten Phase in der Geschichte unseres Volkes anzunähern. Ich kannte ja gar keine Juden aus eigenem Erleben, bin ich doch 1943 geboren. Der Besuch von Yad Vashem hat mir Mut gemacht, mich mit dem Thema Holocaust auch aus jüdischer Sicht zu befassen und auseinanderzusetzen. Das Zweite, was mich in Israel beeindruckte, hatte nichts mit der Geschichte zu tun, dafür aber um so mehr mit der Gegenwart des Landes. Ich meine die überall eingesetzte Tröpfchenbewässerung, durch die die Israelis ihre neue Heimat in ein fruchtbares Land verwandelten. Durch den Einsatz dieser simplen und doch so wirksamen Technik können immer weitere Landstriche begrünt werden. Die Tröpfchenberegnung spart Wasser und bringt tatsächlich Wüsten zum Blühen. Ich fand das faszinierend, wie hier biblische Weissagungen tatsächlich wahr werden. Das dritte eindrückliche Erlebnis war für mich die Festung Massada am Toten Meer, in der sich die belagerten Juden im Jahr 73 selber den Tod gaben, um nicht in die römische Knechtschaft abgeführt zu werden. Der kahle Felsen von Massada wurde später zum wichtigsten Symbol des jüdischen Freiheitswillens. Er zählt heute zum UNESCO-Weltkulturerbe. Jedes Jahr werden hier in einer eindrucksvollen nächtlichen Zeremonie israelische Rekruten vereidigt, die feierlich schwören: „Massada wird niemals wieder fallen!" Mir war der Besuch dieses Ortes nationalen Gedenkens in Israel wichtig, weil ich dort erneut darüber nachzudenken begann, welche Konsequenzen Glaubens- und Überzeugungstreue im Extremfall nach sich ziehen können.

Die Vollendung der inneren Einheit

Bis zu meinem Ausscheiden aus dem Bundestag durfte ich überall in unserem vereinigten Land, aber auch außerhalb der deutschen Grenzen, unzähligen Menschen begegnen. Ich sah viele Städte und Landschaften und wurde mit manchen Problemen konfrontiert, von denen ich früher noch nicht einmal wusste, dass es sie überhaupt gab. Ich konnte manchen Anstoß geben, viele Entscheidungen wurden von mir mit vorbereitet oder mit anderen zur Entscheidungsreife vorangetrieben. Im-

Zwischen Bundespräsident Horst Köhler und dem Bundestagsabgeordneten Markus Meckel, Oktober 2005 (Archiv: Stiftung Aufarbeitung Berlin)

mer wieder setzten wir uns neue Ziele, von denen wir einige auch erreichten, während andere im politischen Alltagsgeschäft untergingen oder bis zur Unkenntlichkeit verändert wurden. Zuerst hat mich das ziemlich belastet, bis ich begriff: So funktioniert Politik eben. Wir sind, auch wenn wir in der obersten Liga mitspielen, immer nur Rädchen in einem großen Getriebe.

Ein Ziel habe ich als Politiker immer mit besonderer Leidenschaft im Auge behalten, und diese Aufgabe wird mich auch nicht loslassen, wenn ich nun nicht mehr so stark in der Öffentlichkeit aktiv sein werde: Ich meine die Vollendung der inneren Einheit Deutschlands. Diesem Thema hatte sich schon die zweite von mir geleitete Enquete-Kommission zur Aufarbeitung der SED-Diktatur zugewandt. Und bereits in der zweiten Hälfte der neunziger Jahre war uns deutlich geworden, wie schwierig es ist, die Folgen einer vierzigjährigen Teilungsgeschichte zu überwinden. Wir haben seit 1990 im wirtschaftlichen und sozialen Bereich zwar schon ungemein viel geschafft, auch auf dem Feld der inneren Einheit sind wir weiter vorangekommen, als wir das manchmal selbst empfinden mögen. Die deutsche Einheit ist uns inzwischen – Gott sei Dank – so selbstverständlich geworden, dass wir viel zu oft diese Leistungen der letzten fünfzehn Jahre vergessen. Trotzdem lohnt es sich, immer wieder über den deutschen Vereinigungsprozess, seine Aufgaben und seine Zukunft, nachzudenken, geht es doch dabei um unser aller Vergangenheit und Zukunft.

Wir schauen inzwischen ja bereits auf etwas mehr als anderthalb Jahrzehnte der deutschen Einigung zurück. Zumindest die Festakte zum Tag der Deutschen Einheit geben uns noch die Gelegenheit zu Erinnerung und Vorschau: Wir können unsere Gegenwart und Zukunft nicht richtig einschätzen, wenn wir uns nicht wenigstens gelegentlich vor Augen führen, was in

Mit den fünf Kindern Wiebke, Justus, Martin, Niels und Ulrike, 2003 (Privatarchiv Eppelmann)

den Jahren seit 1989/90 geleistet wurde, was gelungen ist, wo es immer noch Probleme oder neue Schwierigkeiten gibt.

Gewiss wäre es ganz falsch, sich zufrieden auf die Schultern zu klopfen und zu sagen: „Seht, was wir alles geleistet haben!" Dazu sind die Sorgen, die sich viele Menschen in unserem Land um ihre Zukunft machen, einfach zu ernst. Die Hartz-Reformen lösen bei vielen Menschen Ängste aus: Was wird aus meiner mühsam angesparten Lebensversicherung? Müssen wir demnächst das von den Großeltern aufgefüllte Sparbuch der Kinder verfrühstücken? Müssen wir gar unser Haus verkaufen? Werden wir sozial absteigen? So fragen sich viele Menschen, die von der Geißel der Arbeitslosigkeit getroffen sind. Alle diese Fragen müssen wir ernst nehmen. Die frühere Bundesregierung hat es leider versäumt, den Sinn und die praktischen Konsequenzen der Hartz-Reformen rechtzeitig und ausreichend zu bedenken und den Menschen zu erklären. Hinzu kommen peinliche handwerkliche Fehler, die jetzt mühsam ausgebügelt werden müssen. Die Nachfolgepartei der SED, die PDS im Verbund mit der Lafontaine-Sekte der WASG, münzt diese Versäumnisse und Fehler - übrigens auch in trauter Gemeinschaft mit rechtsextremen Parteien - zu begrenzten Wahlerfolgen um.

Deutschland präsentiert sich gegenwärtig als ein missmutiges Land. Die neuen Länder fühlen sich benachteiligt, die alten Länder argwöhnen, sie würden auf unabsehbare Zeiten für teilweise unsinnige Projekte zur Kasse gebeten. Die Blicke richten sich vornehmlich auf das, was noch nicht geschafft wurde oder was nicht so gut gelaufen ist, wie wir uns das in der ersten Begeisterung vorgestellt hatten. Trotzdem meine ich, es zeugt einfach von einem mangelnden Realitätsbewusstsein, nur über die noch ungelösten Probleme zu reden und damit das von uns allen bisher Erreichte zu übersehen, abzuwerten oder gar absichtlich zu unterschlagen. Die Politik- und Sozialwissenschaftler rätseln übrigens darüber, weshalb viele Menschen bei der Beurteilung der Gesamtlage ein negatives Urteil abgeben, während sie für sich und ihr persönliches Umfeld durchaus anerkennen, was die deutsche Einigung inzwischen für sie selbst positiv gebracht hat.

Vielleicht ist es deshalb wirklich notwendig, sich immer wieder des Weges genauer zu erinnern, den wir seit der deutschen Einigung miteinander gegangen sind. Solche Erinnerung soll nicht der Pflege von Nostalgie oder Ähnlichem dienen. Sie soll vielmehr dazu beitragen, unseren Blick zu schärfen und unsere Bilanz näher an die Realitäten heranzurücken. Dabei bin ich mir sehr genau bewusst, dass jeder, der sich darauf einlässt, dabei auch ganz persönliche Erinnerungen im Kopf hat und einbringen kann. So verschieden wie unsere Biografien und Lebenssituationen sind, so verschieden werden auch unsere Erinnerungen und Bilanzen ausfallen. Das sollte nicht vertuscht oder verdrängt werden. Wir müssen aufeinander hören. Nur dann werden wir gemeinsam die Zukunft gestalten können.

Am Anfang der deutschen Einigung stand der anhaltende, fantasievolle und prinzipiell gewaltfreie Widerstand der Bürgerrechtler und dann des ganzen Volkes in der DDR gegen die Zumutungen der SED-Machthaber. Dieser Akt der Selbstbefreiung stellt die einmalige großartige historische Leistung der Menschen in der DDR heraus. Bundespräsident Roman Herzog hat seinerzeit die Geschehnisse im Herbst 1989 die einzige gelungene Revolution in der deutschen Geschichte genannt! Diese Revolution mit ihren Gebeten, Kerzen und schließlich immer gewaltigeren Massendemonstrationen ermöglichte es den Menschen in der DDR, mit erhobenem Haupt den weiteren Kurs auf die deutsche Einheit auszurichten. Über die Wege dahin gab es sehr unterschiedliche Meinungen. Besonders weit verbreitet war die Ansicht, die DDR müsse sich zunächst selbst reformieren, bevor eine deutsche Vereinigung auf die Tagesordnung gesetzt werden könnte. Es gab da viele Illusionen und Unklarheiten. Auch wir, die wir in der DDR als Bürgerrechtler aktiv waren, waren ganz gewiss nicht allwissend. Wir wussten trotz aller Versuche, in der Wahrheit zu leben, insgesamt viel zu wenig über das Regime, gegen das wir schließlich den Aufstand wagten. Wir hatten keine Zeit und keine institutionellen Voraussetzungen, um langfristige und empirisch abgesicherte Zukunftsperspektiven zu entwickeln. Wir waren als Kerngruppe viel zu wenige.

Wir waren eine „Laienspielschar“. Ich nehme diese nicht ganz freundlich gemeinte Bezeichnung eines westdeutschen Berufspolitikers gerne für uns auf. Diese „Laienspielschar“ hat immerhin entscheidend dazu beigetragen, Weltgeschichte zu gestalten. Ich gebrauche das vollmundige Wort ganz bewusst. Mit dem Sturz der SED-Diktatur wurde die Katastrophe des Kommunismus eingeleitet, die die Auflösung des Warschauer Paktes und der Weltmacht Sowjetunion in sich einschloss. Das, was auch kühnste Träumer nicht mehr zu denken gewagt hatten, wurde plötzlich zur politischen Wirklichkeit. Lenin musste seinerzeit eine revolutionäre Kaderpartei schmieden und den Massenterror zum gängigen Mittel der Politik entwickeln, um der Welt seine Vorstellungen aufzuzwingen. Dieser Umsturz hat letztendlich Millionen von Opfern das Leben gekostet und ganze Länder verwüstet. Dagegen setze ich die wenigen „Laienspieler" in der Sowjetunion, in Ungarn, Polen, der Tschechoslowakei und eben auch in der DDR, die vor allem ab den achtziger Jahren gewaltfrei, aber beharrlich darauf bestanden, ihr Leben in der Wahrheit führen zu dürfen. Sie traten für Frieden, Gerechtigkeit und Bewahrung der Schöpfung so lange hartnäckig, fantasievoll und überzeugend ein, bis sich den zunächst wenigen „Laienspielern" die Masse des Volkes anschloss. Der Ruf „Wir sind das Volk!" signalisierte die friedliche Selbstemanzipation der Menschen in der DDR von einer totalitären Herrschaft, deren Ende sich auch die klügsten Beobachter einfach nicht hatten vorstellen können.

Für die Umgestaltung der Verhältnisse in einer DDR, in der die SED nicht mehr das Sagen hatte, für die Umgestaltung der Verhältnisse in einem Deutschland ohne Mauer und Stacheldraht gab es keine Drehbücher. Wir Bürgerrechtler hatten solche Handlungsanweisungen nicht erarbeitet, aber auch die Schubladen im Bonner Kanzleramt waren leer. So weit reichte die Fantasie in keiner der Schaltstellen der Macht, die das Geschehen in der Welt von gestern bestimmten, dass dort für diesen Fall irgendwelche Vorkehrungen getroffen worden wären.

Wir alle mussten in einer Situation handeln, für die es keine

Vorbilder und Beispiele gab. Jeden Tag mussten mehr Fragen beantwortet werden, als es Antworten gab. Das gilt nicht nur für die Bürgerrechtler in der DDR und im östlichen Europa, das gilt auch für die „alten Machteliten". Improvisation war angesagt. Demokratie musste praktiziert werden, wo doch für langwierige Abstimmungsverfahren keine Zeit war. Da mussten Menschen miteinander reden, die vorher entweder voneinander überhaupt nichts gewusst oder sich sogar als Feinde betrachtet hatten.

Was damals stattfand, war eine Operation am lebendigen Leib - und ohne Narkose, denn die erste Begeisterung über den Sturz der Diktatoren war in dem Moment bei den meisten Menschen schlagartig vorbei, als sie registrieren mussten: Dieser weltgeschichtliche Umsturz verändert auch dein ganz persönliches Leben! Da gibt es Gewinne zu verzeichnen, aber eben auch schmerzliche Verluste! In Stresssituationen reagieren Menschen, wenn sie nicht sehr sorgfältig darauf trainiert werden, zumeist falsch. Das ist eine einfache Lebenserfahrung. Wir befanden uns damals allesamt - wir Bürgerrechtler, die ehemaligen SED-Machthaber und ihre PDS-Nachfolger, die politischen Führungspersönlichkeiten der westlichen Welt, die Militärs und Wirtschaftsfachleute, die Verwaltungsspezialisten, Diplomaten, Politologen, Intellektuellen und die Menschen überhaupt - in einem Dauerstress der härtesten Art. Was hätte da alles schiefgehen können!

Wenn der friedliche Sturz der kommunistischen Diktaturregime das erste Wunder war, dann ereignete sich für mich mit dem Prozess der Einheit ein zweites Wunder. Ich sage das ganz bewusst, obwohl ich weiß, welche riesigen Probleme dieser Prozess mit sich gebracht hat und immer noch bringt. Es hätte aber doch auch ganz anders kommen können, als es gekommen ist. Soziale Unruhen, Inflation, internationale Konflikte, ein Zusammenbruch des öffentlichen Lebens oder auch ein deutsch-deutscher Bürgerkrieg waren doch nicht von vorneherein gänzlich ausgeschlossen.

Über die Einzelheiten des Verlaufs der deutschen Einheit ist inzwischen viel geredet und geschrieben worden. Ganze Heerscharen von Sozialwissenschaftlern, Politologen und Zeithistorikern sind an der Arbeit, um sich und uns darüber zu vergewissern, was da eigentlich mit uns geschah und auch noch weiterhin geschehen wird. Ich will mit diesen Bemühungen nicht in Konkurrenz treten, sondern nur einige Punkte hervorheben, die mir aus meiner persönlichen Sicht wichtig zu sein scheinen.

Ich hatte bereits davon gesprochen, dass bei vielen Bürgerrechtlern, aber auch bei westdeutschen Politikern und Intellektuellen, zunächst die Vorstellung herrschte, die DDR solle sich erst einmal selber reformieren und stabilisieren, bevor sie selbstbewusst in Verhandlungen mit dem anderen deutschen Staat darüber eintritt, welche Schritte in Richtung auf eine deutsche Einigung möglich seien. Für diese Auffassung gab es viele gute und ehrenwerte Gründe. Das Bewusstsein der deutschen Schuld, die Hoffnung, etwas Eigenes aus der ersten gelungenen deutschen Revolution in die Einigung einzubringen, auch ein antikapitalistischer Grundkonsens bei vielen, die wesentlich zum Sturz des Realsozialismus beigetragen hatten, und schließlich zahlreiche pragmatische Überlegungen spielten dabei eine Rolle. Wenn dann alles sehr viel schneller ging, dann gab es auch dafür viele Ursachen. Zu ihnen zählte das so zunächst noch nicht im vollen Umfang erkannte Ausmaß, in dem der Sozialismus wirtschaftlich, politisch und moralisch abgewirtschaftet hatte. Ebenso wichtig war aber auch die Einsicht, dass nur ein vereinigtes Deutschland in dem nach dem Sturz der kommunistischen Diktaturen sich erneuernden Europa einen gesicherten und auch von unseren Nachbarn in Ost und West kalkulierbaren Platz einnehmen könnte. Die deutsche Wiedervereinigung war 1990 unvermeidbar geworden: Das erkannt zu haben, war die erste große gesamtdeutsche Leistung, an der auf unterschiedliche Weise die erste frei gewählte Volkskammer der DDR, die Regierung de Maizière und die Bundesregierung unter der Leitung von Helmut Kohl, aber auch unsere Freunde in Ost und West beteiligt waren. Alles spätere Gerede von einer „Kohlonisierung" der DDR ist einfach Unsinn. Jens Reich hat dazu gelegentlich angemerkt, die DDR sei dann wohl die erste „Kolonie" der Geschichte gewesen, die den Einmarsch der Kolonialherren unter Androhung von Gewalt („Kommt die D-Mark nicht nach hier, dann gehen wir zu ihr!") erzwungen habe!

Was haben wir in den fast 17 Jahren der deutschen Wiedervereinigung erreicht? Die mehr als eine Billion Euro, die bisher im „Aufbau Ost" investiert worden sind, bedeuten für mich nicht nur eine gigantische finanzielle und ökonomische Transferleistung. Sie sind für mich auch ein massiver Beweis dafür, dass die Solidarität im vereinigten Deutschland immer noch kein leeres Wort ist. Der Solidaritätsbeitrag wird in ganz Deutschland, übrigens auch in den neuen Bundesländern, bis jetzt ohne allzu großes Murren gezahlt. Darin drückt sich auch die Überzeugung aus, dass diese Sondersteuer weiterhin notwendig ist. Die viel zitierten „blühenden Landschaften" breiten sich allmählich wirklich aus. Wer das noch immer abstreitet, leugnet nicht nur die erheblichen Veränderungen zum Besseren, die es etwa im Großraum Berlin, in Dresden, Leipzig oder Erfurt, aber auch an vielen anderen Orten gibt, sondern auch die enormen Aufbauleistungen, die in den neuen Ländern von unzähligen fleißigen Menschen an vielen Orten erbracht worden sind. Ich bin fest davon überzeugt, dass die Abwanderung der Jugend aus den neuen Ländern, der Bevölkerungsrückgang, der in manchen ostdeutschen Städten 30 Prozent erreicht, die Auflösung der Plattenbausiedlungen und die Schrumpfungsprozesse in der Industrie kein unabwendbares Schicksal darstellen. Sie sind Teil einer gigantischen Umgestaltung, die notwendig wurde, weil das SED-Regime seinen Herrschaftsbereich so gründlich ruiniert hatte. Dass diese Umgestaltung in einer Phase bewältigt werden muss, in der auch die Weltwirtschaft einschneidenden Veränderungen unterliegt, macht die Aufgabe gewiss nicht einfacher, gehört aber mit zu den Rahmenbedingungen, unter denen wir das vereinte Deutschland aufbauen.

Die großen Schwierigkeiten, die diesen Prozess begleiten, zeugen auch von der Größe der gestellten Aufgabe. Die „alte Bundesrepublik" hat 13 Millionen Flüchtlinge und Vertriebene sowie über drei Millionen Menschen aus der DDR integriert. Das ist immer als eine große Leistung anerkannt worden. Jetzt geht es um die gesellschaftliche, politische, ökonomische und soziale Integration von 16 Millionen Menschen! Wer das hier Geleistete nicht anerkennt, dem empfehle ich eine Reise durch die osteuropäischen Reformstaaten. Das korrigiert die Maßstäbe und schärft das Realitätsbewusstsein dafür, in welcher Welt wir tatsächlich leben.

Der „Aufbau Ost" bedeutet für mich aber nicht nur den Wiederaufbau verfallener Städte, die Rekonstruktion der Verkehrswege und der Kommunikationsnetze, die Sicherung der Altersversorgung und vieles andere mehr. Ich bin sicher, unsere europäischen Nachbarn zählen hierzu auch die Tatsache, dass das vereinigte Deutschland nicht in nationalistische Großmannsträume verfallen ist. Das Bewusstsein, die Zukunft nur gemeinsam mit den Nachbarn gewinnen zu können, gehört zu den Grundüberzeugungen unserer gefestigten parlamentarischen Demokratie im vereinigten Deutschland.

In der Vergangenheit ist in den Medien viel über einen „Mentalitätsbruch", die „Mauer in den Köpfen" und wachsende Resignation bei Teilen der Bevölkerung in den neuen

Ländern verhandelt worden. Solche Phänomene gibt es. Die Anpassung von zwei ganz unterschiedlichen Systemen bedeutet für viele unmittelbar Betroffene bis heute eine ständige Überanstrengung. Um so wichtiger aber scheint mir, dass die Zustimmung zu diesem epochalen Vorgang ganz klar mehrheitsfähig ist. Die 13. Shellstudie *Jugend 2000* stellte zwar fest, „dass die Unterschiede zwischen ost- und westdeutschen Jugendlichen größer und nicht kleiner werden", hielt aber zugleich fest: „Zum anderen finden wir jedoch in den neuen Bundesländern eine Teilgruppe, darunter besonders viele junge Frauen, die sich auf den Weg gemacht hat, mit den Anforderungen der Situation und dieser Gesellschaft zurechtzukommen. Ihre Leistungsbereitschaft ist deutlich höher als im Westen, die genussorientierte Lebenshaltung schwächer ausgeprägt. Eigene Individualität und eigene Interessen werden stärker betont, Bereitschaft zu Mobilität und beruflicher Selbständigkeit signalisiert."[30] Solche Signale braucht das vereinigte Deutschland, das sich ja immer noch in seiner Pubertätsphase befindet. Diese Phase ist, wie man weiß, immer schwierig, aber auch unvermeidbar und vor allem zukunftsorientiert.

Die trotz allem weitverbreitete gesamtdeutsche Missstimmung lässt sich auf sehr konkrete Problemfelder eingrenzen, die deutlich benannt werden müssen, wenn sie damit auch noch nicht aus der Welt geschafft sind. Ich glaube aber, dass eine solche Bewusstmachung unerlässlich für eine Überwindung der Probleme ist.

An erster Stelle nenne ich die Tatsache, dass der von der ersten frei gewählten Volkskammer der DDR mit überwältigender Mehrheit beschlossene Beitritt der DDR zur Bundesrepublik eine anfängliche Dominanz der Westdeutschen in allen Bereichen mit sich brachte. Für die Ostdeutschen änderte sich fast alles – Arbeits- und Lebensbedingungen, kulturelles

Umfeld, Stellung des Einzelnen in der Gesellschaft und gegenüber dem Staat, Alltagsverhalten, Milieueinbindung –, für die Westdeutschen aber fast nichts bis auf den Solidaritätsbeitrag in der Steuererklärung, den allerdings auch die Ostdeutschen leisten.

Zweitens glaube ich, dass die meisten DDR-Menschen falsche Vorstellungen vom Westen hatten. Die farbigen Bilder des Westfernsehens und die Verwandtenbesuche mit ihren Berichten von großen Autos, schicken Eigentumswohnungen und Urlaubsreisen in ferne Länder waren nicht das ganze Bild. Falsche Bilder vom anderen gab es aber auch im Westen. Über das wirtschaftliche Desaster und die ökologischen Folgeerscheinungen in der DDR wusste man wenig. Viele im Westen wollten davon aber auch nichts wissen. Auch das flächendeckende System der Stasi-Überwachung war kaum bekannt. Schließlich gab es auch eine weitverbreitete Sozialismusaffinität in intellektuellen und kirchlichen Kreisen, die sich lieber an den Utopien der DDR-Propaganda als an der Wirklichkeit orientierten.

Zu den falschen Bildern gehörte drittens auch das Nichtwissen um die unterschiedlichen Sozialisationen in den beiden deutschen Nachkriegsgesellschaften. Das wirkt sich bis heute in den verschiedenen Ausformungen von Grundeinstellungen zur Demokratie, zum Rechtsstaat, zur Gesellschaftsordnung, zum Welt- und Menschenbild und schließlich auch zur Religion aus. Die Verschleifung dieser Unterschiede ist in einer einzelnen Generation nicht zu bewältigen, sondern wird erst von einer Jugend geleistet werden können, die sich frei und selbstbestimmt zu orientieren vermag.

Trotz der hohen finanziellen Transfers vom Westen in den Osten gibt es – viertens – noch immer erhebliche Unterschiede beim Einkommen und den Vermögen zwischen Ost und West. Auch wenn sich bei den Einkommen die Schere allmählich schließt, wird sich der Unterschied bei der Vermögensbildung noch lange auswirken. In Westdeutschland werden in den nächsten Jahren Erbschaften in vielfacher Milliardenhöhe an die nächste Generation weitergegeben. Das sind Vermögenswerte, über die wir Ostdeutschen nicht verfügen können.

Schmerzhaft empfunden werden – fünftens – auch bestimmte Mentalitätsunterschiede. Viele Westdeutsche betrachten sich als „Sieger der Geschichte", obwohl sie zu diesem „Sieg" kaum etwas beigetragen haben. Parallel dazu ist eine „Verlierer"-Pose bei zahlreichen Ostdeutschen zu beobachten, die nicht nur aus eigenem Erleben gespeist wird, sondern auch als eine vielleicht oft unbewusste „Selbstverteidigungsstrategie" eingesetzt wird. Diese Unterschiede werden noch verstärkt durch eine politische und publizistische Instrumentalisierung, an der die PDS einen wichtigen Anteil hat, aber auch große westdeutsche Medienkonzerne, die aus rein kommerziellen Gründen die „ostalgische" Verklärung der DDR vermarkten.

Eine besondere Rolle spielen – sechstens – die alten DDR-Eliten, die zwar zurückgedrängt, aber ja keineswegs ausgeschaltet wurden. Sie nehmen alle Schwierigkeiten im Vereinigungsprozess als Belege für ihre grundlegende Skepsis gegenüber dem westlichen Gesellschaftsmodell und der sozialen Marktwirtschaft und unterschlagen deshalb natürlich gerne die Erfolge der deutschen Einigung. Das „Meckern" aus diesem Milieu klingt nicht selten zusammen mit jener Kritik linker Vereinigungsgegner und Sozialismusanhänger, die noch immer auf eine Wiederholung des Sozialismusexperiments hoffen.

Schließlich will ich – siebtens – noch darauf hinweisen, dass der Umgang mit den Tätern und den Opfern der SED-Diktatur kaum jemanden wirklich zufriedenstellen kann. Die Anwendung der Rechtsstaatsprinzipien auf die SED-Täter durch unsere Gerichte wird besonders von den Opfern oft als Verhöhnung empfunden, während sich die zumeist zu sehr moderaten Strafen verurteilten Täter über westliche „Siegerjustiz" beklagen. Die Integration der einst systemnahen Kader in die Gesellschaft des vereinigten Deutschlands ist weit vorangeschritten. Auch das empfinden die Opfer der SED-Diktatur, die oft um kleine Renten, ABM-Stellen oder Projektmittel betteln müssen, als grobe Ungerechtigkeit. Sie wurden vom SED-Regime von jeder höheren Ausbildung ausgeschlossen oder zu Hilfsarbeitern degradiert und werden heute entsprechend behandelt, während die Kader in den meisten Fällen die volle Anerkennung ihrer DDR-Abschlüsse und -Titel längst durchgesetzt haben. Das wirkt sich nicht nur auf heutige Beschäftigungsverhältnisse, sondern vor allem auch auf die Renten aus. Hier sehe ich eine Gerechtigkeitslücke, die den Vereinigungsprozess noch immer in ganz erheblichem Ausmaß belastet. Eine angemessene Ehren-Pension für die Opfer der SED-Diktatur betrachte ich als Anstandspflicht des vereinigten Deutschlands! Das inzwischen erlassene Gesetz dazu ist ein unbefriedigender Kompromiss.

Ich glaube, wir müssen alle diese Probleme sehr klar und nüchtern sehen und benennen. Ebenso klar müssen wir aber auch einsehen: Es gab wohl kaum wirkliche Alternativen! Insgesamt gilt für den Einigungsprozess: Bei aller Anerkenntnis der individuellen Lebensleistungen von Millionen von Menschen in der DDR wird von der DDR als politischem System nichts anderes übrig bleiben als ein Haufen von Altlasten, die auch kommenden Generationen zumindest in finanzieller Hinsicht noch erheblich zu schaffen machen werden. Die Vereinigung der beiden deutschen Staaten konnte nicht auf gleicher Augenhöhe geschehen, so gerne wir das gewollt hätten. Die deutsche Vereinigung entsprach aber dem Willen der überwältigenden Mehrheit in beiden deutschen Teilstaaten. Die Transferleistungen haben im sozialen Bereich vieles, aber bei Weitem nicht alles abgefedert. Die Bewältigung der individuellen Biografien konnte durch den Einigungsvertrag allenfalls unterstützt werden. Vieles wird sich erst mit der zwangsläufig zunehmenden Durchmischung der beiden deutschen Teilgesellschaften erledigen.

Die Probleme, mit denen wir heute konfrontiert werden, erinnern mich in manchen Zügen an das, was sich nach dem Zusammenbruch der ersten deutschen Diktatur in Westdeutschland abspielte. Ich nenne die weitgehende Integration der Täter und Verantwortlichen, die weithin gescheiterte juristische Aufarbeitung der Diktatur, die Verdrängung der Diktaturverbrechen, die Konzentration auf die wirtschaftlichen und sozialen Wiederaufbauleistungen sowie die fehlende innere Akzeptanz der neuen Ordnung und die Phänomene einer Nostalgie nach dem Motto: „Es war doch nicht alles schlecht, man denke doch nur an die Autobahnen!“ (Heute sind es die „Kitas“ der DDR, die in gleicher Weise zitiert werden!) Das Wirtschaftswunder der fünfziger Jahre hat es den Westdeutschen dann vergleichsweise leicht gemacht, sich mit den neuen Verhältnissen anzufreunden und die Demokratie auch innerlich anzunehmen. Hier sehe ich dann allerdings auch einen wesentlichen Unterschied zwischen damals und heute: Auch heute gibt es so etwas wie ein Wirtschaftswunder in den neuen Ländern – trotz aller Betriebsschließungen und Arbeitslosigkeit, trotz Hartz IV. Dieses wird von den Menschen in den neuen Ländern jedoch weithin nicht als selbst erarbeitet, sondern als vom Westen geschenkt bzw. transferiert empfunden. Das schmerzt Menschen, die gerade erst den „aufrechten Gang“ gelernt haben, und die so schnell wie möglich für sich selbst einstehen möchten.

Der Prozess der deutschen Einigung ist in seinen wirtschaftlichen und sozialen Aspekten im Großen und Ganzen gelungen und – trotz aller Fehler – auf dem richtigen Weg. Das Ausland zollt dieser gesamtdeutschen Leistung hohe Anerkennung. Deutschland ist zu einem Land geworden, in dem sehr viele Menschen anderer Nationalität gerne leben möchten oder Zuflucht suchen. Der Prozess der inneren Einigung wird jedoch noch eine längere Zeit in Anspruch nehmen. Dabei möchte ich allerdings nicht allein auf die ausgleichende Wirkung des Generationenwechsels und den Zeitfaktor setzen. Vielmehr wünsche ich mir, dass der Grundkonsens der Demokraten sich auch hier bewährt. Das heißt, wir müssen sehr viel mehr miteinander als übereinander reden. Das gehört zu den wesentlichen Aufgaben der politischen Bildung. Es gehört in die Lehrpläne und Aktivitäten unserer Schulen und Universitäten an zentraler Stelle hinein. Und vor allem bedarf es noch einer viel stärkeren Unterstützung durch die Medien, als dies bislang erfolgt ist. Der gemeinsame Dialog und das Verständnis füreinander auf dem Weg zur inneren Einigung werden auch weiterhin eine der wichtigsten Aufgaben der Politik im vereinten Deutschland sein.

Anhang

„Freiheit, aus der man etwas machen kann"
Ein Interview

Gespräch zwischen Prof. Dr. Peter Maser, Rainer Eppelmann und dem Ehepaar Franz-Gerhard und Elisabeth von Aichberger. Dieser gemeinsame Gedankenaustausch unter Leitung von Prof. Dr. Peter Maser fand am 27./28. August 2006 in Berlin statt.

Maser: Rainer Eppelmann, ehemaliger Minister für Abrüstung und Verteidigung der DDR, langjähriger Bundestagsabgeordneter der CDU, Ehrenvorsitzender der CDA und Vorsitzender der Stiftung Aufarbeitung, trifft heute in seiner schönen Wohnung in nächster Nähe von Schloss Bellevue in Berlin das Ehepaar von Aichberger. Franz-Gerhard von Aichberger wurde 1996 nach 28 Jahren Pfarrdienst in der Ludwigsburger Friedenskirchengemeinde in den Ruhestand verabschiedet. Seine Frau Elisabeth hat ihn stets begleitet und war seine beste Mitarbeiterin. Das galt auch für die regelmäßigen Besuche der beiden Ludwigsburger im Gebiet jenseits der Mauer, das für viele Westdeutsche leider bis heute ein unbekanntes Land geblieben ist. Aber wie kam es dazu, dass ein Pfarrer aus Ludwigsburg in Ost-Berlin Rainer Eppelmann so kennenlernte, dass daraus eine Freundschaft wurde?

v. Aichberger: Ich konnte Rainer ab 1975 so gut kennenlernen, weil ich seit 1970 in jedem Jahr über Pfingsten mit etwa zwanzig Jugendlichen die Ost-Berliner Samariter-Gemeinde besuchte. Wir wollten nicht nur Sightseeing machen, sondern Menschen jenseits der Mauer begegnen. Das war damals gar nicht so einfach und auch nicht erwünscht. Die ersten Begegnungen waren sehr von Ängstlichkeit auf beiden Seiten geprägt. Wie sollte man da wirklich ins Gespräch kommen? Und dann tauchte der junge Pfarrer Rainer Eppelmann auf: Der hat unsere von Verlegenheit bestimmten Besuche zu wirklichen Begegnungen ausgeweitet. Rainer war an unseren Erfahrungen interessiert und wollte auch andere an unseren Gesprächen teilhaben lassen. Das war auch für uns sehr spannend. Wir lernten beispielsweise Rudolf Schottlaender kennen. Der bekannte jüdische Altphilologe hatte die Verfolgungszeit in Berlin in einer sogenannten „privilegierten Mischehe" überlebt, wechselte nach dem Kriegsende vom Osten in den Westen und wieder zurück. Er verstand sich selbst als „Grenzgänger" und wurde als Professor der Ost-Berliner Humboldt-Universität von der SED gemaßregelt und vom Staatssicherheitsdienst intensiv überwacht. Beeindruckt waren wir auch von Freya Klier, die frühzeitig DDR-Gefängnisse von innen kennengelernt hatte, sich später zu einer bekannten und unangepassten Theaterregisseurin entwickelte, zu den zentralen Gestalten der Opposition in der DDR gehörte und 1988 in den Westen ausgebürgert wurde. Stefan Krawczyk, damals mit Freya Klier verheiratet, hatte in der DDR Kultstatus als unabhängiger Liedermacher und wurde zusammen mit seiner Frau ausgebürgert. Konsistorialpräsident Manfred Stolpe informierte uns über die Lage in der DDR, auch das war für uns aus dem Westen immer sehr eindrucksvoll. Rainer Eppelmann wollte uns durch diese und viele andere Kontakte, die er für uns herstellte, die Scheu vor dem offenen Wort in der DDR nehmen. Da sah er große Defizite bei uns, aber natürlich auch bei seinen DDR-Mitbürgern, die gelernt hatten, dass West-Kontakte eine gefährliche Sache sind, die man besser lässt.

Maser: Frau von Aichberger, Frauen haben manchmal eine andere Sicht auf die Dinge. Sie waren, soweit ich weiß, fast immer an der Seite Ihres Mannes, haben diese Kontakte miterlebt. Wie erinnern Sie sich an den Rainer Eppelmann von damals?

Frau v. Aichberger: Wir haben uns beide natürlich gefreut, dass er so neugierig war auf uns. Rainer ist uns ganz offen begegnet und hat uns gleich auch in seine Familie mit hineingenommen. Ich denke da an seine Frau, die Evi, und an die Kinder. Wir haben in seinem Pfarrhaus gewohnt und Evi hat uns bewirtet. Die Kinder waren damals noch klein. Da hatten wir Frauen dann auch andere Gesprächsthemen als die Männer, die ständig über Theologie und die Verhältnisse im geteilten Deutschland redeten.

Maser: Das war also 1975. Rainer, da warst du, wie man damals sagte, ein jugendbewegter Pfarrer, ein Jugendpfarrer in Ost-Berlin. Dann kam da jemand aus Süddeutschland, ein Bruder im Pfarramt, der war von einer ganz anderen Art als du es warst. Da kam ein richtig frommer Süddeutscher, ein Pietist vielleicht sogar, und ihr wurdet Freunde. Erzähl doch mal aus deiner Sicht, was damals geschah.

Eppelmann: Das hört sich dramatischer an, als es zumindest bei uns abgelaufen ist. Gewiss: Als DDR-Bürger bin ich in einer ganz stark atheistisch geprägten Gesellschaft aufgewachsen. In der DDR galt das offiziell verkündete Erziehungsziel: Wir erziehen alle unsere Jugendlichen zu atheistischen Menschen, weil christlicher Glaube und Kirche etwas Rückwärtsgewandtes und Mittelalterliches sind. „Unsere Menschen", wie uns die DDR-Propaganda oft titulierte, brauchen den Glauben an den lieben Gott nicht mehr als Hilfskrücke, um ihr Leben zu meistern. Ich selbst stamme ja aus einem unchristlichen Elternhaus. Erst in der Jungen Gemeinde und beim Studium am Paulinum bin ich Glauben und Kirche wirklich begegnet, aber das geschah eben in der Weise, die in Berlin-Brandenburg vorherrschend ist. Und dann tauchte da ein

Württemberger auf, ein ungemein herzlicher Mensch mit einer reizenden Frau, aber ich verstand ihn anfangs kaum. Sein Schwäbisch hätte auch Usbekisch sein können, für mich damals jedenfalls. Als ich begann, Franz-Gerhard zu verstehen, merkte ich, der redet nicht nur anders, der glaubt auch ein ganzes Stück weit anders als ich. Das hat unsere beginnende Freundschaft nicht gestört, denn er hat nie von mir verlangt, dass ich seine Art zu glauben und Glauben zu verwirklichen, übernehmen müsste. Und da ich selbst so ein Bedürfnis auch nie gehabt habe, ist diese Unterschiedlichkeit für mich immer etwas gegenseitig Bereicherndes und ganz ungezwungen Harmonisches gewesen und bis heute geblieben. Wenn wir heute, fast zwanzig Jahre nach der Maueröffnung, immer noch freundschaftlich miteinander verbunden sind und uns mehrmals im Jahr treffen, ist das ja auch ein Zeichen dafür, dass wir über alle Unterschiede von Theologie und Frömmigkeit hinweg eine wunderbare menschliche Beziehung zueinander haben. Das ist für mich auch ein Stück gelebter Ökumene! Es gibt ja auch unter evangelischen Christen viel konfessionelle Rechthaberei, falschen Stolz auf die eigenen Traditionen und schlichte Sturheit gegenüber den anderen. Die müssten wohl überwunden werden, ehe wir gegenüber Katholiken und Orthodoxen ökumenische Annäherung einfordern. Ich habe inzwischen eine Fülle von spiritueller Erfahrung über Franz-Gerhard und andere vermittelt bekommen, sodass mein Zugang zur Bibel heute ein vielfältigerer ist als 1975, bevor ich meinen schwäbischen Pietistenfreund kennenlernte.

Maser: Herr Pfarrer, wie ist das mit Schwaben und dem Pietismus?

v. Aichberger: Ich lasse mich gerne als schwäbischer Pfarrer apostrophieren, weil ich unsere Landeskirche mit ihrer Tradition, auch der pietistischen Tradition, immer noch sehr schätze. Ich muss aber vielleicht doch ergänzen, dass ich natürlich nicht nur als schwäbischer Pfarrer nach Ost-Berlin und zu Rainer gekommen bin, sondern auch als jemand, der 1961 im Lager Marienfelde Pfarrer war und dadurch sehr vielen Flüchtlingen begegnet bin. Das Lager in der Nähe des Flughafens Tempelhof wurde 1953 als Zentrales Notaufnahmelager des Bundes eröffnet und bot Zehntausenden von Flüchtlingen eine erste Anlaufstelle. Nach dem Mauerbau wurde es für Übersiedler aus der DDR und anderen Staaten genutzt. Da lernte ich kennen, was für mich an den Menschen aus der DDR zunächst fremd wirkte. Das hat mich aber auch fasziniert und war eine gute Vorschule für die Begegnungen in Rainers Samariter-Gemeinde.

Maser: Habt ihr 1975 oder später auch mal zusammen gebetet?

v. Aichberger: Gewiss bei den gemeinsamen Gottesdiensten, die wir abgehalten haben. Wir haben aber auch über alles, über Gott und die Welt, geredet und uns dabei immer besser verstanden. Und von Politik war dabei am Anfang eigentlich gar nicht die Rede, wohl aber davon, dass wir unseren Glauben offen bezeugen sollen. Es war ja damals fast eine Sensation, wenn eine evangelische Gemeinde in Ost-Berlin eine Gruppe aus Westdeutschland ganz öffentlich empfing. Wir haben Grillfeste rund um die Kirche veranstaltet, da zeigten Stasi und vor allem die Polizei unübersehbare Präsenz. Wir haben uns über unsere wachsende Gemeinschaft gefreut. Weniger schön war es, wenn wir mehrfach von der Polizei bis zum Bahnhof Friedrichstraße eskortiert wurden. Aber das gehörte damals, wie wir rasch lernten, eben zu solchen deutsch-deutschen Begegnungen dazu. Wir wussten doch, die DDR-Staatsmacht hält es für gefährlich, wenn Christenmenschen sich treffen, zusammen beten, diskutieren und feiern.

Maser: Rainer, was brachte dich 1975 eigentlich auf die Idee, einen süddeutschen Pfarrer mit seiner Gemeinde in deine Gemeinde nach Ost-Berlin einzuladen? Was war der Sinn und Zweck dieses Unternehmens damals? Heute wissen wir es. Aber damals, was war der Sinn?

Eppelmann: Ach, der Initiator bin ich gar nicht gewesen. Vielmehr fand ich schon erste schwache Ansätze dazu vor, Menschen aus der Bundesrepublik, aus Ludwigsburg, nach Samariter einzuladen. Ich habe das dann aufgenommen und intensiviert.

Maser: Mich interessiert immer wieder, was ist damals auch in den Gemeinden vorgegangen? Vielleicht können Sie, Herr v. Aichberger, dazu etwas sagen. Wie war das in der Gemeinde? Sie und Ihre Frau fuhren mit Gemeindegruppen zusammen in dieses fremde Ost-Berlin und trafen dort so einen wie Rainer Eppelmann und die Samariter-Gemeinde. Was hat Ihre Gemeinde aus der Gegend um Stuttgart damals dazu gesagt? War das eine Zumutung? Haben Sie das als spannend empfunden? Ging es Ihnen um die „armen Schwestern und Brüder im Osten", um die man sich kümmern muss?

v. Aichberger: Die Begegnungen haben damit begonnen, dass das evangelische Mädchenwerk mich gebeten hatte, mit einer Gruppe nach Berlin zu fahren. Man wusste dort, der war dort sechs Jahre lang Pfarrer und hatte allerlei Beziehungen. Also haben wir diesen ersten Besuch in Ost-Berlin gemacht und schon damals versucht, nicht nur Sightseeing zu veranstalten, sondern Menschen zu begegnen. Wie Rainer gesagt hat, war das aber gar nicht so einfach. Jedenfalls habe ich dann diese Besuche weitergeführt mit jeweils zwanzig Jugendlichen in Verbindung mit dem CVJM. Und ich muss wirklich sagen, die Gemeinde hat sich darüber gefreut, weil es doch sonst normalerweise von Ludwigsburg nach Ost-Berlin keinerlei Brücke gab. Es hat Leute gegeben, die haben mich gefragt, ob ich früher Pfarrer in Ost-Berlin war. Es hat andere Leute gegeben, die haben gesagt, da fahre ich nicht mit, ich bin kein

Held. Da war schon eine Schranke, aber diejenigen, die mitgefahren sind, die waren eigentlich immer fasziniert. Innerhalb von mehr als zwanzig Jahren, die wir diese Begegnungen veranstaltet haben, sind eine ganze Reihe von Jugendlichen fünf-, sechsmal mitgefahren, weil sie einfach angetan waren von dieser einzigartigen Möglichkeit, mit Menschen im anderen Teil Deutschlands ins Gespräch zu kommen. Das intensivierte sich noch mal, als Rainer Eppelmann unser Gesprächspartner wurde. So etwas hat es selten gegeben.

Eppelmann: Ich fand, wie gesagt, in Samariter eine Situation vor, die ich als Chance begriffen habe von Anfang an, die mich aber, so wie sie genutzt wurde, nicht befriedigt hatte. Das lief im Grunde so: Da wurden ein paar Plastiktüten für den Superintendenten oder den Pfarrer auf den Tisch gestellt mit ein paar leckeren Dingen, die ein DDR-Bürger sonst nur im Intershop kaufen konnte. Und dann gab es eine geheime Kaffeerunde im kleinen Kreise. Mehr ist das nach meiner Erinnerung zuerst nicht gewesen. Ich habe mir aber von Anfang an gesagt, daraus kann man nicht bloß, sondern daraus muss man sehr viel mehr machen. Da muss mehr draus werden als der Kontakt und vielleicht noch gelegentlich das hochtheologische Gespräch zwischen Amtsbrüdern, da müssen auch die Gemeindeglieder beteiligt werden. Die Gemeinden müssen sich kennenlernen!

Zunehmend begriff ich aber auch, solche Begegnungen tragen immer auch einen politischen Charakter – und das ist neben aller christlichen Verbundenheit im Glauben auch gut so. In Europa und ganz besonders in Deutschland standen sich damals zwei feindliche Bündnisse hochgerüstet unmittelbar gegenüber. Die militärische Auseinandersetzung konnte zu jeder Zeit losbrechen. Das Einzige, was wir kleinen Leute dagegen machen konnten, noch dazu in einer Diktatur, war, dass wir einander so kennenlernen, um dann irgendwann nicht mehr bereit zu sein, aufeinander zu schießen, wenn das unsere politischen Führer uns befehlen sollten.

Maser: Habt ihr beiden Freunde in den Jahren bis 1989 auch mal über den Begriff oder die Zielvorstellung der deutschen Wiedervereinigung miteinander geredet? Spielte dieser Gedanke in den Gemeinden eine Rolle?

v. Aichberger: Nein, überhaupt nicht. In einer Weise waren wir sehr froh, dass Rainer uns ganz langsam zu einer gewissen politischen Betrachtungsweise hingeführt hat. Wir waren da sehr zurückhaltend, weil wir sehr die Sorge hatten, unsere Ost-Berliner Gesprächspartner durch solche Gespräche zu gefährden. Wir waren also zunächst in dieser Beziehung sehr still. Ich habe jedes Treffen mit sechs Abenden vorbereitet, bei denen ich die Geschichte der DDR erläuterte, aber auch ganz gezielte Anweisungen gab, sich nicht irgendwie politisch, vor allem öffentlich, zu äußern, weil wir um unseren Gesprächspartner Angst hatten. Um so schöner war, als wir langsam merkten, Rainer hat keine Angst. Und so sind wir durch seinen Mut auch selbst allmählich politischer geworden: Aber die Wiedervereinigung, das muss ich leider sagen, hat damals bei uns noch gar keine Rolle gespielt.

Eppelmann: Ich sag nicht: leider! Franz-Gerhard hat völlig recht, darüber haben wir nicht gesprochen. Es wäre auch unverantwortlich gewesen. Ich hätte ja keine Antwort für mich auf die Frage gewusst, wie denn dieses Ziel erreicht werden könnte, außer in unseren Träumen. Ich verstehe den lieben Gott auch als Herrn der Geschichte nur so, dass er uns als Werkzeuge braucht. Wenn wir gehorsam sind, dann könnte da vielleicht auch etwas Gutes draus werden. Aber, was war Gottes Wille in der Situation, in der wir uns damals befanden? Ich und eigentlich auch alle anderen haben damals keine Antwort auf die Frage gewusst, wie sollte die deutsche Wiedervereinigung erreicht werden, außer man ist so unmenschlich und sagt, das ist den Preis eines Dritten Weltkrieges wert. So war dies für mich nie ein ernsthaftes Thema gewesen. Mir ging es tatsächlich darum, die Begegnung zwischen Deutschen aus der Bundesrepublik und Deutschen aus der DDR zu ermöglichen. Mir war das ungemein sympathisch, dass das vom Wertekonzept her ja alles Christen gewesen sind, denen die Frage wichtig war, auf welche Art und Weise kann ich meinen Glauben leben. Und ich stellte fest, wie da ein prophetisch-symbolisches Handeln möglich wird: Christenmenschen gehen nach anderen Regeln miteinander um, als sie in der Welt der Politik gelten. Christen sind damit zukunftsfähig, denn sie denken in der ihnen geschenkten Hoffnung weiter als die, die den Krieg als unausweichbare letzte Lösung betrachteten. Und es war ganz sicher später eine logische Konkretisierung unseres symbolisch-prophetischen Handelns, wenn wir in späteren Jahren die Samariter-Gemeinde zu einer atomwaffenfreien Zone erklärten. Wir haben nicht nur mit den Ludwigsburgern, sondern auch mit anderen Gemeinden in Schweden, Norwegen, in den Niederlanden, USA, in England - also alles „NATO-Gemeinden“ - Friedensverträge abgeschlossen. Darin haben wir uns gegenseitig versprochen, füreinander zu beten, uns über das Gemeindeleben zu informieren und uns gegenseitig, wenn irgend möglich, zu besuchen, gemeinsame Gottesdienste und Veranstaltungen durchzuführen, uns - über alle Grenzen hinweg - nicht aus den Augen zu lassen und im Ernstfall um keinen Preis aufeinander zu schießen.

Maser: 15 Jahre der Partnerschaft - ab 1975 - von zwei Kirchengemeinden im Osten und im Westen: Gab es da auch Gefühle der Unterlegenheit im Osten? Waren die Westmenschen die, die alles wissen und kennen, die überall gewesen sind, die die großen Autos fahren? Wie seid ihr menschlich damit umgegangen, dass ihr in ganz unterschiedlichen Welten beheimatet wart?

Eppelmann: Das von dir angesprochene Problem spielte gelegentlich gewiss eine Rolle, aber nicht im Umgang mit den Ludwigsburgern und den Aichbergers. Der Lebensstil von Franz-Gerhard v. Aichberger und seiner Frau ist keineswegs so, wie man sich den von Blaublütigen als naiver Nichtblaublütiger vorstellt. Nein, meine Freunde leben ganz normal, um nicht zu sagen bescheiden. Das Materielle oder gar das materielle Zurschaustellen spielt im Leben dieser beiden überhaupt keine Rolle. Natürlich wussten wir, die kommen öfter als wir an Bananen ran oder Apfelsinen oder ein schönes Stück Seife. Sie haben uns teilhaben lassen an dem, was ihnen möglich war, aber nie so nach dem Motto: Nun schaut mal, was wir uns alles leisten können. Wir haben ihre Geschenke als die von Freunden entgegengenommen, die mit uns eine möglichst gute und intensive Zeit verbringen wollten. Da konnte die Tasse „guter West-Kaffee" eine Hilfe sein, aber es kam nicht wirklich darauf an. Ich persönlich habe auch niemals unter der Krankheit gelitten, die man Neid nennt. Schon Jesus hat bei denen, die ihm nachfolgten, niemals auf Neidgefühle gesetzt, wenn er auch deutlich sagte, die Reichen haben es schwerer als die Armen, in das Reich Gottes zu gelangen. Aber so grundsätzlich haben wir diese Unterschiede gar nicht bedacht oder gar diskutiert. Ich habe auch gut damit leben können, dass es in unserer Gemeinde Leute gab, die einen Golf oder einen Dacia, diesen in der DDR heiß begehrten rumänischen Renault-Nachbau, gefahren haben, während ich als Vater von vier Kindern nur über einen Dienst-Trabant verfügte. Das hat mir kein einziges graues Haar gemacht. Ich bin noch heute meinem Herrgott dafür dankbar, dass ich vor solchen Neidattacken verschont geblieben bin. Übrigens war ich als einer, der über einen Trabant verfügte, ja auch schon wieder privilegiert gegenüber denen, die entweder kein Geld für ein Auto hatten oder deren durchschnittliche Wartezeit von fünfzehn Jahren für ein Auto erst zur Hälfte abgelaufen war. Ich gebe ehrlich zu, ich lebe auch gerne gut. Darüber freue ich mich dann auch und bin dankbar, aber das ist alles nicht selbstverständlich für mich. Ich komme aus einfachen Verhältnissen. Meine Mutter musste mit jedem Pfennig rechnen und über viele Jahre mussten das auch Evi und ich. Das ging zeitweise bis dahin, dass wir, bevor wir zu einem Geburtstag gingen, in unser Portemonnaie gucken mussten, ob wir denn noch einen Blumenstrauß oder eine Flasche Rotwein kaufen konnten oder ob wir uns das nicht leisten können. Trotzdem war mir immer klar, du gehörst trotz aller Mängel immer noch zu den ganz Reichen auf dieser Erde. Benachteiligt fühlte ich mich, wenn es um Bücher ging, wenn ich also feststellte: Meine Güte, was können die von drüben alles lesen! Da kannst du einfach nicht mithalten. Eine andere Benachteiligung, unter der viele DDR-Menschen richtig gelitten haben, will ich an einem Beispiel verdeutlichen: Da kam ein norwegischer Friedensforscher, den wir in der Friedensdekade bei uns mal in der Samariter-Gemeinde hatten, zu uns nach Ost-Berlin, der startete morgens in Paris, flog nach Norwegen, wechselte nach Kopenhagen, landete in Westberlin, kam nachmittags zu uns in den Osten und flog mit dem letzten Flugzeug dann wieder zurück in seine Heimat - und das alles in 24 Stunden. Das alles an einem Tag! Da spürten wir schmerzhaft, wie eingesperrt wir waren. Das war etwas, was mich betroffen gemacht hat. Ich erinnere mich heute noch an unsere Kinder, die eines Tages Besuch aus Kopenhagen bekamen. Das waren aber nicht etwa Dänen, sondern das waren Ludwigsburger aus der Gruppe, die regelmäßig zu uns gekommen sind. Und die waren in Skandinavien im Urlaub und machten auf der Rückreise nach Ludwigsburg einfach mal einen Zwischenstopp bei uns. Natürlich waren sie voll von ihren Eindrücken in Kopenhagen und haben davon begeistert erzählt. Da wurden die Augen unserer

Kinder und Jugendlichen immer trauriger und dunkler, weil die natürlich nicht dumm waren und sich im Kopf ausgerechnet haben: Meine Güte, ich bin jetzt fünfzehn. Ich muss also noch fünfzig Jahre warten, bis ich auch nach Kopenhagen reisen kann, wenn ich das Geld dazu habe. Das alles hat aber nichts mit den Ludwigsburgern zu tun gehabt, sondern mit den Verhältnissen in unserem ummauerten Land.

Maser: Herr v. Aichberger, Sie waren ein Aktivist der Verständigung über Grenzen hinweg und haben dabei Ihre Gemeinde mitgenommen. Wie ist Ihre Gemeinde damit umgegangen, dass die Menschen in der DDR mit solchen Einschränkungen leben mussten?

v. Aichberger: Also von meiner Gemeinde kann ich im Nachhinein nur mit großer Dankbarkeit berichten, weil sie von Anfang an für diese Unternehmungen über die Grenze hinweg viel Sinn hatte. Es waren immer zwanzig Jugendliche, für die war es fast eine Ehre, da mitfahren zu dürfen. Diese jungen Leute waren dann auch Multiplikatoren in die Gemeinde hinein. Es sind wirklich interessante Beziehungen hin und her entstanden. Zu den materiellen Unterschieden zwischen Ost und West will ich hier nur erzählen: Wir haben einen Kirchengemeinderat gehabt, der ist der Leiter eines großen Unternehmens, eines großen Kaufhauses und eines Großversands. Und es war schon rührend, als Rainer erstmals, wohl 1981, zum Geburtstag seines Vaters in den Westen reisen durfte. Wir haben ihn natürlich sofort ins Auto gepackt und sind mit ihm ins Stadtzentrum gefahren. Und dann hat er dieses große Kaufhaus angesehen, die Vielfalt und Fülle der Waren, und wurde ganz still. So viel Reichtum, solcher Überfluss ist möglich? Wie wird es dann bei dem aussehen, der der Herr über alle diese Herrlichkeiten ist? Als ihn unser Kirchengemeinderat dann zu sich nach Hause eingeladen hat, war Rainer sehr überrascht: Keine goldenen Wasserhähne und anderer protziger Luxus. Dieser Unternehmer lebte persönlich durchaus bescheiden und hatte den Boden der Realität nicht unter den Füßen verloren. Solche Erfahrungen machten Begegnungen auf gleicher Augenhöhe trotz aller vorhandener materieller Unterschiede nicht nur möglich, sondern wurden für uns ganz selbstverständlich. Wir haben im Osten übrigens nicht nur Begegnungen mit der Samariter-Gemeinde gehabt, sondern auch mit einer Studentengemeinde und einer Partnergemeinde im thüringischen Arnstadt. Wenn wir unsere Mitchristen in der DDR wirklich um etwas bedauert haben, dann war es die Unfreiheit, die ihnen vom SED-Regime aufgezwungen wurde. Dafür hatten gerade unsere Jugendlichen ein sehr empfindliches Gespür. Darunter haben auch wir gelitten, weil wir wussten, wir können nicht direkt helfen. Deshalb haben auch wir im tiefen deutschen Süden den Mauerfall im November 1989 als ein ganz großes Geschenk erlebt. Die Last, die auf unseren Freunden in der DDR gelegen hatte, wurde auch ein Stück von uns genommen, die wir versucht hatten, diese Last unserer Freunde ein bisschen mitzutragen.

Maser: Von 1975 bis 1989, mindestens anderthalb Jahrzehnte, gehörte Rainer Eppelmann nach Auffassung des Staatssicherheitsdienstes zu den schlimmsten Staatsfeinden. Die Kirchenleitung sah ihren Pfarrer auch durchaus kritisch, brachte er doch immer wieder Unruhe und Spannungen in das Staat-Kirche-Verhältnis. Selbst seine damaligen Freunde wird er manchmal mit seinen Ideen, seinen unkonventionellen Aktionen und seiner nicht zu zügelnden Energie ganz schön strapaziert haben. Niemand konnte aber voraussehen, was aus diesem Jugendpfarrer nach dem Sturz der SED-Diktatur noch alles werden würde. Da kam zunächst die erste frei gewählte Volkskammer der DDR, es folgten vier Legislaturperioden im Deutschen Bundestag, und Minister für Abrüstung und Verteidigung der DDR war Rainer Eppelmann auch gewesen. Wie haben seine westdeutschen Freunde diesen Aufbruch, diese Wandlungen eines Jugendpfarrers erlebt?

v. Aichberger: Für mich war Rainer Eppelmann nie ein Staatsfeind, sondern im Gegenteil: Wir haben oft gesagt, die DDR müsste ihm einen hohen Orden dafür verleihen, dass er sich bemüht, diesen Staat liebenswert und menschlich zu gestalten. Das ging so weit, dass ich ihm Briefe geschrieben habe, wo ich das ganz offen angesprochen habe. Ich habe immer gesagt, die sollen das ruhig lesen, was er eigentlich Gutes tut. Dass er als Staatsfeind betrachtet wurde, das haben wir natürlich langsam auch mitbekommen. Am klarsten war das für uns Pfingsten 1989, als er unser Treffen verlassen hat, um beim DDR-Generalstaatsanwalt Anzeige wegen Wahlbetrugs zu erstatten. Damals haben wir gedacht: Jetzt ist es aus. Jetzt wird er das Jahresende nicht mehr in Freiheit verleben. Um so schöner war es, als er uns dann im September noch besucht hat. Ich habe gesagt, wir wissen nicht, was nun kommt, aber Rainer war immerhin noch in Freiheit - und wenige Monate später war er dann Minister. Das war auch für uns eine unbeschreibliche, weil völlig unerwartete glückliche Fügung.

Maser: Bis in die Zeit der friedlichen Revolution hinein warst du, Rainer, im Grunde genommen in einer komfortablen Lage: Du konntest moralisch und christlich reine Entscheidungen fällen, für die du alleine einzustehen hattest. In der Zeit der Revolution musstest du ganz neue und weitreichende Verantwortlichkeiten übernehmen und auf einmal waren die ethischen Koordinaten nicht mehr so überschaubar wie vorher. Wie geht man damit um? War der Abrüstungs- und Verteidigungsminister der Regierung de Maizière noch mit dem Bürgerrechtler und Pazifisten Rainer Eppelmann identisch? Es gibt ein Foto von dir, da stehst du so groß wie du nun einmal bist - und so groß bist du ja nicht -, und um dich herum haben sich die Marschälle und Generäle des Warschauer Vertrages mit ihren zahllosen Orden, Marschallstäben und Ehrendolchen aufgebaut. Die waren im Vergleich zu dir alle ziemliche Riesen! Die Profis schauten auf einen aus der „Laienspielerschar“ herunter. Wie bist du mit dieser Situation umgegangen, in der ohne Unterbrechung gehandelt werden musste? Du konntest dich damals ja nicht einfach mal eine Woche zurückziehen und meditieren. Spielten in dieser Zeit die Verbindungen zu den Freunden im Westen noch eine Rolle? Habt ihr miteinander gesprochen? Gab es überhaupt Kontakte in diesen Wochen, in denen die Welt umgebaut wurde?

Eppelmann: In der Zeit gab es verständlicherweise keine intensiven Kontakte. Die hat es ja noch nicht einmal zu den Gemeindegliedern in Samariter gegeben oder zu den Verbündeten aus den Gruppen, die ich mitgegründet habe, aus denen ich selber herausgewachsen bin. Ich musste damals achtzehn Stunden am Tag schuften. Wir, die wir damals Verantwortung übernahmen, erinnern uns ganz besonders an den Schlafmangel, den wir in diesen Wochen verkraften mussten. Wir mussten ständig arbeiten und verantwortlich entscheiden - und das auf einem Gebiet, das für mich völlig neu war. Da hat mir allerdings die Erfahrung der fünfzehn Jahre vorher geholfen. Für mich war eine zentrale Frage, auch in den sechs Monaten als Minister, in welchen Schuhen stehen diejenigen, mit denen du jetzt zu tun hast. Und das waren dann erst einmal nicht die v. Aichbergers und die Gemeindeglieder in Samariter, sondern die ehemals Regierenden in der Deutschen Demokratischen Republik und vor allem die Offiziere und Unteroffiziere der Nationalen Volksarmee. Bei denen war mir klar, ein großer Teil von ihnen wird in absehbarer Zeit ein völlig anderes Leben führen, als sie es in den letzten Jahren geführt hatten. Sie werden ihre militärische Laufbahn nicht mehr fortsetzen können und sich in einer Gesellschaft, die sie zunächst nicht gewollt haben oder sogar total abgelehnt haben, einen neuen Platz suchen müssen. Mein hauptsächliches Bemühen ist es damals gewesen, ihnen dabei behilflich zu sein. Übrigens nicht nur aus den Geboten Jesu heraus, sondern auch aus nüchterner Vernunft. Ich sagte mir, die sind ja hier, wir wollen und können sie nicht nach Grönland schicken. Wir müssten dann ja wenigstens die Eskimos fragen, ob sie damit einverstanden sind. Also werden diese Menschen hier bleiben, und wir wollen und wir sollen mit ihnen dieses neue, hoffentlich demokratische, freie, bunte und erfolgreiche Deutschland aufbauen. Wir werden sie dabei auf diesem Weg mitnehmen müssen. Das war auch eine Chance. Diese Menschen hatten eine gute Ausbildung und viele Erfahrungen, die sie einbringen konnten, wenn sie bereit waren, ihrerseits auf uns zuzugehen. Da gab es meiner Meinung nach eine Brücke, über die man dann gemeinsam gehen und Neues anfangen konnte. In dieser Situation konnten mir weder Franz-Gerhard, noch die Menschen aus Samariter oder andere Freunde direkt helfen. Da war auch einfach keine Zeit für hilfreiche Gespräche. Da hatte jeder mit sich selbst und der neuen Situation zu tun, die nun zu gestalten war.

Maser: Der 9. November 1989, der Tag der Maueröffnung, wird immer im Gedächtnis bleiben. Immer noch sind wir dabei auszutarieren: Was ist damals eigentlich passiert, was ist mit uns passiert? Frau v. Aichberger, wie haben Sie in Ludwigsburg damals diesen Tag erlebt?

Frau v. Aichberger: Ja, also auch wir waren voller Spannung. Als Rainer noch im September bei uns war, sagte er: Es liegt etwas in der Luft. Es wird sich etwas ändern. Es folgte das Jubiläum „40 Jahre DDR". Das haben wir alles natürlich vor dem Fernseher mitbekommen, in den Nachrichten gehört und in den Zeitungen gelesen. Und ich war sehr gespannt und habe mich auch gefreut, dass sich Veränderungen abzeichneten. Ich habe ja in meiner Kindheit, die ich auf dem Gebiet des späteren Jugoslawiens erlebt habe, den Kommunismus auf sehr negative Weise zu spüren bekommen. So habe ich sehr gehofft, dass das, was Gorbatschow angefangen hatte, zum Erfolg führt.

Maser: Herr v. Aichberger, was passierte in Ludwigsburg an diesem Tag?

v. Aichberger: Ich glaube, da ist ein jeder Ludwigsburger vor dem Fernseher gesessen und hat angespannt mitverfolgt, was da in der DDR passiert. Natürlich, aus unseren Erfahrungen und Kontakten nach drüben war auch Sorge dabei, denn es konnte ja niemand wissen, dass diese Revolution friedlich ablaufen wird. Da sind ja doch ein paar Hunderttausend russische Soldaten in der DDR stationiert gewesen. Wenn mir damals jemand gesagt hätte, dass nun Wiedervereinigung auf die Tagesordnung kommt, dann hätten wir das nicht geglaubt, das hat man nicht mal in Erwägung gezogen. Aber man hat gehofft, dass sich die Verhältnisse in der DDR verbessern. Wir waren damals nicht scharf auf die Wiedervereinigung. Ich kannte und verstand allerdings viele Menschen in der DDR, die nichts mehr mit dem Sozialismus zu tun haben wollten, auch keinen „Dritten Weg“ oder „verbesserlichen Sozialismus“ mehr ausprobieren wollten. Ich habe ja schon als Lagerpfarrer in Marienfelde Schicksale kennengelernt, wo Familien erleben mussten, dass die Kinder mit bestem Zeugnis nicht zur Oberschule zugelassen wurden, weil sie sich als Christen bekannten, sich konfirmieren ließen und die Jugendweihe ablehnten. Anderen wurde der weitere Ausbildungsweg nur deshalb versperrt, weil die Eltern einer Schicht angehörten, die die SED-Führung ausmerzen wollte.

Maser: Haben damals die Glocken geläutet in Ludwigsburg?

v. Aichberger: Nein. Wir haben damals auch schon merkwürdige Dinge erlebt. Es gab sehr viele Kollegen, die der ganzen Freiheitsbewegung in der DDR sehr kritisch gegenüberstanden. Am 3. Oktober 1990, dem Tag der Deutschen Einheit, da habe ich gesagt, da mache ich einen Gottesdienst. Im Pfarrkonvent wurde lang und breit darüber debattiert, ob das „angemessen" sei. Natürlich läutete man nicht! Und als der Konvent gemerkt hat, dass ich trotzdem in unserer großen Friedenskirche einen Gottesdienst halten wollte, hat man eine Gruppe eingesetzt, die mich beaufsichtigen sollte, damit ich nur nichts Dummes mache. Und die hat zum Beispiel durchgesetzt, dass bestimmte Lieder wie *Wach auf, wach auf, du deutsches Land* nicht gesungen wurden. Die Predigt habe ich mir allerdings nicht nehmen lassen. Und immerhin war dann der Superintendent Hundertmark unserer Patengemeinde Arnstadt da. Und die Kollekte war ganz gewaltig. Also, im Nachhinein ging es, aber ich war damals doch verletzt und frustriert. Wo leben wir eigentlich? Dass wir da nicht die Glocken läuten sollten und auch *Nun danket alle Gott* in dieser Situation als unpassend betrachtet wurde.

Maser: Ja, auch solche Dinge müssen festgehalten werden. Es gab damals ja einen berühmt-berüchtigten „Glockenstreit" in der EKD: Dürfen die Glocken zur Deutschen Einheit geläutet werden oder nicht? Viele falsche und heuchlerische Argumente theologischer, liturgischer und kirchenrechtlicher Art wurden damals bemüht. Die gegen das Glockengeläut damals opponierten, hatten nicht den Mut zu sagen: Uns passt die ganze Wiedervereinigung nicht! Aber damals haben sich die Gemeinden oft durchgesetzt, und die Glocken wurden geläutet.

v. Aichberger: Manche haben dann den Trick angewendet, um 18 Uhr läuten wir zur Deutschen Einheit, da wird sowieso geläutet. Ja, das waren bizarre Diskussionen damals.

Maser: Die Erinnerung an Rainer wird immer wieder mit seiner Tätigkeit als Vorsitzender der Enquete-Kommissionen zur Aufarbeitung der SED-Diktatur verknüpft. Zweiunddreißig dickleibige Bände halten das, was da erarbeitet wurde, fest. Wie ist diese Aufklärungsarbeit im Westen wahrgenommen worden? Welche Rolle spielt die Aufarbeitung der SED-Diktatur dort?

v. Aichberger: Ich kann das nur ganz persönlich beantworten. Mich hat das im Grunde sehr bewegt. Ich habe die Bände bekommen und sie zum großen Teil auch gelesen. Aber sonst muss ich sagen: Diese DDR, die SED-Diktatur, ist sehr schnell, nach meiner Meinung zu schnell, in Vergessenheit geraten! Vielleicht darum, weil für viele Westdeutsche ohnehin der andere deutsche Staat abgeschrieben war. Das muss man ganz nüchtern sehen. Um so wichtiger finde ich, dass immer wieder an die Diktatur und ihre Opfer erinnert wird. Ich hoffe, dass Generationen nachwachsen, die neugierig und intensiv nachfragen, was da eigentlich gewesen ist. Ähnliches haben wir ja auch mit dem Erinnern an die NS-Diktatur erlebt. Das ist vielleicht ganz menschlich, aber vor allem ist es natürlich so, dass im Grunde die Entfremdung zwischen Ost und West – nicht im Bösen, sondern einfach in der Realität – viel größer war, als wir uns klar gemacht haben. Viele Probleme, die wir heute haben, kommen immer noch daher, dass wir zu wenig voneinander wissen. Um so wichtiger finde ich, dass die Aufarbeitung der SED-Diktatur, die durch die von Rainer geleiteten Kommissionen so kräftig angestoßen wurde, als kontinuierlicher Prozess weitergeführt wird.

Maser: Es gibt ein Erlebnis, das mir nie aus dem Sinn gekommen ist, das mich immer wieder auch beschäftigt im Hinblick auf meinen Freund Rainer Eppelmann. Es liegt einige Jahre zurück. Wir hatten eins unserer üblichen Freundestreffen, wo Martin Michael Passauer, der jetzige Generalsuperintendent von Berlin, und andere Freunde zusammentreffen, und Rainer hatte in einem kleinen Koffer seinen Talar dabei und übergab ihn Martin Michael Passauer nach dem Motto

„Den brauch ich ja nun nicht mehr." Damit ist eine Frage angerührt, die ja nicht nur Rainer betrifft, sondern eine ganze Reihe von Leuten, die in der Bürgerrechtsbewegung der DDR aktiv gewesen sind: Ordinierte Pfarrer, die über schwere Jahre hinweg im Pfarramt ausgehalten haben, dann der große Um- und Einbruch, und der Talar wird abgegeben. Ich habe mich oft gefragt, wie kann das gutgehen?

Eppelmann: Das mit dem Talar ist eine ganz pragmatische Entscheidung gewesen. Ich bilde mir ein, ein ganz praktischer Mensch zu sein, und deshalb hat diese Aktion für mich nichts damit zu tun gehabt, dass ich Abschied von der Kirche nehme, jetzt nichts mehr damit zu tun haben will. Es ist mir ja erfreulicherweise in den letzten Jahren immer wieder passiert, dass mich Menschen gefragt haben: Kannst du unser Kind taufen oder kannst du uns trauen? Leider kommen inzwischen auch Mitglieder der Samariter-Gemeinde zu mir und fragen: Kannst du den Horst oder kannst du meinen Vater beerdigen? Du kanntest den doch gut, ich möchte, dass du das machst. Das mache ich dann und borge mir einen Talar dafür. Meine Überlegung zu meinem Talar war - und ich weiß, was ein Talar kostet und was er wert ist: Kann den jetzt nicht ein anderer sehr viel besser und häufiger brauchen? Deswegen heißt die Abgabe des Talars für mich also nicht, Abschied von der evangelischen Kirche zu nehmen. Ich werde, so lange ich lebe, ein leidenschaftlicher Christ bleiben.

v. Aichberger: Also, den Talar abzugeben, halte ich für eine mögliche Geste. Trotzdem würde die Kirche gut beraten sein, wenn sie den Rainer Eppelmann durchaus auch weiterhin als Pfarrer sieht. Und ich bin glücklich, dass er vor zehn Jahren bei uns in der Friedenskirche in Ludwigsburg ganz normal gepredigt hat. Denn ich glaube, dass seine Erfahrungen der Kirche und ihrer Verkündigung nur gut tun können.

Maser: Zu den Fragen, die die Historiker beschäftigen, gehört die nach dem Anteil von Kirchen und Christen an der friedlichen Revolution. Dieser ganze Umsturz, diese ganze Revolution wäre ja nicht zustande gekommen, wenn es eben nicht die Kirchen und wenn es nicht Christen in der DDR und anderswo gegeben hätte, die auf sehr unterschiedliche Weise mitgewirkt haben. Wie sehen Sie im Rückblick den Beitrag des christlichen Glaubens dazu, dass Menschen befähigt wurden, eine Diktatur abzulösen, die doch auf Ewigkeit angelegt sein wollte?

v. Aichberger: Ich glaube, es war gut und notwendig, dass die Evangelische Kirche in Deutschland und der Bund der Evangelischen Kirchen in der DDR, vor allem aber die Gemeinden über alle Grenzen hinweg zäh an der „besonderen Gemeinschaft der Christen in Deutschland" festgehalten haben. Trotz aller Mauern, trotz aller Abgrenzung, trotz aller Propaganda waren wir im Glauben gewiss, dass die Menschen im anderen Teil Deutschlands Christen und Schwestern und Brüder sind. Dieser Glauben hat uns getragen. Dieser Glauben hat uns gefordert: Besucht die Schwestern und Brüder. Verliert sie nicht aus den Augen. Als die Mauer fiel, waren die Kirchen die einzigen Institutionen mit aktueller gesamtdeutscher Erfahrung. Und diese Erfahrungen beruhten nicht nur auf den Kontakten der Kirchenleitungen, sondern wurden getragen von den zahllosen Partnerschaften der Kirchengemeinden über die Grenzen hinweg. Dass das möglich wurde, betrachte ich als ein großes Geschenk unseres Gottes.

Eppelmann: Ich würde gerne noch einiges unterstreichen und hinzufügen. Die Bedeutung der Kirchen, in besonderer Weise aber der evangelischen Kirchen, für die gesellschaftlichen Veränderungen in der DDR, die dann letztlich auch zur Wiedervereinigung Deutschlands geführt haben, kann man gar nicht überschätzen. Das fängt mit den Patenschafts- und Partnerbeziehungen an. Das hat wesentlich mit dazu beigetragen, dass wir Deutschen uns am Tag der Maueröffnung aufeinander freuten und uns in den Wochen danach nicht mit hilflos herunterhängenden Armen gegenüberstanden, weil wir mit dieser unbegreiflichen neuen Situation nichts mehr hätten anzufangen gewusst. Das gilt für die katholische und die evangelische Kirche gleichermaßen. Es waren die kirchlichen Mitarbeiter und Gemeindekirchenräte, die Verantwortung übernahmen und beispielsweise die Veranstaltungsverordnung der Deutschen Demokratischen Republik so ausschöpften, dass bürgerschaftlicher Protest unter dem Dach der Kirche möglich wurde. Hätten sie nicht das Risiko in Kauf genommen, dass das Verhältnis von Staat und Kirche generell oder auf örtlicher Ebene deshalb auch komplizierter werden konnte, hätten wir Bürgerrechtler es sehr viel schwerer gehabt. Wir wären viel rascher kriminalisiert worden: Ich denke an den Gemeindekirchenrat in Samariter. Als Stefan Krawczyk und Freya Klier ein komplettes Auftrittsverbot in der DDR bekamen, haben wir ein Vierteljahr lang, zweimal in der Woche, eine Veranstaltung für die beiden in der Samariterkirche gemacht, und die Kollekte haben sie einsammeln können. Die haben sie bekommen, davon haben sie gelebt. Die Kirchen in der DDR selbst waren keine revolutionäre Kraft, aber sie haben den Kräften Raum gegeben, die die Revolution der Diktaturgesellschaft wollten. Ich bin froh darüber, dass ich mit einer ganzen Reihe von Menschen im Gemeindekirchenrat und in der Samariter-Gemeinde zusammen gewesen bin, die begriffen hatten, der Glauben an Jesus und der Glauben an Gott sind etwas ungeheuer Politisches. Das gehört für mich unmittelbar zur Nachfolge Jesu!

Erinnerst du dich noch an das Lied, Franz-Gerhard, das wir bei unseren Treffen oft zusammen gesungen haben?

> „Herr, deine Liebe ist wie Gras und Ufer,
> wie Wind und Weite und wie ein Zuhaus.

Frei sind wir, da zu wohnen und zu gehen.
Frei sind wir, ja zu sagen oder nein."

v. Aichberger: Ja, das war so etwas wie unsere Hymne, die unsere Situation sehr genau beschrieb und uns stärkte:

„Wir wollen Freiheit, um uns selbst zu finden,
Freiheit, aus der man etwas machen kann,
Freiheit, die auch noch offen ist für Träume,
wo Baum und Blume Wurzeln schlagen kann."

Eppelmann: Noch heute wird mir bei diesem Lied gegenwärtig, was uns damals verband:

„Und dennoch sind da Mauern zwischen Menschen,
und nur durch Gitter sehen wir uns an.
Unser versklavtes Ich ist ein Gefängnis
Und ist gebaut aus Steinen unsrer Angst."

v. Aichberger: Wir haben aber auch die Wahrheit der letzten Strophe dieses Liedes von Ernst Hansen erfahren:

„Herr, du bist Richter! Du nur kannst befreien,
wenn du uns freisprichst, dann ist Freiheit da.
Freiheit, sie gilt für Menschen, Völker, Rassen,
so weit wie deine Liebe uns ergreift."[31]

Eppelmann: Ja, das haben wir gemeinsam erfahren dürfen. Dafür sind wir dankbar.

Anmerkungen

1 Copyright © 1964 Margaret Fishback Powers, übersetzt von Eva-Maria Busch. Copyright © der deutschen Übersetzung 1996, Brunnen Verlag Gießen.
2 Stasi-Akte zu Rainer Eppelmann (unveröffentlichtes Dokument).
3 Eppelmann, Rainer / Havemann, Robert, Berliner Appell, 25.01.1982.
4 Vernehmungsprotokoll (unveröffentlichtes Dokument).
5 Erklärung der Berliner Kirchenleitung vom 13. Februar 1982 (unveröffentlichtes Dokument).
6 Brief der Kirchenleitung an Pfarrer Rainer Eppelmann vom Oktober 1982 (unveröffentlichtes Dokument).
7 Przybilski, Peter, Tatort Politbüro. Band 2. Honecker, Mittag und Schalck-Golodkowski, Berlin, 1992, S. 106.
8 Ebd.
9 Berliner Zeitung, 02.02.1990, S. 2.
10 Mündliche Erklärung von Egon Krenz am 15. Februar 1990. StAufarb-Bestand Rainer Eppelmann, Nr. 175, (Kopie).
11 Erklärung des damaligen Ministers für Abrüstung und Verteidigung Rainer Eppelmann auf einer Kommandeurstagung am 2. Mai 1990 (unveröffentlichtes Dokument).
12 Matthäus 5,9; Lutherbibel, revidierter Text 1984, durchgesehene Ausgabe in neuer Rechtschreibung, © 1999 Deutsche Bibelgesellschaft, Stuttgart.
13 Burchard, Christoph, Art.: Bergpredigt, in: Evangelisches Kirchenlexikon, Bd. 1, Göttingen 1986, 3. Aufl., Sp. 433-436, bes. Sp. 436.

14 Dietrich Bonhoeffer: Die Kirche vor der Judenfrage, in: Ders., Gesammelte Schriften. Bd. 2 Tagebücher - Briefe - Dokumente, 1923-1945, hg. von Eberhard Bethge, München 1974, S. 48.
15 Luther King jr , Martin.
16 Psalm 126,1-3; Lutherbibel, ebd.
17 Vertraut den neuen Wegen, Text: Klaus Peter Hertzsch, Melodie: 16. Jahrhundert (Böhmische Brüder 1544), © (Text) beim Urheber.
18 Rede von Rainer Eppelmann vor der EKD am 7. September 1994 (unveröffentlichtes Dokument).
19 Vgl. Materialien der Enquete-Kommission „Aufarbeitung von Geschichte und Folgen der SED-Diktatur in Deutschland“. Band 6.1/2. Rolle und Selbstverständnis der Kirchen in den verschiedenen Phasen der SED-Diktatur, Baden-Baden, 1995.
20 Ebd.
21 Materialien der Enquete-Kommission „Aufarbeitung von Geschichte und Folgen der SED-Diktatur in Deutschland“. Neun Bände in 18 Teilbänden, Baden-Baden, 1995. Materialien der Enquete-Kommission „Überwindung der Folgen der SED-Diktatur im Prozess der deutschen Einheit“. Acht Bände in 14 Teilbänden, Baden-Baden, 1999.
22 1. Mose, 2,2; Lutherbibel, ebd.
23 Vgl.: 1. Mose 3, Lutherbibel, ebd.
24 5. Mose 25,4, Lutherbibel, ebd.
25 Eppelmann, Rainer, „Arbeit, Mäßigkeit und Ruh“, in: Frohe Botschaft 2002.
26 Kleines Politisches Wörterbuch, 6. Aufl. Ost-Berlin 1986, S. 610-611.
27 Sicherheit und Zusammenarbeit in Europa. KSZE-Dokumentation, Bonn, 1975, S. 38.

28 Grundgesetz für die Bundesrepublik Deutschland, Artikel 1, Absatz 2.

29 Laotse.

30 Jugend 2000, 13. Shell Jugendstudie, Verlag Leske und Budrich, Opladen.

31 Herr, deine Liebe ist wie Gras und Ufer, Originaltitel: Välsignelse, Text: Anders Frostenson, Melodie: Lars Ake Lundberg, dt. Text: Ernst Hansen, © Strube Verlag, München-Berlin.

Fritz Hähle

Neue Wege wagen

Hc., 13,5 x 20,5 cm, 128 S.,
Nr. 394.558, ISBN 978-3-7751-4558-9

Sollten sich Christen politisch engagieren? Wäre es nicht besser, wenn sie sich von der weltlichen Obrigkeit distanzierten? Dr. Fritz Hähle antwortet auf diese Fragen mit einem klaren „Nein“. Er weiß, wie wichtig Christen für unser Land sein können und wie nötig es ist, dass sie ihre Überzeugungen vertreten. Auch wenn der politische Alltag schwierig sein kann und nicht nur aus Reden im Rampenlicht besteht: Die Demokratie lebt von Menschen, die mitreden und mitgestalten.

Hähle selbst sitzt seit der Wiedervereinigung für die CDU im Sächsischen Landtag. In seinem Buch mischen sich persönliche Erlebnisse und kompetente Analysen politischer Ereignisse und Themen zu einem beeindruckenden Lebenszeugnis. Hähles zentrale Botschaft: Wenn Christen politische Verantwortung übernehmen, dann kann sich vieles in Deutschland und Europa ändern.

Bitte fragen Sie in Ihrer Buchhandlung nach diesem Buch!
Oder schreiben Sie an: Hänssler Verlag GmbH & Co. KG, D-71087 Holzgerlingen

Matthias Schreiber

Wer hofft, kann handeln

Hc., 13,5 x 20,5 cm, 144 S.,
Nr. 394.498, ISBN 978-3-7751-4498-8

Von keinem anderen deutschen Politiker sind so viele Predigten erhalten wie von Johannes Rau. Predigten aus fünf Jahrzehnten: Das findet sich nicht einmal unter Pfarrern häufig. Unter Politikern, deren Tagesgeschäft nicht mit dem Heil, sondern mit dem Wohl der Menschen zu tun hat, gibt es das wohl kein zweites Mal.

Glaube, wie Johannes Rau ihn verstand, verbindet Beten und Tun. Seine Predigten sind Zeugnisse christlichen Denkens, die verankert sind im festen Glauben an den wiederkommenden Gott und in der Bereitschaft, diese Welt zu verändern.

Politikerpredigten sind nicht automatisch politische Predigten und erst recht nicht parteipolitische. Unpolitisch sind sie deshalb noch lange nicht. In den Predigten von Johannes Rau lässt sich dieser Unterschied in besonderer Weise erkennen. Sie nachzulesen ist ein Gewinn – für die Hörer des Wortes wie für die Täter am Wort.

Bitte fragen Sie in Ihrer Buchhandlung nach diesem Buch!
Oder schreiben Sie an: Hänssler Verlag GmbH & Co. KG,
D-71087 Holzgerlingen.